[illegible]

Von Ehebruch, Hürerey, und Nothzwang.

[illegible]

MONTFORT
SCHELLENB
BRANDIS
SULZ
HOHENEMS
Liechtenstein

JAHRBUCH
DES HISTORISCHEN VEREINS FÜR DAS FÜRSTENTUM LIECHTENSTEIN

BAND 101
VADUZ, SELBSTVERLAG DES HISTORISCHEN VEREINS FÜR DAS FÜRSTENTUM LIECHTENSTEIN, 2002

Zum Titelbild:
Das Erbrecht bildet den ersten und umfangreichsten Teil des Landsbrauchs von 1667. Laut der den Landsbrauch prägenden römischen und germanischen Rechtsauffassung erben zunächst die unmittelbaren Nachkommen, also die Kinder und Enkelkinder. Im Fall der hier gezeigten Beispiele beerben indes die Nichten und Neffen allein den Besitz ihrer verstorbenen Verwandten, da sämtliche weiteren Mitglieder der Elterngeneration ebenfalls verstorben sind.

Zum Bild auf dem Vorsatz:
Zu sehen ist hier ein Ausschnitt aus der dem Landsbrauch von 1667 angefügten Polizeiordnung. Bestehende Missstände waren dabei ein wesentlicher Grund für die Niederschrift von schon existierendem Gewohnheitsrecht. Ein besonderes Anliegen war dem Gesetzgeber zudem die Aufrechterhaltung der sittlichen Ordnung. Folglich erliess er auch mehrere Verordnungen zum Schutz der Ehe. Davon zeugen Kapitelüberschriften wie der hier gezeigte Titel: «von ehebruch, hurerey und nothzwang».

Auslieferung:
Historischer Verein für das Fürstentum Liechtenstein
Geschäftsstelle
Postfach 626
Messinastrasse 5
FL-9495 Triesen

Telefon 00423 / 392 17 47
Telefax 00423 / 392 17 05
E-Mail hvfl@hvfl.li
Internet www.hvfl.li

Postscheck-Konto für Spenden und Zahlungen:
90-21083-1

Redaktion:
Klaus Biedermann
Geschäftsführer des Historischen Vereins für das Fürstentum Liechtenstein
FL-9495 Triesen

Gestaltung und Produktionsleitung:
Atelier Silvia Ruppen
FL-9490 Vaduz

Lithos:
Fotolito Longo AG
I-39100 Bozen

Satz und Druck:
Hilty Buch- und Offsetdruckerei Anstalt
FL-9494 Schaan

Buchbinder:
Buchbinderei Thöny AG
FL-9490 Vaduz

Gedruckt auf
Biberist Allegro, halbmatt, chlorfrei, 135 g/m²

ISBN 3-906393-30-5

Inhaltsverzeichnis

Der Historische Verein für das Fürstentum Liechtenstein verfolgt den Zweck, die vaterländische Geschichtskunde einschliesslich der Urgeschichte zu fördern und die Erhaltung der natürlichen und geschichtlich gewordenen liechtensteinischen Eigenart zu pflegen.

Artikel 1 der Statuten des Historischen Vereins für das Fürstentum Liechtenstein

Für den Inhalt der einzelnen Beiträge zeichnen die Verfasserinnen und Verfasser allein verantwortlich.

«LANDTS BRAUCH, ODER ERBRECHT» IN DER «VADUZISCHEN GRAFSCHAFT ÜBLICHEN»

EIN DOKUMENT AUS DEM JAHR 1667 ALS GRUNDLAGE FÜR LANDSCHAFTLICHE RECHTSSPRECHUNG

KARIN SCHAMBERGER-ROGL

Inhalt

Vorwort

Die vorliegende Arbeit wurde 1997 als Diplomarbeit an der Universität Salzburg eingereicht. Vorab möchte ich mich bei den Personen bedanken, die zu deren Entstehung massgeblich beigetragen haben. An erster Stelle steht hier Universitätsprofessor Dr. Heinz Dopsch, von dem ich die Anregung zu dieser Arbeit erhielt. Als mein Betreuer stand er mir jederzeit mit Rat und Tat zur Seite. Seine Verbesserungsvorschläge waren mir für die Fertigstellung der Arbeit eine grosse Hilfe. Grossen Dank schulde ich auch Assistenzprofessor Dr. Alfred Stefan Weiss, an den ich mich mit jedem Problem wenden konnte. Er und auch der ausserordentliche Universitätsprofessor DDr. Gerhard Ammerer gaben mir immer wieder moralische Unterstützung und auch eine Reihe von «handwerklichen» Ratschlägen, die mir meine Arbeit sehr erleichterten. Ihre aufmunternden Worte waren sehr motivierend. Mein besonderer Dank gilt auch Frau Mag. Birgit Wiedl, die sich bereit erklärte, meine Transkription Korrektur zu lesen.

Ein ganz herzlicher Dank gebührt Herrn lic. phil. Arthur Brunhart vom Historischen Lexikon für das Fürstentum Liechtenstein. Während meines kurzen Aufenthalts in Liechtenstein scheute er keine Mühe, um mich bei der Archiv- und der Bibliotheksarbeit zu unterstützen. Bis zur Fertigstellung der Arbeit konnte ich mich jederzeit an ihn wenden. Die Quellen zum Thema «Hinrichtung und Henker» verdanke ich Herrn Claudius Gurt, dem Bearbeiter des Liechtensteinischen Urkundenbuches. Er erklärte sich auch bereit, mir bei der Beschreibung der Handschriften zu helfen. Auch dafür sei ihm herzlich gedankt.

Weiters möchte ich mich bei Herrn Professor DDr. Karl Heinz Burmeister vom Vorarlberger Landesarchiv bedanken, der mich bei der Literatursuche unterstützt und sich zudem die Mühe genommen hat, meine Arbeit zu korrigieren.

Ganz besonders herzlich aber möchte ich meinen Eltern danken, die mir durch ihre ständige Unterstützung nicht nur diese Arbeit, sondern mein ganzes Studium erst ermöglicht haben.

Einleitung

DIE ENTWICKLUNG DER BLUTGERICHTSBARKEIT IN VADUZ UND SCHELLENBERG

REGALIEN UND GERICHTSRECHTE BIS 1430

Das fränkische Reich, das unter der Herrschaft der Merowinger und später unter jener der Karolinger stand, war in Grafschaften unterteilt, an deren Spitze die Grafen als königliche Amtsträger standen.[1] Es stellt sich dabei die Frage, welches Verhältnis die Grafschaften zu den früheren Gauen hatten.[2] In Churrätien wurde im Jahr 806 die «fränkische Grafschaftsverfassung» eingeführt, die weltliche Regierung über Churrätien wurde dem Bischof von Chur abgenommen und dem fränkischen Grafen Hunfried übertragen.[3] Zu Verwaltungszwecken wurde Churrätien in Ober- und Unterrätien geteilt. Die neu gebildete Grafschaft hatte eine sehr grosse Bedeutung aufgrund ihrer Grenzlage; bisweilen trat sie auch als *ducatus* in Erscheinung.[4] Das Grafenamt hatte ursprünglich die Familie der Hunfridinger inne; die Karolinger achteten zunächst aber noch darauf, dass sich die Vererbung der Grafschaften nicht durchsetzen konnte. Erst am Ende des 9. Jahrhunderts zeichnete sich die Tendenz zur Weitergabe der Grafschaft im Erbweg ab; eine solche Weitergabe musste jedoch immer vom Königtum sanktioniert werden.[5] Neben ihren Funktionen in der Rechtssprechung und im Heerwesen überwachten die Grafen in ihrem Herrschaftsbereich die Bewohnerinnen und Bewohner bei der Wahrnehmung «öffentlicher Arbeiten» wie Wachdienste, Weg- und Brückenbau, Stellung von Pferden, Beherbergung von Königsboten.[6] Weiters musste der Graf den Frieden wahren, die Steuern einheben und Kirchen, Arme, Witwen und Waisen schützen. Ihre Besitzungen und Herrschaftsrechte erwarben sich die Grafen als königliche Lehen oder auch durch Schenkungen. Sie konnten diese Amtslehen an ihre Ministerialen weiter verlehnen.

Den Grafen unterstellt waren als weitere Amtsträger die Zentenare. Diese waren Freie mit grösserem oder kleinerem Grundbesitz, die Verwaltungs- und Gerichtsfunktionen ausübten. Schulze weist nach, dass es keine lückenlose Untergliederung der Grafschaften in Zentenen (Hundertschaften) gab und stellt die Frage nach ihrer Bedeutung.[7] Offen bleibt hier die Frage nach der Abgrenzung der Gerichtsbarkeit der Zentenare gegenüber der richterlichen Gewalt des Grafen.[8]

Bereits für das Jahr 807 ist ein Gerichtstag unter dem Vorsitz Hunfrieds, des Grafen von Rätien, überliefert. Der Gerichtsplatz befand sich in Rankweil.[9] Für alle freien Männer der Grafschaft herrschte die Dingpflicht, das heisst, sie mussten zu allen angekündigten Gerichtstagen der Grafen erscheinen. Karl der Grosse beschränkte die Ge-

1) Die Grundzüge der fränkischen Grafschaftsverfassung werden ausführlich behandelt bei Hans Schulze, wobei aber die Grafschaft Rätien, die nicht zum eigentlichen alamannischen Siedlungsgebiet gehörte, ausser Betracht geblieben ist. Vgl. Schulze, Hans K.: Die Grafschaftsverfassung der Karolingerzeit in den Gebieten östlich des Rheins. Berlin, 1973. (Schriften zur Verfassungsgeschichte. Band 19); im folgenden zitiert als: Schulze, Grafschaftsverfassung. – Borgolte, Michael: Geschichte der Grafschaften Alemanniens in fränkischer Zeit. Sigmaringen, 1984 (Vorträge und Forschungen. Sonderband 31), S. 219–229. – Ders.: Die Grafen Alemanniens in merowingischer und karolingischer Zeit. Sigmaringen, 1986 (Archäologie und Geschichte. Band 2), S. 18 f.

2) Die Gaue, die man schon in der Völkerwanderungszeit kannte, bildeten wahrscheinlich die räumliche Grundlage für die Grafschaftsverfassung. Dies bedeutet aber nicht, dass Gau und Grafschaft übereingestimmt haben. Oft wurden mehrere Gaue zu einer Grafschaft zusammengefasst. Vgl.: Schulze, Grafschaftsverfassung, S. 313.

3) Ospelt, Joseph: Die Gründung der Grafschaft Vaduz nebst kurzer Geschichte der vorausgegangenen Zeit. In: JBL 41 (1941), S. 31; im folgenden zitiert als: Ospelt, Grafschaft Vaduz.

4) Schulze, Grafschaftsverfassung, S. 123.

5) Ebenda, S. 124.

6) Ebenda, S. 341.

7) Ebenda, S. 101. Es könnte sich dabei um Sonderbezirke für Militärkolonisten auf Königsland handeln. Vgl. auch ebenda, S. 320.

8) Ebenda, S. 319. – Alois Niederstätter unterscheidet zwischen den «causa minores», für die der Zentenar zuständig war, und den «causa maiores», die dem Grafen vorbehalten blieben. Vgl.: Niederstätter, Alois: Beiträge zur Verfassungs- und Verwaltungsgeschichte Vorarlbergs (14. bis 16. Jahrhundert). In: Montfort 39 (1987), S. 61; im folgenden zitiert als: Niederstätter, Beiträge Vorarlberg.

9) Vgl. Burmeister, Karl Heinz: Grundlinien der Rechtsgeschichte Vorarlbergs. In: Montfort 39 (1987), S. 47. Bis ins Spätmittelalter tagte das freie Landgericht zu Rankweil unter freiem Himmel.

richtspflicht auf zwei bis drei Gerichtstage pro Jahr, um eine allzu starke Belastung der Freien zu verhindern.[10] Weiters existierte auch noch das gebotene Ding, woran nur die Schöffen[11] und die angesehensten Männer des Gerichtsbezirkes teilnehmen mussten.[12] Im Laufe der Zeit wurde immer mehr Grundbesitz in Churrätien an den Bischof von Chur übertragen. Kraft der dem Bischof für den Kirchenbesitz verliehenen Immunität durften Grafen und Richter dort keine Amtshandlungen vornehmen. Einzig die Vollstreckung von Todesurteilen blieb dem Grafen vorbehalten.

Im Jahr 916 wurde durch Konrad I. das Herzogtum Alemannien (Schwaben) wiederhergestellt und mit Churrätien vereinigt.[13] Der Herzog von Schwaben war der königliche Vertreter in Schwaben, der vom König eingesetzt und mit «Zwischengewalt» betraut wurde.[14] Er benötigte jedoch zur Ausübung seiner Herrschaft die Zustimmung und Mitwirkung der schwäbischen Machthaber, der Grafen. Die Rechtsgrundlage seiner Herrschaft war das Lehensrecht.[15] Im 11. Jahrhundert kam das Herzogtum Schwaben mit Rätien an die Hohenstaufen.[16]

Schliesslich trat im Jahr 949 in Unterrätien der Graf Ulrich von Bregenz auf. Über eine Nachfahrin, Elisabeth, ging sein ganzer Eigen- und Lehenbesitz, also Bregenz, Feldkirch, Vaduz, Werdenberg, Sargans und das Rheintal auf deren Mann, Graf Hugo von Tübingen, über. Ihr Sohn Hugo, der um 1180 die Stadt Feldkirch gründete, war der Ahnherr der Grafen von Montfort.[17] Im Hause Montfort gab es in der folgenden Zeit Erbteilungen, wodurch ein Zweig der Montforter, die Grafen von Werdenberg-Sargans, in den Besitz des liechtensteinischen Gebietes gelangten.[18] Die Brüder Hartmann III. und Rudolf IV. von Werdenberg-Sargans teilten ihren Grundbesitz am 3. Mai 1342 entlang des Rheins,[19] wodurch am rechten Flussufer die selbständige Grafschaft Vaduz entstand.[20]

Ab dem Jahr 1198 waren in Schwaben die Königswürde und die Herzogswürde unter einem Haus vereint.[21] Mit dem Ende der Hohenstaufen 1268 erlosch das Herzogtum. Seitdem waren Schwaben und Rätien ohne herzogliche Gewalt.[22] Die Grafschaften, die sich gebildet hatten, waren durch den Wegfall der Herzogsgewalt reichsunmittelbar geworden. Leider existieren nur sehr wenige Urkunden, aus denen ersichtlich ist, welche Rechte die Grafen zu jener Zeit hatten.[23] Das Fundament dieser jüngeren Grafschaften, auch «Allodialgrafschaften» genannt, bildete der Eigen- und Lehenbesitz an Gütern und Menschen. Dazu kamen noch jene Hoheitsrechte, die einst den Grafen als Amtsträgern des Königs zugestanden worden waren. Für die Grafschaft Walgau gibt eine Teilungsurkunde aus dem Jahr 1355 Auskunft über den Besitz von königlichen Regalien: Es sind Geleitrechte, Alprechte, Fischrechte, Zölle, Vogeljagd und Märkte.[24] Auch vom Hochgericht ist die Rede:

«Ez ist öch berett umb schädelich Lut ... Es were danne, das der selbe schädelich man Grauen Hartmans kind oder iro erben were, den sol man danne antwurten, ienrent den nechsten acht tagen ... Graue Hartmans kinden und iren erben, oder iro Amptman ob sis vorderent, in ir nechstes gericht ane guerde ...».[25]

Im Jahr 1360 wird erwähnt, dass die Grafen von Werdenberg-Sargans das Zollrecht in Vaduz besassen.[26] Eine sehr aufschlussreiche Quelle ist auch die Vereinbarung über den Eschnerberg aus dem Jahr 1394.[27] Erwähnt werden das Gericht, die Tavernen, Fischereirechte, Zoll und Geleitrechte.[28]

Rudolf von Habsburg wurde 1273 deutscher König. Kurz darauf konnte er 1282 die Herzogtümer Österreich und Steiermark für seine Familie sichern. Nach der Erwerbung von Tirol 1363 versuchten die Habsburger, eine Verbindung zwischen ihrer neuen Herrschaft und den ursprünglichen Besitzungen in der Schweiz zu schaffen. Im Jahr 1390 konnten sie Feldkirch erwerben. Gegen diese Hegemonialbestrebungen der Habsburger wandte sich Graf Heinrich II. von Werdenberg-Vaduz, der bei König Wenzel aus dem Haus der Luxemburger die Anerkennung seiner Herrschaft als reichsunmittelbares Lehen betrieb.[29] Wenzel ergriff die Gelegenheit, die Macht der Habsburger einzuschränken und entsprach der Bitte des Grafen am 22. Juli 1396:

«... das wir Jn die selben Jre Grafschaft zu fadutz und alle andere Jre herschefte und lande und

leute mit Stetten vesten merckten dorferen manscheften lehen lehenscheften gerichten zollen Mulen Eckern wisen welden puschen wassern Teichen geyeyden fogel-weiden und sunst andern allen Jren zugehorungen nichtes ausgenomen wie man die mit sunderlichen worten benennen mag die von Jren vorfaren an sie redlichen kummen und der sy ouch in geruhlicher gwere sind das alles von uns und dem Reiche zu lechen ruret zu uerleichen gnedigklichen geruchten».[30]

Aus dieser Verleihung geht hervor, dass hier nur ein schon bestehender Zustand bestätigt wurde und keine neuen Rechte hinzugekommen sind. Dem von den Habsburgern bedrängten Grafen Heinrich II. brachte die Urkunde jedoch einen Nutzen, da nun bestätigt wurde, dass dessen Herrschaften direkt dem König unterstanden und den Schutz des Reiches genossen.

In der Folge gab es noch viele Versuche, das Herzogtum Schwaben wiederherzustellen, die aber stets am Widerstand des Adels scheiterten. Ein Anwärter auf die Herzogswürde war Herzog Sigmund von Österreich, der 1474 an seinen Verwandten, Kaiser Friedrich III., schrieb: «Unter dem Hinweis darauf, dass die Grafen von Tierstein und Tübin-

10) Ospelt, Alois: Die geschichtliche Entwicklung des Gerichtswesens in Liechtenstein. In: Liechtenstein Politische Schriften 8 (1981), S. 221; im folgenden zitiert als: Ospelt, Entwicklung des Gerichtswesens.

11) Die Schöffen oder Geschworenen wurden mit der fränkischen Gerichtsverfassung eingeführt. Sie waren vom Grafen und allen bei den Gauversammlungen anwesenden Freien gewählte ständige Beisitzer des Rechtssprechers. Ihre Zahl war sechs. Vgl. Ospelt, Grafschaft Vaduz, S. 31.

12) Schulze, Grafschaftsverfassung, S. 344.

13) Ospelt, Grafschaft Vaduz, S. 33.

14) Maurer, Helmut: Der Herzog von Schwaben. Grundlagen, Wirkungen und Wesen seiner Herrschaft in ottonischer, salischer und staufischer Zeit. Sigmaringen, 1978, S. 301 ff.; im folgenden zitiert als: Maurer, Herzog von Schwaben.

15) Ebenda, S. 304.

16) Ospelt, Grafschaft Vaduz, S. 34.

17) Ebenda, S. 39.

18) Ospelt, Joseph: Zur liechtensteinischen Verfassungsgeschichte. In: JBL 37 (1937), S. 9 f.; im folgenden zitiert als: Ospelt, Verfassungsgeschichte.

19) Ospelt, Entwicklung des Gerichtswesens, S. 222.

20) In diesem Teilungsvertrag sind die Anteile der beiden Brüder nur sehr grob umschrieben. Genannt werden die Gebiete und die Formel «waz dar zuo gehöret». Dahinter verbergen sich auch verschiedene, nicht näher definierte Rechte. Vgl. Sablonier, Roger: «Graf Hartmann sol ze tail werden Vadutz». Der Werdenberger Teilungsvertrag von 1342. In: JBL 92 (1994), S. 1–37, hier S. 5.

21) Maurer, Herzog von Schwaben, S. 272.

22) Ebenda, S. 298.

23) Vor allem wäre es auch interessant, wie sich die Grafen die verschiedenen Rechte angeeignet haben und woher sie diese ableiteten. Otto Brunner verwahrt sich dagegen, dass man jede Form von Landesherrschaft von den Grafenrechten ableiten kann; vgl. Brunner, Otto: Land und Herrschaft. Grundfragen der territorialen Verfassungsgeschichte Österreichs im Mittelalter. Wien, 1965, S. 204 f. Auch Dietmar Willoweit beschäftigt sich mit der Entwicklung der Landesherrschaft und geht davon aus, dass die Adelsherrschaft als Konkurrenz der königlichen Gewalt die herrschaftlichen Rechte und Lasten wahrnahm: «Die Landesherrschaft ist daher nicht oder zumindest nicht nur aus erworbenen oder usurpierten Reichsrechten geschmiedet worden, sondern das Resultat teils eigenberechtigter, teils vom Reiche abgeleiteter Herrschaftsmacht». Vgl. Willoweit, Dietmar: Die Entwicklung und Verwaltung der spätmittelalterlichen Landesherrschaft. In: Deutsche Verwaltungsgeschichte I, Stuttgart, 1983, S. 66 ff.; im folgenden zitiert als: Willoweit, Entwicklung und Verwaltung. – Alois Niederstätter benennt als Aspekte des Landesausbaus der Montforter die Zurückdrängung der Konkurrenten, besonders von geistlichen Institutionen, eine zielgerichtete Heiratspolitik und die Binnenkolonisation. Vgl. Niederstätter, Alois: Aspekte des Landesausbaus und der Herrschaftsverdichtung zwischen Bodensee und Alpen im 11. bis 14. Jahrhundert. In: Montfort 44 (1992), S. 48–62.

24) Liechtensteinisches Urkundenbuch (LUB). I. Teil: Von den Anfängen bis zum Tod Bischof Hartmanns von Werdenberg-Sargans 1416. Band 3: Bearbeitet von Benedikt Bilgeri. Vaduz, o. J., S. 138 ff.

25) Ebenda, S. 139 f.; das Liechtensteinische Urkundenbuch wird im folgenden jeweils zitiert: LUB I/1–6 (jeweilige Band-Nummer des I. Teils).

26) LUB I/2, S. 157 f. Geleitrechte und Zölle waren sehr wichtige Rechte, da sie eine gute Einnahmequelle darstellten: «Letztere berechtigen zu Forderungen gegenüber fremden Hintersassen, oft an neuralgischen Punkten des Handelsverkehrs, und wirken damit nachhaltig auf das Wirtschaftsleben grösserer Regionen ein. Der Zoll ist daher ... ein Zeichen politischer Macht ...». Vgl. Willoweit, Entwicklung und Verwaltung, S. 71.

27) LUB I/3, S. 87 ff.

28) Diese Urkunde wird im Kapitel «Die Gerichtsbarkeit am Eschnerberg» auf S. 14 links ausführlicher besprochen.

29) Ospelt, Grafschaft Vaduz, S. 62.

30) LUB I/2, S. 246 f.

gen, der Markgraf von Hachberg und die Grafen von Werdenberg, Sulz, Kirchberg und Lupfen ohnedies schon seiner Herrschaft eng verbunden seien, beklagt er [Sigmund], dass demgegenüber die Grafen von Zollern, von Fürstenberg und von Montfort ‹*sich iren graffschaft halben ettwas eusserlichen hielten, wann sy vermeinen, an mittel under das heilig Römisch Reich zu gehören*›. Seine Bitte an den Kaiser, dafür zu sorgen, dass auch diese Grafen ‹*mir und unserm haws Osterreich mer verpunden werden*›, gipfelt bezeichnenderweise in der Forderung, ‹*daz eur gnad mir das herzogtum in Swaben mit seiner zugehorung in lehensweis verlihen möge, dadurch sy und ettlich freyherrn unserm haws Osterreich mer gehorsam sein musten und verpunden wern ...*›.»[31]

DIE BRANDISISCHEN FREIHEITEN

Die Brandisischen Freiheiten – der Name stammt aus einer Urkunde des Jahres 1614 – wurden dem Freiherrn von Brandis 1430 zum erstenmal verliehen. Diese Verleihung durch König Sigismund ist sicherlich wiederum im Zusammenhang mit dem Kampf gegen die habsburgische Hegemonialpolitik zu sehen; die landesherrliche Gewalt der Freiherren sollte gestärkt werden, um einen Übergriff der Habsburger zu verhindern.[32]

Den Freiherren von Brandis wurde die Ausübung der Blutgerichtsbarkeit in Vaduz, Schellenberg und Blumenegg bestätigt und der Privilegienstand erweitert. Die Urkunde ist im Original nicht mehr erhalten, doch der Text ist vollständig in eine andere Urkunde aus dem Jahr 1465 eingefügt. Aus dem Wortlaut geht hervor, dass dies tatsächlich nicht die erste Verleihung solcher Rechte war:

«*Und er [Wolfhart von Brandis] haut uns demüticlich gebeten, das wir im den ban über das blut zuo richten in denselben seiner graufschafft und herschafft in Walgoew, Vadutz und am Eschnerberg zu verlihen und in und sein leut mit den nachgeschriben gnaden und fryheiten als dann die der vorgen[annt] Hartmannn ouch von unns gehapt haut, zuo versehen gnediclich geruchten*».[33]

Ritter ist der Meinung, dass diese Verleihung an Bischof Hartmann von Chur, den letzten Grafen von Werdenberg-Vaduz, im Jahr 1413 stattgefunden haben muss, weil auch Peter Kaiser in seiner «Geschichte des Fürstenthums Liechtenstein» erwähnt, dass sich Sigismund damals in Chur aufgehalten hat.[34] Es findet sich auch bei Kaiser der Hinweis auf eine Urkunde dieser Art.[35]

Die wichtigsten Rechte, die Wolfhart von Brandis durch diese Urkunde verliehen beziehungsweise bestätigt bekam, sind:

– der Bann, über das Blut zu richten in der Grafschaft und Herrschaft in Walgau, Vaduz und am Eschnerberg.
– Ausschluss der Berufung an das königliche Landgericht Unterrätiens in Rankweil und an das königliche Hofgericht in Rottweil. Dies war eine wichtige Neuerung; alle Untertanen und alle, die in den brandisischen Gebieten wohnten, durften nur noch vor den eigenen Gerichten abgeurteilt werden.

Eine wesentliche Ausweitung in Bezug auf die Gerichtsrechte erhielten die Brüder Ludwig und Sigmund II. von Brandis im Jahr 1492. Seit damals war es ihnen gestattet, die Blutgerichtsbarkeit nicht durch eigene Richter wahrnehmen zu lassen, sondern diese direkt an die Landammänner zu übertragen:

«*... auch den vorbestimbten pan über das plut zurichten, so offt es not sein wirdet, den irn, die sy zu ainer yeden zeit nuczlichen bedunnken, und vernunnfft und schicklichaithalben darczu tuglich und gut sein, verner verleyhen und zu richten bevelhen sullen unnd mugen, die bey den Aiden, so unns die vorgemelten von Brandiß als hernachvolgt darumb gethan, ...*».[36]

Der Text dieser von Kaiser Friedrich III. ausgestellten Urkunde ist ebenfalls nur als Einfügung in einer Urkunde von König Maximilian I. aus dem Jahr 1507 erhalten. Die wichtigsten Bestimmungen betrafen die Gerichtsrechte, die einen Ausschluss aller anderen Gerichte vorsahen (Ausnahmen waren die Landesherren selbst, die ihren Gerichtsstand beim Kaiser oder beim kaiserlichen Hofgericht hatten und Kläger, die Klage gegen einen Untertan der beiden Herrschaften einbringen wollten und denen das Klagerecht bei einem der Gerichte versagt war); weiters war es dem Landesherrn verboten, die von anderen Gerichten verurteilten und geächteten Leute in seinem Gebiet aufzunehmen; auch sollte er danach trachten, alle Übeltäter zu fangen und zu verurteilen und er musste dem Kaiser Eid und Gelübde leisten, die Gerichtsbarkeit als unparteiischer Richter auszuüben:

«dem armen als dem reichen und dem reichen als dem armen, und darynn nit ansehen miet, gab, gunst, forcht, freunntschafft noch veindtschafft noch sunnst ganncz kain annder sachen, dann allain gerechts gericht und recht inmassen sy das gegen got dem almechtigen an dem iungsten gericht veranntwurten wellen, ...».[37]

Weitere Rechte betrafen die Mauten und Zölle, die unter Androhung von Warenpfändungen erhoben werden durften. Jedoch *«so sy das an aines ennde nemen dieselben an anndern ennden damit nit besweren»*.[38] Die Freiherren von Brandis erhielten auch Nutzungsrechte an Bergwerken, Gerichtszwängen, Mühlen und Mühlstätten, Steinbrüchen, Weiden, Hölzern, Wäldern, Wasser, Wasserleitungen und Zwingen.

Da es sich bei diesen Rechten um Reichslehen handelte, mussten sie bei jedem Herrscherwechsel und auch bei jedem Wechsel des Landesherren neu bestätigt werden. Diese Neubelehnungen mit den Regalien wurden aber nicht immer vorgenommen.[39]

An der Wende zur Neuzeit kam die Praxis auf, das Recht, den Blutbann auszuüben, getrennt von den Regalien zu verleihen. Es sind fünf Urkunden dieser Art erhalten, die erste aus dem Jahr 1587; der rechtliche Inhalt deckt sich mit dem der Urkunden über die Brandisischen Freiheiten.[40]

DIE GERICHTSBARKEIT AM ESCHNERBERG

Aufgrund der Tatsache, dass Schellenberg nur eine Herrschaft und keine Grafschaft war, sind die Gerichtsrechte sicherlich erst sekundär, also mit den Grafen, dorthin gelangt. Deshalb scheint es notwendig, sich mit der Geschichte dieser Herrschaft genauer auseinanderzusetzen.

Das Gebiet am Eschnerberg wurde nach einem Geschlecht benannt, das von etwa 1200 bis 1317 Besitzungen in dieser Gegend hatte. Das Geschlecht der Herren von Schellenberg stammt ursprünglich aus dem Isartal, wo der Name um 1200 verschwunden ist und zur gleichen Zeit am Eschnerberg auftauchte.[41] Büchel stellt fest, dass zur Zeit der Hohenstaufen eine grosse Zahl von schwä-

31) Maurer, Herzog von Schwaben, S. 300.

32) Immer wieder bestand die Gefahr einer Übernahme der Gebiete durch die Habsburger, die aber verhindert werden konnte. Graf Heinrich II. von Vaduz widerrief eine Erbeinigung mit dem Grafen Rudolf von Montfort-Feldkirch, weil er seine Herrschaft an die Habsburger verkauft hatte. Stievermann stellt zusammenfassend fest: «Im Hinblick auf Habsburg wandelte man also weiterhin auf einem sehr schmalen Grad zwischen echter eigenherrschaftlicher Stellung – kombiniert mit verschiedenen Dienst- und Rechtsbeziehungen zu dem übermächtigen Nachbarn – und der vollen territorialen Einverleibung. Die fortdauernde Aufsaugung anderer Herrschaften durch Österreich im Vorarlberger Raum demonstrierte immer wieder den hohen Gefährdungsgrad der eigenen Lage». Stievermann, Dieter: Geschichte der Herrschaften Vaduz und Schellenberg zwischen Mittelalter und Neuzeit. In: Liechtenstein – Fürstliches Haus und staatliche Ordnung. Geschichtliche Grundlagen und moderne Perspektiven. Hrsg. Volker Press; Dietmar Willoweit. Vaduz, 1987, S. 105.

33) Ritter, Rupert: Die Brandisischen Freiheiten. In: JBL 43 (1943), S. 12; im folgenden zitiert als: Ritter, Brandisische Freiheiten.

34) Ebenda, S. 17.

35) Kaiser, Peter: Geschichte des Fürstenthums Liechtenstein. Nebst Schilderung aus Chur-Rätien's Vorzeit. Chur, 1847. Neu hrsg. von Arthur Brunhart. Vaduz, 1989. 2 Bände. Band 1, S. 220; im folgenden zitiert als: Kaiser, Geschichte Liechtensteins.

36) Ritter, Brandisische Freiheiten, S. 22 f.

37) Ebenda, S. 23.

38) Ebenda, S. 22.

39) Ebenda, S. 28.

40) Die Urkunde von 1587 ist ebenfalls bei Rupert Ritter ediert. Ebenda, S. 40 ff.

41) Büchel, Johann Baptist: Geschichte der Herren von Schellenberg. In: JBL 7 (1907), S. 5–102, hier S. 10; im folgenden zitiert als: Büchel, Geschichte Schellenberg.

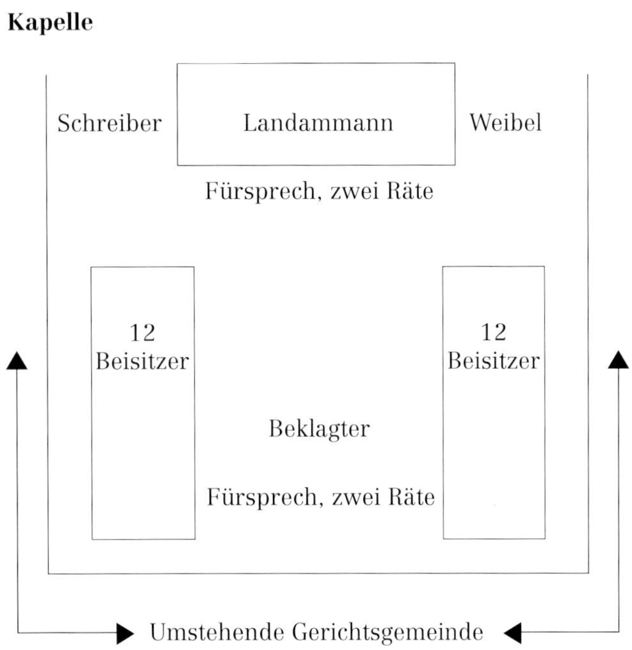

bischen Edlen entlang dem Rhein bis zu den Alpenpässen Burgen bewohnten:

«Wohl durch die staufischen Herzöge und Kaiser geschah die Gründung dieser deutschen Edelsitze auf ihrem Gebiete oder dem des Reiches. Es geschah dies teils, um die bei den vielen Feldzügen geleisteten Dienste zu belohnen, teils um neue Dienste sich zu sichern; jedenfalls aber auch, um die Straßen über die Pässe nach Italien zu bewachen».[42]

Viele unmittelbar unter dem Kaiser und unter dem Reich stehende Güter wurden damals als Lehen verliehen. Spätestens seit der Zeit des Interregnums wurden diese Lehen von den Lehensnehmern als Eigentum betrachtet. Nur selten gelang es König Rudolf I. später, diese Gebiete für das Reich zurückzugewinnen.

Die Herren von Schellenberg waren wahrscheinlich Reichsministerialen, die nach dem Tod Philipps von Schwaben Vasallen der Grafen von Werdenberg wurden.[43] Auch die Werdenberger hatten schon Besitzungen am Eschnerberg, bevor sie im Jahr 1317 die Güter der Herren von Schellenberg kauften.[44]

Man sieht also, dass es sich bei der Herrschaft Schellenberg um kein geschlossenes Gebiet handelt. Um 1180 hatte der ganze Eschnerberg zur Grafschaft des Hugo von Montfort gehört, dem Sohn des Pfalzgrafen Hugo von Tübingen.[45] Er teilte seinen Besitz am Eschnerberg unter seine Söhne auf, wobei Rudolf, der sich Graf von Werdenberg nannte, das Gebiet der Pfarrei Bendern mit Ruggell und Schellenberg sowie Leute und Güter zu Eschen und Mauren erhielt, während sein Bruder Hugo von Montfort Tisis, Tosters, Nofels und Bangs und ebenfalls Leute und Güter zu Eschen und Mauren bekam.[46] Die Besitzungen Rudolfs wurden später innerhalb des Geschlechts wieder aufgeteilt; die werdenbergischen Leute und Güter am Eschnerberg kamen an die Linie der Grafen von Werdenberg-Sargans und von diesen an den Zweig der Grafen von Vaduz. Dazu kamen noch die Besitzungen der Herren von Schellenberg. Wie aus den von Johann Baptist Büchel edierten Regesten der Her-

Das Gericht der Herrschaft Schellenberg tagt bei der Rofenberg-Kapelle in Eschen. Der Landammann in der Bildmitte hält einen gebrochenen Stab in den Händen, was auf einen Malefizprozess hinweist. Fälschlicherweise sind in dieser Schulbuch-Skizze lediglich 12 anstatt 24 Beisitzer dargestellt. Auch fehlen auf dem Bild die Schranken, welche die Zuschauer und Zuschauerinnen – die umstehende Gerichtsgemeinde – von den internen Mitgliedern des Gerichts trennen.

Links auf Seite 12 ist daher eine korrigierte Skizze dieser Gerichtsszene in schematischer Form abgebildet.

ren von Schellenberg zu ersehen ist, gehörte zur Herrschaft am Eschnerberg der Zehent von Wein, Korn, Obst und allen Früchten, Schweinen, Hühnern und Gänsen aus dem ganzen Gebiet zwischen Ill und Rhein unterhalb von Tosters sowie der gesamte Kirchenzehnt der Pfarrei Bendern. Dazu kamen noch Fischereirechte in der Esche, das Geleitrecht von Feldkirch nach Werdenberg und ebenso die Fährrechte über den Rhein in Ruggell.[47]

Bei der Teilung Schwabens in Ober- und Niederschwaben durch König Rudolf im Jahr 1282 wurden die Brüder Ulrich und Marquard von Schellenberg zu Richtern in Oberschwaben ernannt, die im Namen des Königs Recht sprechen sollten.[48] Dienstmannen, Ritter und Städte mussten geloben, den Richtern wirksame Beihilfe zu leisten. Die Brüder nannten sich nun Statthalter des Königs oder

42) Ebenda, S. 14.

43) Büchel stellt fest, dass die Hohenstaufen und auch die Herren von Schellenberg von den Grafen von Montfort auf das erbittertste bekämpft wurden. Es besteht die Möglichkeit, dass das Lehen, das die Herren von Schellenberg am Eschnerberg erhalten hatten, von der alten Grafschaft Bregenz abgetrennt worden war und die Grafen von Montfort nach dem Tod Philipps versuchten, es wieder zurückzugewinnen. Aufgrund dieser Gefahr suchten die Herren von Schellenberg Schutz bei den Werdenbergern. – Büchel, Geschichte Schellenberg, S. 15.

44) Büchel, Johann Baptist: Geschichte des Eschnerberges. In: JBL 20 (1920), S. 5–36, hier S. 13; im folgenden zitiert als: Büchel, Geschichte des Eschnerberges.

45) Ebenda, S. 12.

46) Ebenda, S. 12 f.

47) Büchel, Johann Baptist: Regesten der Herren von Schellenberg. In: JBL 1 (1901), S. 238 Nr. 233, 234, S. 256 f. Nr. 264.

48) Büchel, Geschichte Schellenberg, S. 32 f.

königliche Landvögte. Sie waren in den Jahren 1284 bis 1298 sowie von 1304 bis 1314 als Landvögte tätig, wodurch sie Gelegenheit hatten, Grundbesitz zu erwerben.[49] Im Jahr 1317 verkaufte Marquard von Schellenberg seine Besitzungen an die Grafen von Werdenberg-Bludenz. Zur gleichen Zeit verschwanden die Herren von Schellenberg aus der Gegend des Eschnerbergs.[50]

Rudolf IV. von Montfort-Feldkirch verkaufte seine Grafschaft an die Herzöge von Österreich. Einiges behielt er aber seinem Neffen, Graf Heinrich von Vaduz, vor, teils als Leibgeding auf dessen Lebenszeit, teils als Eigentum. Nach seinem Tod im Jahr 1390 kamen einige Rechte und Gebiete an Österreich, während der Rest Heinrich von Vaduz zufiel.[51] Seit dem Jahr 1390 hatte also der Eschnerberg nur noch zwei Herren: den Grafen Heinrich von Vaduz und den Grafen Albrecht von Werdenberg-Bludenz.

Eine interessante Quelle in diesem Zusammenhang ist ein Vertrag zwischen den beiden Grafen über strittige Gerechtsame am Eschnerberg. Er wurde im Jahr 1394 geschlossen. Dieser Vertrag handelt *«von der stoss und misshellung wegen so wir von dîrr nächgeschribnen stukk und sachen wegen in walgow in Montafun und ôch an dem Eschnerberg untz uf den hùttigen tag als diser brief geben ist».*[52] Beide Herrschaften sollten am Eschnerberg einen Ammann über ihre Leute setzen, der für die eigenen Beklagten zuständig war. Verbrecher und Totschläger mussten nach Vaduz geführt und dort abgeurteilt werden. Weiters werden in dem Vertrag noch Streitigkeiten bezüglich Tavernen und der Fischerei in der Esche geregelt. Nördlich der Esche durften die Grafen von Vaduz keinen Zoll erheben. Das Geleitrecht des Grafen von Bludenz wird ebenfalls abgesteckt. Diese beiden einträglichen Rechte waren also beiden Grafen gleichzeitig zu eigen.

Nach dem Tod des Grafen Heinrich von Vaduz kam es zwischen seinem Bruder, Bischof Hartmann von Chur, und dem Grafen Albrecht von Bludenz zu einem neuerlichen Vertrag, weil es immer wieder Streitigkeiten bezüglich verschiedener Gerechtsame gab.[53] Seit 1402 hatte der Graf von Vaduz aufgrund dieses Vertrags die Blutgerichtsbarkeit über *alle* Verbrecher auf dem Eschnerberg inne:

«Umb die stoss an dem Eschnerberg ist berett und sien daz ainhelliklichen in ain komen was da schadlicher lut werdent gefangen die mir Graf Albrechten zugehörent oder min Aigen sind. Die sol und mag Graf Hartman und sin erben und ire Amptman gen Vadutz furen und die da berechten von weders hern luten die gefangen werdent».[54]

Bei flüchtigen Verbrechern konnte der Graf von Vaduz das erste Gericht am Eschnerberg halten. Für alle anderen Verbrechen sollte weiterhin für jede Herrschaft ein Ammann zuständig sein, und der Graf von Vaduz sollte, wie es traditionell immer geschehen war, zweimal jährlich Gericht halten, im Mai und im Herbst. Ausserdem wurden Vereinbarungen über herrschaftliche Tavernen und das Fischen in der Esche getroffen. Die neu zugewanderten Leute sollten dem Grafen von Vaduz gehören.

Bischof Hartmann von Chur verpfändete seine Hälfte des Eschnerbergs an seine Stiefbrüder, die Freiherren Ulrich Thüring und Wolfhart von Brandis. Graf Albrecht von Bludenz wiederum verkaufte seine Besitzungen im Jahr 1412 an den Grafen Wilhelm IV. von Montfort-Tettnang.[55] Nach seinem Tod kam es allerdings zu Streitigkeiten. Eine seiner Töchter war mit Wolfhart von Brandis verheiratet, zwei andere verkauften ihre Besitzungen an ihren Schwager Wolfhart, obwohl Graf Wilhelm behauptete, im Alleinbesitz der Herrschaft zu sein. Ein kaiserlicher Entscheid von Sigismund dürfte aber im Jahr 1434 zugunsten des Wolfhart zu Brandis ausgegangen sein, da dieser ab diesem Zeitpunkt im alleinigen Besitz des Eschnerbergs war. Nun war also der Eschnerberg zu einer einheitlichen Herrschaft geworden, die Schellenberg genannt wurde. Es gab auch nur noch einen Ammann, der zu Rofenberg Gericht hielt. Obwohl Schellenberg keine alte Grafschaft war, wurde es von den Freiherren von Brandis der Grafschaft Vaduz gleichgestellt und erhielt so wie diese das Hoch- beziehungsweise Blutgericht.

DER LANDSBRAUCH – EIN WEISTUM?

DER BEGRIFF DES WEISTUMS

Als «Weistümer» werden eine bestimmte Art von ländlichen Rechtsquellen bezeichnet. Diese Bezeichnung ist seit den Arbeiten Jacob Grimms üblich geworden.[56] Dieter Werkmüller gibt an, dass das Wort Weistum aus den Quellen selbst stammt, die sich häufig als «weistum», «weisung», «wisinge», «wisong» oder «bewisung» bezeichnen.[57]

Weistümer sagen etwas aus über die Rechtslage in früheren Zeiten. Sie regeln seit dem Spätmittelalter meist das Verhältnis zwischen dem Grundherrn und seinen Hintersassen.[58] Sobald man die gegenseitigen Rechte und Pflichten gewiesen – also in einer förmlichen Versammlung festgestellt – hatte, waren sowohl die Bauern als auch der Grundherr an das Weistum gebunden.[59] Das erklärt die beiderseitige Bestrebung, in allen Bereichen des Rechts eine Bestimmung zu finden, um sich im Streitfall auf das Weistum berufen zu können. Die Bedeutung der Weistümer liegt demnach in Aussagen über die Wirtschafts-, die Sozial- und die Rechtsgeschichte.

Der Beginn der Weistumsforschung ist mit den Quellensammlungen Jacob Grimms anzusetzen. Seine Sammlung, die aus sechs Bänden besteht, enthält Weistümer aus allen Teilen Deutschlands, aber auch aus der Schweiz, Frankreich und Österreich. Sie gilt als grundlegend und wegweisend für alle späteren Weistümersammlungen.[60]

Im Jahr 1870 begann man in Österreich, Weistümer zu sammeln und herauszugeben. Dies geschah im Auftrag der kaiserlichen Akademie der Wissenschaften. Die Einteilung erfolgte nach Kron- respektive Bundesländern. Heute ist diese Edition bereits auf 18 Bände angewachsen. Die Vorarlberger Weistümer wurden von Karl Heinz Burmeister herausgegeben, der zuvor schon Studien über den Charakter und die Entstehung der Vorarlberger Weistümer veröffentlicht hat. Seine Studien können auch zur Bearbeitung der liechtensteinischen Landsbräuche herangezogen werden.

Die Schweiz ist ebenfalls ein Gebiet, das reich an Weistümern ist.[61] Sie sind in der grossen «Sammlung Schweizerischer Rechtsquellen» ediert. Besonders hervorzuheben ist die Auswertung der St. Galler Offnungen[62] durch Walter Müller.[63] Für den Vergleich mit Liechtenstein interessant ist die Edition des Landsbrauchs der zürcherischen Freiherrschaft Sax-Forsteck aus dem Jahr 1627 durch Hans Georg Aebi.[64]

Das Wort «Weistum» kommt von der Weisung und ist gleichzeitig das Ergebnis der Weisung.[65]

---

49) Ebenda, S. 51 f.

50) Ebenda, S. 16.

51) Büchel, Geschichte des Eschnerberges, S. 16 f.

52) LUB I/3, S. 88.

53) Büchel, Geschichte des Eschnerberges, S. 18 f.

54) LUB I/3, S. 213.

55) Büchel, Geschichte des Eschnerberges, S. 21 f.

56) Werkmüller, Dieter: Über Aufkommen und Verbreitung der Weistümer. Nach der Sammlung von Jacob Grimm. Berlin, 1973, S. 66; im folgenden zitiert als: Werkmüller, Aufkommen der Weistümer.

57) Ebenda.

58) Vgl. Wiessner, Hermann: Sachinhalt und wirtschaftliche Bedeutung der Weistümer im deutschen Kulturgebiet. Baden, Wien, Leipzig, Brünn, 1934, S. 2; im folgenden zitiert als: Wiessner, Sachinhalt.

59) Vgl. Theisl, Maria: Die Bestimmungen der Weistümer der österreichischen Alpenländer im Spiegel des heutigen Rechtes. Diss. Graz, 1994, S. 19; im folgenden zitiert als: Theisl, Bestimmungen der Weistümer.

60) Die Grimm'sche Weistümersammlung wird ausführlich behandelt bei Werkmüller, Aufkommen der Weistümer, S. 34 ff. Allerdings beschränkt sich die Abhandlung auf das Gebiet der alten Bundesrepublik Deutschland.

61) Vgl. ebenda, S. 84.

62) Zum Begriff «Offnung» siehe Ausführungen auf Seite 16.

63) Müller, Walter: Die Offnungen der Fürstabtei St. Gallen. Die Ergebnisse im Spiegel der Weistumsforschung. In: Deutsche Ländliche Rechtsquellen. Probleme und Wege der Weistumsforschung. Hrsg. Peter Blickle. 1. Auflage, Stuttgart, 1977.

64) Aebi, Hans Georg: Landsbrauch der zürcherischen Freiherrschaft Sax-Forsteck 1627. Ein Beitrag zur Erforschung ländlicher Rechtsquellen im St. Galler Rheintal. Diss. Zürich, 1974; im folgenden zitiert als: Aebi, Landsbrauch Sax-Forsteck.

65) Vgl. Wiessner, Sachinhalt, S. 1.

Alte, rechtskundige Männer geben auf amtliche Anfrage unter Eid eine Aussage über geltende Rechtsgewohnheiten. Auf diesem Weg gefundenes Recht wird als gewiesenes Recht bezeichnet und steht im Gegensatz zum gesetzten Recht, dessen Schaffung durch Satzung oder Gebot zunächst dem Königtum vorbehalten war.[66] Das Erscheinen der erwachsenen Männer einer Gerichtsgemeinde bei der Weisung war Pflicht.[67] Erst ab dem 13. und 14. Jahrhundert erfolgte die Aufzeichnung der Weistümer, um im Falle von Streitigkeiten einen schriftlichen Beweis für das geltende Recht zu haben.[68] Die schriftliche Fixierung der Weistümer war kein Akt einer selbständigen Rechtssetzung, sondern nur die Feststellung und Verkündung des geltenden Gewohnheitsrechts. Selbst wenn das Weistum verbessert oder den neuen Verhältnissen angepasst wurde, verstand man dies nicht als neue Rechtssetzung.[69] Man ging vielmehr von dem Grundsatz aus, dass es für alle Rechtsfälle ein geltendes Gewohnheitsrecht gab, das nur gewiesen werden musste. Wurde aber durch die Weisung neues Recht geschaffen, weil es vorher keine klare Entscheidung gegeben hatte, war das den Beteiligten nicht bewusst.[70] Die Bestimmungen der Weistümer wurden öffentlich verlesen. Die ältesten schriftlichen Weistümer stammen aus dem 12. Jahrhundert, die jüngsten waren noch im 19. Jahrhundert, zum Teil auch noch im 20. Jahrhundert in Anwendung.[71]

Nicht in allen Quellen der deutschsprachigen Gebiete kommt das Wort «Weistum» vor.[72] Es findet sich vor allem in Mittel-, Nord-, Nordwest- und Westdeutschland. In Süddeutschland bezeichnen sich die Quellen als «Ehaft» oder «Ehafttaiding», in Österreich als «Taiding» oder «Banntaiding», in der Schweiz als «Öffnung», «Offnung» oder «Jahrding», im Elsass als «Dingrodel», in Sachsen und Nordböhmen als «Ruge» und in Niederdeutschland als «Holtding». In Liechtenstein, Vorarlberg und seltener auch in der Schweiz ist der Begriff «Landsbrauch» üblich.

Ein Schema zur Einteilung der Weistümer bietet Theodor von Inama-Sternegg in seiner Arbeit: «Über die Quellen der deutschen Wirtschaftsgeschichte»:[73] Er unterteilt die Weistümer in folgende Unterkategorien: Gerichtsweistümer, Marktgenossenschaftsweistümer, Urbarial(Stifts)weistümer, Dorfweistümer, Bauernschaftsweistümer sowie Hofrechtsweistümer.

Erna Patzelt geht bei ihrer Einteilung der Weistümer von der Erkenntnis aus, dass sie das Verhältnis zwischen Grundherren und ihren Hintersassen regeln. Gemäss ihrer Analyse können Weistümer folgende Bereiche abdecken beziehungsweise beinhalten:[74]

1. Privilegien;
2. Urkunden, die über die Streitigkeiten zwischen verschiedenen Grundherrschaften handeln;
3. Erläuterungen der Rechte der Hintersassen;
4. Urkunden über eine von der Gemeinde selbst beschlossene Ordnung ihrer inneren Angelegenheiten, die auf deren Bitte von der Gerichtsobrigkeit genehmigt und ratifiziert wird;
5. Urkunden, die von den Grundherrschaften selbst ausgestellt sind.

Hermann Wiessner teilt die Weistümer in zwei Kategorien ein, nämlich je nachdem, ob im Weistum der Herr oder die bäuerliche Bevölkerung im Vordergrund steht.[75] Von den verschiedenen Arten von Weistümern zählt Dieter Werkmüller die wichtigsten auf:[76]

1. Reichsweistümer: Die deutschen Kaiser des Mittelalters liesen durch die Edlen ihres Hofes feststellen, was «herkömmlich und rechtens» sei;
2. Landrechte, die in Weistumsform ermittelt wurden, die aber häufig eine Mischform zwischen Weistum und Satzung darstellen;
3. Städtische Weistümer;
4. Sendweistümer: Weistümer der Kirche;
5. Bäuerliche Weistümer: Weistümer im engeren Sinn.

DIE DEFINITIONEN

Auch heute herrscht noch keine Einigkeit darüber, wie ein Weistum zu definieren ist. Die erste umfassende Definition stellte Hans Fehr auf, der folgende Merkmale eines Weistums hervorhob:

«Weistümer sind Rechtsdenkmäler eines lokal eng begrenzten, bäuerlichen Lebenskreises, ausgehend von der Genossenschaft allein oder von Genossenschaft und Herrschaft zusammen. Sie weisen überwiegend gewohnheitsrechtliche und bis zum 16. Jahrhundert deutschrechtliche Natur auf und sind abgestimmt auf dauernde Regelung der Rechtsverhältnisse».[77]

Georg von Below hat den Weistumsbegriff formaler definiert als «Aussage der Pflichtigen über geltendes Recht, abgegeben auf amtliche Anfrage».[78] Würde man aber nur das Kriterium der Beantwortung von Rechtsfragen heranziehen, so wären viele Weistümer von dieser Definition ausgeschlossen.[79] Viele stellen sich nämlich als einfache Zusammenfassung des bäuerlichen Rechtsstoffes oder als Vereinbarungen zwischen Genossenschaft und Herrschaft dar. Deshalb ist diese Definition von Below zu eng gefasst.

Karl Heinz Burmeister weist darauf hin, dass der vorhandene Gegensatz zwischen Formweistum und Editionsweistum keine Einigung auf einen Gesamtbegriff zulässt.[80] Vielmehr sei es nötig, eine Definition auf zwei verschiedenen Ebenen vorzunehmen. Eine Schwierigkeit ergibt sich, wenn einem Weistum das Formelement der Weisung fehlt. Hermann Baltl betont jedoch, dass es in erster Linie auf die Einordnung in die bäuerlichen Lebensverhältnisse ankommt.[81]

Theodor Bühler-Reimann stellt drei Merkmale in den Vordergrund, deren Kombination für das Weistum spezifisch ist:

«1. Es handelt sich in überwiegendem Masse um Gewohnheitsrecht; 2. Dieses Recht bezieht sich auf bäuerliche Lebensverhältnisse, und 3. Die Urheber haben die erkennbare Absicht, das für alle Teilhaber einer Gemeinschaft verbindliche Recht auf die Dauer zu fixieren».[82]

Ich möchte mich im folgenden auf die Definition von Karl Heinz Burmeister stützen und anhand dieser den Liechtensteinischen Landsbrauch untersuchen:

«Das Weistum ist eine Rechtsquelle, die auf eine dauernde Regelung der Rechtsverhältnisse hinzielt, dem bäuerlichen Lebenskreis angehört, einen lokalen Geltungsbereich hat und vorwiegend gewohnheitsrechtlichen Inhalts ist».[83]

1. Mit der Rechtsquelle wird eine dauernde rechtliche Regelung, das heisst eine auch für die Zukunft verbindliche Rechtsfeststellung angestrebt.

Mit diesem ersten Merkmal grenzt Karl Heinz Burmeister das Weistum vom Urteilsweistum ab,

---

66) Vgl. Geschichte Salzburgs. Stadt und Land. Hrsg. Heinz Dopsch; Hans Spatzenegger. Band 1/2. Salzburg, 1983, S. 876; im folgenden zitiert als: Geschichte Salzburgs.

67) Vgl. Wiessner, Sachinhalt, S. 3.

68) Vgl. Theisl, Bestimmungen der Weistümer, S. 20.

69) Vgl. Werkmüller, Aufkommen der Weistümer, S. 68.

70) Vgl. Geschichte Salzburgs, S. 877.

71) Vgl. Theisl, Bestimmungen der Weistümer, S. 3.

72) Vgl. Werkmüller, Aufkommen der Weistümer, S. 66.

73) In: Wiessner, Sachinhalt, S. 16.

74) Vgl. Patzelt, Erna: Entstehung und Charakter der Weistümer in Österreich. Baden, Wien, Leipzig, Brünn, 1924, S. 26 ff.; im folgenden zitiert als: Patzelt, Entstehung der Weistümer.

75) Vgl. Wiessner, Sachinhalt, S. 19.

76) Vgl. Werkmüller, Aufkommen der Weistümer, S. 69 ff.

77) Fehr, Hans: Über Weistumsforschung. In: Vierteljahrsschrift für Sozial- und Wirtschaftsgeschichte 13 (1916), S. 556; im folgenden zitiert als: Fehr, Weistumsforschung.

78) Zitiert nach Werkmüller, Aufkommen der Weistümer, S. 72.

79) Vgl. Fehr, Weistumsforschung, S. 555.

80) Vgl. Burmeister, Karl Heinz: Probleme der Weistumsforschung. In: Deutsche Ländliche Rechtsquellen. Probleme und Wege der Weistumsforschung. Hrsg. Peter Blickle. 1. Auflage, Stuttgart, 1977, S. 74; im folgenden zitiert als: Burmeister, Probleme.

81) Zitiert nach Burmeister, Probleme, S. 74 f.

82) Bühler-Reimann, Theodor: Warnung vor dem herkömmlichen Weistumsbegriff. In: Deutsche Ländliche Rechtsquellen. Probleme und Wege der Weistumsforschung. Hrsg. Peter Blickle. 1. Auflage, Stuttgart, 1977, S. 90 f.; im folgenden zitiert als: Bühler-Reimann, Warnung.

83) Burmeister, Karl Heinz: Die Vorarlberger Landsbräuche und ihr Standort in der Weistumsforschung. Zürich, 1970, S. 28; im folgenden zitiert als: Burmeister, Vorarlberger Landsbräuche.

das nur einen konkreten Fall entscheidet.[84] Mit der Niederschrift schafft man Rechtssicherheit und erspart sich künftig in ähnlichen Fällen die dauernde Befragung der Schöffen. In den niedergeschriebenen Weistümern werden Rechtszustände widergespiegelt, die zur Zeit ihrer Entstehung Bestand hatten. Deshalb fragte der Richter auch die Schöffen, was von alters her rechtens sei.[85] Die Änderung und Anpassung der Weistümer erfolgte nicht abrupt, sondern schrittweise. Dies wurde von den Bauern nicht als Neuerung empfunden, sondern als eine Wiederherstellung des guten alten Rechts.[86]

Im Liechtensteinischen Landsbrauch wird in der Einleitung zum Erbrecht betont, dass man mit dessen Festlegung Unruhen und Missverständnisse beseitigen will:

«Weyl dan wür aiß dißer zeit regierender herr vor gott und der welt schuldig sind, unserer gethreuen lieben underthanen nutz und wohlfarth zue bedencken, so haben wür die sach mit unßeren beambten in zeitige berathschlagung gezogen und demnach, damit allerley unruoch, umbtrieb, zanckh, hader, überlaufens der obrigkeit, uncostung, vernachtheilung, vortheil und verkhürtzung (alles den billichen gleichmessigen rechten zuewider) für khommen und abgeschniten werden ...».[87]

2. Die Rechtsquelle sagt etwas über Rechts- oder Wirtschaftsverhältnisse des bäuerlichen Lebenskreises aus.

Karl Heinz Burmeister vertritt damit den engeren Weistumsbegriff, womit er Reichsweistümer, städtische Weistümer und Ähnliches ausgrenzt. Theodor Bühler-Reimann betont hingegen die Gleichwertigkeit von Herrschafts- und Sendweistümern und ist auch gegen die Abgrenzung von Stadtrechten, die nach seiner Meinung aus Weistümern hervorgegangen sind.[88] Im liechtensteinischen Landsbrauch findet sich nur der Hinweis, dass er für die Untertanen des Landesfürsten erstellt worden und für diese gültig ist.

3. Die Quellen zum Landsbrauch haben gewohnheitsrechtlichen Inhalt.

Mit der Niederschrift der Quellen wurde nicht neues Recht gesetzt, sondern überkommenes kundgemacht. Schon die Bezeichnung «Landsbrauch» deutet auf dieses Element hin.[89] Viele Weistümer berufen sich auf altes Herkommen, auf alte Gewohnheit und auf alten Gebrauch.[90] Für den liechtensteinischen Landsbrauch ist dieses Merkmal aber nicht mehr uneingeschränkt gültig. Das Erbrecht wurde von einem Notar, dem Obervogt Johann Jakob Beck, aufgestellt, auch die Polizeiordnung wurde obrigkeitlich gesetzt.[91] Die Aufzeichnung der Malefizgerichtsordnung deutet auf langjährige Praxis hin, die schriftlich niedergelegt wurde.

4. Der Geltungsbereich des Landsbrauchs ist lokal oder regional begrenzt.

In den Weistümern wurden nur die Beziehungen der Insassen eines eng begrenzten, territorialen Gebietes geregelt.[92] Das war im Regelfall ein ländlicher Gerichtsbezirk. Im Falle Liechtensteins waren dies die Grafschaft Vaduz sowie die Herrschaften Schellenberg und Blumenegg, für die der Landsbrauch von 1682 gültig war. Das allgemeine Problem dieser Regelung war die grosse Rechtszersplitterung, da oft auch benachbarte Grundherrschaften verschiedene Rechtsordnungen hatten.[93]

5. Das Weistum muss sich auf verschiedene Bereiche des Rechts- oder Wirtschaftslebens beziehen.

Karl Heinz Burmeister bezweckt mit diesem Merkmal eine Abgrenzung zu den Urbaren und zu den Sonderweistümern wie Alpsatzungen oder Mühlenordnungen.[94] Wie aus dem Inhaltsverzeichnis des liechtensteinischen Landsbrauchs zu ersehen ist, trifft auch dieses Merkmal zu.

Ein weiteres Merkmal, auf das Maria Theisl eingeht, ist die Tatsache, dass die Weistümer den Rechtsstoff nicht in eine einheitliche Form brachten, sondern nur Zustände in den einzelnen Grundherrschaften wiedergaben.[95] Die Bestimmungen, die das Zusammenleben regelten, standen ohne Ordnung und Systematik nebeneinander.

Einig sind sich Karl Heinz Burmeister und Theodor Bühler-Reimann in dem Punkt, dass die deutschrechtliche Natur kein Kriterium für ein Weistum ist, wie dies noch Hans Fehr forderte.[96] Schon ab dem 16. Jahrhundert ist ein römischrechtlicher Einfluss zu beobachten. Dies ist, wie noch zu zeigen sein wird, auch für den liechtensteinischen Landsbrauch gültig.

DIE BEDEUTUNG DER WEISTÜMER

Nach Ansicht von Dieter Werkmüller liegt der Schwerpunkt des Quellenwertes der Weistümer in ihrer Bedeutung für die ländliche Rechts- und Verfassungsgeschichte und besonders für das grundherrlich-bäuerliche Verhältnis.[97] Aber Weistümer werden auch als Quellen für die Strafrechtsgeschichte herangezogen, wie die 1992 erschienene Dissertation von Ulrike Aichhorn zeigt.[98] Sie überprüft den Topos der strafrechtlichen Schlechterstellung der Frau gegenüber dem Mann anhand der Weistümer. Dabei kommt sie zu dem Ergebnis, dass die Frau dem Mann gleichgestellt, in mancher Hinsicht sogar bessergestellt war.[99] Es gab keine geschlechtspezifische Differenzierung bei Delikten wie Zauberei, Hexerei, Gotteslästerung, Vagabundieren, Hausieren und Diebstahl. Als typische «Frauendelikte» galten Streit und Zank.

Für viele Forscher steht die Bedeutung der Weistümer für die Wirtschafts- und Sozialgeschichte im Vordergrund.[100] Es geht dabei um die Beziehung des Herrn zu den Untertanen im Rahmen der Grundherrschaft und die Herleitung der Weistümer von den Urbaren. Besonders Erna Patzelt und Hermann Wiessner untersuchten die Weistümer unter wirtschaftlichen Gesichtspunkten.[101]

Als Dokumente für Auseinandersetzungen zwischen Herrschaftsträgern sieht Irmtraut Eder die Weistümer.[102] Besonders im saarländischen und im kurpfälzischen Raum sind die Quellen stark herrschaftlich geprägt. Natürlich geht es aber auch hier um die innere Organisation der Gemeinde und um die Beziehungen der Untertanen zum Grund- und Niedergerichtsherrn.

DER LANDSBRAUCH ALS ZWISCHENFORM VON WEISTUM UND GESETZ

Der vorliegende Landsbrauch, der relativ spät schriftlich fixiert wurde, ist formal von einem «ländlichen Weistum», wie es Erna Patzelt oder Hermann Wiessner beschreiben, schon weit entfernt. Die ländlichen Weistümer sind häufig durch einen wörtlich wiedergegebenen Wechsel von Fragen des Richters und Antworten der Beisitzer oder Schöffen gekennzeichnet, der sich im Landsbrauch von 1667 nur noch teilweise in der Malefizgerichtsordnung und im Schuldrecht findet. Das Erbrecht und die Polizeiordnung hingegen weisen eher die Merkmale von Gesetzen auf. In der Einleitung des Erbrechts beruft sich der Landesherr Karl Ludwig

84) Ebenda, S. 23.

85) Vgl. Theisl, Bestimmungen der Weistümer, S. 11.

86) Ebenda, S. 14.

87) LLA Landsbrauch 1682: Abschrift von Landammann Basilius Hoop.

88) Vgl. Bühler-Reimann, Warnung, S. 89.

89) Vgl. Burmeister, Vorarlberger Landsbräuche, S. 24.

90) Vgl. Theisl, Bestimmungen der Weistümer, S. 6.

91) LLA Landsbrauch 1682: Einleitung der Erbordnung, Polizeiordnung.

92) Vgl. Theisl, Bestimmungen der Weistümer, S. 8.

93) Ebenda.

94) Vgl. Burmeister, Vorarlberger Weistümer, S. 25.

95) Vgl. Theisl, Bestimmungen der Weistümer, S. 9.

96) Vgl. Fehr, Über Weistumsforschung, S. 555.

97) Vgl. Werkmüller, Aufkommen der Weistümer, S. 59.

98) Aichhorn, Ulrike: Die Rechtstellung der Frau im Spiegel des österreichischen Weistumsrechts. Wien, 1992. (Dissertationen der Universität Salzburg. Band 33).

99) Ebenda, S. 121.

100) Vgl. Werkmüller, Aufkommen der Weistümer, S. 57.

101) Patzelt, Entstehung der Weistümer; Wiessner, Sachinhalt.

102) Eder, Irmtraut: Weistümer als Dokumente der Territorialpolitik. In: Deutsche Ländliche Rechtsquellen. Probleme und Wege der Weistumsforschung. Hrsg. Peter Blickle. 1. Auflage, Stuttgart, 1977, S. 142 f.

von Sulz zwar auf altes Recht und Herkommen, weshalb das Erbrecht auch vom Volk als Gewohnheitsrecht anerkannt wurde. Es wurde aber nicht mehr in der für ein Weistum charakteristischen Form festgehalten. Der Landsbrauch besteht also aus heterogenen Teilen, wobei gewiesenes (Gewohnheits-)Recht durch obrigkeitliche Satzungen überlagert wird. Demzufolge ist er am ehesten mit einem Landrecht vergleichbar, das eine Mischform von Weistum und Satzung darstellt.[103] Die Entstehung der einzelnen Teile des Landsbrauchs lässt sich jedoch zeitlich nicht festlegen.

fol. 1r: Die erste Seite des Landsbrauchs von 1667 enthält einleitende Bemerkungen zu diesem Gesetzbuch, welches die Grundlage für die landschaftliche Rechtssprechung darstellte. Erst die im Jahr 1809 erlassene neue Erfolgs- und Hinterlassenschaftsordnung hob die diesbezüglichen Bestimmungen des Landsbrauchs auf.

DIE LIECHTENSTEINISCHEN LANDSBRÄUCHE

In den liechtensteinischen Archiven befinden sich sechs Abschriften des Landsbrauchs. Sie unterscheiden sich zwar in der Anordnung der verschiedenen Kapitel, nicht aber im Inhalt. Fünf Abschriften stammen aus dem 17. Jahrhundert, wobei die Abschriften von 1664 und 1667 wörtlich gleichlautend sind. Die Abschrift von 1682 enthält zusätzlich neun Artikel, die ein Landammann den Geschworenen vorhalten sollte, und ein Sulzisches Urbar. Weiters liegen aus dem 17. Jahrhundert noch zwei Fragmente vor, die nicht datiert sind. Albert Schädler nimmt an, dass sie am Beginn des 17. Jahrhunderts niedergeschrieben wurden.[104] Sie enthalten einige zusätzliche, später eingefügte Teile wie einen Anschlag der Reichsherrschaft Schellenberg, eine Notiz betreffend «Goldene Boos» und eine Vogtrechnung aus der Zeit von 1840 bis 1856.

Die jüngste Abschrift wurde im Jahr 1794 von Andreas Pümpel, einem Studenten der Theologie, hergestellt. Sie enthält die neue Polizei- und Landesordnung aus dem Jahr 1732, die in gedruckter Form im Liechtensteinischen Landesarchiv vorliegt, und eine Waldordnung aus demselben Jahr.

Die Grundlage für die Edition bildet die Abschrift von 1667, die von den älteren Abschriften am besten erhalten ist. Sie wurde vom Landammann Johann Georg Wolf zum dienstlichen Gebrauch in Auftrag gegeben. Dieser am Beginn der Abschrift genannte Landammann wurde 1619 geboren. Zwischen 1664 und seinem Sterbejahr 1683 tritt er 15mal urkundlich als Landammann auf.[105] Er wird aber schon im Jahr 1652 in einer Urkunde

103) Vgl. hierzu das Kapitel «Landrechte». In: Ebel, Wilhelm: Geschichte der Gesetzgebung in Deutschland. 2. Auflage, Göttingen, 1958 (Göttinger Rechtswissenschaftliche Studien. Band 24), S. 51–53; im folgenden zitiert als: Ebel, Geschichte der Gesetzgebung.

104) Schädler, Albert: Die alten Rechtsgewohnheiten und Landsordnungen der Grafschaft Vaduz und der Herrschaft Schellenberg, sowie des nachherigen Fürstentums Liechtenstein. In: JBL 5 (1905), S. 39–86, hier S. 41; im folgenden zitiert als: Schädler, Rechtsgewohnheiten.

105) Vgl. Ospelt, Joseph: Landammänner-Verzeichnis und Landammänner-Siegel. In: JBL 40 (1940), S. 37–51, hier S. 51.

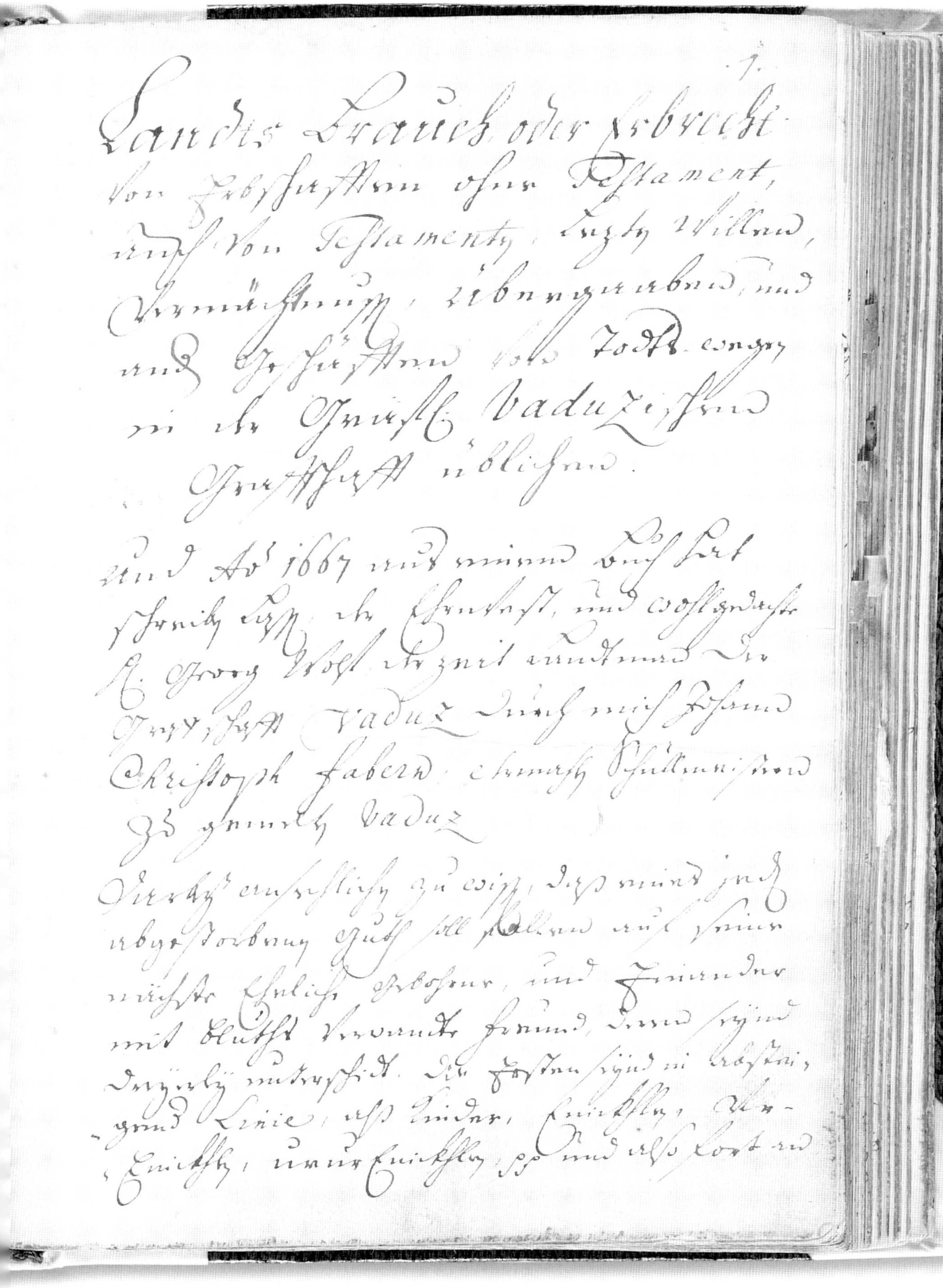

1.

Landts Brauch oder Erbrecht
von Erbschafften ohne Testament,
auch von Testamenten, letzten Willen,
Vermächtnussen, Uebergaaben, und
andern Geschäfften bei Todts-[illegible]
in der Graffschafft Vaduz [illegible]
Herrschafft üblichen.

[illegible] Ao: 1667 [illegible]
[illegible]
[illegible]
[illegible] Vaduz [illegible]
Christoph Fabern, [illegible]
[illegible] Vaduz

[illegible]

erwähnt, in der er unter den Gerichtsleuten aufscheint.[106] Die Abschrift wurde vom ehemaligen Schulmeister Johann Christof Faber von Vaduz hergestellt. Der Landammann bekam auf diese Weise ein Nachschlagewerk für Rechtsentscheidungen vor Gericht.

Die Bestimmungen des Landsbrauchs lassen sich in vier Hauptgruppen einteilen: Zu Beginn steht das Erbrecht, ergänzt durch verschiedene Formen von Testamenten, dann folgt – sehr kurz gehalten – das Verzeichnis der Gant, also die Art und Weise des Schuldentriebs. Hierzu kann man auch das Kapitel «Form wie man einen Schuldbrief einlegen soll» zählen. Als nächstes findet sich im Landsbrauch der Ablauf einer Malefizgerichtsverhandlung. Abschliessend enthält der Landsbrauch noch eine ausführliche Polizeiordnung. Ergänzt wird er durch ein übersichtliches Register.

Der grösste Wert wird im Landsbrauch auf das Erbrecht gelegt, das den ausführlichsten Teil darstellt. Die Erbordnung ist wörtlich gleichlautend mit jener, die in Blumenegg Gültigkeit hatte. Sie wurde von Karl Heinz Burmeister herausgegeben.[107] Die Entwicklung des Erbrechts geht aus der Einleitung, verfasst von Graf Karl Ludwig von Sulz, hervor. Diese ist aber in der Abschrift von 1667 nicht enthalten.[108] Karl Ludwig von Sulz bezieht sich zunächst auf die erste schriftliche Erbordnung von Graf Rudolf von Sulz aus dem Jahr 1531. Sie wird in manchen Abhandlungen als der erste Landsbrauch bezeichnet.[109] Albert Schädler gibt sie in seiner Abhandlung über die Landsbräuche wortgetreu wieder.[110] Entstanden ist sie auf Initiative der Untertanen, die vor Rudolf erschienen und die Aufzeichnung einer Erbordnung forderten. Sie erfolgte mit Beratung *«ains* vicarii *und gaistlichen richters zu Chur»*.[111] Es handelte sich dabei um den Bündner Juristen Caspar von Capal, der zur Zeit der Entstehung dieser Erbordnung gerade die wichtigsten Ämter im Bistum Chur innehatte.[112] Er machte sich besonders um die Einführung des römisch-rechtlichen Repräsentationsrechts im Erbrecht verdient.

Aber weder diese Erbordnung noch eine Revision aus dem Jahr 1577 waren laut Graf Karl Ludwig von Sulz ausreichend und klar genug abgefasst. Beide Erbordnungen waren ausserdem nur in der Grafschaft Vaduz gültig gewesen. Karl Ludwig war aber auch Herr über Schellenberg und bis zum Jahr 1602 über Blumenegg, das in diesem Jahr durch eine Erbteilung an seinen Bruder Rudolf fiel.[113] Deshalb muss man die Entstehung dieser Erbordnung um das Jahr 1600, in jedem Fall vor 1602, festlegen. Der kaiserlich approbierte Notar und Landschreiber Johann Jakob Beck wurde beauftragt, mit Hilfe eines Rechtsgelehrten ein Erbrecht zu erstellen. Landschreiber waren meist ausgebildete Juristen und entstammten ganz bestimmten Familien.[114] Auch bei dieser Erbordnung spielt, wie Karl Ludwig von Sulz betont, der Wunsch der Bevölkerung nach einem einheitlichen Erbrecht eine grosse Rolle. Es handelt sich also hier, um der Einteilung von Karl Heinz Burmeister zu folgen, um eine offizielle Redaktion unter Mitwirkung des Landesherren, die auch in Vorarlberg die Regelform war.[115] Entstanden ist eine sehr umfangreiche, nicht unkomplizierte Ordnung mit einer Vielzahl von römisch-rechtlichen Einflüssen, aber auch gewohnheitsrechtlichen Elementen, wie noch zu zeigen sein wird.

Im Verzeichnis der Gant wird das Verfahren zum Einzug der Schulden beschrieben. Auch die gebräuchlichen Formeln bei Gerichtsverhandlungen zur Ausstellung eines Schuldbriefs für den Gläubiger sind in diesem Kapitel verzeichnet. Aus dem Bereich des Strafrechts ist im Landsbrauch nur die Form der Gerichtsverhandlung bei todeswürdigen Verbrechen, die Malefizordnung, verzeichnet. Es ist auffallend, dass keine weiteren Bestimmungen strafrechtlichen Inhalts aufgezeichnet wurden. Diesen Umstand finden wir auch im Saxer Landsbrauch. Die Aufzeichnung solcher strafrechtlicher Normen wurde als nicht notwendig betrachtet, weil das Rechtsbewusstsein der Bevölkerung diesbezüglich besonders ausgeprägt war.[116] Während also traditionelles, tief eingewurzeltes Gewohnheitsrecht oft nicht in schriftlicher Form festgehalten wurde, kam es umgekehrt häufig zur Fixierung von rezipiertem, aber eigentlich nie lebendig gewordenem Recht.

Inwieweit dieser Umstand für die im Landsbrauch enthaltene Polizeiordnung gilt, ist nicht feststellbar. Sie hält sich eng an die 1530 entstandene, beziehungsweise an die 1577 in Frankfurt erneuerte Reichspolizeiordnung. Immer wieder wird aber auf konkrete Missstände hingewiesen, denen die neuen Gesetze abhelfen sollten. Bezüglich der Datierung dieser Polizeiordnung könnte eine Verordnung Karl Ludwigs von Sulz aus dem Jahr 1589 hilfreich sein. Sie enthält einige polizeirechtliche Bestimmungen, nämlich über die Sperrstunde im Wirtshaus und das Geldborgen. Dabei erwähnt der Sulzer, dass *«alles in der polizey ordnung vergriffen und meniglich offenbar gemacht worden»* ist.[117] Auch die zu erwartenden Strafen könnten dort eingesehen werden. Wenn sich dieser Satz nicht auf die Reichspolizeiordnung bezieht, könnte man die Entstehung der Polizeiordnung im Landsbrauch zwischen 1577 und 1589 festlegen, was aber nicht ausschliesst, dass schon früher eine Polizeiordnung für die Grafschaft Vaduz und die Herrschaft Schellenberg existierte.

Bestehende Missstände sind ein wichtiger Grund für die Niederschrift von Gewohnheitsrecht.[118] Schlechte Gewohnheiten, die sich aufgrund mangelnder Normen eingebürgert hatten, sollten auf diese Weise abgeschafft werden. Im Landsbrauch, besonders in der Polizeiordnung häufig verwendete Formeln in diesem Zusammenhang sind: *«Wür aber leyder durch tägliche erfahrung befinden ...»*, *«Aus allerhand begebenden ursachen befehlen wür auch hirmit ernstlich ...»*, *«Es gibt leider die tägliche erfahrung zu erkennen, ...»*.[119]

Durch die Aufzeichnung des Landsbrauchs sollte auch Rechtssicherheit und Beweiserleichterung geschaffen werden.[120] Dies geht besonders aus der Einleitung zur Erbordnung hervor, wo es über die Erbordnungen von 1531 und 1577 heisst:

«... so sind doch darin gahr wenig fäll und etlich darunder so kurtz, dunkhel und unverständtlich gesetz und auß gefüehrt, daß man darauß über etwelche zue getragen fäll kheinen gründtlichen bericht fassen mögen, dar durch dan aller handt weiterungen, unruohen, misverständt und widerwillen endtstanden seind».[121]

Der Landsbrauch beanspruchte aber nicht, auf jede Frage bezüglich des aufgezeichneten Rechts eine Antwort zu haben. Zwar stand er über gemeinem Recht, er musste aber durch landesherrliches und römisches Recht ergänzt werden, wenn im speziellen Fall keine Bestimmung aus dem Landsbrauch zutraf. Im Erbrecht wird sogar ausdrücklich darauf hingewiesen:

«Da sich aber über dise ausgedruckte fähl noch andere mehr begeben und zutragen wurden, so ordnen und wollen wür, daß in selbigen allen und jeden die gemeine geschribene recht und des heil[igen] röm[ischen] reichs ordnung observirt und gehalten, nach welcher ausweisung die übrige erbfähl alle verhandlet und berechtiget werden sollen».[122]

---

106) LUB I/4, S. 243.

107) Vorarlberger Weistümer. 1. Teil (Bludenz – Blumenegg – St. Gerold). Hrsg. Karl Heinz Burmeister. Wien, 1973.

108) Man findet sie im LLA Landsbrauch 1682 (Abschrift Basilius Hoop), aber auch bei Schädler, Rechtsgewohnheiten, S. 50 ff.

109) Zum Beispiel bei Beck, Wilhelm: Eheliches Güterrecht und Ehegattenrecht nach unseren Rechtsquellen. In: JBL 17 (1917), S. 107–124; im folgenden zitiert als: Beck, Eheliches Güterrecht.

110) Schädler, Rechtsgewohnheiten, S. 44 ff.

111) Ebenda, S. 45.

112) Vgl. Burmeister, Karl Heinz: Caspar von Capal (ca. 1490–1540), ein Bündner Humanist und Jurist. Sonderdruck aus: Festgabe zum 65. Geburtstag von Claudio Soliva. Zürich, 1994; im folgenden zitiert als: Burmeister, Caspar von Capal.

113) Vgl. Kaiser, Geschichte Liechtensteins, S. 355.

114) Vgl. Burmeister, Vorarlberger Landsbräuche, S. 65.

115) Ebenda, S. 51.

116) Vgl. Aebi, Landsbrauch Sax-Forsteck, S. 65.

117) LLA U 57, Verordnung Karl Ludwigs von Sulz, 1589.

118) Vgl. Burmeister, Vorarlberger Landsbräuche, S. 47 f.

119) Vgl. zum Beispiel LLA Landsbrauch 1667 fol. 67r, LLA Landsbrauch 1667 fol. 70v, LLA Landsbrauch 1667 fol. 76v, etc.

120) Vgl. Burmeister, Vorarlberger Landsbräuche, S. 45.

121) LLA Landsbrauch 1682.

122) LLA Landsbrauch 1667 fol. 39r; im folgenden wird dieser Landsbrauch abgekürzt zitiert als LB. – Vgl. auch Burmeister, Vorarlberger Landsbräuche, S. 74.

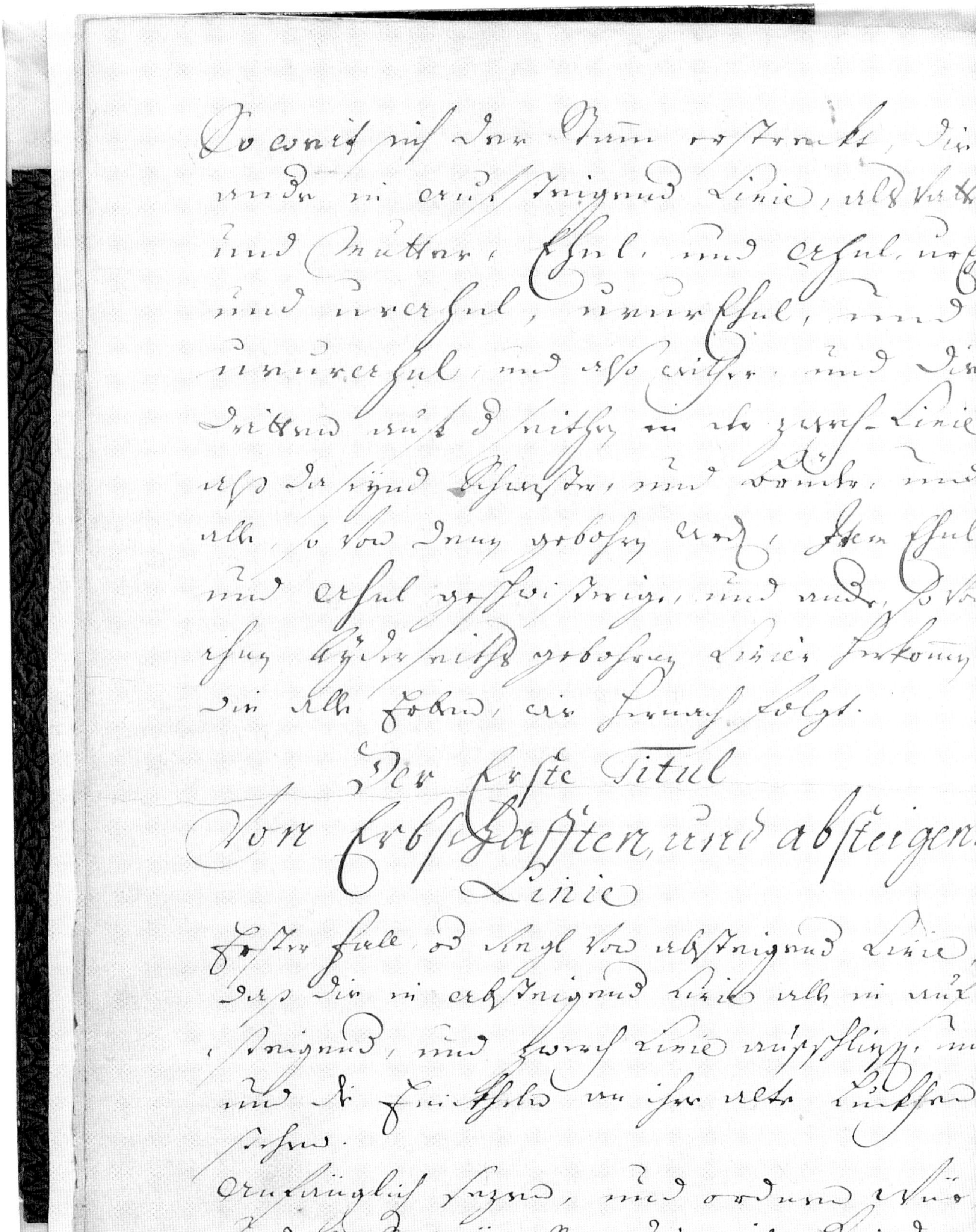
Der Erste Titul
Von Erbschafften, und absteigend Linie

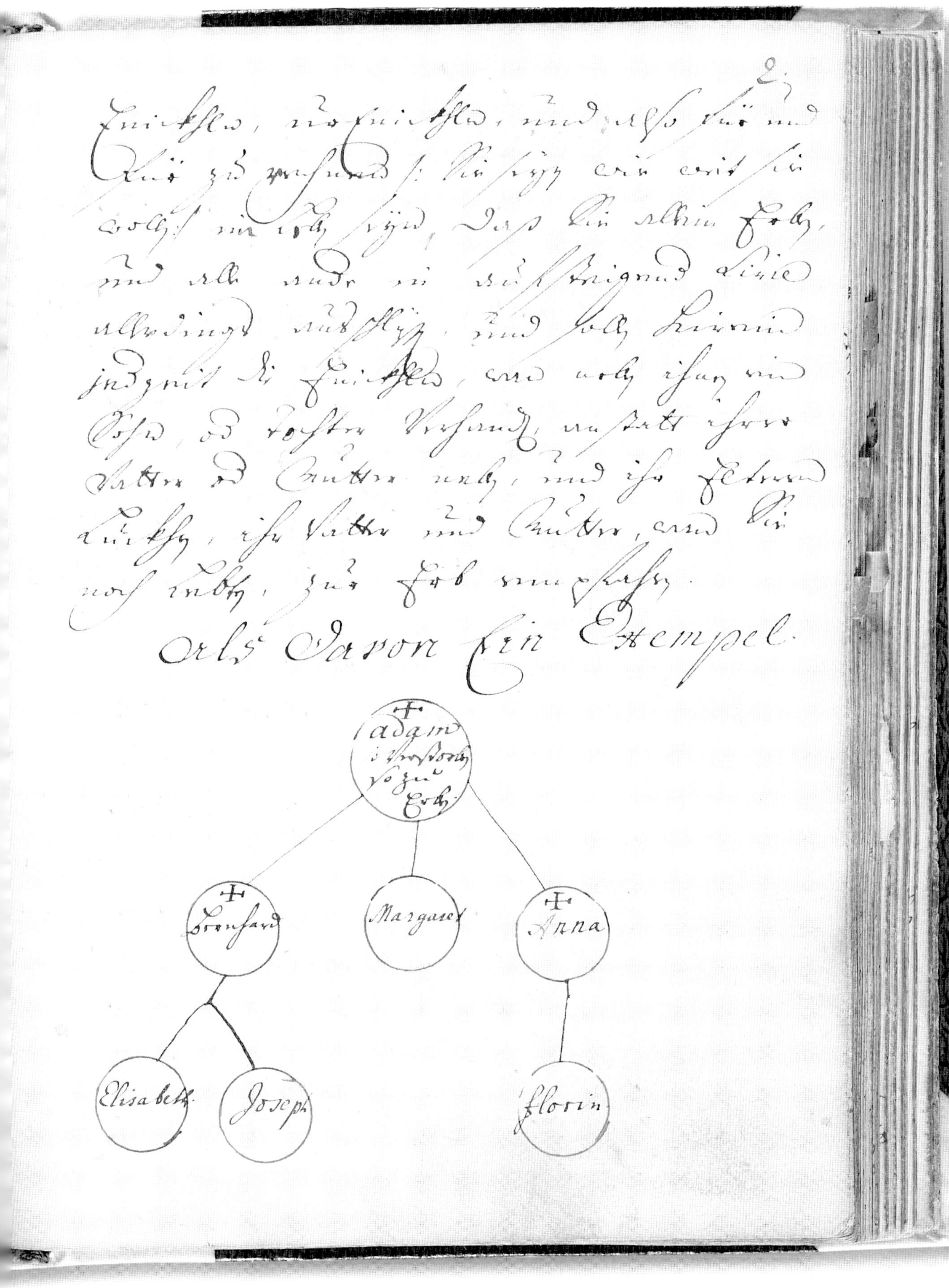
Als davon Ein Exempel.
Adam
Margaret
Anna
Elisabeth
Joseph
florin

DER SACHINHALT

ERBRECHT UND TESTAMENTE

Das Erbrecht ist das ausführlichste Kapitel des Landsbrauchs. Es beschäftigt sich primär mit der Intestaterbfolge, enthält aber auch sehr genaue Bestimmungen über die Errichtung von Testamenten. Familienrechtliche Bestimmungen sind in das Erbrecht integriert und werden nicht seperat behandelt. Auch das eheliche Güterrecht wird nur im Zusammenhang mit den vermögensrechtlichen Folgen der Ehe, wenn einer der beiden Partner stirbt, angesprochen.

Die vorliegende Erbordnung ist übersichtlich gegliedert. Zunächst geht es um die Intestaterbfolge, wobei der Grundsatz gilt, dass *«eines jeden abgestorbenen guth soll fallen auf seine nächst eheliche gebohren und einander mit bluths verwandte freund»*.[123] Nach der Einteilung im Landsbrauch geht es zunächst um die Kinder und Enkel, dann um die Verwandten in aufsteigender Linie, also Eltern und Grosseltern. Als drittes folgen die Verwandten in den Seitenlinien. Alle Fälle sind sehr ausführlich dargestellt und werden mit Beispielen und Stammbäumen erklärt. Ein weiteres Kapitel betrifft die gegenseitige Beerbung von Eheleuten und das Heimfallsrecht.

fol. 1v und 2r: Zuerst behandelt der Landsbrauch einen Erbfall, in welchem die Enkelkinder den Besitz des verstorbenen Grossvaters erben. Die Eltern der bedachten Enkel sind ebenfalls verstorben, die noch lebende Tante geht bei der Vererbung leer aus. Das Beispiel folgt der Regel, dass der Besitz in «absteigender Linie» von der älteren auf die jüngere Generation vererbt wird, wobei Verwandte in aufsteigenden Linien sowie in Seitenlinien nicht erbberechtigt sind (Seite 24/25).

Als ein zweiter Teil folgen die Bestimmungen über die Testamente, wobei man anmerken kann, dass die Aufstellung von Testamenten von der Obrigkeit eher gefördert als unterdrückt wurde.[124]

Über die Erbfähigkeit, die erbrechtliche Erwerbsfähigkeit, gibt der Landsbrauch keine Auskunft. Erwähnt werden nur die unehelichen Kinder, denen kein gesetzliches Erbrecht zusteht, wie es schon im Schwabenspiegel heisst.[125] Die durch nachfolgende Ehe Legitimierten wurden aber wie eheliche Kinder behandelt. Es handelt sich hierbei um eine römisch-rechtliche Legitimationsart, die auch dem Schwabenspiegel bekannt war.[126] Ein uneheliches Kind, das ohne eheliche Nachkommen starb, verlor sein Gut an die Obrigkeit.

Zwischen Söhnen und Töchtern wurde im Landsbrauch kein Unterschied gemacht, sie erbten zu gleichen Teilen. Im deutschen Recht wie auch in der römischen Folgeordnung nach Novelle 118,2,3 erbten zunächst die Deszendenten, also die Söhne und Töchter, Enkel und Urenkel und so weiter.[127] Im Landsbrauch galt auch das uneingeschränkte Repräsentationsrecht, das im römischen Recht beschränkt war:[128] Für einen vorverstorbenen Sohn konnten seine Kinder zu Erben eintreten, und zwar wurde dessen Anteil auf so viele Teile aufgeteilt, wie Enkel vorhanden waren. (Hierbei handelt es sich um eine Teilung nach Stämmen, die typisch römisch-rechtlich ist[129].) Waren jedoch alle Kinder des Erblassers verstorben und nur noch Enkel vorhanden, so wurde das Erbe unter den Enkeln zu gleichen Teilen aufgeteilt. Verbreitet wurde das Repräsentationsrecht vor allem durch die Reichsgesetzgebung.[130] Nach dem deutschen Erbrecht waren die Enkel vorverstorbener Söhne ausgeschlossen gewesen; die Einführung des Repräsentationsrechts in zahlreichen Territorien am Beginn der Neuzeit wurde vor allem mit sozialen Argumenten begründet.[131] Als nächstes folgten die Geschwister des Erblassers, wobei Geschwister und deren Kinder die Eltern ausschlossen.[132] Dies ist eine Abweichung von der Parentelenordnung, welche seit dem späten Mittelalter über grosse Teile der Schweiz und manche Gegenden der Rheinlande, Österreichs und Tirols gültig war.[133] Auch Halbgeschwister erbten noch vor den Eltern, deren Kinder hingegen nicht. Halbgeschwister waren jedoch ausgeschlossen, wenn «rechte» Geschwister vorhanden waren. Nach ihnen erbten die Eltern und die Grosseltern. Als letztes erbten die Verwandten in den Seitenlinien, womit die Nachkommen der Grosseltern, also Geschwister der Eltern, aber auch als letztes die Geschwister der Grosseltern gemeint waren.

Auch die Ehegatten wurden in der Folgeordnung berücksichtigt. Dies war die erste Erwähnung eines gesetzlichen Erbrechts der überlebenden Ehegatten, das in der Erbordnung von 1531 noch fehlt. Als verheiratet galt man nicht schon nach der Hochzeitszeremonie, sondern erst, wenn «die Decke beschlagen» war, also nach der Hochzeitsnacht. Verlobte hatten keinen Erbanspruch. Verstarb der Ehemann, so bekam seine Frau alles, was sie selbst in die Ehe eingebracht hatte sowie den dritten Teil dessen, was sie während der Ehe gemeinsam erwirtschaftet hatten. Der Rest dieses Guts sowie alles, was der Mann in die Ehe gebracht hatte, fiel an die nächsten Verwandten des Mannes, üblicherweise an die gemeinsamen Kinder. Der überlebende Mann hingegen erhielt zwei Drittel des in der Ehe erwirtschafteten Gutes.

Eine wichtige Bestimmung deutsch-rechtlicher Natur war, dass das Erbe nicht «steigen» sollte.[134] Wenn jemand etwas geerbt hat, so sollte bei dessen Tod das Erbe nicht an seine Eltern, sondern an den nächsten Blutsverwandten des vorher Verstorbenen fallen.

Von der gegenseitigen Beerbung der Ehegatten handelt das nächste Kapitel im Landsbrauch. Bei der Vererbung des Guts wird, wie im deutschen Recht üblich, unterschieden, ob es sich um «liegendes» Gut, also Grundstücke und Immobilien oder «fahrendes», das heisst bewegliches Gut wie Werkzeug oder Mobilar handelte.[135] Das «liegende» Gut

123) LB fol. 1r.

124) «... niemanden ... das testieren und vermachen entziehen oder verbieten wollen, sondern lassen es alles den unsrigen ... hiemit frey libre zu». LB fol 39v.

125) Vgl. Burmeister, Vorarlberger Landsbräuche, S.96.

126) Legitimation per subsequens matrimonium. Es handelte sich dabei um eine beschränkte Legitimation, da die Kinder nur im Verhältnis zu ihren Eltern als ehelich geboren galten, nicht aber den übrigen Verwandten gegenüber. Vgl. Siegel, Heinrich: Das deutsche Erbrecht nach den Rechtsquellen des Mittelalters in seinem inneren Zusammenhang dargestellt. Neudruck der Ausgabe Heidelberg 1853. Aalen, 1969, S. 32.

127) Vgl. Schmelzeisen, Gustaf Klemens: Polizeiordnungen und Privatrecht. Münster/Köln, 1955. (Forschungen zur Neueren Privatrechtsgeschichte. Band 3), S. 154; im folgenden zitiert als: Schmelzeisen, Polizeiordnungen.

128) Vgl. Aebi, Landsbrauch Sax-Forsteck, S. 96. Auch in Sax-Forsteck war das Repräsentationsrecht allgemein anerkannt.

129) Vgl. Schmelzeisen, Polizeiordnungen, S. 146. Im Reichsabschied von Speyer aus dem Jahr 1529 war für die Teilung nach Köpfen entschieden worden, woran sich manche Landesordnungen orientierten.

130) Ebenda.

131) Vgl. Burmeister, Caspar von Capal, S. 44.

132) In einigen Landesordnungen, wie zum Beispiel in Sax-Forsteck, nahm man auf das römische Erbklassensystem Bezug, bei dem die Verwandten des Verstorbenen nach Erbklassen geordnet wurden, welche dann das Erbe gemeinsam antraten. Das Erbrecht in Vaduz, Schellenberg und Blumenegg ist jedoch noch germanisch-rechtlich bestimmt, da die Verwandtschaft nach Gradesnähe eingeteilt wurde und auch so erbte (Geschwister vor Eltern und nicht gemeinsam!). Vgl. Aebi, Landsbrauch Sax-Forsteck, S. 93 f.

133) Vgl. Hübner, Lorenz: Grundzüge des deutschen Privatrechts. 5. Auflage. Leipzig, 1930, S. 764 f. Nach der Parentelenordnung erben Eltern vor den Geschwistern, da die Kinder nach alter Auffassung mit den Eltern durch ein engeres Blutsband verbunden seien als mit den Geschwistern; im folgenden zitiert als: Hübner, Privatrecht.

134) Ebenda, S. 95.

135) Über liegendes Gut und Fahrnis siehe nächstes Kapitel «Das Schuld- und Pfandrecht oder das Sachenrecht» auf S. 42–46.

fol. 2v und 3r: Jedem in Form eines Stammbaums dargestellten Erbfall ist eine erläuternde Erklärung angefügt. Dem soeben erklärten Fallbeispiel folgt eine Situation, in der die Witwe und die Kinder eines verstorbenen Mannes stehen. Es wird hier festgelegt, zu welchen Teilen der Witwe und den Kindern das Erbgut des Verstorbenen zufällt (Seite 28/29).

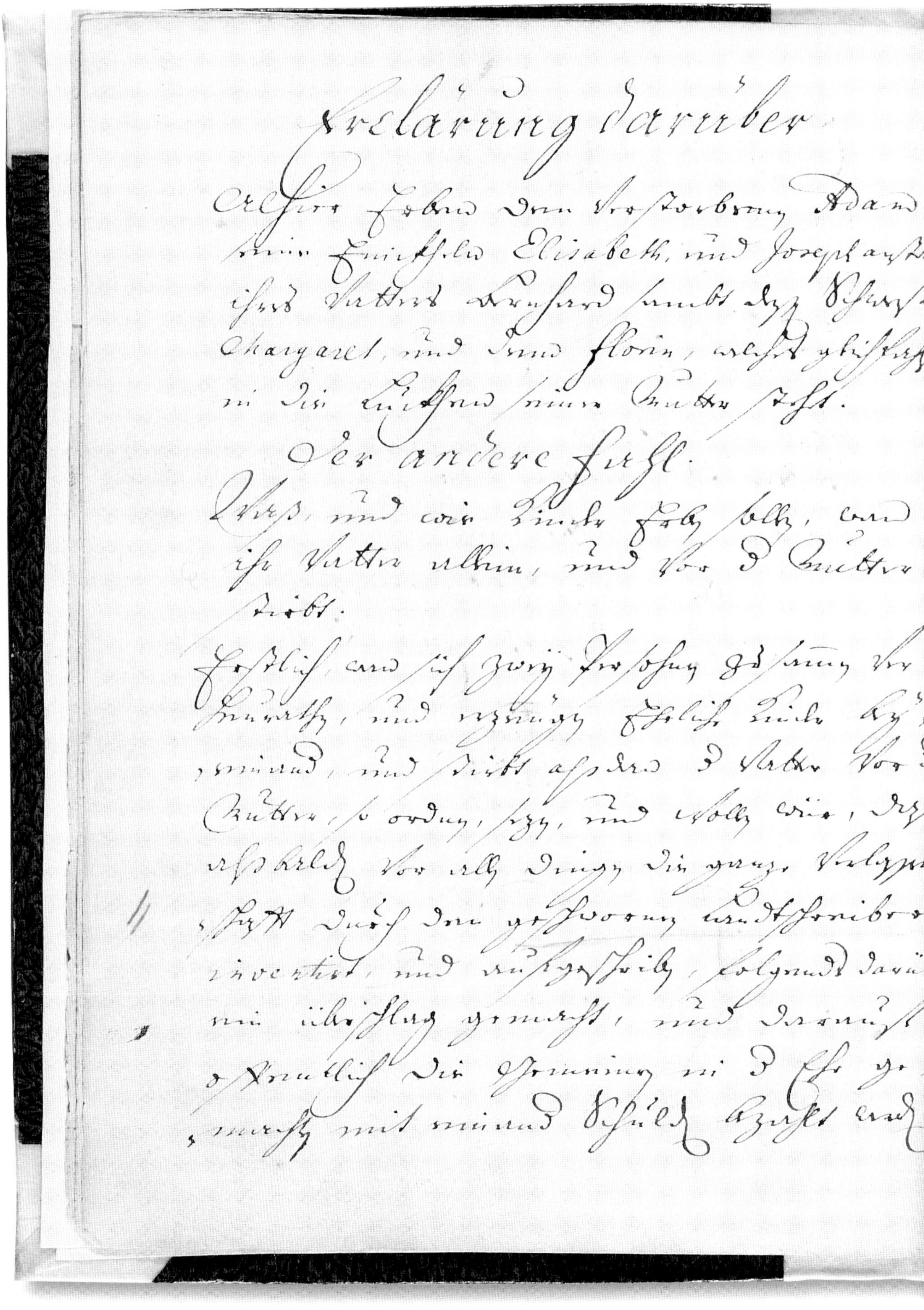
Erclärung darüber

Der andere Fahl.

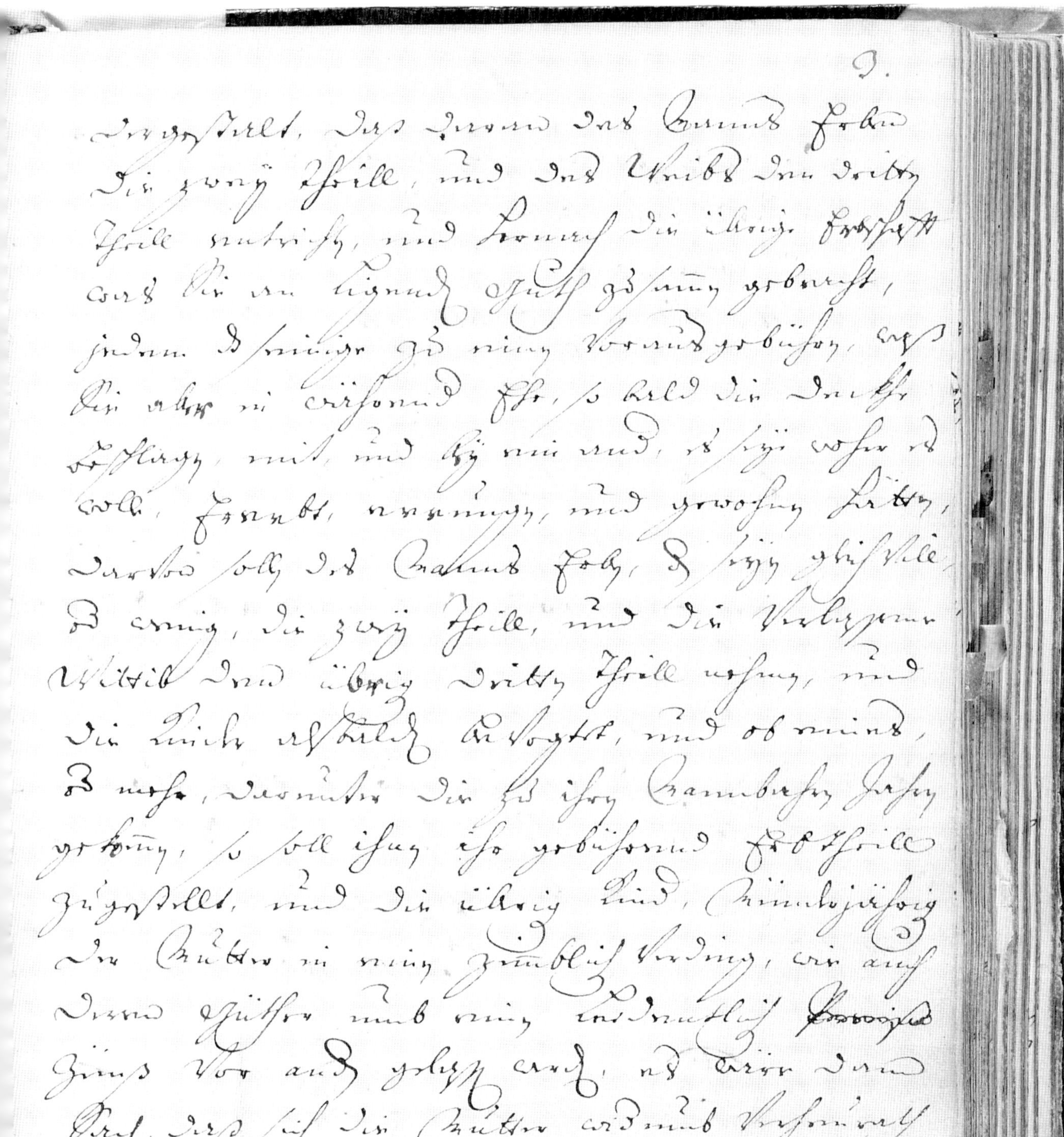

verblieb im Vermögen desjenigen Ehegatten, der es in die Ehe eingebracht hatte. Im Todesfall fiel es an seine nächsten Erben. «Fahrendes» Gut fiel sehr wahrscheinlich mit der Eheschliessung ins Gesamteigentum der Ehegatten.[136] An der gemeinsamen Errungenschaft während der Ehe, egal ob es sich um «liegendes» Gut oder um Fahrhabe handelte, hatten beide einen quotenmässigen Anteil, zwei Dritteile wurden dem Mann zugeschrieben, ein Dritteil der Frau.[137] Die gleiche Verteilung galt für die Auslagen für Unterhalt und Erziehung von Kindern. Diese güterrechtlichen Bestimmungen hatten aber zu Lebzeiten der Ehegatten kaum Bedeutung. Dass sie dennoch gültig waren, ist zwar nirgends ausdrücklich festgehalten, wird aber dennoch allgemein angenommen.[138]

Auch die Schuldenbezahlung war im Todesfall eines Ehegatten geregelt. Die Erben des verstorbenen Mannes hatten zwei Drittel zu tragen. Starb die Frau vor dem Mann, mussten ihre Erben ein Drittel übernehmen. Ob auch ein Ehegatte allein Schulden machen konnte, ist nicht näher erläutert.

Sind innerhalb der zehnten Sippzahl keine Erben vorhanden, so beerben sich die Ehegatten vollständig.[139] Da dieser Fall wahrscheinlich nur sehr selten eintrat, war in der Intestaterbfolge der überlebende Ehegatte, besonders die Frau, eher schlecht gestellt. Wie aber aus dem Kapitel über die Testamente zu ersehen ist, war es sehr wohl möglich, seinem Ehegatten mehr zu hinterlassen als es vom Gesetz her vorgesehen war. Ehegatten können enterbt werden, wenn sie einander verlassen haben oder untreu werden.[140]

Der Landsbrauch enthält auch einige Bestimmungen über das Heimfallsrecht. Es geht dabei um Bedingungen, die erfüllt werden müssen, damit die Verlassenschaft als erbenloses Gut an den Landesherrn fällt. Dieser Fall tritt zunächst ein, wenn bis zum zehnten Grad kein Verwandter existiert, der das Erbe antreten konnte. Weiters fällt der Obrigkeit das Erbe zu, wenn die Verwandtschaft erbunfähig ist. Erbunfähig ist jemand, wenn er sich selbst der Erbschaft unwürdig gemacht hat. Heute ist diese Erbunwürdigkeit genau geregelt: Sie tritt beispielsweise ein bei einer gerichtlich strafbaren Handlung gegen den Erblasser oder bei einem Angriff auf den wahren Willen des Erblassers.[141] Nach welchen Kriterien dies im 17. Jahrhundert bewertet wurde, ist leider nicht nachvollziehbar. Als Beispiel wird in einem anderen Fall der Landesverweis der zukünftigen Erben genannt.[142]

Ein Selbstmörder konnte seinen Besitz nicht vererben. Auch das Gut eines Ausländers, dessen Erben unbekannt sind, fällt bei seinem Tod dem Landesherrn zu. Seine Erben können aber noch zehn Jahre nach seinem Tod ihr Recht geltend machen.[143] Wie schon erwähnt, fällt auch der Besitz von unehelich Geborenen ohne eheliche Erben an die Obrigkeit. Zuletzt wird auch erwähnt, dass Verbrecher, die zum Tod verurteilt oder des Landes verwiesen werden, ihr Gut nicht vererben dürfen, sondern dass es der Obrigkeit anheimfällt. Der Landsbrauch weist darauf hin, dass im Falle einer Unsicherheit auf die Ordnung des Heiligen Römischen Reichs zurückgegriffen und dessen Bestimmungen übernommen werden sollten.[144]

In ausführlicher Art und Weise werden anschliessend die Testamente behandelt. Letztwillige Verfügungen dürften zur Zeit der Niederschrift des Landsbrauchs schon anerkannte Mittel zur Vererbung von Vermögen gewesen sein. Ursprünglich war das Gut in der Familie gebunden und deshalb letztwillige Verfügungen über den Nachlass ausgeschlossen.[145] Erst durch den Einfluss der Kirche, welche die Gläubigen aufforderte, einen Teil ihres Vermögens zum Seelenheil an die Kirche zu geben, wurde die Entstehung eines Freiteils gefördert, über den der Hausvater selbständig verfügen konnte. Dieser Gedanke des Familiengutes verblasste im Laufe des Mittelalters allmählich, und die Verfügungsmacht des einzelnen über sein Eigentum trat stärker hervor. Besonders unter dem Einfluss des römischen Rechts, das die Testierfreiheit zum Prinzip erhoben hatte, wurden Testamente zum Allgemeingut. Die Intestaterbfolge blieb aber bestehen, wenn kein Testament vorhanden war.

Dennoch muss angenommen werden, dass die strengen Formvorschriften, die eingehalten werden mussten und von denen auch der Landsbrauch handelt, viele Bauern davon abhielt, ein Testament zu errichten.[146] Dies wird auch in der Einleitung zu den Testamenten erwähnt:

«... *nachdem in den gemeinen geschribenen rechten vil und mancherley weeg testament und lezten willen aufzurichten gesezt, die alte aber besonder zugehörige wesentlich stuckh und zierlichkeiten erfordern, deren unsere unterthanen als der mehrer theil einfältig und solche rechten und zierlichkeiten unerfahrene leuth wenig wissenschaft haben* ...».[147]

Sinn und Zweck eines Testaments war laut Landsbrauch das Seelenheil des Testierers, welcher alles Gute, das ihm im Leben widerfahren war, vergelten sollte. Auch das Vermachen eines Teils des Erbguts an die Kirche oder an ein Spital wurde den Untertanen zugestanden.

Testierfähig waren, wie ausdrücklich erwähnt, Männer und Frauen, die jedoch die vorgeschriebenen Formen einhalten mussten. Die Testierfähigkeit war in Hinblick auf Alter und Geisteszustand eingeschränkt. Personen unter 14 Jahren durften nur mit ausdrücklicher Erlaubnis der Obrigkeit ein Testament aufrichten. Geisteskranke und geistesschwache Personen ebenso wie Blinde, Taube und

fol. 8v: Im hier gezeigten Erbfall war der verstorbene Mann zweimal verheiratet und hinterlässt Kinder und Enkel aus beiden Ehen (Seite 32).

fol. 9r: Das darauf folgende Beispiel zeigt den Fall, bei dem das Erbgut des verstorbenen Grossvaters vollständig auf die Enkel verteilt wird, da die Erbberechtigten der mittleren Generation ebenfalls verstorben sind (Seite 33).

fol. 9v: Bei der vorgängig illustrierten Erbschaftsangelegenheit wird der Besitz des verstorbenen Grossvaters zu gleichen Teilen auf die fünf Enkelkinder verteilt (Seite 34).

fol. 10r: Ein eher seltener Fall wird mit dem Beispiel Nr. 8 veranschaulicht. Hier erbt der Enkel das Gut seines verstorbenen Grossvaters, da sein Vater ebenfalls verstorben ist. Die noch lebenden Urgrosseltern, aber auch die Tante und der Onkel gehen indes leer aus (Seite 35).

136) Vgl. Beck, Eheliches Güterrecht, S. 114.

137) So wurde es auch in der Freiherrschaft Sax-Forsteck gehalten; vgl. Aebi, Landsbrauch Sax-Forsteck, S. 91.

138) Vgl. Beck, Eheliches Güterrecht, S. 115.

139) LB fol. 32r.

140) LB fol. 36r.

141) Vgl. Koziol, Helmut; Welser, R.: Grundriss des bürgerlichen Rechts. Band 11. Sachenrecht, Familienrecht, Erbrecht. 6. Auflage, Wien, 1982, S. 240.

142) LB fol. 37v.

143) LB fol. 38r.

144) LB fol. 39r.

145) Vgl. Handwörterbuch zur deutschen Rechtsgeschichte (HRG). Hrsg. von Adalbert Erler und Ekkehard Kaufmann. Band 1, Berlin, 1971, S. 974. Im deutschen Recht waren Testamente unbekannt; vgl. Siegel, Deutsches Erbrecht, S. 134.

146) Vgl. Burmeister, Vorarlberger Landsbräuche, S. 97.

147) LB fol. 39r.

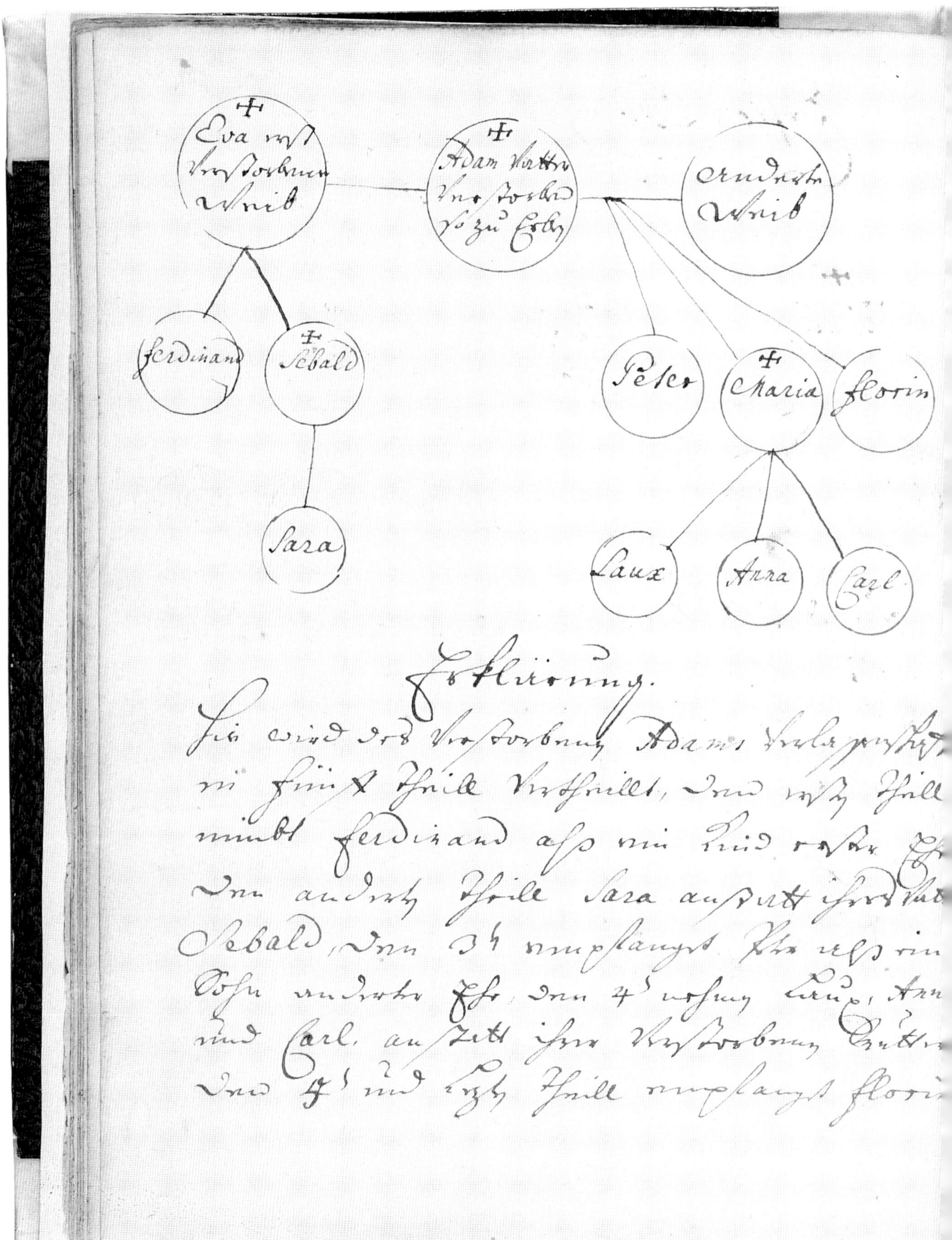

Erklärung.

Hie wird deß verstorbnen Adams Verlassenschaft
in fünf Theill vertheillt, den ersten Theill
nimbt Ferdinand alß ein Kind erster Ehe,
den andern Theill Sara anstatt ihres Vatters
Sebald, den 3ten empfangt Peter alß ein
Sohn anderter Ehe, den 4ten nehmen Laux, Anna
und Carl, anstatt ihrer verstorbnen Mutter,
den 5ten und letzten Theill empfangt Florin

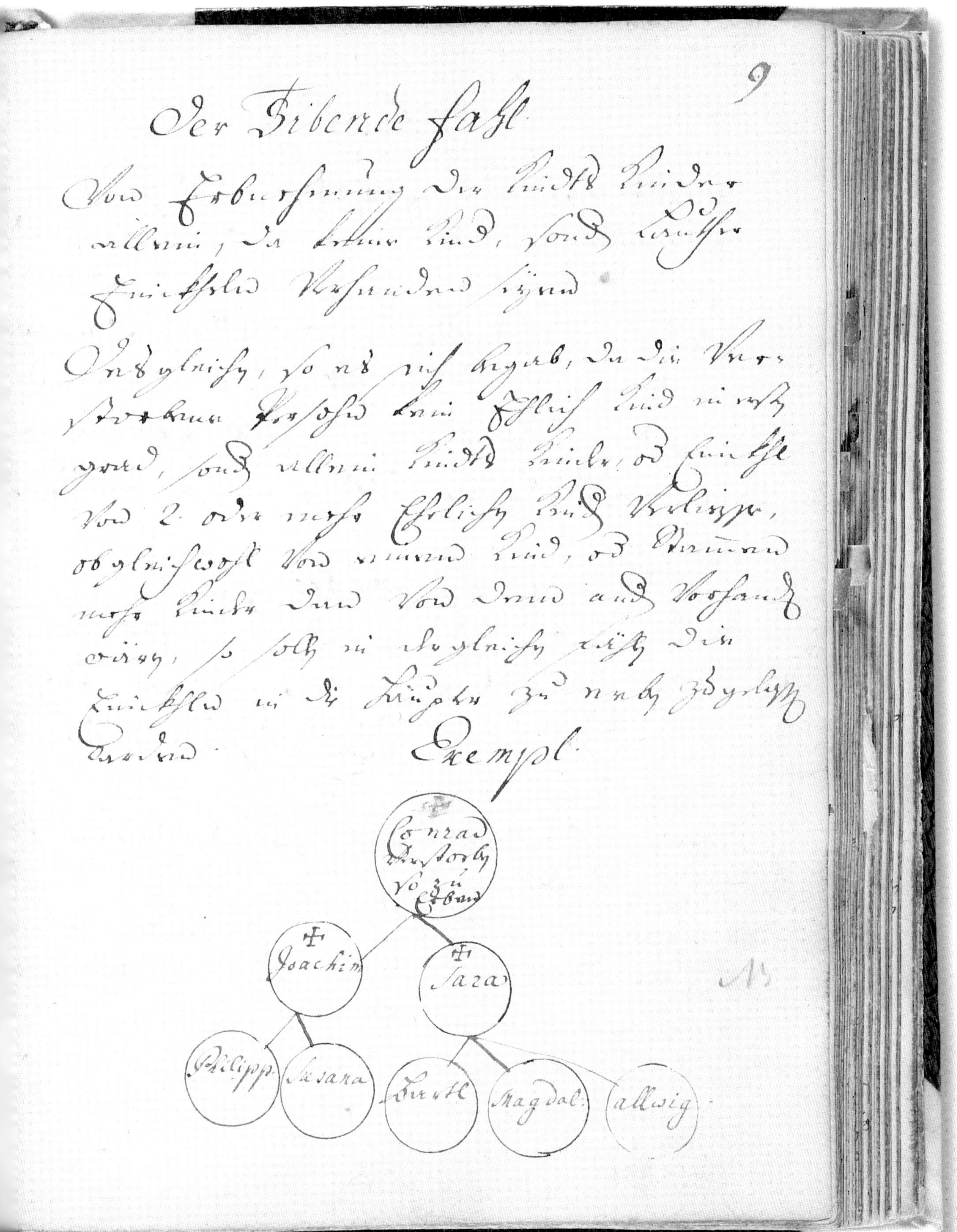
9
Der Sibende fall
Exempl
Conrad
Joachim
Sara
Philipp
Magdal:

Erklärung

Alhier wird die Erbschafft in 5 Theill au[s]
getheillt, und Philipp und Susanna de[r]
2. Enickhel die zwey Theill, und denn
vierte, Magdalena und alleinig die d[ritte]
Theill also auch Enickhel des Conrads
ihres Sohns Verlassenschafft Erblich empfa[ngen]
wie wohl die geschribnen Rechte anders
vermögen

Der achte Fahl.

Ob die in der Schuld, od. Eheschaft Erbschafft
die Enickhel denen der Schul. od. nechst
ohngeacht sie in Grad nechr, allerdings
ausgeschlossen.
Trug sich auch der Fall also zu, daß ein
Sohn stürbe, und Philipp hinter ihm einen
Enickhel, und darzu seinen leibl. Vatter oder
Mutter, so soll in disem Falle sein Philipps
gueth denen Enickhel des Linien nach in-
nich Erbzusetzen, und der Vatter, od. Mutter
ohngeacht daß Er in Grad näher Verwandt
allerdings ausgeschlossen werden.

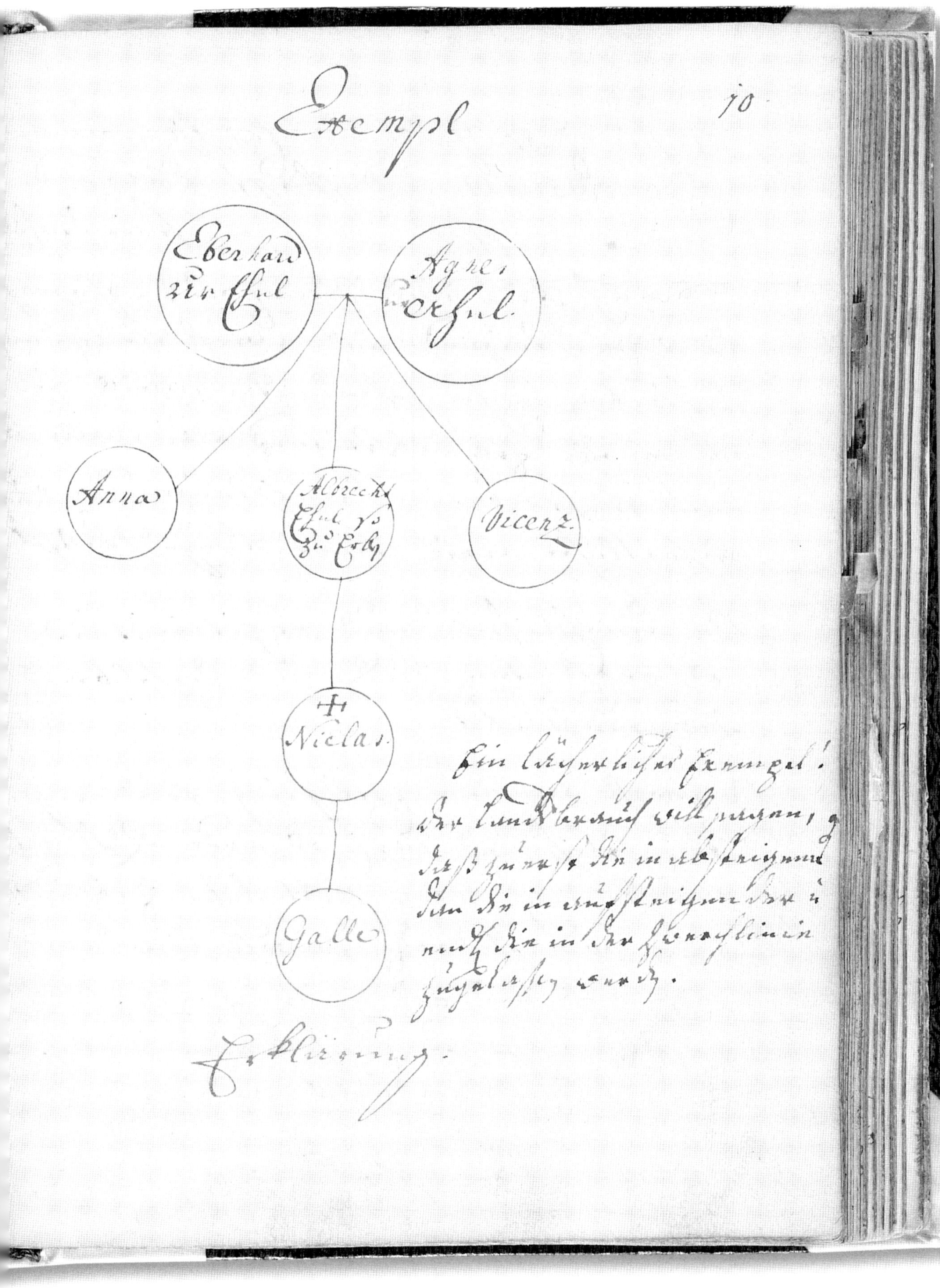
Exempl
10
Anna
Vicenz
Niclas
Galle

Stumme waren ausgeschlossen. Nicht mehr gültig war die nach altdeutschen Rechtsquellen angenommene Testierunfähigkeit infolge Leibesschwäche.[148]

Unehelich Geborene ohne Leibserben durften ebenfalls kein Testament machen, da ihr Gut ja ohnehin der Obrigkeit zufiel. Weiters waren ausgeschlossen Verschwender und solche, deren Güter von der Obrigkeit konfisziert worden waren.

Die Testierfreiheit war einerseits eingeschränkt durch das Heimfallrecht, das durch letztwillige Verfügungen nicht ausgeschlossen werden konnte. Die Fälle, in denen das Erbe der Obrigkeit zufiel, wurden ja schon erwähnt. Hier war ein Testament wirkungslos. Andererseits war die Testierfreiheit wahrscheinlich durch das Pflichtteilsrecht beschränkt. Der Pflichtteil sollte sicherstellen, dass die Familie, also besonders Kinder und Ehegatten, nicht grundlos um das ihr zustehende Erbe gebracht werden konnte. Dass nicht das ganze Erbe willkürlich vom Erblasser verteilt werden konnte, ist daraus ersichtlich, dass bestimmte Bedingungen erfüllt werden müssen, damit der Erblasser seine Familie enterben kann. Zudem ist ein Testament ungültig, wenn die Deszendenten nicht berücksichtigt werden.[149] Deshalb kann angenommen werden, dass eher nur ein kleiner Teil an familienfremde Personen wie Wohltäter oder die Kirche vergeben wurde, während der Rest des Erbes, wie von der Intestaterbfolge vorgesehen, in der Familie blieb. Die Höhe des Pflichtteiles war im Landsbrauch nicht genau bestimmt. Im gemeinen Recht hatten die Deszendenten und die Aszendenten einen Anspruch auf Erbeinsetzung, und zwar wenigstens in der Höhe von einem Drittel, bei mehr als vier Kindern von der Hälfte des gesetzlichen Erbteils.[150]

Im Landsbrauch weist nichts darauf hin, dass die Kirche oder die Armen im Testament eines Untertanen berücksichtigt werden mussten. In anderen Ländern war es durchaus üblich, sanften Zwang auszuüben, damit wohlhabende Bürger auch ein Vermächtnis für die Armen gaben. In Salzburg durfte die Obrigkeit sogar nach Befund des Vermögens und der Beschaffenheit der Erben einen Teil des Erbguts von Amts wegen zurückbehalten.[151] Teilweise wurden sogar letztwillige Verfügungen, in denen die mildtätigen Vermächtnisse fehlten, für nichtig erklärt.

Genau bestimmt sind die Fälle, in denen ein Testierer seine Kinder enterben durfte.[152] Vom Erbe ausgeschlossen waren Deszendenten, die ein Verbrechen begangen hatten, die den Erblasser bedroht oder gar zu ermorden versucht hatten, die sich des Inzests, der Zauberei, oder der Ketzerei schuldig gemacht hatten, die den Erblasser im Fall einer Krankheit oder eines Gefängnisaufenthalts vernachlässigt hatten oder ihn an der Aufrichtung eines Testaments gehindert hatten. Aus ähnlichen Gründen konnten auch Kinder ihre Eltern enterben. Um Deszendenten und Aszendenten tatsächlich zu enterben, musste ein Beweis gebracht werden, dass sie sich dieser Vergehen schuldig gemacht hatten.

Besonders zahlreich sind die Vorschriften über die Form eines Testaments. Ein wichtiges Element sind die Zeugen, die die Rechtmässigkeit eines Testaments feststellen sollten. Nach römischem Recht (Codex Iustinianus 6, 23, 21,4) war eine mündliche Erklärung vor sieben Zeugen vonnöten.[153] Personen, die nicht testierfähig waren, konnten nicht als Zeugen auftreten, auch nicht jene, die im Testament als Erben eingesetzt waren. Weiters ausgeschlossen waren Frauen, Minderjährige (Personen unter 14 Jahren), Juden und Wiedertäufer.[154]

Im vorliegenden Landsbrauch hielt sich aber auch die hergebrachte Form des gerichtlichen Testaments, entweder als persönliche Erklärung des letzten Willens vor Gericht oder als persönliche Übergabe eines Schriftstücks.[155] Die beteiligten Personen waren Richter, Gerichtsleute und der Schreiber; es waren keine Zeugen notwendig. Das Testament wurde in das Gerichtsprotokoll eingetragen und bis zum Ableben der testierenden Person verwahrt. Der Landschreiber konnte aber auch allein gebeten werden, das Testament niederzuschreiben. Dann wurde erst das versiegelte, fertige Testament vor das Gericht gebracht. Kranke Personen konnten vier Gerichtspersonen bitten, zu ihnen zu kommen, um dort das Testament aufzurichten. Es war auch möglich, ein Testament vor der Obrigkeit selbst oder vor einem kaiserlichen Notar aufzurichten. Bei Testamenten, die ohne das Gericht aufgestellt wurden, mussten vier oder fünf unparteiische Zeugen dazugebeten werden. Wurde der Kirche etwas vermacht, so sollten ein Priester und zwei Zeugen anwesend sein. Auch Wohltätern konnte ein Teil des Vermögens vermacht werden. Dies erforderte die Anwesenheit von mindestens zwei Gerichtspersonen und drei anderen Zeugen.

Es musste immer festgestellt werden, ob der Testator sein Testament unbeeinflusst aufgerichtet hatte. Letztwillige Verfügungen, die unter unzulässiger Beeinflussung des Testators entstanden waren, waren ungültig. Als Ausnahmen galten Testamente, die ausserhalb des Landes, beispielsweise von Soldaten verfasst wurden. Dafür genügten bereits zwei Zeugen. Wurde das Land von einer Epidemie heimgesucht, so waren ebenfalls nur zwei oder drei Zeugen vonnöten, um ein gültiges Testament aufzurichten.

Testamente konnten auch ungültig werden. Jedes spätere Testament setzte nach römischen Recht ein früheres ausser Kraft.[156] Nachträgliche Änderungen konnten jederzeit eingefügt werden, es musste nur die Form gewahrt bleiben.

Alle vorher erwähnten Fälle über Erb- und Testierunfähigkeit kamen hier zur Anwendung. Auch

fol. 19v und 20r: Ein wichtiges Kapitel im Erbrecht bilden die Fallbeispiele, bei denen Geschwister (und deren Kinder) erbberechtigt sind. Das hier gezeigte Beispiel schildert den Fall, in welchem ein Bruder sowie die Kinder der verstorbenen Schwester den Besitz des ebenfalls verstorbenen zweiten Bruders erben (Seite 38/39).

fol. 20v: Beim darauf folgenden Beispiel wird das Gut der verstorbenen Schwester auf ihre Nichten und Neffen vererbt, da die übrigen Geschwister ebenfalls verstorben sind (Seite 40).

fol. 21r: In einem weiteren Beispiel erben die zwölf Nichten und Neffen den Besitz des verstorbenen Onkels vollständig, da sämtliche Geschwister des Onkels ebenfalls tot sind (Seite 41).

148) Vgl. Schmelzeisen, Polizeiordnungen, S. 156. Diese deutschrechtliche Verordnung entsprach nicht mehr der neuzeitlichen Auffassung. Auch im römischen Recht wurde die körperliche Gesundheit nicht gefordert.

149) LB fol. 43v.

150) Vgl. Schmelzeisen, Polizeiordnungen, S. 158.

151) Ebenda, S. 174. Die Amtspersonen, die bei der Testamentserrichtung mitwirkten, sollten darauf hinwirken, dass die Armen nicht vergessen wurden. Dabei sollte aber darauf geachtet werden, dass bedürftigen Erben nichts entzogen wurde.

152) LB fol. 43v.

153) Vgl. Schmelzeisen, Polizeiordnungen, S. 162. Diese Form fand sehr wenig Verbreitung.

154) LB fol. 42v.

155) Vgl. Hübner, Privatrecht, S. 794.

156) Vgl. Schmelzeisen, Polizeiordnungen, S. 173. Es war nach der Errichtung eines neuen Testaments der Widerruf des alten nicht mehr notwendig.

und Justina sein Ehel, und Ursul samt
seiner rechten Schwester Sabina hinterlassene
3 Kinder, und auch die andere 3 geschwistrig
von meinem Bruder ausgeschlagen

Von denen Erbschafften

in der Seitenlinie, od. zweyte
Linie.

Erster Fahl.

Wie rechte Geschwistrig, oder deren
selben Kinder erben.

So denen die Verstorbenen in auf-
od. absteigender Linie keine Ver-
wandte hinterlassen, so [illegible] rechten Geschwiste
von beyden Banden, auch etliche seiner
Verstorbenen rechten Geschwistrig Kind
[illegible] ordnung und recht hier, [illegible]
neben den Geschwistrig auch das Ver

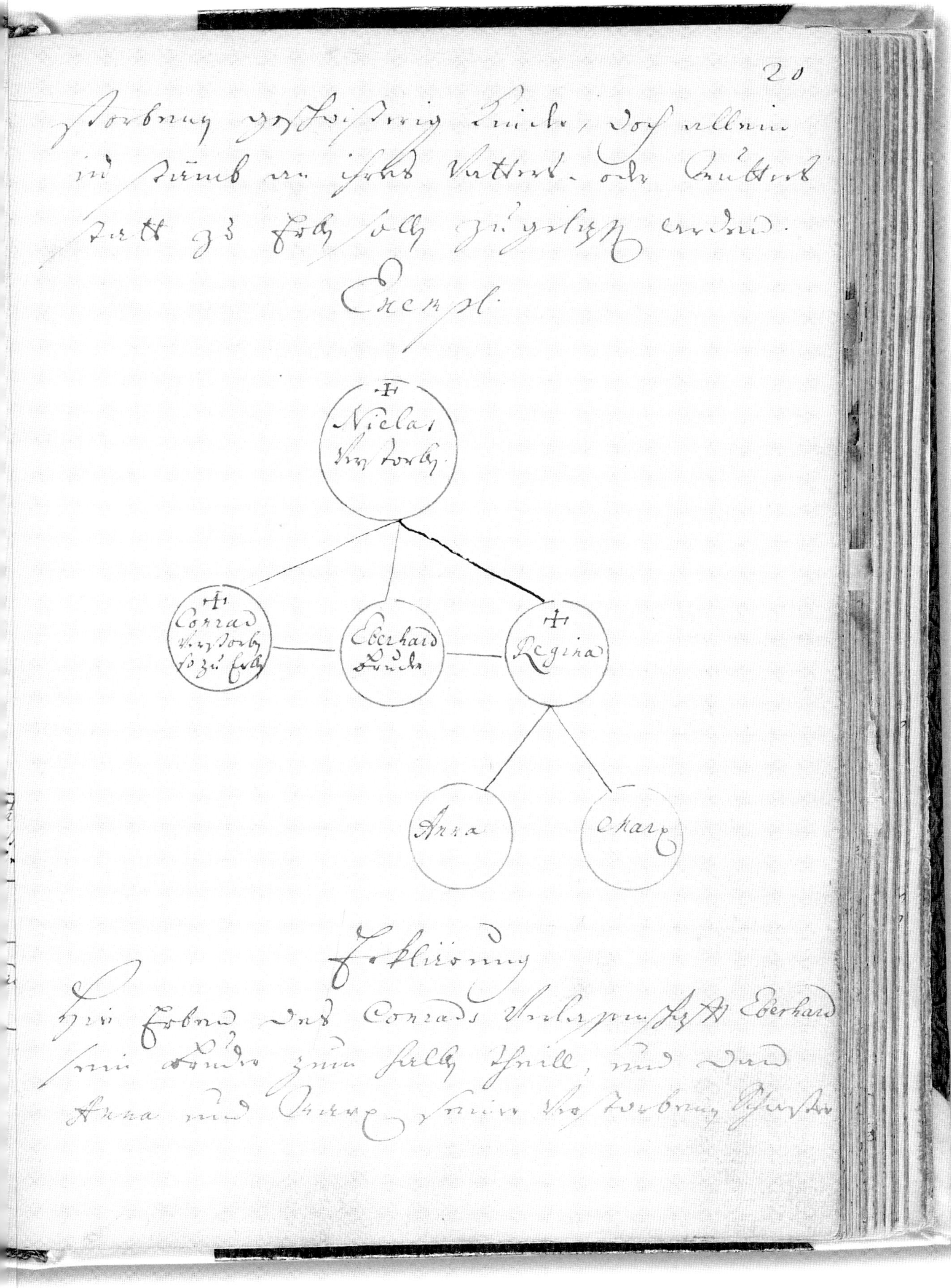
20
Exempl
Niclas
Conrad
Eberhard
Regina

wenn Deszendenten oder Aszendenten übergangen wurden, war das Testament ungültig. Das gilt auch für die nachträgliche Geburt eines ehelichen Kindes, wie im gemeinen Recht vorgesehen.[157]

Der Landsbrauch enthält einige Beispiele von Testamenten, in denen sich Ehegatten gegenseitig zu Erben einsetzten. Solche gemeinschaftlichen Testamente waren seit dem 14. Jahrhundert üblich.[158] Sie sind zwar mit den Prinzipien des römischen Rechts nicht unvereinbar, werden dort aber nicht speziell geregelt. Hier liegt die Form eines sogenannten «wechselseitigen» Testaments vor.

Diese eben beschriebene Erbordnung blieb bis zum Jahr 1809 in Kraft. Am 1. Jänner dieses Jahres erliess Fürst Johann Josef von Liechtenstein eine neue Erbfolgs- und Verlassenschaftsordnung, mit der er auch den Landsbrauch vollinhaltlich aufhob.[159]

DAS SCHULD- UND PFANDRECHT ODER DAS SACHENRECHT

Im Bereich des Schuld- und Sachenrechts behandelt der Landsbrauch nur in kurzer Form die Art und Weise des Schuldentriebs. Hatte ein Gläubiger gegen einen Schuldner eine Forderung einzubringen, so wurde in jedem Fall der Gerichtsweibel[160] eingeschaltet, der die Zahlungsaufforderung an den Schuldner überbrachte. Die Gebühr für den Gerichtsweibel hatte der Gläubiger zu erlegen. Der Schuldner war zur Auskunft über seine Schuld verpflichtet. Eine Pfändung ohne amtliche Mitwirkung war nicht möglich. Dies bedeutete aber nicht, dass die richterliche Person pfändete, ihre Anwesenheit liess nur die Erlaubnis des Gerichts zur Pfändung sichtbar werden.[161] In einzelnen Rechtsgebieten war es jedoch bis ins Spätmittelalter zugelassen, dass der Gläubiger ohne Zuziehung des Gerichts die Pfändung unternahm.[162]

Nach erfolgter Zahlungsaufforderung hatte der Schuldner einen Aufschub von vierzehn Tagen. Dieses Verfahren wird im Saxer Landsbrauch als «lange Gant» bezeichnet.[163] Am 15. Tag nahm der Weibel ein Pfand. War das Pfand mehr als zehn Pfund wert, wartete man noch sechs Tage, bis es zur Pfändung kam. Die Pfändung war gleichbedeutend mit der Ankündigung der Schätzung, die den eigentlichen Pfändungsakt ausmachte.[164] Die Schätzung fand meist im Haus des Schuldners durch den Weibel statt.[165] Wo das Pfand bis zur Schätzung aufbewahrt wurde, geht aus dem Landsbrauch nicht hervor, es kam aber seit dem hohen Mittelalter sicherlich nicht mehr zum Gläubiger.[166]

Erst wenn der Schuldner nach acht Tagen das Pfand nicht auslösen konnte, war der Gläubiger ermächtigt, über das Pfand zu verfügen *«und seinen frommen damit zu schaffen gewalt haben»*.[167] Das Pfand verfiel in das Eigentum des Gläubigers, er konnte es behalten und gebrauchen (Pfandverfall).[168] Rechtshistorisch jünger ist der Pfandverkauf; der Gläubiger war ermächtigt, das Pfand beispielsweise auf der Gant zu versteigern. Unter «Gant» versteht man den im Rahmen der Zwangsvollstreckung vorgenommenen öffentlichen Pfandverkauf.[169] Manchmal war es auch Sache des Weibels oder des Gerichts, den Verkauf des Pfands vorzunehmen.[170] Üblicherweise wurde das Pfand an den Meistbietenden verkauft. Und um dies zu garantieren, führte man den Verkauf durch öffentliche Personen ein.

Auch die Beschaffenheit des Pfands war im Landsbrauch geregelt. Man unterschied auch hier zwischen «liegendem Gut» und «Fahrnis». Als Fahrnis galten Sachen, die ohne Veränderung ihres Wesens von Ort zu Ort bewegt werden konnten.[171] Hatte jemand eine Schuld zu bezahlen, so musste er die doppelte Summe[172] als Pfand auslegen, und zwar musste *«die beste Pfand»* gegeben werden.[173] In mittelalterlichen Quellen wird oft erwähnt, dass dem Gläubiger allein die Pfandwahl zustand und der Schuldner nicht das Bestimmungsrecht hatte.[174] Im vorliegenden Landsbrauch ist zumindest die Reihenfolge der zu pfändenden Gegenstände vorgegeben. Zuerst wurde die Fahrnis im Haus selbst gepfändet. Reichte sie nicht aus, so wurde das Vieh gepfändet. Erst wenn auch Heu und Stroh im Stall nicht ausreichend war, durfte liegendes Gut angegriffen werden.[175] Es lag jedoch nicht in der Macht des Weibels, liegendes Gut zu pfänden. Hier musste das Gericht eingeschaltet und Brief und Siegel verlangt werden.[176] Das Ausstellen eines solchen Briefes durch den Landschreiber ging auf Kosten des Gläubigers, der diese Kosten durch den Verkauf des Pfands natürlich wieder eintreiben konnte. Die letzte Möglichkeit zum Auslösen des Pfands hatte der Schuldner auf der Gant selbst, wobei er seine Schulden mitsamt Zinsen und Gerichtskosten zu erlegen hatte.

Häufig blieb dem Schuldner aber noch nach dem Verkauf des Pfands die rechtliche Möglichkeit, das Pfand zurückzukaufen.[177] Der Gläubiger hatte dem Schuldner die Person zu nennen, an die er das Pfand verkauft hatte. Für den Rückkauf gab es wiederum eine gesetzliche Frist. Wenn der Schuldner dem Käufer den Kaufpreis und etwaige Unterhaltskosten ersetzen konnte, war dieser zur Herausgabe des Pfands verpflichtet.

Über die Form des Schuld- oder Gantgerichts berichtet der Landsbrauch unter dem Kapitel «Formb wie man einen schuld brief einlegen soll». Der Weibel wurde befragt, ob er den Schuldner «für gericht boten» hat. Dies bedeutete eine Vorladung des Schuldners.[178] Liegendes Gut blieb nach

157) Ebenda, S. 176.

158) Vgl. Hübner, Privatrecht, S. 795.

159) Vgl. Schädler, Rechtsgewohnheiten, S. 56.

160) Über die Tätigkeit des Weibels siehe nächstes Kapitel.

161) Vgl. Planitz, Hans: Die Vermögensvollstreckung im deutschen Mittelalter. Band 1: Die Pfändung. Leipzig, 1912, S. 171. Auch die Gläubigerhandlung wurde dabei unter richterlicher Kontrolle gehalten; im folgenden zitiert als: Planitz, Pfändung.

162) Vgl. Planitz, Pfändung, S. 448.

163) Vgl. Aebi, Landsbrauch Sax-Forsteck, S. 106.

164) Ebenda.

165) Vgl. Planitz, Pfändung, S. 560.

166) Vgl. Naegeli, Alfred: Das germanische Selbstpfändungsrecht in seiner historischen Entwicklung mit besonderer Rücksicht auf die Schweiz. Diss. Zürich, 1876, S. 54; im folgenden zitiert als Naegeli, Selbstpfändungsrecht. Erst nach Ablauf der Wartefrist durfte der Gläubiger nach Landsbrauch das Pfand zu seinen Handen nehmen; LB fol. 58r. Manchmal gab es zur Pfandverwahrung ein besonderes Ganthaus; vgl. HRG Bd. 2, S. 1385.

167) LB fol. 58r.

168) Hübner, Privatrecht, S. 505.

169) HRG Bd. 2, S. 1384. Gantstätten waren meist der Marktplatz, das Rathaus, das Gericht oder ein eigenes Ganthaus.

170) Vgl. Planitz, Pfändung, S. 379 ff.

171) Vgl. HRG, Band 1, S. 1050. Dazu gehören Tiere und alle nicht fest mit dem Boden verbundenen leblosen Sachkörper. Das Deutsche Rechtswörterbuch zitiert einige Quellen, in denen Fahrnis definiert ist: «ist unter fahmus erkandt, was mit nagel nit angehaefft», «was die fackel oder brand hinweg nehme, daß solches vor fahrnus gehalten und erkandt werde». Deutsches Rechtswörterbuch (Wörterbuch der älteren deutschen Rechtssprache). Hrsg. von der Preussischen Akademie der Wissenschaften. Band 111. Weimar, 1935, S. 385. Daraus ergibt sich auch, dass das aus Holz gebaute Haus zur Fahrnis gerechnet wurde; vgl. auch Mitteis, Heinrich; Lieberich, Heinrich: Deutsches Privatrecht. Ein Studienbuch. 4. Auflage München, Berlin, 1963, S. 70.

172) In anderen Landbüchern war es etwa üblich, einen Drittel der Schuld auf den Pfandwert aufzuschlagen. Vgl. Naegeli, Selbstpfändungsrecht, S. 54.

173) LB fol. 58r.

174) Vgl. Planitz, Pfändung, S. 527.

175) Nach den Volksrechten war nur die Fahrnis pfändbar, selbst bei der gerichtlichen Exekution wurde liegendes Gut nicht angegriffen; vgl. Naegeli, Selbstpfändungsrecht, S. 25.

176) Vgl. Kaiser, Geschichte Liechtensteins, S. 361.

177) Vgl. Planitz, Pfändung, S. 691.

178) Vgl. Aebi, Landsbrauch Sax-Forsteck, S. 107. «Boten» im Rahmen des Schätzungsverfahrens bedeutete «mahnen» oder «ankündigen des Pfändens»; vgl. auch: Idiotikon, Wörterbuch der schweizerdeutschen Sprache, Band IV, Frauenfeld, 1881 ff., S. 1893/4.

fol. 32v: Wie Eheleute einander beerben, ist ebenfalls ein wichtiger Aspekt im Landsbrauch. Das Erbgut des verstorbenen Mannes fällt in der Regel an dessen Ehefrau, wie es das hier gezeigte Beispiel illustriert. Dies hätte auch Gültigkeit, wenn Anverwandte des Mannes noch am Leben wären (Seite 44).

fol. 33r: Das darauf folgende Beispiel behandelt den Fall, in welchem der verstorbene Mann aus erster Ehe Kinder hinterlässt. Sowohl diese Kinder als auch die zweite Frau sind anteilmässig erbberechtigt (Seite 45).

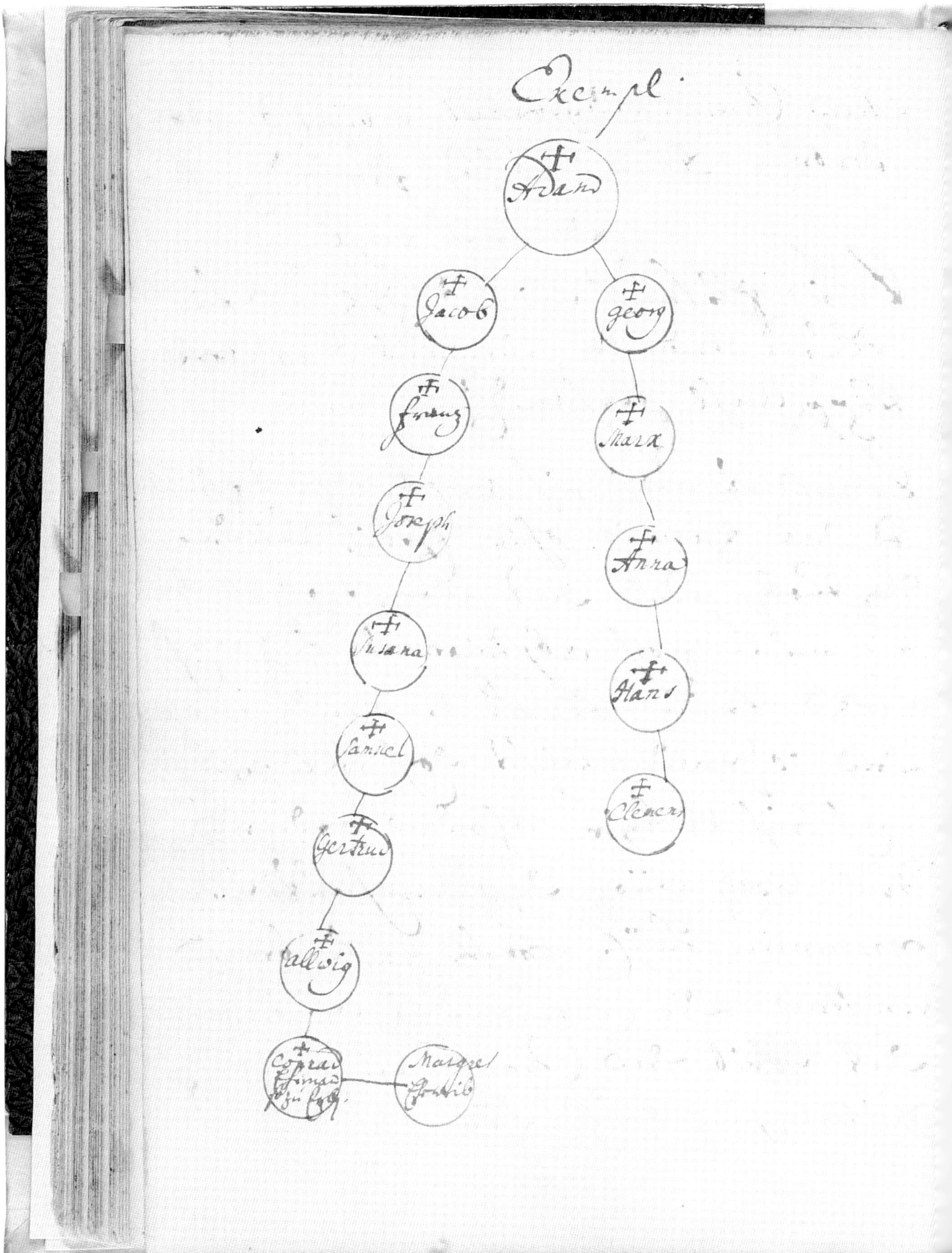
Exempl
Adam
Jacob
georg
Franz
Marx
Joseph
Anna
Susana
Hans
Samuel
Gertrud

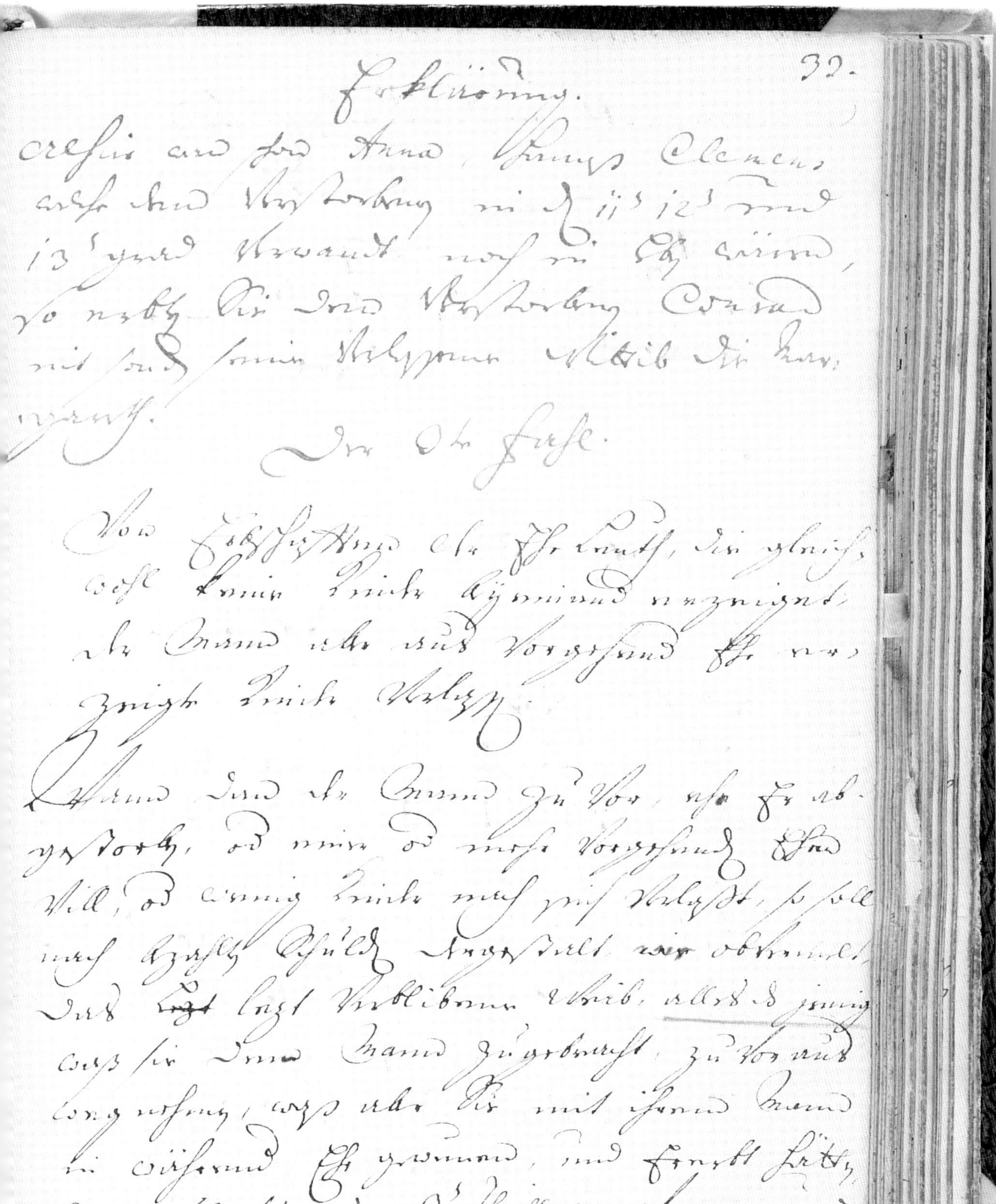
Erklärung.
32.

der Gerichtsverhandlung sechs Wochen und drei Tage im Gewahrsam des Schuldners. Erst dann wurde ein «gandt brief» ausgestellt, wonach der Gläubiger zur Pfandverwertung schreiten konnte. Der Schuldner war auch verpflichtet, dem Gläubiger Zugang zu seinem Pfand zu verschaffen. Nach der Vergantung musste alles, was über die Summe der Schuld hinaus erlöst wurde, dem Schuldner zurückgegeben werden.

Über den Liegenschaftsverkehr wird nur so viel erwähnt, dass der Käufer die halbe Kaufsumme des Grundstücks sofort erlegen musste. Für den Rest konnte er ein Pfand hinterlegen, welches vom Gläubiger genutzt wurde, bis die Restschuld bezahlt war. Auch bei einem Grundgeschäft waren vermutlich die Amtsleute beteiligt.[179] Meist musste der Abschluss vor Gericht getätigt werden. Es wurde ein Protokoll aufgenommen, wobei Käufer und Verkäufer eine Ausfertigung des Verkaufsbriefs erhielten. Die Veräusserung wurde meist auch in das Gerichtsbuch eingetragen. Wurde nur die halbe Kaufsumme erlegt, dann wurde ein Schuldbrief ausgestellt, wobei der Schreiberlohn zu Lasten des Gläubigers ging. In der Herrschaft Sax-Forsteck war es offenbar der Weibel, der Schuldbriefe ausfertigte, was mit seiner Tätigkeit als «Schätzer» zusammenhing.[180] Diese Tätigkeit wurde ihm 1714 von der Obrigkeit verboten.

Der «lidlohn»,[181] «gesprochen und baar geliehen gelt»[182] und «zörich»[183] konnten im Verfahren der «kurzen Gant» eingezogen werden.[184] Die Pfändung wurde dabei schon bei erfolgloser Zahlungsaufforderung angekündigt. Am dritten Tag konnte der Gläubiger bereits die Pfändung eigenmächtig vollziehen.

STRAFRECHT

Die Grafschaft Vaduz und die Herrschaft Schellenberg bildeten je eine Gerichtsgemeinde,[185] deren Vorsteher der Landammann war. Zweimal jährlich wurde eine Gerichtsversammlung einberufen, die vierzehn Tage vorher angekündigt wurde.[186]

Beim Malefizgericht, also beim obersten Gericht oder Hochgericht,[187] wurden Strafsachen abgehandelt, und zwar zuerst vom Grafen selbst, der ja der oberste Gerichtsherr war,[188] und nach 1492 auch vom Landammann. Worum es sich bei «Strafsachen» handelte, ist bei Hans Schlosser näher beschrieben: «Demnach lassen sich als Strafsachen bestimmen zunächst die Dreiergruppe Totschlag, Notzucht und Diebstahl, *die an den todt gend oder ze dem tot ziehent*, also Lebensstrafen nach sich ziehen, ferner blutige Körperverletzungen und ehrenrührige Scheltworte. Sie gehören als Hochgerichtsfälle grundsätzlich zur landesherrlichen Vorbehaltsgerichtsbarkeit».[189] Diese Delikte werden in Salzburg auch als «Vitztums- oder Hauptmannshändel» bezeichnet.[190]

Bei den Gerichtsverhandlungen, die in der Herrschaft Schellenberg auf Rofenberg und in der Grafschaft Vaduz direkt in Vaduz an einem offenen Platz unter einer Linde abgehalten wurden,[191] war durch hölzerne Schranken die Gerichtsstätte abgegrenzt, innerhalb derer der Landammann und seine Beisitzer Platz nahmen.[192] Um die Gerichtstätte herum standen als «Umbstand» die «Gerichtsleute», die grossjährigen Bauern des Gerichtsbezirks, die alle zur Teilnahme am Gerichtstag verpflichtet waren.

Im folgenden soll deutlich gemacht werden, wer – nach den Quellen des 17. Jahrhunderts – an einem Malefizgerichtsprozess teilgenommen hat, welche Aufgaben jeder zu erfüllen hatte und wie dieser Prozess abgelaufen ist.

DIE BETEILIGTEN

Der Landammann[193]

Seit 1492 hatten die Landesherren die Möglichkeit, die Vollmacht zur Ausübung der Blutgerichtsbarkeit an den Landammann zu übertragen. Inwieweit hier eine schon bestehende Praxis bestätigt oder eine neue Ermächtigung geschaffen wurde, ist nicht feststellbar. Für bestimmte Verwaltungsangelegenheiten und die Leitung des Niedergerichts wurde schon früher ein Ammann von der Herrschaft eingesetzt. 1314 tritt ein *«Jordanus minister de Vaduz»* als Zeuge in einer Urkunde auf, für Schellenberg ist 1319 ein Ammann belegt.[194] Der Landammann wurde alle zwei Jahre von den wahlberechtigten Männern für jede der beiden Landschaften gewählt.[195] Das Vorschlagsrecht hatte der Landesherr, der drei Männer zur Auswahl stellte. Bis ins 18. Jahrhundert erfolgte diese Wahl durch das sogenannte «offene Handmehr», also durch Handerheben, danach durch den Mehrlauf: dabei stellte sich der Wähler direkt zu seinem Kandidaten.[196] Die Pflichten des Landammanns waren der Vorsitz bei Gericht, die Leitung der Polizei, Verwaltungsaufgaben, Steuerwesen und die Vertretung der Gerichtsgemeinde nach aussen.[197]

Gleich nach der Wahl wurde dem Landammann das Recht, über das Blut zu richten, übertragen.[198] Dies geschah anscheinend in der Regel sehr formlos, da es nur eine einzige Urkunde gibt, in der die Weiterübertragung der Blutgerichtsbarkeit schriftlich festgehalten ist. Diese Urkunde datiert aus dem Jahr 1573:

«Wir [Georg Graf zu Helfenstein und Heinrich Graf zu Fürstenberg] haben demnach unserem lieben, getreuen Ammann Jakob Blenki an unserer Statt den Bann über das Blut und andere schädliche Sachen zu richten verliehen. Wir befehlen ihm denn auch Kraft dieses Briefes, alles das nach Gewohnheit und Recht vorzunehmen, zu tun und zu lassen, was er uns denn gelobt und geschworen hat».[199]

Sie wurde von den Vormündern der Söhne des Grafen Alwig von Sulz ausgestellt, die zu diesem Zeitpunkt noch minderjährig waren. Diese Tatsache

179) Vgl. Schmelzeisen, Polizeiordnungen, S. 217.

180) Vgl. Aebi, Landsbrauch Sax-Forsteck, S. 100.

181) Lidlohn bedeutet «Lohn eines Dienstboten, soweit er in Geld besteht»; vgl. Haberkern, Eugen; Wallach, Joseph Friedrich: Hilfswörterbuch für Historiker. Mittelalter und Neuzeit. 8. Auflage, Basel, Tübingen, 1995, S. 395; im folgenden zitiert als: Haberkern/Wallach, Hilfswörterbuch. Hier war der Gesichtspunkt der Dringlichkeit der Forderung massgebend; siehe dazu auch: Planitz, Pfändung, S. 327.

182) Hatte der Schuldner versprochen, eine Barzahlung zu leisten oder handelte es sich um die Rückzahlung von geliehenem Geld, konnte der Gläubiger die Schuld direkt eintreiben lassen; vgl. Aebi, Landsbrauch Sax-Forsteck, S. 107.

183) Hierbei handelt es sich um Wirtshausschulden, um die keine Immobilien gepfändet werden sollten; vgl. Aebi, Landsbrauch Sax-Forsteck, S. 107.

184) LB fol. 60r. Siehe auch: Landsbrauch Sax-Forsteck, Ziff. 38, Ziff. 62.1.

185) Ospelt, Verfassungsgeschichte, S. 14.

186) Vgl. Ospelt, Entwicklung des Gerichtswesens, S. 226.

187) Jutz, Leo: Vorarlbergisches Wörterbuch mit Einschluss des Fürstentums Liechtenstein. Wien, 1960, S. 342 f.

188) Vgl. Ritter, Brandisische Freiheiten, S. 34.

189) Schlosser, Hans: Spätmittelalterlicher Zivilprozess nach bayrischen Quellen. Gerichtsverfassung und Rechtsgang. Wien, 1971, S. 23.

190) Vgl. Geschichte Salzburgs, S. 905.

191) Vgl. Schädler, Rechtsgewohnheiten, S. 61.

192) In Salzburg wurde dieser Platz deshalb «Schranne» genannt; vgl. Geschichte Salzburgs, S. 901.

193) Im Handwörterbuch zur deutschen Rechtgeschichte findet sich folgende Definition zum Wort «Amtmann»: Er ist ein «Inhaber eines Amtes. Es kann sowohl den unfreien Dienstmann wie den belehnten oder später beamteten Träger hoher richterlicher oder Verwaltungsfunktionen meinen. Eine besondere Entwicklung ist im Bereich der oberdeutschen Wortform ‹Ammann› vor sich gegangen. Aus den Beamten des Grundherrn wird, zuerst wohl in den geistlichen Grundherrschaften um den Bodensee, ein Dorfvorsteher. Bald stärker der Herrschaft verpflichtet, bald gewähltes Oberhaupt der Gemeinde, findet sich der Ammann in der Schweiz, um den Bodensee und in Oberschwaben. Im gleichen Raum erscheint er auch als städtischer Beamter, in der Schweiz sogar als Vorsteher grösserer Bezirke, vor allem in den unabhängig gewordenen Talschaften der Innerschweiz (Landammann). Hier lebt die Bezeichnung bis in die Neuzeit weiter»; vgl. HRG, Bd. 1, S. 155 f.

194) LUB I/3, S. 32 ff.; LUB I/3, S. 263 ff. Ob es sich dabei wirklich um einen Landammann in den gleichen Funktionen handelt, wie wir ihn aus dem 15. oder 16. Jahrhundert kennen, ist fraglich. Erst im 15. Jahrhundert grenzten sich die Bezeichnungen und Funktionen Vogt/Ammann voneinander ab; vgl. hierzu Stievermann, Geschichte Vaduz und Schellenberg, S. 119.

195) Ospelt, Entwicklung des Gerichtswesens, S. 226.

196) Vogt, Paul: Brücken zur Vergangenheit. Ein Text- und Arbeitsbuch zur liechtensteinischen Geschichte. Hrsg. vom Schulamt des Fürstentums Liechtenstein. Vaduz, 1990, S. 28; im folgenden zitiert als: Vogt, Brücken zur Vergangenheit.

197) Ospelt, Entwicklung des Gerichtswesens, S. 226.

198) Ospelt, Verfassungsgeschichte, S. 14.

199) LLA SchäU 73, zitiert nach: Vogt, Brücken zur Vergangenheit, S. 30 (vereinfacht).

könnte auch die Erklärung für die einmalige Ausstellung einer solchen Urkunde sein; dass es sich dabei um die erste Verleihung der Blutgerichtsbarkeit handelt, ist nicht glaubwürdig, weil seit der Ermächtigung der Freiherren von Brandis inzwischen über 80 Jahre vergangen waren. Zur Erinnerung: Diese Ermächtigung hatte den Freiherren von Brandis das Recht gegeben, als Landesherren den Blutbann an die Landammänner weiter zu verleihen.

Der Landammann wird als Vorsitzender der Gerichtsverhandlung in den Quellen durchgehend als «Richter» bezeichnet. Auch die Bezeichnung «Stabhalter» kommt in einem Landsbrauch vor.[200] Sie nimmt darauf Bezug, dass der Richter den Richterstab als Hoheitszeichen bei der Eröffnung des Gerichtstages in die Hand nahm.

Die Beisitzer

Neben dem Landammann als Richter nahmen an der Gerichtsversammlung auch noch Beisitzer teil, die die Funktion von Geschworenen hatten.[201] Zumeist ist von zwölf Beisitzern die Rede, beim Malefizgericht wurde diese Zahl jedoch verdoppelt. Der Hinweis darauf findet sich in einem Landsbrauch,[202] während sonst nirgends die Anzahl der Beisitzer bei der Gerichtsverhandlung erwähnt wird. Die Besetzung des Blutgerichts (Malefizgerichts) mit 24 Beisitzern war auch in anderen Ländern üblich. Der Zeitpunkt, zu dem diese Zahl in Vaduz und Schellenberg festgelegt wurde, ist nicht genau zu ermitteln.

Kaiser bezeichnet die Beisitzer durchgehend als «Richter», die Bezeichnung der Beisitzer ist in den Quellen jedoch ganz uneinheitlich. Im Text wird auch noch die Bezeichnung «urtelsprecher» verwendet, was sehr logisch erscheint, weil sie gleichzeitig auf die Funktion der Beisitzer hinweist, nämlich das Urteil zu fällen.[203] Karl Siegfried Bader unterscheidet diese Form der Gerichtsverfassung von der Schöffenverfassung:

«Weit mannigfaltiger, aber zugleich auch undurchsichtiger und diffuser sieht die Organisation der Dorfgerichte dort aus, wo, wie im deutschen Südwesten und Südosten, die Schöffenverfassung durch ein System von Richtern und Urteilen ersetzt worden ist. Die fränkischen scabini konnten sich hier trotz aufoktroyierter Grafschafts- und Centenarverfassung nicht halten; das Vorbild für die dörfliche Gerichtsbesetzung bildete offenbar das grundherrliche Meiergericht und das ihm nachgebildete Vogtgericht. Schon die Bezeichnung der am Gericht Mitwirkenden ist ganz uneinheitlich; vor allem wird trotz Scheidung der Funktionen zwischen Gerichtsvorsitzenden und Urteilssprecher nicht nur der das Gericht leitende Ammann, Schultheiss oder Vogt sondern auch der Urteiler ‹Richter› genannt. Mitunter finden sich Ersatzbezeichnungen wie ‹Geschworene›, ‹Gerichtsmänner› usw., wobei durchaus nicht gesagt ist, dass deren Funktionen sich auf die Urteilsfindung beschränken».[204]

Die Beisitzer wurden, im Gegensatz zum Landammann, von der Herrschaft gewählt.[205] Ihre Amtszeit war nicht beschränkt. Erst beim Tod oder beim Zurücktreten eines Beisitzers wurde ein neuer gewählt, was sehr ungewöhnlich ist. Die Gerichtsprotokolle vom Maien- und Herbstzeitgericht von Rofenberg weisen tatsächlich darauf hin, dass die Beisitzer auf Lebenszeit gewählt wurden.[206] Die Wahl auf Lebenszeit hatte natürlich einen entscheidenden Vorteil: die Beisitzer gewannen immer mehr Erfahrung und konnten ihre Urteile leichter nach dem Vorbild eines bereits vorausgegangenen Gerichtsurteils fällen.

Sowohl der Landammann als auch die Beisitzer hatten nach ihrer Wahl einen Eid zu leisten:

«Nachdem Ihr Ammann mit mehrer Hand zu einem Ammann gemacht und Ihr andern zu Beisitzern und Urteilssprechern gewählt seid, so werdet Ihr einen Eid zu Gott und den Heiligen schwören, unserem gnädigen Herrn und den vorgesetzten Oberbeamten an seiner Statt untertänig und gehorsam zu sein, mit allen gebührlichen Mitteln Ihro Gnaden, der Landschaften und der armen Leuten Nutz und Frommen fördern und Schaden und Nachteil wenden. Wo Ihr von Übeltätern erfahrt,

werdet Ihr diese dem Landvogt anzeigen und darüber weiteren Befehl erwarten ... Weiter werdet Ihr Witwen und Waisen vor Gewalt und Unrecht schützen und Euren Stab und das Recht redlich führen ...».[207]

Fürsprecher und Räte

Sowohl die Anklage als auch der Beklagte wurden durch jeweils einen Fürsprech und zwei Räte, die dem Fürsprech zur Seite standen, vertreten.[208]

Der Landschreiber

Der Landschreiber war nicht nur Gerichtsorgan, sondern ein meist auf Lebenszeit bestellter Beamter.[209] Er führte das Protokoll bei den Gerichtsverhandlungen, verfasste die schriftlichen Urteile und fertigte die öffentlichen Urkunden aus, die vom Landammann besiegelt wurden.[210] Er überprüfte auch die ausserordentlichen Ausgaben und Einnahmen des Ammanns und sollte die Untertanen bei Rechtsproblemen mit Fremden beraten.[211]

Der Gerichtsweibel

Vierzehn Tage vor der Gerichtsverhandlung rief der Gerichtsweibel das Gericht aus. Er wurde von der Landesherrschaft gewählt und vereidigt. Er zeigte auch Frevel und Verbrechen an und nahm Pfändungen vor.[212] Während der Gerichtsverhandlung verbannte er das Gericht und sass gemeinsam mit dem Landschreiber neben dem Landammann.[213] In anderen deutschen Ländern wird er als Scherge, Fronbote oder Gerichtsdiener bezeichnet.

Beklagte

Der Beklagte (oder die Beklagten) vor dem Malefizgericht wird (werden) in den Quellen stets als Malefizperson (Malefizpersonen) bezeichnet.

Die auf Seite 13 wiedergegebene Abbildung aus einem Schulbuch soll als Illustration dienen.[214] Es handelt sich hierbei um eine Gerichtssitzung bei der Kapelle Rofenberg. Dass der Landammann einen gebrochenen Stab in seinen Händen hält, weist auf einen Malefizgerichtsprozess hin. In diesem

200) LLA Landsbrauch 17. Jahrhundert.

201) Die Funktion der Beisitzer als Geschworene führt öfters zu Verwechslungen in der Terminologie. Es gab nämlich Beamte, die zwar den Titel «Geschworene» führten, die aber vollkommen andere Aufgaben als die Beisitzer hatten. Sie waren die Vorsteher der Gemeinden und hatten die Aufgabe, Holz und Feld zu schützen und zu schirmen, Weg und Steg zu bessern, Witwen und Waisen zu schützen, aber auch Verbrecher an das Gericht auszuliefern und Frevel anzuzeigen; vgl. hierzu: Kaiser, Geschichte Liechtensteins, S. 357 f.; Ospelt, Alois: Wirtschaftsgeschichte des Fürstentums Liechtenstein im 19. Jahrhundert. In: JBL 72 (1972), S. 5–423, hier S. 74.

202) LLA Landsbrauch 17. Jahrhundert: «Umbfragen und verbanung deß malefiz gerichts wie solches in der grafschaft vaduz üblich».

203) Es besteht auch noch die Möglichkeit, dass die Bezeichnung «Richter» eine Sammelbezeichnung für den Landammann und die Beisitzer ist. Das würde aber voraussetzen, dass der Landammann an der Urteilsfassung beteiligt war.

204) Bader, Karl Siegfried: Studien zur Rechtsgeschichte des mittelalterlichen Dorfes: 2. Teil: Dorfgenossenschaft und Dorfgemeinde. Wien, 1974, S. 349 f.

205) Vgl. Vogt, Brücken zur Vergangenheit, S. 28. Das Vorschlagsrecht hatten die verbleibenden Beisitzer, die der Herrschaft drei Männer zur Auswahl stellten.

206) Gerichtsprotokolle von Rofenberg 1602 bis 1605. In diesen vier Jahren wurde nur ein Beisitzer ausgetauscht; vgl. hierzu Hollaus, Petra: Das Maien- und Herbstzeitgericht zu Rofenberg: Eine Untersuchung der Gerichtsprotokolle 1602–1605. In: Bausteine zur liechtensteinischen Geschichte. Studien und studentische Forschungsbeiträge. Hrsg. Arthur Brunhart. Zürich, 1999, Band 2. Neuzeit: Land und Leute, S. 189–191.

207) Aus: Regierungsarchiv, alte Abteilung: Fasz. 22, Materie 3. Zitiert nach: Vogt, Brücken zur Vergangenheit, S. 28 (vereinfacht).

208) LLA Landsbrauch 1682.

209) Vgl. Niederstätter, Beiträge Vorarlberg, S. 64 f.

210) Ospelt, Entwicklung des Gerichtswesens, S. 226.

211) Niederstätter, Beiträge Vorarlberg, S. 59.

212) Ebenda, S. 64.

213) LLA Landsbrauch 1682.

214) Skizze aus dem Schulbuch von Vogt, Brücken zur Vergangenheit, S. 29.

Fall müsste aber die Zahl der Beisitzer auf 24 erhöht werden. Die Schranken, die die Zuschauer von der Dingstätte trennen, sind auf dem Bild nicht zu sehen. Die Zuschauer sollten auch nicht gegenüber dem Gericht stehen, sondern rundherum (daher der Name: «Umbstand»). Links auf Seite 12 befindet sich daher eine verbesserte schematische Darstellung einer solchen Gerichtssitzung.

Der Ablauf des Malefizgerichts gemäss liechtensteinischem Landsbrauch

Die Prozessordnung des Malefizgerichts ist in vier Landsbräuchen enthalten, wobei die ausführlichste aus dem Jahr 1682 stammt und von Schädler bereits ediert wurde. Der Wortlaut ist im wesentlichen gleich, es fehlen jedoch oft Teile oder die Reihenfolge der einzelnen Abschnitte wird umgekehrt. Dies macht es schwierig, den Ablauf des Malefizgerichts genau zu rekonstruieren. Eine Richtlinie bietet die Malefizgerichtsordnung aus der Reichsherrschaft Blumenegg, die aus dem 17. Jahrhundert stammt, als Blumenegg noch gemeinsam mit Vaduz und Schellenberg verwaltet wurde.[215] Sie ist ausführlicher als die Gerichtsordnungen, die in den liechtensteinischen Landsbräuchen erhalten sind.

Zunächst fragte der Landammann die Beisitzer nach der Rechtmässigkeit der Zusammenkunft.[216] Dieses Frage-Antwort-System war ein sehr gebräuchliches Element aller Gerichtssitzungen und diente zur Feststellung der Legitimität.[217] Auf diese sechs Fragen antworteten die Beisitzer höchstwahrscheinlich gemeinsam. In der Blumenegger Gerichtsordnung findet sich nach jeder Frage die Formel: «Des gefragten Antwort».[218] Es könnte daher auch möglich sein, dass ein Beisitzer stellvertretend für alle anderen geantwortet hat. Bei den Gerichtstagen in Salzburg und Niederösterreich wurde aus den Reihen der Beisitzer ein «Vorsprech» bestimmt, der unter anderem das Urteil verlas.[219] Diese Funktion erfüllte aber in Liechtenstein der Landschreiber. Die erste Frage betraf die Tagzeit: Ob der Tag nicht zu früh, zu spät, zu heilig oder zu schlecht sei, dass er den Stab aufheben und richten könne. Bei diesen Worten nahm der Landammann den Richterstab vom Tisch auf, wo ihn der Gerichtsdiener vorher hingelegt hatte. Eine weitere Möglichkeit wäre die direkte Übergabe des Stabes.[220] Nun erst hatte er alle Befugnisse als Richter und die Rechtswirksamkeit seiner Handlungen war gegeben.[221]

Weiters fragte der Landammann, ob genügend Richter anwesend seien und ob alle ehrlich seien, ob er mit seinen Beisitzern aufstehen könne, um dem heiligen Sakrament Ehre zu erweisen und ob er dann immer noch richten könne, ob man die Verhandlung unterbrechen könne, wenn Feind, Feuer oder Wassersnot dazwischenkämen und was geschähe, wenn er krank würde. Auf diese Frage antworteten die Beisitzer, dass er an seiner Statt jemandem den Stab übergeben könne. Falls er genese, könne er weiterrichten. Der Richterstab durfte während der Gerichtsverhandlung nicht niedergelegt werden, da ansonsten die Verhandlung als beendet anzusehen gewesen wäre.[222] Als letztes fragte der Landammann, ob man unter ein Obdach rücken könne, wenn ein Unwetter käme. Die Sorge galt dabei dem Gerichtsbuch. Hier stellt sich die Frage, ob dies ein Hinweis darauf ist, dass die Gerichtsverhandlung im 17. Jahrhundert tatsächlich noch unter freiem Himmel stattgefunden hat oder ob diese Formel nur aus Tradition auch im Gerichtshaus beibehalten wurde.[223]

Danach fragte der Landammann einen Beisitzer, ob er zwei «Biedermänner» hinzuziehen könnte, damit das Recht *«desto ordentlicher aufrecht und redlich an sein Statt gange»*. Bei diesen Biedermännern handelte es sich um die Fürsprecher, die für den Kläger und den Beklagten die gerichtsüblichen Formeln sprachen. Es ist möglich, dass diese aus dem Kreis der Beisitzer genommen wurden. Nicht ganz klar ist dann allerdings eine Formel in der Blumenegger Gerichtsordnung, die eher darauf hinweist, dass die Biedermänner nicht aus dem Kreis der Beisitzer kommen: *«zwen redliche erliche biderman auserhalb des rechten»*.[224]

Nicht im Landsbrauch verzeichnet ist der Text, mit dem sowohl der Landammann als auch die Beisitzer und der Landschreiber vereidigt wurden.

Der Text dieser Eide liegt gesondert vor. Der Richter schwört, dass er

«soll und will in Peinlichen Sachen Recht ergehn laßen. Richten und urtheylen dem Armen also dem Reichen und das nit laßen weder durch lieb, Leid, Miet, gab noch kainer andern sachen wegen. Und sonderlich, so will Ich Kayser Rudolph deß Andern und des heiligen röm. Reichs Peinliche Gerichts Ordnung, getreulich geloben, und nach meinem pesten vermögen halten, und handthaben, alles getreulich und uneverlich. Also helf mir Gott und all Heyligen».[225]

Der Eid der Beisitzer hat den gleichen Wortlaut. Sie mussten den Text, der ihnen vorgelesen wurde, nachsprechen. Der Schreiber hatte zu beschwören, dass er genau aufpassen und alles getreulich aufschreiben werde.

Dann wandte sich der Landammann an den Fürsprech des Klägers, der die Klage erhob. Daraufhin verlas der Landschreiber die Urgicht, das Geständnis des Angeklagten.[226] Der Fürsprech des Klägers ergriff nun wieder das Wort, der Angeklagte habe durch seine Taten sein Leben verwirkt und müsse zum Tod verurteilt werden. Nun durfte auch der Fürsprech des Angeklagten appellieren.

Bevor nun ein Urteil gefasst wurde, wandte sich der Landammann an den Fürsprech des Klägers und fragte ihn nach einem Urteil. Dieser sagte darauf, er sei des Rechts nicht allein verständig und bitte, diesen Umstand abzutreten. Die Beisitzer rückten nun zusammen und berieten wegen eines Urteils. Wenn sie ein Urteil gefasst hatten, schrieb der Landschreiber es nieder und jeder setzte sich wieder an seinen Platz. Der Landammann wandte sich an den Fürsprech des Klägers, um das Urteil zu eröffnen. Dieser bat den Landschreiber, das Urteil zu verlesen. Handelte es sich um ein Todesurteil, so brach der Landammann den Stab und behielt die Teile in der Hand.[227]

215) Malefizgerichtsordnung der Reichsherrschaft Blumenegg. In: Burmeister, Vorarlberger Weistümer, S. 340–344; im folgenden zitiert als: Malefizgerichtsordnung der Reichsherrschaft Blumenegg.

216) Diese Fragen sind in jeder Malefizgerichtsordnung der Landsbräuche gleich. Siehe auch LLA RA 143/36: «Verbannung dess Malefiz Gerichtes».

217) Kocher, Gernot: Richter und Stabübergabe im Verfahren der Weistümer. Graz, 1971, S. 53; im folgenden zitiert als: Kocher, Richter und Stabübergabe.

218) Malefizgerichtsordnung der Reichsherrschaft Blumenegg, S. 340.

219) «Das Schöffenkollegium wählte aus seiner Mitte einen Vorsprecher, der – in wichtigen Fällen nach Beratung mit seinen Mitgeschworenen – die Urteile dem Vorsitzenden mitteilte und andere Entscheidungen und Stellungnahmen bekannt gab»; vgl. Feigl, Helmuth: Rechtsentwicklung und Gerichtswesen Oberösterreichs im Spiegel der Weistümer. Wien, 1974 (Archiv für Osterreichische Geschichte. Band 130), S. 89. In Salzburg wurde aus den Reihen der Rechtssitzer ein Vorsprach gewählt, der auf die Memorialfragen des Richters antwortete. Bei diesen Fragen wurden die Grenzen des Gerichtes festgestellt und das geltende Recht erfragt. Er verkündete das von den Rechtssitzern gefundene Urteil; vgl. auch: Geschichte Salzburgs, S. 901.

220) Vgl. Kocher, Richter und Stabübergabe, S. 59 ff.

221) Ebenda, S. 60.

222) Ebenda, S. 75.

223) Burmeister stellt fest, dass fast jedes Dorf eine Dingstatt unter freiem Himmel kennt. Es sind zumeist Linden oder Eichen, unter denen das Gericht gehalten wird. Im Jahr 1465 erhält das Landgericht in Rankweil von Kaiser Friedrich III. das Privileg, über der Dingstatt ein Dach auf vier Pfählen zu errichten. Es muss aber nach allen Seiten hin offen sein. Daraufhin entstehen auch Gerichtsgebäude, die ausgesprochene Mehrzweckbauten sind; vgl. Burmeister, Vorarlberger Weistümer, S. 47. In der Herrschaft Schellenberg wurde das Gericht zu Rofenberg unter einer Eiche vor der Kapelle gehalten. Dort gab es auch ein Amtsgebäude, in dem der Landammann und die Zolleinnehmer amteten. In diesem Gebäude waren das Richtschwert und die Landesfahne der Herrschaft verwahrt; vgl. Schafhauser, Eugen: Die St. Martinskirche von Eschen und das Gerichtsgebäude zu Rofenberg. In: JBL 54 (1954), S. 74.

224) Malefizgerichtsordnung der Reichsherrschaft Blumenegg, S. 342.

225) LLA RA CXIII, «Dess Richters Ayd über das Blut Zurichten», «Vrtlsprecher Ayd», «Schreibers Ayd».

226) Haberkern/Wallach, Hilfswörterbuch, S. 632. – In der Reichsherrschaft Blumenegg werden dem Delinquenten vor der Verlesung der Urgicht die Fesseln gelöst; vgl. Malefizgerichtsordnung der Reichsherrschaft Blumenegg, S. 342.

227) Der Landammann zerbrach nicht den kostbaren Richterstab, sondern einen eigens angefertigten, dünnen Stab. Kocher erwähnt, dass der Stab meistens bei der Übergabe des Delinquenten an den Henker gebrochen wurde. Vgl. Kocher, Richter und Stabübergabe, S. 45. Auch in der Reichsherrschaft Blumenegg wurde diese Praxis geübt. Vgl. Malefizgerichtsordnung der Reichsherrschaft Blumenegg, Beiträge Vorarlberg, S. 344. Hier scheint aber der Landammann den Stab schon vor dem Plädoyer des Fürsprechs der Malefizperson zu brechen.

Der Fürsprech des Angeklagten hatte aber noch die Möglichkeit, eine Begnadigung zu erwirken. Er sprach von der christlichen Nächstenliebe und bat das Gericht, das Todesurteil in eine Gefängnisstrafe umzuwandeln.

Wenn nun der Beklagte gar nicht anwesend, also flüchtig war, so ersuchte der Landammann den Gerichtsweibel, den Gerichtsring nach drei Seiten zu öffnen und dreimal den Täter laut zu rufen. Kam nach einer Viertelstunde niemand, so wurde der Gerichtsring wieder geschlossen und mit der Verhandlung fortgefahren.

Die Richtstätte, an der die Hinrichtung vollzogen wurde, war vom Ort der Gerichtsversammlung (Dingplatz, Dingstätte) immer getrennt. Der Galgen stand im Oberland an der heutigen Gemeindegrenze Vaduz-Triesen und im Unterland bei Güdigen, nordöstlich von Eschen.[228] Auf eine andere Hinrichtungsart, nämlich das Köpfen, findet man einen Hinweis in der Malefizgerichtsordnung von Blumenegg:

«Herr richter, nachdem vormals erkannet ist mit der urteil, daß dieser arm mensch das leben verwürckt und den todt verschuldet habe, so bedunckt es mich recht auf mein aid, daß diser arm mensch jetz zuemal dem nachrichter[229] *geantwurt und bevolchen werden solle. Der soll in zue seinen henden nemen, binden, versorgen und bewaren nach notturft und solle ine hinausfüeren auf die gewonliche richtstatt und der übelthalt halben, so er laider geüebt und gehandlet, solle ime sein leib entzwei gehouen werden und der leib das gröser und das haupt das klainer seie».*[230]

Leider ist es nicht nachvollziehbar, wie viele Todesurteile tatsächlich vollstreckt wurden und wie oft es auch Begnadigungen gegeben hat. Dass einige Verbrecher begnadigt wurden, ist aus den Urfehdeschwüren ersichtlich: Zum Tode verurteilte Verbrecher legten bei ihrer Entlassung aus dem Gefängnis den Schwur ab, dass sie sich wegen erlittenen Strafen nicht an der Herrschaft rächen werden.[231] Die letzte Hinrichtung auf Güdigen fand am 5. März 1785 statt.[232]

Diese Form der Gerichtsverhandlung mit dem Landammann als Richter war von 1492 bis zum Jahr 1733 gültig. Danach konnten die beiden Landschaften Vaduz und Schellenberg zwar noch ihre Landammänner wählen; nach einem Erlass des Fürsten Josef Wenzel von Liechtenstein sollten die Landammänner nur noch den Beisitz bei den Blutgerichten haben und nach der Verlesung des Urteils den Stab brechen.[233] Die endgültige Aufhebung der Landammannverfassung und somit die Abschaffung des Landammannamtes fand im Jahr 1808 statt.[234]

Exkurs: Hinrichtung und Henker

Nachdem der Verbrecher von den Richtern zum Tode verurteilt worden war, wurde er vom Henker oder Nachrichter, wie er in den Quellen genannt wird, zur Hinrichtung geführt. Dies konnte auch erst Tage nach der Verurteilung geschehen; der Verbrecher hatte noch Gelegenheit, einen Priester zu empfangen, oder er wurde sogar begnadigt. Welche verschiedenen Arten der Hinrichtung es gab, geht aus der Bestallungsurkunde für den Scharfrichter Johann Georg Reichlin hervor.[235] Man unterschied je nach Aufwand und Kosten zwischen «grossem» Richten, für das der Henker acht Gulden bekam und «kleinem» Richten; dafür betrug die Belohnung vier Gulden. Zum kleinen Richten zählten Enthaupten, Hängen, und Ertränken, zum grossen Richten Vierteilen, Lebendigbegraben, Verbrennen und Rädern. Beim Rädern wurden dem Delinquenten mit einem eigens angefertigten, schweren Rad alle Glieder zerstossen und danach der gelegentlich noch lebende Körper durch die Speichen eines anderen Rades geflochten.[236] Für die benötigten Handschuhe und den Strick erhielt der Scharfrichter jedes Mal 40 Kreuzer; sollte er einen Knecht benötigen, erhielt dieser für die Mahlzeit 15 Kreuzer.

Aber nicht nur die Hinrichtung zählte zu der Tätigkeit des Henkers. Auch über die Bezahlung anderer Dienste gibt die vorgenannte Bestallungsurkunde Auskunft. Grundsätzlich betrug das jährliche Wart- und Dienstgeld 52 Gulden. Dazu kamen noch die Belohnungen für andere Tätigkeiten. Dabei handelt es sich einerseits um die Beseitigung der Körper von Selbstmördern, die sich das Recht auf die Bestattung in geweihter Erde verwirkt hatten und meist unter dem Galgen begraben oder auf dem Wasser hinweggeschwemmt wurden. Dafür erhielt der Scharfrichter sechs Gulden. Die Bekleidung des Selbstmörders gehörte dem Scharfrichter; Wertsachen aber hatte er der Obrigkeit abzuliefern. Auch die Beseitigung von toten Tieren, der Wasendienst, war eine Aufgabe des Scharfrichters. Es war genau geregelt, welche Tierfelle der Scharfrichter behalten durfte und welche er dem Besitzer des Tieres abzuliefern hatte. Falls der Besitzer des Tieres die Haut behalten wollte, musste er dem Scharfrichter 30 Kreuzer bezahlen. Weiters war der Scharfrichter noch zuständig für peinliche Befragungen, also die Folter, welche angewandt wurde, um das Geständnis eines vermutlichen Verbrechers zu erpressen. Hier ist interessant, dass der Scharfrichter zu dieser Zeit pro Tag bezahlt wurde, und zwar mit 15 Kreuzer, und nicht pro durchgeführte Folterung. Daneben führte er noch die Körperstrafen durch, die nicht nur auf die Zufügung von Schmerzen abzielten, sondern auch für den Betroffenen äusserst ehrenrührig waren. Dazu gehörten *«mit ruthen ausschlagen»*, *«ohren abschneiden»*, *«durch bakhen und stirnen brennen»* oder *«finger abhauen»*. Die Belohnung dafür betrug zwei Gulden.

Der erste Henker, der in den liechtensteinischen Quellen erwähnt ist, ist der Nachrichter von Bregenz, der für die oben erwähnten Henkerstätigkeiten nach Vaduz berufen wurde.[237] Laut Wolfgang Scheffknecht ist zu dieser Zeit, also zwischen 1570 und 1578, Meister Mathis Pflug im Amt bezeugt.[238] Im Jahr 1650 wurde mit Christoph Hürter abgerechnet, der ebenfalls Scharfrichter in Bregenz war.[239] 1666 erhielt Hans Jakob Neher aus Lindau die Attestation eines Scharfrichters, nachdem er mit der Vollstreckung zweier Todesurteile sein Meisterstück verrichtet hatte.[240] Der oben erwähnte Johann Georg Reichlin hatte seinen Einstandsbrief am Beginn des 18. Jahrhunderts erhalten.[241] Es dürfte sich bei ihm um den am 26. März 1674 geborenen Sohn des damaligen Scharfrichters handeln, der 1685 sein Amt verlor.[242] Dazwischen dürfte wieder der Scharfrichter von Bregenz nach Vaduz beordert worden sein, wie aus den Instruktionen für den Bregenzer Scharfrichter aus dem Jahr 1695 hervorgeht.[243]

Im Jahr 1718 ersuchte Johann Georg Reichlin den Fürsten um eine Bestallung, da er bereits über 60 Personen hingerichtet hatte.[244] Dieser Bestallungsbrief dürfte im Jahr 1720 immer noch nicht ratifiziert worden sein, da er den Fürsten um eine Ratifikation ersuchte.[245] Die erste nachweisbare Bestallung erfolgte im Jahr 1727.[246] Auf ihn folgte Michael Reichle,[247] seine Familie verband sich

228) Vgl. Goop, Adulf Peter: Liechtenstein – gestern und heute. Vaduz, 1973.

229) Der Nachrichter ist gleich zu setzen mit dem Henker.

230) Malefizgerichtsordnung der Reichsherrschaft Blumenegg, S. 343.

231) LLA SchäU 24, LLA Schä U26: Ludwig Gitz schwört, dass er fortan in kein Haus treten wird, in dem Biederleute wohnen, dass er kein langes Messer oder Degen, sondern nur ein abgebrochenes Messer tragen wird, und er schwört ebenso, dass er in der Kirche nur hinten stehen wird.

232) Schädler, Rechtsgewohnheiten, S. 67.

233) Ebenda, S. 68.

234) Vgl. Ospelt, Entwicklung des Gerichtswesens, S. 232.

235) LLA RA 02/6/08.

236) Vgl. Scheffknecht, Wolfgang: Scharfrichter. Eine Randgruppe im frühneuzeitlichen Vorarlberg. Konstanz, 1995, S. 54; im folgenden zitiert als: Scheffknecht, Scharfrichter.

237) LLA RA 02/6/01.

238) Vgl. Scheffknecht, Scharfrichter, S. 148.

239) LLA RA 146/021.

240) LLA RA 02/6/02.

241) LLA RA 02/6/05.

242) Vgl. Scheffknecht, Scharfrichter, S. 156.

243) LLA RA 02/6/04.

244) LLA RA 02/6/06.

245) LLA RA 02/6/07.

246) LLA RA 02/6/09.

247) Vgl. Scheffknecht, Scharfrichter, S. 156.

durch Heirat mit der Vorarlberger Scharfrichterfamilie der Vollmar.

Als zweite Vaduzer Scharfrichterfamilie ist die Familie Burkhart bezeugt. Im Jahr 1798 folgte Xaver Burkhart seinem verstorbenen Vater Michael Burkhart im Amte des Scharfrichters nach.[248]

POLIZEIORDNUNG

Polizeiordnungen sind Verordnungen der Landesherren, welche die allgemeine Wohlfahrt und öffentliche Interessen betreffen. Sie sind die Hauptform der landesherrlichen Gesetzgebung und bleiben es bis ins 18. Jahrhundert.[249] Die vorrangige Intention der Gesetzgeber war die Erhaltung der alten Sitten gegenüber neuen Einflüssen mit Berufung auf das Gemeinwohl. Natürlich stehen Polizeiordnungen auch im Zusammenhang mit der Ausweitung der landesherrlichen Macht.

Ein Hauptanliegen der Landesherren war es, mit den Polizeigesetzen eine Erhaltung und Stabilisierung der alten Zustände zu erreichen. Gerade in einer Zeit, in der das mittelalterliche Ordnungsgefüge im Auflösen begriffen war, erhielten solche Gesetze eine wichtige Bedeutung.[250]

Die ersten kleineren Landesordnungen mit polizeirechtlichen Bestimmungen entstanden gegen Ende des Mittelalters.[251] Die «gute Polizei», also die sittliche Ordnung, war durch neu aufgetretene Missstände oder durch Missbrauch gefährdet.[252] Diese Tatsache nahmen die Landesherren zum Anlass, Vorschriften zu erlassen, welche die überlieferten Zustände wahren oder aber wiederherstellen sollten.

Anklänge an die späteren Polizeiordnungen enthält bereits jenes «Gesetz», das Erzbischof Friedrich III. 1328 für sein Herrschaftsgebiet, das werdende Land Salzburg, erliess. Es enthält Vorschriften gegen Wucher, Fürkauf und Würfelspiel sowie über den Grundstückserwerb und die Morgengabe.[253] 1446 und 1482 erschienen Polizeiordnungen in Sachsen, 1474 und 1491 im Herzogtum Bayern-Landshut und 1495 im Herzogtum Württemberg sowie in der Markgrafschaft Baden.[254]

Seit dem Ausgang des 15. Jahrhunderts wurde die Polizeigesetzgebung auch Sache des Reichs. Als Teil der Reichsgesetzgebung entstanden im 16. Jahrhundert nach einigen dem Umfang nach geringeren Ordnungen die Reichspolizeiordnungen. Gegenstände dieser Reichspolizeiordnungen, neben der Carolina (Peinliche Gerichtsordnung Karls V. aus dem Jahr 1532) die letzten bedeutenden Reichsgesetze, sind die öffentliche gute Ordnung (Kleider, Hochzeiten, Spielleute, Bettler, Ehebruch, Gotteslästerung) und Wirtschafts- und Arbeitsrecht (Masse, Gewichte, Handel, Preise, Löhne).[255] Sie nahmen keine ausschliessliche Geltungskraft für sich in Anspruch, sondern setzten eine Ergänzung durch Landesrecht voraus. Die Reichsstände wurden für befugt erklärt, die Reichspolizeiordnung *«nach eines jeden Landes Gelegenheit einzuziehen, zu verringeren und zu mäßigen, keineswegs aber zu erhöhen und zu mehren»*.[256] Viele Landes- und Stadtordnungen lehnten sich inhaltlich und der Form nach an die Reichspolizeiordnungen an,[257] entwickelten jedoch oft regionale Besonderheiten, die mit ihren speziellen Notwendigkeiten zusammenhingen. Die staatlichen Regelungen wurden in einem bis dahin noch nicht üblichen Mass ausgeweitet.

Um sicher zu gehen, dass ihre Verordnung nicht im Widerspruch zum Reichsgesetz stand, liessen die Landesherren ihre Gesetze mitunter vom Kaiser bestätigen.[258] Es gibt jedoch auch Polizeiordnungen, die gänzlich unabhängig zu den Reichspolizeiordnungen entstanden sind, wie zum Beispiel die «Policey und Ordnung» für Schlesien.[259] Deshalb ist es unmöglich, allein durch die Bezeichnung «Polizeiordnung» auf einen bestimmten Inhalt zu schliessen.

Bei der Erlassung der Reichspolizeiordnungen war der Kaiser, wie auch sonst bei wichtigen Reichsgesetzen, an die Zustimmung der Reichsstände gebunden.[260] Ohne ihre Unterstützung konnte der erstrebte polizeiliche Zustand nicht verwirklicht werden. Die Befehle in den Reichspolizeigesetzen richteten sich immer an die «Obrigkeit», die dabei aber nicht näher definiert wurde.[261] Ihr wurde die Ausführung übertragen. Gemeint waren damit die weltlichen und geistlichen Fürsten sowie die reichsunmittelbaren Herren, Ritter und Städte, denen es zur Pflicht gemacht wurde, die Vorschriften des Reichs an die Stellen weiterzuleiten, die ihnen unmittelbar Gehorsam schuldig waren.

Polizeiordnungen wurden also vom jeweiligen Landesherrn erlassen. Warum riefen sie dann keinen Widerstand des Volkes hervor, welches doch in diesen Neuregelungen einen Konflikt mit dem überkommenen Rechtsverhältnis sehen musste?

Zunächst muss man festhalten, dass die Vorstellung, nach der das Recht durch Weistum festgestellt werden müsse und jegliche Satzung etwas anderes als Recht sei, in den letzten Jahrhunderten des Mittelalters langsam an Bedeutung verlor.[262] Dazu kommt noch die Lehre der Juristen, dass eine Satzung Recht wird, wenn sie vom Kaiser oder Landesherrn bestätigt wird.

Zusätzlich zielten die Polizeiregelungen auch auf die Wahrung des «guten alten Rechts» ab, da sie ja helfen sollten, die überlieferten Zustände und die alte Ordnung zu erhalten.[263] Diese Funktion der Missbrauchs- und Missstandsabwehr ordnete die Polizeigesetzgebung der landesherrlichen Gerichtsbarkeit zu.

Es war auch eine landesherrliche Aufgabe, besonderer Not abzuhelfen.[264] Da die Regelungen der Polizeiordnungen sich auch auf diese Verpflichtung beriefen, standen sie nicht im Gegensatz zur herrschenden Rechtsauffassung.

Letztendlich lässt sich auch feststellen, dass die Landesherren darauf bedacht waren, nicht neues Recht einzuführen, sondern immer die alten Rechte zu sammeln, zu sichten und möglichst in das Gesetz einzuarbeiten.[265]

Das Wort «Polizei» ist kein statischer Begriff, der einfach zu definieren wäre. Im Laufe der Zeit hat dieses Wort eine stete Entwicklung durchgemacht und erscheint in den Quellen in verschiedenen Be-

fol. 83v und 84r: Als Anhang zum Landsbrauch ist die gültige Polizeiordnung beigefügt. Diese Ordnung enthält im Wesentlichen Vorschriften für ein gottgefälliges Leben, Anweisungen zur Vermeidung von Luxus, Müssiggang und lasterhaftem Tun. Die einleitende Bestimmung zur «Abstellung der Tauf Suppen» möchte dieses feierliche Familienessen zwar nicht verhindern, aber ausschweifenden Gelagen und hohen Kosten einen Riegel vorschieben (Seite 56/57).

248) LLA RA 02/6/10.

249) Vgl. Ebel, Geschichte der Gesetzgebung, S. 60.

250) Vgl. Schulze, Reiner: Die Polizeigesetzgebung zur Wirtschaft- und Arbeitsordnung der Mark Brandenburg in der frühen Neuzeit. Aalen, 1978 (Untersuchungen zur deutschen Staats- und Rechtsgeschichte, Neue Folge. Band 22), S. 16; im folgenden zitiert als: Schulze, Polizeigesetzgebung.

251) HRG, Band 3, S. 1804.

252) Vgl. Schulze, Polizeigesetzgebung, S. 125.

253) Vgl. Schmelzeisen, Polizeiordnungen, S. 17.

254) Ebenda, S. 17.

255) Vgl. Wieacker, Franz: Privatrechtsgeschichte der Neuzeit unter besonderer Berücksichtigung der deutschen Entwicklung. Göttingen, 1952, S. 109.

256) Vgl. Conrad, Hermann: Deutsche Rechtsgeschichte. Band II. Neuzeit bis 1806. Karlsruhe, 1966, S. 257.

257) Vgl. Schulze, Polizeigesetzgebung, S. 11.

258) Vgl. Polizei- und Landesordnungen. Hrsg. Gustaf Klemens Schmelzeisen; W. Kunkel; H. Thienne. Köln, Graz, 1968 (Quellen zur Neueren Privatrechtsgeschichte. Band 2), S. 29.

259) Vgl. Weber, Matthias: Die schlesischen Polizei- und Landesordnungen der frühen Neuzeit. Köln, Weimar, Wien, 1996 (Neue Forschungen zur schlesischen Geschichte. Band 5), S. 14.

260) Vgl. Polizei- und Landesordnungen, S. 24.

261) Hartz, Werner: Die Gesetzgebung des Reichs und der weltlichen Territorien in der Zeit von 1495 bis 1555. Diss. Marburg, 1931, S. 8; im folgenden zitiert als: Hartz, Gesetzgebung des Reichs.

262) Vgl. Ebel, Geschichte der Gesetzgebung, S. 63.

263) Schulze, Polizeigesetzgebung, S. 125.

264) Ebenda, S. 127.

265) Ebel, Geschichte der Gesetzgebung, S. 70 f.

gebrauch abzuweichen, oder in anderen, wie jez
gezeigte Puncten gehandlet werde; so woll
für die unbrüchige ungehorsambe
Mann- und Weibs Persohn mit ge
fängnüss, oder auch andere weiss ahn
dung nit ungestrafft bleiben.

Pollicey Ordnung.

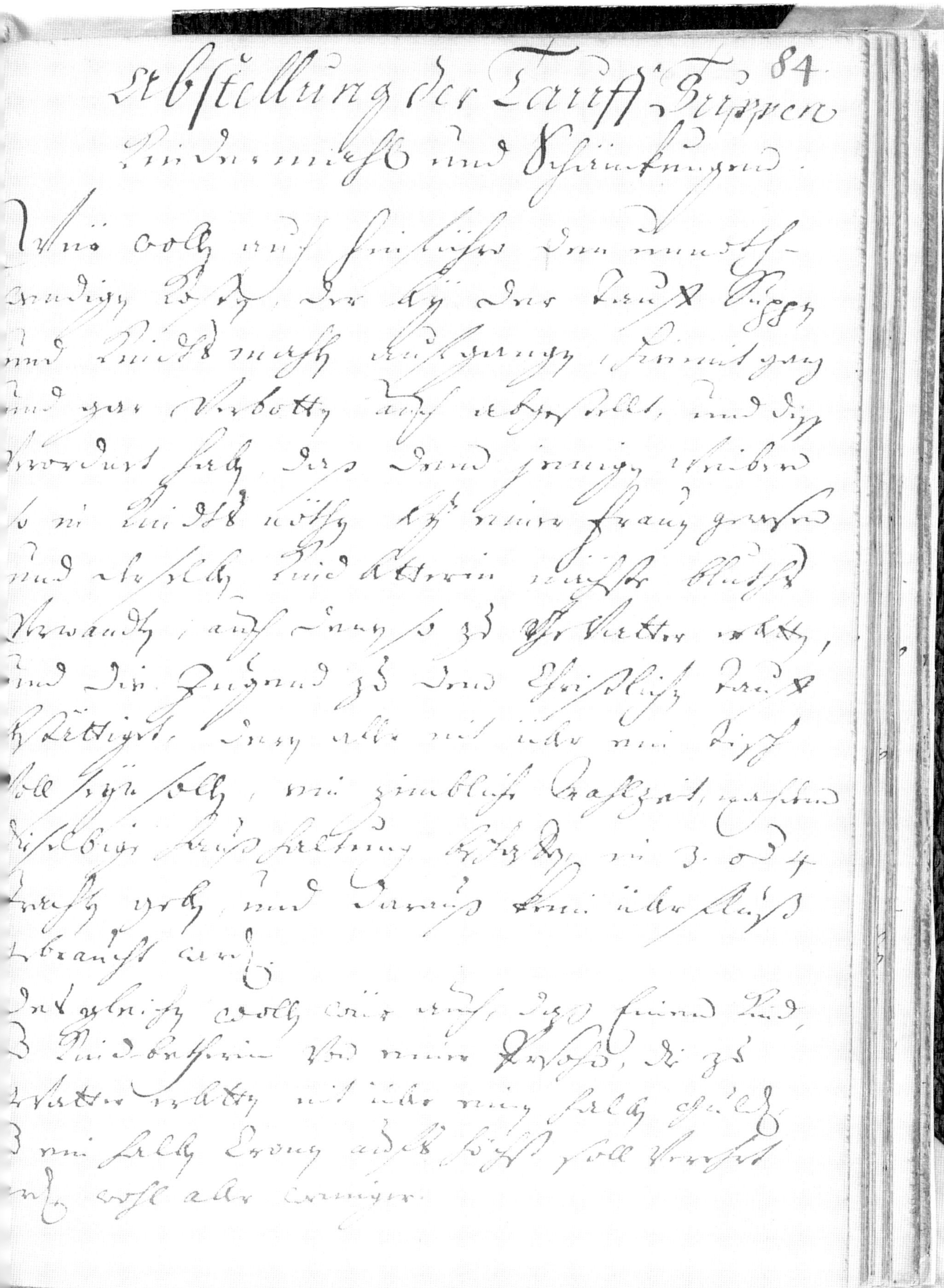
84

deutungen. Leider enthalten die Quellen selbst keine Definition von Polizei,[266] und so war eine intensive Beschäftigung mit denjenigen Quellen nötig, die sich selbst als «Polizeiordnung» bezeichneten, um die Bedeutung des Begriffs in der jeweiligen Zeit zu erschliessen. Namhafte Juristen und Historiker haben bereits einschlägige Werke herausgegeben. Hier eine kurze Zusammenfassung ihrer Ergebnisse.

Wortmässig stammt «Polizei» aus dem Griechischen und gelangte, nachdem es in das Lateinische übernommen worden war, über die burgundischen Kanzleien in die Kanzleisprache des Deutschen Reichs.[267] In den Gesetzen tauchte das Wort erstmals im 15. Jahrhundert auf. Franz-Ludwig Knemeyer findet die ersten Belege für den Gebrauch des Wortes «Polizei» in Rechtssätzen aus den Jahren 1464, 1476, 1488, 1492 und 1495.[268]

Bedeutungsmässig müssen wir grundsätzlich zwischen mehreren Möglichkeiten unterscheiden. Bis ins 18. Jahrhundert wurde das Wort «Polizei» (Pollicey, Pollucy, Pollicei, Policey, ...) als ein «Zustand guter Ordnung im Gemeinwesen» verstanden.[269]

Dort, wo sich die Bürger ordentlich, züchtig, gesittet und ehrbar verhielten, dort bestand Polizei oder gute Polizei. Beachtenswert ist, dass gute Polizei nicht durch Massnahmen staatlicher Stellen erreicht werden sollte, sondern durch das ordnungsgemässe Betragen der Bürger.[270] Es gab auch zunächst keine Vollzugsbeamten, die auf die Einhaltung der Polizeigesetze achten sollten; diese Aufgabe fiel, wie es auch in der Grafschaft Vaduz der Fall war, den Pfarrern und den Landammännern zu:

«Als erstlich sollen alle unsere gesessenen ordens leuth, pfarrherren, caplän, fruhe messer und gemeiniglich alle priester, wer die seyn, ... das volck fleissig mahnen und ermahnen und abwehren, daß sie die gräuliche gottes lästerung und bey dem nahmen gottes ... zu schwören, zu fluchen oder verächtlich davon zu reden sich gäntzlich enthalten ...».[271]

«... so ist hiemit unser ernstlicher wil und meynung, daß alle unsere ambtleuth, des gleichen waiblen, geschworne, auf solche und dergleichen verthräuliche haußhalter, verschwendter und prodigi ihr sonderbahr und fleißig aufmerkhen haben, und da sie einen erfahren, der anfange, seines und seines weibs güther also leichtfertiger weis zu verschwendten, denselben alsbalden für das ambt bringen ...».[272]

Neben dieser Verwendung des Wortes Polizei als ein Zustand guter Ordnung bedeutete es in manchen Quellen ohne die Zufügung eines zweiten Wortes auch ein Gesetz, welches zum Ziel hat, einen Zustand guter Ordnung des Gemeinwesens herzustellen oder zu erhalten.[273] Es handelt sich hierbei um eine Kürzung des Wortes «Polizeiordnung». Im Jahr 1532 erinnert beispielsweise Kaiser Karl V. an die 1530 aufgerichtete «Reformation und Ordnung guter Polizei» und gestattet den Ständen, die «Polizei und Ordnung» zu bessern, falls sie Mängel fänden. Hier bestand also ein Nebeneinander von zwei Bedeutungen ohne eine begriffliche Unterscheidung.

Im 18. Jahrhundert setzte allmählich ein Begriffswandel ein. Zu dieser Zeit wurden Beamte eingesetzt, die den Titel Polizeidirektor, Polizeiknecht usw. trugen. Bald verband man mit dem Begriff «Polizei» eine obrigkeitliche Aktivität zur Herstellung guter Polizei und schliesslich das Polizeiorgan selbst.[274]

So wenig wie das Wort «Polizei» in den Gesetzen definiert ist, so wenig finden wir auch eine Festlegung auf bestimmte Gebiete, die zu den Polizeisachen gehören. Es werden nur verschiedene regelungsbedürftige Bereiche des gemeinschaftlichen Lebens aufgezählt.

Im Jahr 1759 führte Johann Heinrich Gottlob von Justi auf, was seiner Meinung nach zu den Aufgaben der Polizei gehörte:

«Zu dem Ende muss die Landes-Policey beständig auf diejenigen Quellen eine große Aufmerksamkeit haben, wodurch die Landes-Produckte hervorgebracht werden».[275]

Dabei bezieht er sich im besonderen auf Landwirtschaft, Wald- und Forstwesen, Manufakturen und

Fabriken. Aber auch der Handel liegt im Aufgabenbereich der Polizei eines Landes. Diese muss die Steuern günstig gestalten und den Gewinn, die Geldzirkulation und den Kredit fördern.[276] Des weiteren muss sie einen Einfluss auf die Religion ausüben. Dazu gehört die Verhütung des Zwiespalts der Religionen, die Bücherzensur und die Aufsicht über die Geistlichen.[277] Nicht zuletzt muss die Polizei das Gemeinwohl fördern. Sie hat die Aufsicht über die Sitten, die Erziehung der Jugend und sie muss darauf achten, dass keine Verschwender, Müssiggeher, Bettler, kein liederliches Gesindel, keine Räuber und Diebe ihr Unwesen treiben. Wie daraus zu ersehen ist, überschritt im 18. Jahrhundert die Polizei oftmals die Grenze dessen, was wir heute als Privatangelegenheiten betrachten.

Das geordnete Funktionieren der Justiz gehörte nicht zu den Polizeigesetzen.[278] Gerichtsbarkeit und Rechtspflege bildeten einen eigenen Bereich staatlicher Tätigkeit. Zunächst war aber die Justiz für die Ahndung von Polizeisachen zuständig, das heisst, Gerichte entschieden auch über Polizeisachen. Während des 18. Jahrhunderts setzte eine intensive Diskussion um den Unterschied von Recht und Justiz einerseits und der Polizei andererseits ein.[279] Die Polizeisachen wurden besonderen Behörden zur «Polizeigerichtsbarkeit» übertragen und den Justizbehörden wurde verboten, sich in polizeiliche Angelegenheiten einzumischen.[280]

Die wissenschaftliche Literatur des 17. und 18. Jahrhunderts setzte sich auch damit auseinander, was eigentlich der Zweck der Polizei sein sollte. Als Beispiel zitiere ich hier wieder Johann Heinrich Gottlob von Justi, der ebenfalls einen Beitrag zur dieser Diskussion geleistet hat. Er betont, dass die Regierung die Ruhe und gute Ordnung unter den Untertanen erhalten muss (*«kurz: die Fürsorge der Landes-Policey, die wir in dieser Abtheilung vortragen, hat die innerliche Sicherheit des Staats zum Endzwecke»*);[281] aber auch, dass es Endzweck der Polizei sei, *«die innere Macht und Stärke des Staates zu vergrößern»*.[282]

Damit kommen wir zu der Frage, welche Bereiche in den Polizeiordnungen, konkret aber in der Polizeiordnung der Grafschaft Vaduz und der Herrschaft Schellenberg geregelt waren. Es ging dabei einerseits um Vorschriften für bestimmte Personengruppen und andererseits werden verschiedene gesellschaftliche Themen aufgegriffen, wie zum Beispiel die Arbeitsordnung, Kirchenzucht und zahlreiche Delikte, die gegen die guten Sitten verstossen.

Im folgenden möchte ich die Themenbereiche der Polizeiordnung im Landsbrauch vorstellen, wobei ich versucht habe, eine möglichst übersichtliche Einteilung zu finden. Leider liess es sich nicht vermeiden, dass bestimmte Überschneidungen vorkommen, worauf ich jeweils hinweisen werde.

---

266) Vgl. Preu, Peter: Polizeibegriff und Staatszwecklehre. Die Entwicklung des Polizeibegriffs durch die Rechts- und Staatswissenschaften des 18. Jahrhunderts. Göttingen, 1983 (Göttinger Rechtswissenschaftliche Studien. Band 124), S. 15.

267) Vgl. Geschichtliche Grundbegriffe. Historisches Lexikon zur politisch-sozialen Sprache in Deutschland. Hrsg. von Otto Brunner, Werner Conze, Reinhard Koselleck. Band 4, Stuttgart, 1972 ff., S. 875; im folgenden zitiert als: Geschichtliche Grundbegriffe.

268) Knemeyer, Franz Ludwig: Polizeibegriffe in Gesetzen des 15. bis 18. Jahrhunderts. In: Archiv des öffentlichen Rechts 92 (1967), S. 156; im folgenden zitiert als: Knemeyer, Polizeibegriffe. Als Beispiel führt Knemeyer eine Vorschrift an, die Bischof Rudolf von Scherenberg 1476 als Landesherr für Würzburg erlassen hat: Die Stadt, heisst es, sei «mit viel löblichen Polizeien und guten Ordnungen versehen».

269) Ebenda, S. 155.

270) Ebenda, S. 161.

271) LB fol. 68r.

272) Ebenda, fol. 79r.

273) Knemeyer, Polizeibegriffe, S. 158 f.

274) Ebenda, S. 163.

275) Justi, Johann Heinrich Gottlob von: Grundsätze der Policeywissenschaft. 3. Ausgabe. Göttingen, 1782 (Neudruck Frankfurt a. M., 1969), S. 109 ff.; im folgenden zitiert als: Justi, Policeywissenschaft.

276) Ebenda, S. 170 ff.

277) Ebenda, S. 238 ff.

278) Knemeyer, Polizeibegriffe, S. 171.

279) Preu, Polizeibegriff, S. 44.

280) Vgl. Geschichtliche Grundbegriffe, Band 4, S. 882.

281) Justi, Policeywissenschaft, S. 290 f.

282) Ebenda, S. 381.

Vermeidung des Müssiggangs

Besonderes Augenmerk legte der Gesetzgeber darauf, dass seine Untertanen einer geregelten Arbeit nachgingen. Der Grundgedanke war, dass jeder Mensch zur Arbeit verpflichtet sei und Müssiggang den Ursprung allen Lasters und Übels bedeute, insbesondere den Anfang der Bettelei.[302] Jeder Müssiggeher sollte innerhalb von zwei oder drei Monaten eine geregelte Arbeit finden und sonst des Landes verwiesen werden. Gleichfalls wird auf Verschwender geachtet. Menschen, die Schulden machen, werden unter besondere Aufsicht gestellt, um Frau und Kinder vor Unglück zu bewahren.[303] Sie werden zunächst abgemahnt und, falls sie unverbesserlich sind, in den Turm geworfen.

Einige Gesetze dienten zur Erhaltung der Ruhe und Ordnung im Lande. Hier wendet sich der Gesetzgeber zuerst gegen die Trunkenheit:

«Obgleich wohl der wein ein edles tranckh, gottes gaab und an ihme selbs guth, so sicht erfahrt man aber doch, wer den selbigen zu viel zusicht nimbt und misbraucht, daß daraus ein unzimbliche trunckenheit und hernacher widerumb aus derselbigen allerhand leichtfertigkeit, gottes lästerung, unfrid, todtschläg, hurerey, krankheit des leibs und der seelen folgt».[304]

Wiederum beruft sich der Gesetzgeber also auf die göttlichen Strafen, aber auch darauf, dass Frau und Kinder eines Trinkers leiden müssen. Deswegen werden einerseits die Priester angewiesen, gegen das Trinken zu predigen, aber auch die Wirte, keine Zeche anzuschreiben. Der Wirt soll *«seine gäst und zöchleuth von dem laster der trunckenheit fleissig abmahnen und wahrnen»*.[305]

Keine Gnade gab es, wenn jemand in volltrunkenem Zustand eine Übeltat beging. Dieser sollte noch härter bestraft werden. Verboten war auch das Zutrinken: Da das Verweigern des Bescheidgebens als Beleidigung galt, kam das Zutrinken für die Zechgenossen einem Trinkzwang gleich, wodurch ebenfalls Trunkenheit entstehen konnte.[306]

Die Einschränkung des Spiels gehört ebenfalls zu den Gegenständen des polizeilichen Bemühens. Es gab in der Grafschaft Vaduz kein umfassendes Spielverbot, wie es in anderen Ländern durchaus üblich war,[307] sondern nur eine Begrenzung der Summe, die täglich verspielt werden durfte, auf drei Batzen.[308] Das Geld durfte aber nicht geborgt sein. Dabei wird insbesondere auf das Karten- und Würfelspiel hingewiesen. Ohne Einschränkung bleiben hingegen Spiele, die zur Ertüchtigung des Körpers dienen, wie Kegeln, Schiessen oder Ballspiele. Besonders streng bestraft werden Falschspieler.

Die Aufrechterhaltung von Ruhe und Ordnung bildete ein wesentliches Anliegen des Landsbrauchs. So sollen zum Schutz des Friedens und der Ordnung auch diejenigen bestraft werden, die in den Strassen lärmen und andere damit belästigen, *«was standts oder weesens die seyn»*.[309]

Schutz der Ehe

Ein besonderes Anliegen war dem Gesetzgeber die sittliche Ordnung im Lande. Deshalb erliess er auch einige Verordnungen zum *Schutz der Ehe*. Dazu gehörte zunächst das Verbot der Kuppelei, wozu auch die Anstiftung und Beihilfe zu unerlaubter Eheschliessung zählte.[310] Bestraft werden diejenigen, die ihr Haus für heimliche Liebesbeziehungen zur Verfügung stellen. Eine besonders schwere Strafe trifft Eltern oder Vormünder, die ihre Kinder *«zu den unehren verkuppeln»:* Sie werden sogar am Leben gestraft.[311]

Nicht im Lande geduldet wurden Paare, die unverheiratet beieinander lebten. Die Verfolgung des Konkubinats widersprach an sich der germanischen Rechtstradition, zweifellos spielte hier der religionspolitische Gesichtspunkt eine grössere Rolle als die moralische Entrüstung.[312] Besonders zur Zeit der Gegenreformation kam es zu einer allgemeinen Diffamierung des ausserehelichen Geschlechtsverkehrs. Dazu zählte nicht nur der Ehebruch, sondern auch das *«ärgerlich leben einer ledigen tochter oder wittfrau»*.[313] Auch Verlobte sollten nicht *«schändlicher unzüchtiger weiß zusammen schlupfen, wie bey vilen bishero besche-*

hen ist».[314] Unverheiratete, die in flagranti erwischt werden, erhalten Gefängnisstrafen. Der Gesetzgeber beruft sich hier wieder auf Gottes Willen, auf den Zorn Gottes und seine Strafen, die über das ganze Land kommen.

Ein uneheliches Kind konnte sowohl dem Vater als auch der Mutter zugesprochen werden. Stritt jemand die Vaterschaft ab, so genügte der Schwur der Mutter als Beweis, dass dieser und kein anderer der Vater war.

Keine Anweisung gibt die Polizeiordnung zur zwangsweisen Verehelichung einer Geschwängerten mit dem Vater ihres Kindes. Oftmals hatte der Verführer die Wahl, die Verführte auszusteuern oder zu ehelichen, im kanonischen Recht war die nachfolgende Ehe sogar verpflichtend.[315] Auch mit der Prostitution, die ja mancherorts als notwendiges Übel geduldet wurde, setzt sich die Polizeiordnung nicht auseinander.[316] Besondere Beachtung findet hingegen der Ehebruch. Ehebrecher werden mit Gefängnis bestraft und gesellschaftlich geächtet. Beim dritten Mal erfolgt Landesverweis, beim vierten Mal die Todesstrafe. Von Bedeutung ist

fol. 95v und 96r: Personen, die «in unehren beyeinander sässen», sollen entweder zur Ehe gezwungen oder aber im Verweigerungsfall des Landes verwiesen werden. Mit dieser Vorschrift versucht die Obrigkeit, die «leichtfertige beywohnung und hurerey», die «je länger je mehr über hand nimbt», zu bekämpfen (Seite 64/65).

fol. 96v und 97r: Der voreheliche Geschlechtsverkehr wird mit einer Geldstrafe sowie mit Arrest belegt. Bei Ehebruch erhalten die Schuldigen ebenso Gefängnisstrafen; sie werden zudem mit gesellschaftlicher Ächtung gebrandmarkt. Die Vergewaltigung einer Frau zieht für den männlichen Vergewaltiger in jedem Fall die Todesstrafe nach sich (Seite 66/67).

302) Vgl. Schmelzeisen, Polizeiordnungen, S. 315.

303) LB fol. 79r.

304) Ebenda, fol. 72v.

305) Ebenda, fol, 74r.

306) Vgl. Lieberich, Anfänge der Polizeigesetzgebung, S. 362.

307) Hier handelte es sich um verschiedene ständisch bedingte Spielverbote und besonders um Geldspiele; vgl. Lieberich, Anfänge der Polizeigesetzgebung, S. 358 f.

308) LB fol. 94r.

309) Ebenda, fol. 99v.

310) Vgl. Lieberich, Anfänge der Polizeigesetzgebung, S. 357.

311) LB fol. 95v.

312) Vgl. Lieberich, Anfänge der Polizeigesetzgebung, S 353.

313) LB fol. 95v.

314) Ebenda, fol. 96v.

315) Vgl. Schmelzeisen, Polizeiordnungen, S. 23 f.

316) Ebenda, S. 23: «Die Kirche dulde die Dirnen umb vermeydung willen merers übels in der Christenheit», Nürnberger Ordnung für die gemeinen Weiber, 15. Jahrhundert.

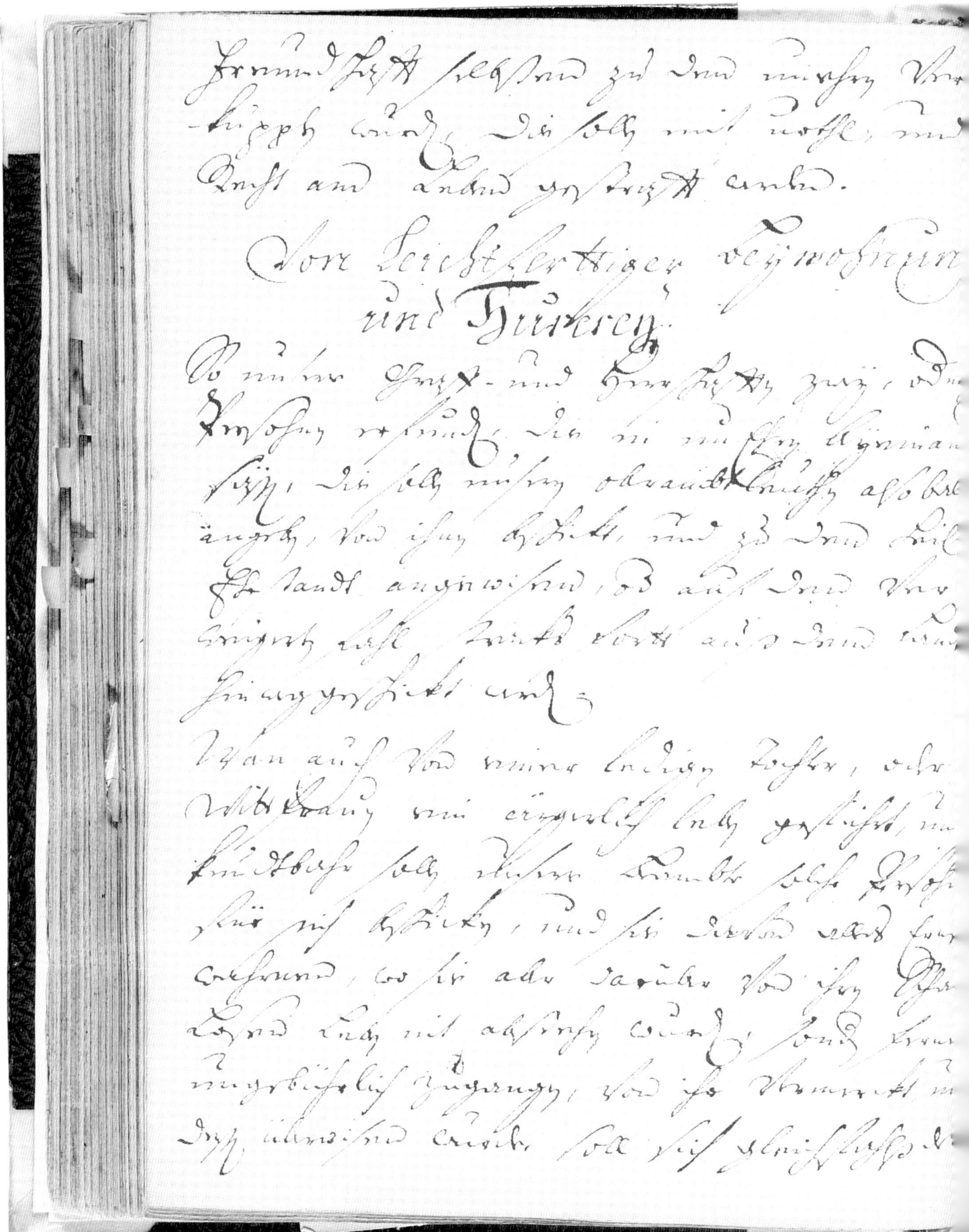

freundschafft selbsten zu dem unehen Ver-
-brechen würde, die sollen mit Ruthen und
[illegible] am andern gestrafft werden.

Von leichtfertiger Beywohnung und Hurerey.

So nun Ehe- und Herrschafften zeug, oder
Dienstbotten erfahren, die in unehen [illegible]
stehen, die sollen unsern Obrigkeitlichen alsobald
anzeigen, von ihnen abschaffen, und zu dem Hül-
ffstandt anweisen, oder auf dem Ver-
[illegible] [illegible] [illegible] aus dem Land
hinausgeschickt werden.

Wan auch von einer ledigen Tochter, oder
Wittfrau ein ergerlich leben geführt, und
Kindbetten sollen, dieselbe Hausherr solche Persohn
für sich abschicken, und sie dieselbe alsobald fort-
weisen, wo sie aber darüber von ihren Elt-
tern lang nit abschaffen würden, sondern dem
ungebührlichen Umgang, von ihr [illegible] in
dessen [illegible] würde, sollen sich gleichfalls [illegible]

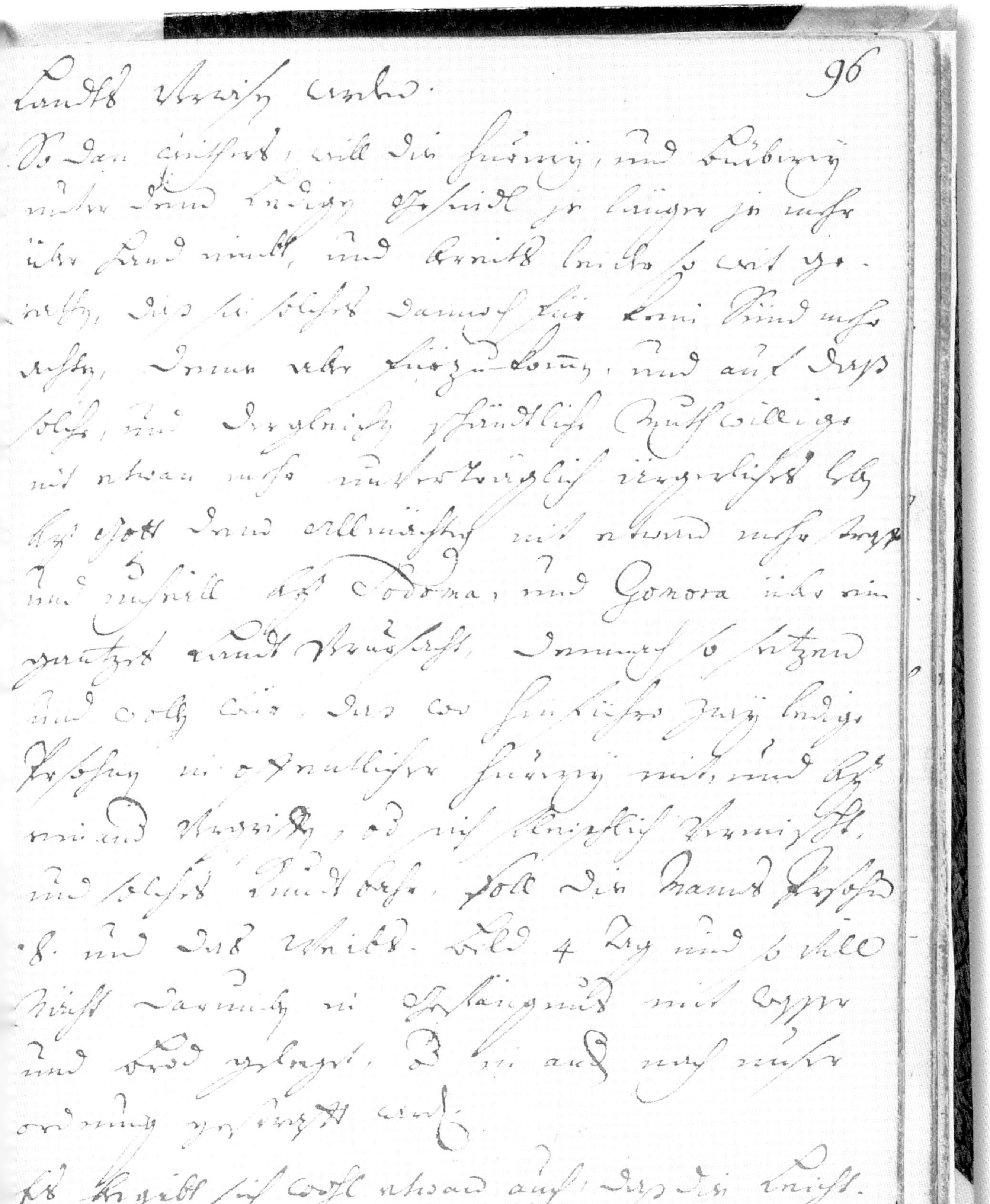

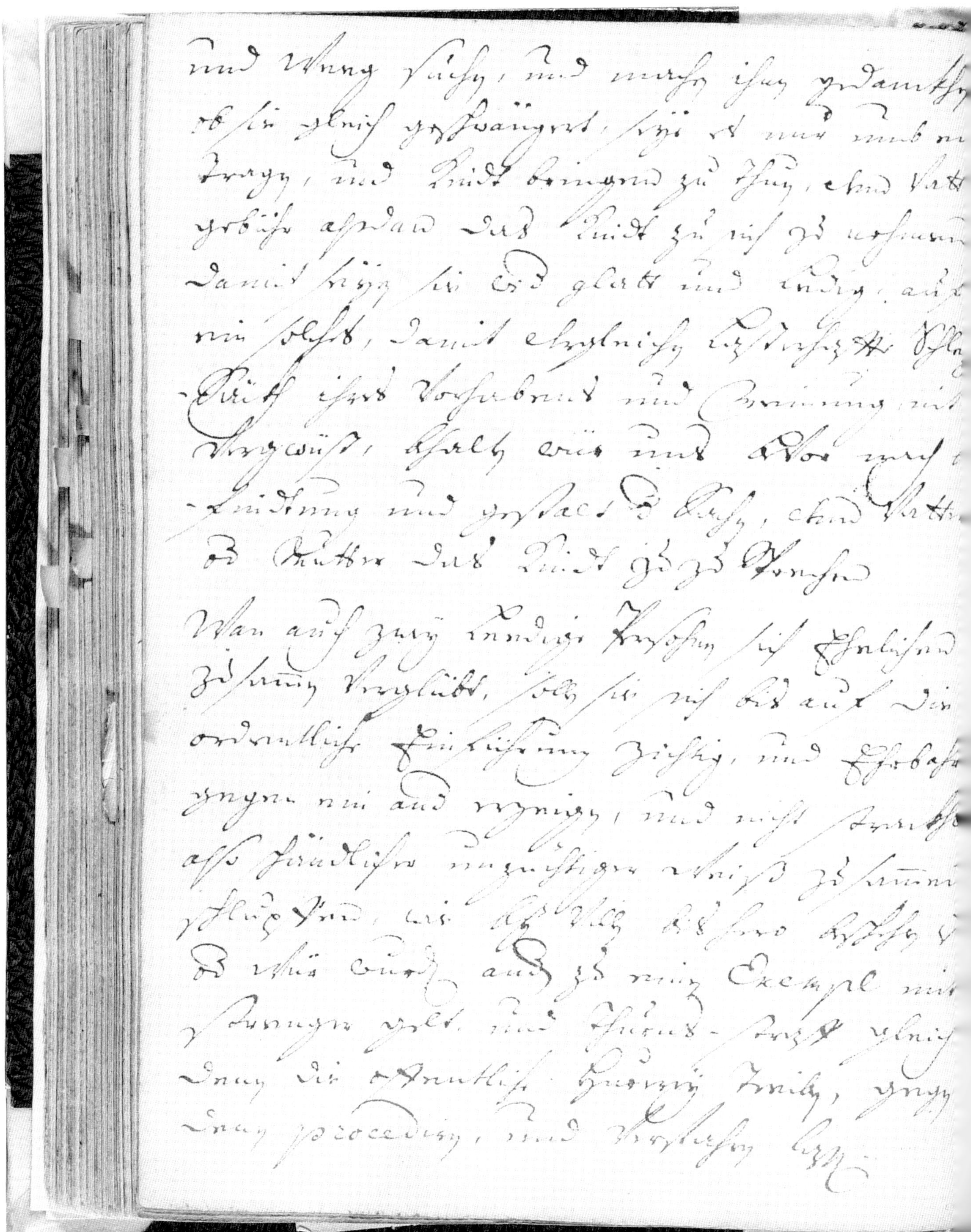
und Mann suchen, und mache ihnen gedancken
ob sie gleich geschwängert, seye es nur umb zu
tragen, und Kind bringend zu thun, Und Vatter
gewüsse abwarten das Kind zu sich zu nehmen
damit seyen sie [illegible] glatt und ledig, auch
[illegible] damit ehrliche [illegible]
[illegible] ihrer Verderbnus und [illegible]
[illegible]
[illegible]
oder Mutter das Kind zu [illegible]
Wan auch zwey ledige Personen sich Ehelichen
zu seyn verglübt, sollen sie sich bis auf die
ordentliche Einsegnung züchtig, und Ehrbar
[illegible] und [illegible], und nicht [illegible]
als [illegible]
[illegible]
oder [illegible] auch zu ein Exempel [illegible]
[illegible]
[illegible]
[illegible] procediren, und [illegible]

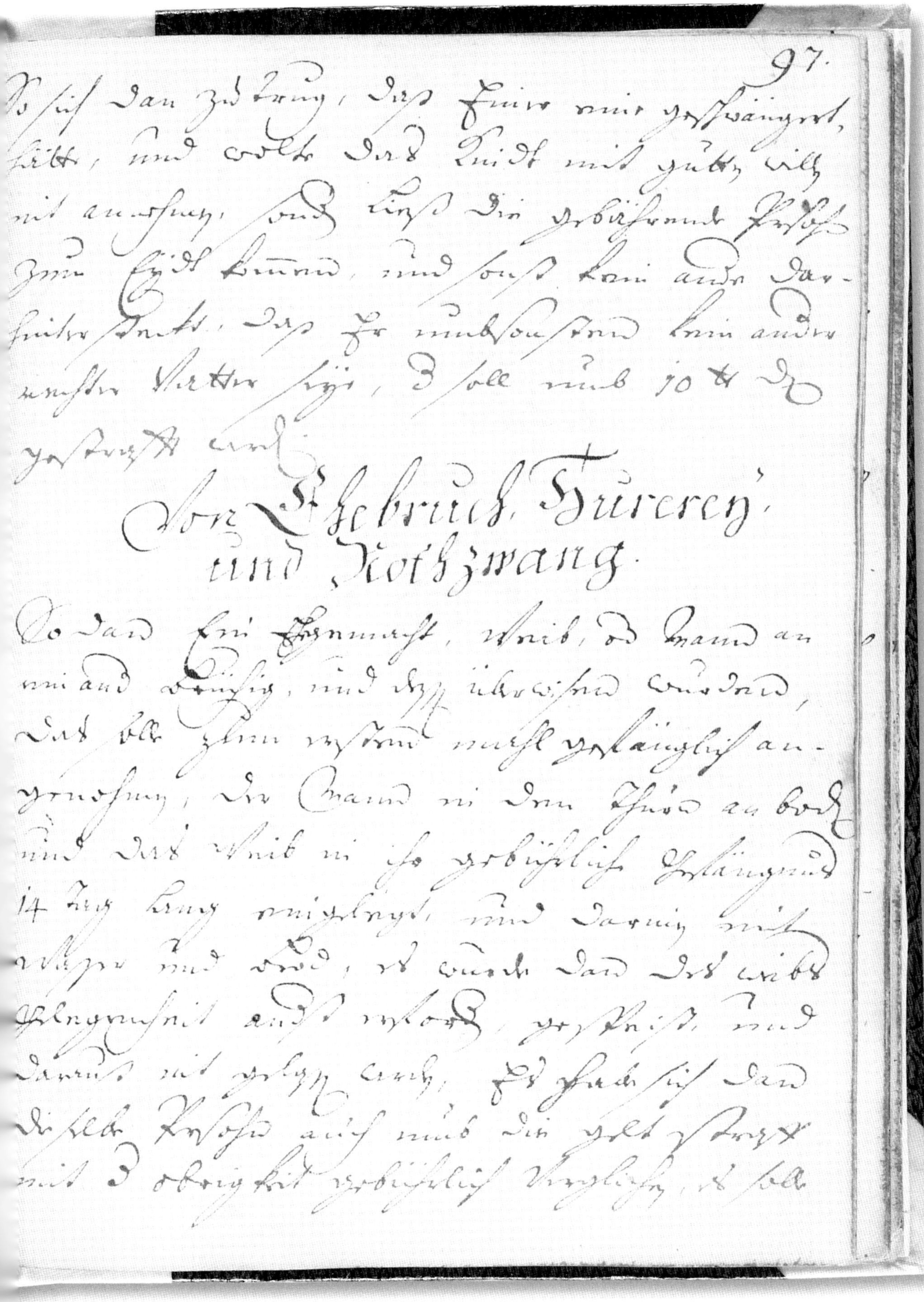

97.

Von Ehebruch, Hurerey, und Nothzwang.

auch der Hinweis: *«aus der ursach ist des weibs ehebruch schwärlicher und sträflicher zu achten als des manns»*,[317] wobei sich die Frage stellt, welche Ursache hier gemeint ist.

Eine Vergewaltigung wurde anfänglich nur bestraft, wenn keine Ehe nachfolgte.[318] Laut der Polizeiordnung zieht sie in jedem Fall die Todesstrafe nach sich. Genauso werden Bigamisten bestraft, und zwar Männer durch das Schwert und Frauen durch Ertränken.

Beim Kampf gegen die sittliche Unordnung seien noch die «Lichthäuser» erwähnt. Sie dienten ursprünglich dazu, sich abends zur Arbeit in einem bestimmten Haus zu treffen, um sich zu Hause das Holz und das Licht zu ersparen. Anscheinend wurde diese Einrichtung von den Leuten aber bald zu anderen Zwecken benutzt, nämlich um sich zum Tanz, Spiel und Gesang zu treffen. Dies rief, wie aus der Polizeiordnung hervorgeht, den Widerspruch des Gesetzgebers hervor, welcher befand, dass

> *«aus der nächtlichen versamblung licht- und gunckhel stuben nichts anderst als allerhandt unzuchten, tantzen, spilen, mumereyen, fressen, saufen, hurereyen und endlich volle bäuch erfolgen ...»*.[319]

Deshalb wurden diese Lichthäuser gänzlich verboten. Erlaubt war nur das gemeinschaftliche Arbeiten in der Nachbarschaft, wobei man sich aber der Leichtfertigkeit, des Gesangs sowie unzüchtiger Worte enthalten sollte. Gleichfalls verboten wurden auch die Bräuche in der Fastnacht wie das Verkleiden und das *«gefangen in die brunen werfen»*, die *«nit allein gottes ordnung, sondern aller christlichen zuchten ehrbarkeiten zuwider»*,[320] weil ebenfalls daraus viel Unzucht entstehen konnte.

Verordnungen, die bestimmte Personengruppen betreffen

Zu guter Letzt enthält die Polizeiordnung auch noch *Verordnungen, die bestimmte Personengruppen betreffen*. Zunächst setzt sie sich mit verschiedenen Händlern auseinander wie Krämern, Bäckern, Brotträgern und Brandweinschenkern, denen verboten wird, ihre Waren während der Messe anzubieten.

Auch Wirte werden speziell erwähnt. Aus dieser Verordnung ist besonders gut ersichtlich, welche «Unarten» sich damals in der Grafschaft Vaduz eingebürgert hatten, worüber sich die Gäste beschwerten. Da waren beispielsweise der unreine Wein, die schlecht schmeckenden Speisen oder die unsauberen Küchen. All dies wurde unter Strafandrohung gestellt. Der Wirt darf seinen Gästen nicht mehr als fünf Pfund borgen. Generell wendet sich die Verordnung gegen das Anschreiben. Auf keinen Fall soll der Wirt ohne Beisein seines Gastes anschreiben.

Die «Sperrstunde» war im Sommer um acht und im Winter um neun Uhr abends. Danach durfte der Wirt seine Gäste nicht mehr bedienen, sondern musste sie *«fein gütlich heimb weisen»*.[321]

Im Zusammenhang mit dem Bestreben, die Arbeit als Mittel zur Sozialdisziplinierung einzusetzen, steht auch die Verordnung über die Bettler. Der Gesetzgeber beklagt die Masse an *«teutschen und welschen bettlern»*, die das Land überschwemmen und nicht nur für die Untertanen, sondern auch für die inländischen Bettler und hausarmen Leute eine Beschwerung darstellen, da diese für ihre eigene Unterhaltung weniger Geld erbetteln können. Die Verordnungen hatten damit eine Bedeutung für die Armenfürsorge, indem man versuchte, ortsfremde Bettler hinaus zu drängen und die Fürsorge auf die Dorfarmen zu beschränken.[322] Die ausländischen Bettler sollten nicht über die Grenze ins Landesinnere gelassen werden und keine Almosen erhalten.

Jede Gemeinde sollte selbst für ihre Bettler sorgen. Dazu wurde nach dem Gottesdienst eine Schüssel aufgestellt, in die jeder nach seinem Vermögen spenden sollte. Die Aufsicht darüber hatte ein Spendmeister. Wer in seiner Gemeinde nicht versorgt werden konnte, bekam einen Schein ausgestellt, der ihn dazu befähigte, auch in einer anderen Gemeinde zu betteln.

Die Polizeiordnung fordert auch eine Trennung zwischen Arbeitsfähigen und Arbeitsunfähigen. «Starke» Bettler, also solche, die durchaus zur Arbeit fähig waren, sollten keine Almosen erhalten.

Dieselben Grundsätze galten für die sogenannten Gartknechte. Das waren aus dem Dienst entlassene Soldaten. Diese verlegten sich nach Beendigung eines Krieges auf das Betteln und Stehlen und wurden dadurch für die Bevölkerung beschwerlich.[323] Kranke und arbeitsunfähige Knechte durften beherbergt und verköstigt werden, man sollte aber zwischen ihnen und echten «Faultropfen» unterscheiden.

Den Untertanen wurde auch aufgetragen, einmal jährlich ohne Vorwarnung

> *«mit ihren nachbarn dises losen gesündls halber auf dem landt, in wäldern, heuhäusern und anderen dergleichen verdächtigen orthen besuchung thun und anstellen».*[324]

Verdächtige Personen sollten aufgegriffen, befragt, verhaftet und vor Gericht gestellt werden. Solche Landstreifen waren besonders im 18. Jahrhundert ein typisches Mittel der Bettler- und Gaunerbekämpfung.[325] Ab den 1770er Jahren wurden im Fürstentum Liechtenstein regelmässig Streifen abgehalten. Den Bauern wurde bei einer Strafandrohung von 20 Reichstalern verboten, Verdächtigen zur Flucht zu verhelfen.

Gänzlich verboten war es, mit Berufung auf die Reichspolizeiordnung, Zigeuner im Reich deutscher Nation zu dulden. Man hielt sie für die Feinde der Christenheit und für Späher der Türken.[326] Sollte ein Zigeuner aufgegriffen werden, konnte seine Ware konfisziert und er selbst in das Gefängnis geworfen werden. Wer auch immer eine Missetat gegen einen Zigeuner oder gegen eine Zigeunerin beging, ging straffrei aus.[327]

Die Polizeiordnung ist also noch geprägt von eine Vorstellung, wonach Wohlergehen oder Missstände von einem primär sittlich-moralischen Ansatz her gesehen werden.[328] Die Forderung nach einem gottgefälligen Leben nimmt in den einzelnen Verordnungen einen grossen Raum ein. Viele Vorschriften, die eigentlich dem Gesetzgeber oder, wie die Kleiderordnung, der Wirtschaft eines Landes dienen, werden mit der Notwendigkeit eines religiösen Lebens begründet, um die Strafen Gottes abzuwenden.

Mit dem Verfall der ständischen Gesellschaftsordnung und der Ausbreitung des Merkantilismus ändert sich dieses Bild. Für die Polizeiordnungen

317) LB fol. 98r.

318) Vgl. Lieberich, Anfänge der Polizeigesetzgebung, S. 355.

319) LB fol. 101r.

320) Ebenda, fol. 88v.

321) Ebenda, fol. 72r.

322) Vgl. Weber, Die schlesischen Polizei- und Landesordnungen, S. 131.

323) Vgl. Hartz, Gesetzgebung des Reichs, S. 15.

324) LB fol. 105v.

325) Vgl. Falk-Veits, Sabine; Weiss, Alfred S.: «Armselig sieht es aus, die not ist nicht zu beschreiben.» Armut als soziales und wirtschaftliches Problem des 18. und 19. Jahrhunderts, dargestellt am Fallbeispiel Liechtenstein. In: Bausteine zur liechtensteinischen Geschichte. Studien und studentische Forschungsbeiträge. Hrsg. Arthur Brunhart. Zürich, 1999, Band 2. Neuzeit: Land und Leute, S. 209–242.

326) Vgl. Hartz, Gesetzgebung des Reichs, S. 15.

327) Siehe dazu Peter Putzer: Liechtensteinische Quellen zum Zigeunerrecht. In: JBL 96 (1998), S. 199–210.

328) Vgl. Preu, Polizeibegriff, S. 17.

fol. 100v und 101r: Die Stigmatisierung der unehelichen «pastard und pfaffen kinder» ist festgeschriebenes Recht. Solche Kinder dürfen keine Führungspositionen in der Gesellschaft einnehmen. Vielmehr haben sie gegenüber den «anderen ehrlich gebohrenen» zurückzustehen. Die im Dorf üblichen Abendversammlungen in «licht- und gunckhel stuben» sollen in Zukunft verboten sein, da sich anstelle von gemeinsamer Arbeit «allerhandt unzuchten» abspielten (Seite 70/71).

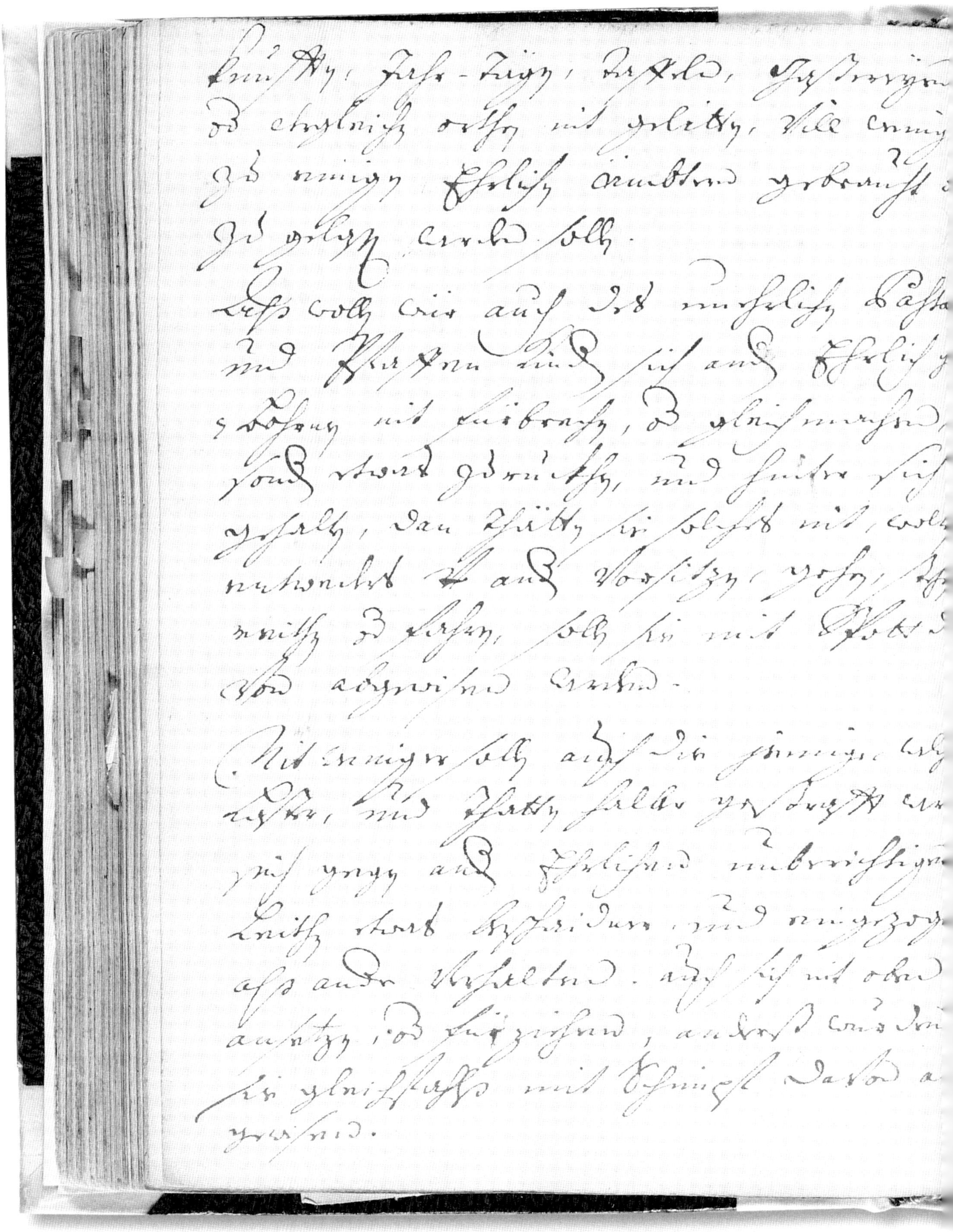

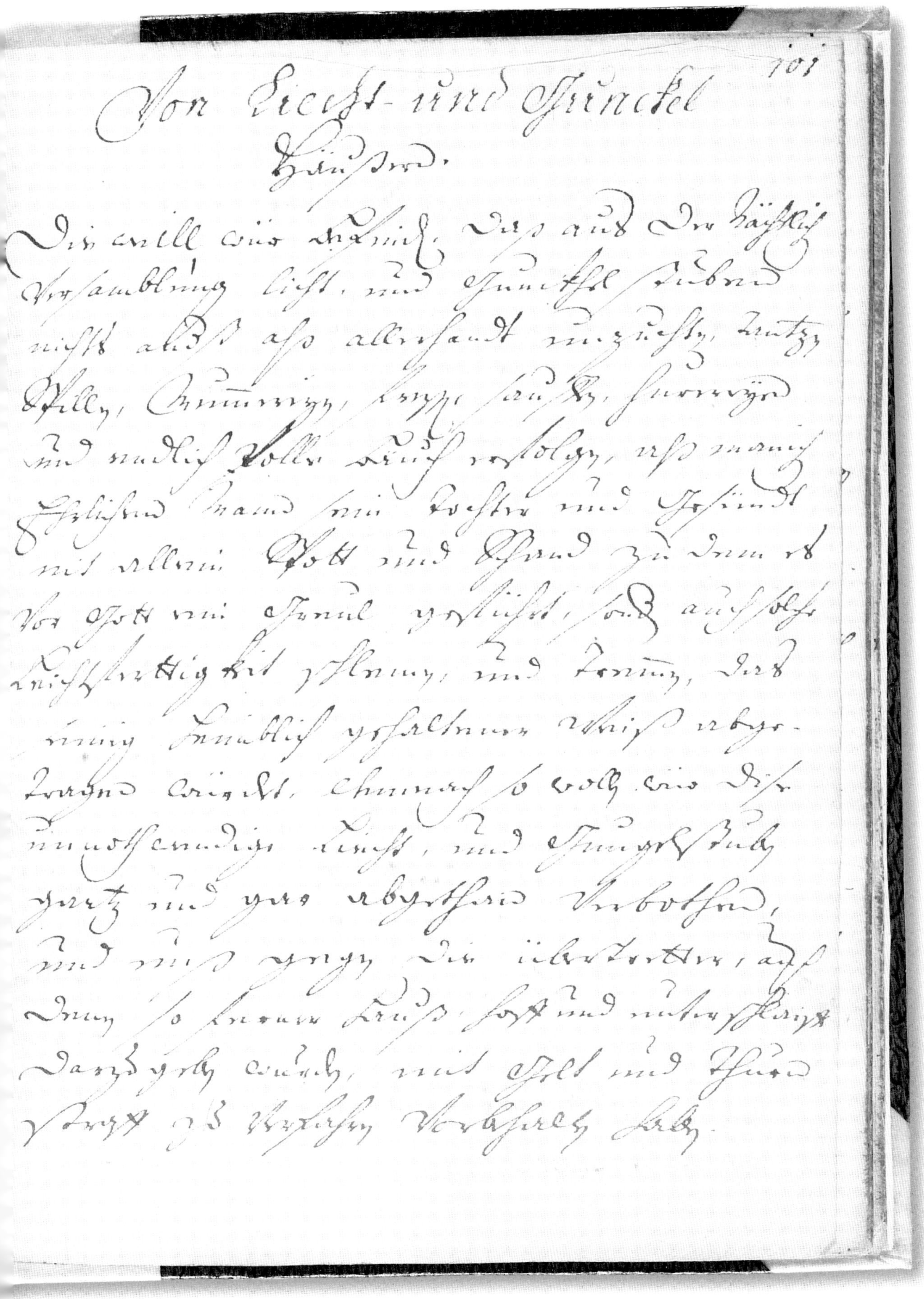
101

Von Liecht- und Tunckel Häuseren.

werden zunehmend staatswirtschaftliche Überlegungen wirksam.[329] Die Vorschriften für ein gottgefälliges Leben gehen drastisch zurück, die Produktivität steht im Vordergrund. Aus diesem Blickwinkel werden nun beispielsweise die Verordnungen gegen den Müssiggang, aber auch die Kleiderordnungen gesehen.

Als Beispiel soll kurz die Polizei- und Landsordnung des Reichsfürstentums Liechtenstein vom 2. September 1732 vorgestellt werden, die von Fürst Joseph Johann Adam von Liechtenstein erlassen wurde. Sie ist wesentlich kürzer als die alte Polizeiordnung und prägnanter im Ausdruck, enthält aber auch weniger Themen. Gerade die todeswürdigen Verbrechen wie Ehebruch oder Kuppelei sind nicht enthalten. Der Gesetzgeber beruft sich jedoch auf die «uralte» Polizeiordnung, die nicht vergessen oder ausser acht gelassen werden sollte. Der Grund für die Neuaufrichtung einer Polizeiordnung waren Beschwerden darüber, dass die alte Polizeiordnung nicht mehr eingehalten würde. Es entstünden Unfrieden, Zankerei, Hass und Neid, Fluchen, Saufereien, Ehebruch und Hurerei. Die Gefahr dabei wäre eine Landesstrafe durch den gerechten Zorn Gottes. Auf die rechte Einhaltung der Polizeiordnung achteten weiterhin Amts- und Gerichtsleute, Geschworene, Weibel, die Hausväter und -mütter sowie sämtliche Priester.

Im grossen und ganzen ist der Inhalt der neuen Polizeiordnung der gleiche, es gibt nur wenige Neuerungen, die sich speziell auf wirtschaftliche Probleme beziehen. Dazu gehört beispielsweise das Vergehen, dass manche Fuhrleute den Gottesdienst nicht besuchen. Dadurch umgingen sie die Bezahlung des Zolls, der während des Gottesdienstes nicht eingehoben wurde. Deshalb wurde ihnen bei Strafe der Beschlagnahmung ihrer Waren verboten, während des Gottesdienstes Transporte durchzuführen. Der Fürst hatte also ein wirtschaftliches Interesse daran, dass auch Fuhrleute den Gottesdienst besuchten.

Ein weiteres Gebot bezieht sich auf die Viehmärkte. Diese wurden in Liechtenstein zweimal jährlich, und zwar *«zum sonderbaren Nutzen des Landes»*[330] abgehalten. Der Nutzen des Landes bestand darin, dass ein Zoll eingehoben wurde, der beim Verkauf «ab Hof» wegfiel. Anscheinend wurde die Abhaltung der Viehmärkte immer mehr vernachlässigt, was sich negativ auf diesen Zoll auswirkte. Deshalb wurde den Bürgern bei Strafe verboten, zu Hause ein Stück Vieh zu verkaufen, wenn sie dieses Tier nicht vorher auf dem Markt feilgeboten hatten.

Weiters wurde den Untertanen noch untersagt, Güter, die weniger als zehn Gulden wert waren, zu teilen, was anscheinend häufig praktiziert wurde. Damit teilten sich auch bestimmte Abgaben, die mit der Zeit ganz wegfielen. Deshalb lag es im Interesse des Landesherrn, grössere Güter zu erhalten. Gleich geblieben sind die Verordnungen über Krämer, Bäcker, Brotträger und Brandweinschenker, über die Lichtstuben, die anscheinend immer noch Anlass zum Ärgernis gaben, über die «Sperrstunde», die Trunkenheit und das Spielen, das immer mehr überhand nahm. Es wurde nur noch um einen geringen Einsatz wie ein Glas Wein und bis zur Sperrstunde erlaubt. Besonders wird der Besuch des Gottesdienstes gefordert. Nach dem Ave-Maria-Läuten sollten *«alle unnöthige Handel und Wandel hoch verboten seyn, also daß weder Sohn noch Tochter, weder Knecht noch Magd ... nicht mehr finden lassen».*[331] Wiederum wird hier das nächtliche Gassenlaufen, später auch speziell das Lärmen in den Gassen, verboten.

Weiters findet sich hier erstmals ein Verbot des Tabakrauchens, das, wie missbilligend festgestellt wird, besonders von den jungen Burschen, *«die kaum hinter denen Ohren ertrücknet oder das Vater Unser recht zu beten gelehrnet haben»*[332] praktiziert wurde. Verboten war das Tabakrauchen an gefährlichen Orten oder für Jugendliche unter 20 Jahren.

Immer noch ein Problem stellten in Liechtenstein die Bettler, Gartknechte, Zigeuner und Räuber dar, die von Österreich, der Schweiz oder Graubünden vertrieben wurden und sich dann über die Grenze nach Liechtenstein begaben und dort die Untertanen belasteten und beschwerten. Sie durften nicht eingelassen und nicht versorgt werden. Wiederum beruft sich der Gesetzgeber auf die eigenen Hausarmen, die in diesem Fall weniger erbetteln können. Besonders betont wird der Arbeitszwang für starke Bettler, die bei Missachtung ihrer Arbeitspflicht des Landes verwiesen werden.

Der Landesverweis ist hier die höchste Strafe, die für ein Vergehen gegen die Polizeiordnung angedroht wird. Als übliche Strafen sieht die Polizeiordnung von 1732 hauptsächlich Geldstrafen vor.

In dieser Polizeiordnung von 1732 wird zudem den Gewerbetreibenden oft die Beschlagnahmung ihrer Waren angedroht. Dagegen enthält die im Landsbrauch enthaltene Polizeiordnung auch Gefängnisstrafen und sogar die Todesstrafe. Besonders bedeutsam ist die Strafverschärfung bei Wiederholung. Sehr oft kommt es vor, dass ein Missetäter beim ersten Mal nur eine Verwarnung beziehungsweise eine Geldstrafe erhält, beim zweitenmal eine höhere Geldstrafe, beim drittenmal aber eine Gefängnisstrafe oder gar einen Landesverweis, ansonsten die Todesstrafe. Auch Körperzüchtigung kommt im Landsbrauch vor. Besonders beliebt schien bei der Obrigkeit die Verhängung der Gefängnisstrafe zu sein. Trinker, Spieler, Müssiggeher, Faschingsnarren, alle wurden bis zu ihrer Besserung in den Turm geworfen. Natürlich waren diejenigen benachteiligt, die kein Geld hatten, um ihre Strafe zu bezahlen, denn sie landeten ebenfalls im Gefängnis.

Nicht im Land geduldet wurden (weiterhin) in wilder Ehe Lebende, Ehebrecher, Zigeuner, Gartknechte, Bettler und Zauberer. Letztere durften als Wiederholungstäter auch am Leben gestraft werden: Sie wurden zum Tod verurteilt.

Als todeswürdige Verbrechen galten im Landsbrauch Vergewaltigung, das Verkuppeln der eigenen Kinder und wiederholtes Ehebrechen.

Das Kapitel «Von der Bestrafung der Policey-Verbrechen» in Justis Werk[333] gibt die damalige Meinung über die richtigen Strafen bei Übertretungen von Polizeigesetzen wider. Justi betont die Wichtigkeit der konsequenten Durchführung von angedrohten Strafen, um zu garantieren, dass die Gesetze auch wirklich gehalten werden. Sie sollten je nach Absicht und Grösse des Verbrechens verschärft werden. Als üblichste Strafe sieht Justi die Geldstrafe an, die für vermögende Personen empfindlicher sein muss. Weiters befürwortet er Strafen, die mit öffentlicher Schande verbunden sind, da sie, wie er meint, auf den Pöbel mehr Eindruck machen als ein paar Tage Gefängnis. Als noch tolerierbare Strafen erachtet er das Gefängnis und den Festungsbau, Landesverweisung jedoch *«ist eine Strafe, die vernünftigen Grundsätzen ganz und gar nicht gemäß ist»*.[334]

329) Ebenda.

330) LLA RA 1/16/6: Policey- und Landtsordnung des Reichs-Fürstenthums Liechtenstein 1732, S. 11.

331) Ebenda, S. 6.

332) Ebenda, S. 7.

333) Justi, Policeywissenschaft, S. 363–369.

334) Ebenda, S. 369.

Edition

HANDSCHRIFTEN-BESCHREIBUNG

Signatur:
LLA AM 5, Landsbrauch 1667

Originaltitel auf fol. 1r:
Landts Brauch, oder Erbrecht ...

107 Papierblätter:
fol. 1 bis 107 und 6 fol. umfassendes Inhaltsverzeichnis

Gebunden:
Masse 17,5 x 23,5 cm.

Es handelt sich um eine originale Quelle, die allerdings, wie aus fol. 1r hervorgeht, auf Geheiss des damaligen Landammanns der Grafschaft Vaduz, Johann Georg Wolf, vom Schulmeister Johann Christoph Faber von Vaduz aus einer älteren Vorlage abgeschrieben wurde.

EDITIONS-GRUNDSÄTZE

Für die Edition des Landsbrauchs der Grafschaft Vaduz und der Herrschaft Schellenberg wurden die Richtlinien von Johannes Schultze zum Vorbild genommen.[335]

1. Die Orthographie wurde im wesentlichen dem Originaltext entsprechend belassen. Das Verständnis des Textes wird dadurch in keiner Weise eingeschränkt, und die orthographischen Eigenheiten jener Zeit bleiben dem Interessierten erhalten.

2. Doppelkonsonanten wurden, wenn nicht der heutigen Schreibweise entsprechend, weggelassen.

3. Grosse Anfangsbuchstaben wurden nur bei Eigennamen oder am Satzbeginn verwendet.

4. Abkürzungen wurden mit eckigen Klammern aufgelöst.

5. Die Interpunktion wurde nach Möglichkeit der heutigen Verwendung entsprechend angepasst.

6. Die Seitenzahlen des Originaltextes wurden als Fussnoten eingefügt.

LANDTS BRAUCH, ODER ERBRECHT[336]

von erbschaften ohne testament, auch von testamenten, lezten willen, vermächtnussen, übergaaben und anderen geschäften von todts-wegen in der gräfl[*ichen*] vaduzischen grafschaft üblichen. Und anno 1667 aus einem buch hat schreiben lassen der ehrnveste und wohlgedachte h[*err*] Georg Wolf, der zeit landtman der grafschaft Vaduz, durch mich, Johann Christoph Fabern, ehemahlen schulmeistern zu gemelten Vaduz.

Darbey ansehlichen zu wissen, daß eines jeden abgestorbenen guth soll fallen auf seine nächste eheliche gebohrene und einander mit bluths verwandte freund, denen seynd dreyerley unterschidt. Die ersten seynd in absteigender linie, als kinder, enickhlen, ur enickhlen, ur ur enickhlen pp. und also fortan, [337]so weit sich der stamm erstreckt. Die andere in aufsteigender linie, als vater und mutter, ehnl und ahnl, urehnl und urahnl, ururehnl und ururahnl und also weither, und die dritten auf der seithen in der zwerch-linie, als da seynd schwester und brüder und alle, so von denen gebohren werden, item ehnl und ahnl geschwisterige und andere, so von ihnen beyderseiths gebohren linien herkommen, die alle erben, wie hernach folgt.

Der erste titul

Von erbschaften und absteigender linie

Erster fall oder regel von absteigender linie, das die in absteigender linie alle in aufsteigender und zwerch linie ausschliessen und um die enickheln an ihre alte luckhen stehen.

Anfänglich sezen und ordnen wür und wollen wür alle, dieweil kinder, [338]enickhlen, urenickhlen, und also für und für zu rechnen /: sie seyen wie weit sie wollen :/ im leben seyn, daß sie allein erben und alle andere in aufsteigender linie allerdings ausschliessen, und sollen hierin jederzeit die enickhlen, wan neben ihnen ein sohn oder tochter verhanden, anstatt ihrer vater oder mutter erben, und ihr elteren luckhen, ihr vater und mutter, wan sie noch lebten, zur erb empfahen.

Als davon ein exempel

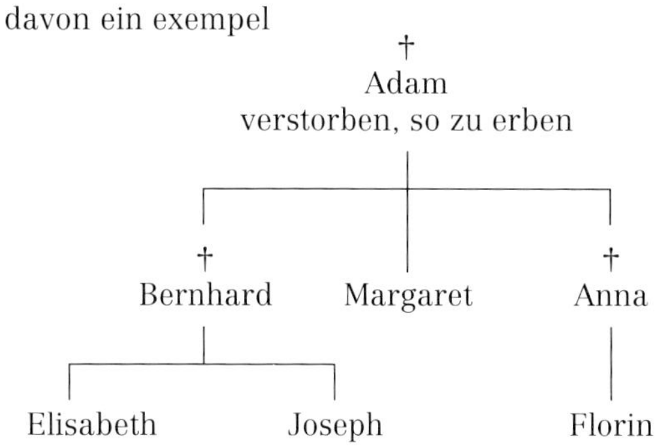

[339]Erclärung darüber

Alhier erben den verstorbenen Adam seine enickheln Elisabeth und Joseph anstatt ihres vaters Bernhard sambt dessen schwester Margaret und dem Florin, welches gleichfahls in die luckhen seiner mutter steht.

Der andere fahl

Was und wie kinder erben sollen, wan ihr vater allein und vor der mutter stirbt: Erstlich, wan sich zwey persohnen zusammen verheurathen und erzeugen eheliche kinder beyeinander, und stirbt alsdan der vater vor der mutter, so ordnen, sezen und wollen wür, daß alsbalden vor allen dingen die ganze verlassenschaft durch den geschworenen landtschreiber inventirt und aufgeschriben, folgends darüber ein überschlag gemacht, und daraus offentlich die gemeinen in der ehe gemachten mit einander schulden bezahlt werden [340]dergestalt, daß daran des manns erben die zwey theil, und des weibs den dritten theil entrichten, und hernach die übrige erbschaft, was sie an ligendem guth zusammen gebracht, jedem das seinige zu einem voraus gebühren; was sie aber in währender ehe, so bald die deckhe beschlagen, mit und bey ein ander, es seye woher es wolle, ererbt, errungen und gewohnen hätten, darvon sollen des mannes erben, deren seyen gleich vil oder wenig, die zwey theil und die verlassene wittib den übrigen dritten theil nehmen, und die kinder alsbal-

335) Schultze, Johannes: Richtlinien für die äußere Textgestaltung bei Herausgabe von Quellen zur neueren deutschen Geschichte. In: Blätter für deutsche Landesgeschichte, Jahrgang 98 (1962), S. 1–11.

336) fol. 1r.

337) fol. 1v.

338) fol. 2r.

339) fol. 2v.

340) fol. 3r.

den bevogtet, und ob eines oder mehr darunter, die zu ihren mannbahren jahren gekommen, so soll ihnen ihr gebührend erbtheil zugestellt, und die übrigen kinder, münderjährigen, der mutter in einen zimblichen verding, wie auch deren güther, um einen leidentlichen [*gestrichen: preis*] züns vor andern gelassen werden, es wäre dann sach, daß sich die mutter widerumb verheuraten thäte und dadurch die kinder einen strengen stief vater bekommen, oder sonst andere bedenkhen vorfallen wurden, als dan mag der kindt-vogt mit [341]derselben freundschaft wohl änderung den kindern zum besten fürnehmen, und dan ordnen und wollen wir auch, daß hinführo ein jede mutter schuldig seyn solle, ihre kinder aus ihrem gueth zum dritten theil, so wohl als der verstorbene vater zum zweyen theilen mit essen und trinkhen umb und an, item bei der schulen und dergleichen zu unterhalten und zu erziehen, bis sie zu ihren tagen kommen; im fall aber die kinder von ihrem verstorbenen vater oder mutter so vil ererbt hätten, daß sie das jährliche interesse ertragen und erziehen möchte ohne schwanung des haubt guths, alsdan sol das im leben vater oder mutter allda zu geben nichts schuldig seyn.

Exempl.

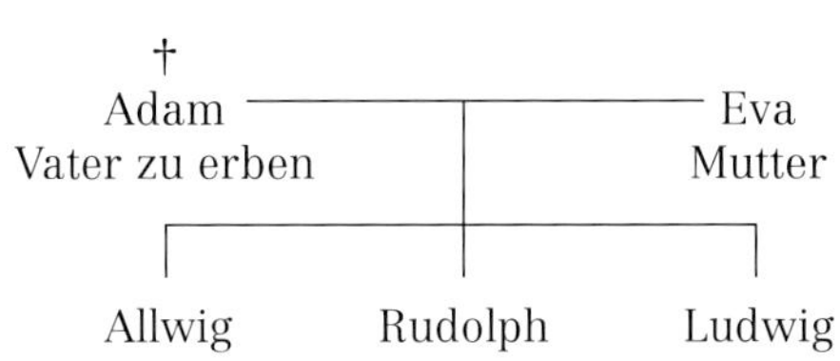

Erklärung dißes exempl.[342]

In disem zugetragenen fahl nach dem beschehenen abzug der schulden erben die 3 hinterlassnen kinder Allwig, Rudolph und Ludwig zwey theil und Eva, die mutter, den dritten theil des in währender ehe ererbten und gewonnenen guths, es sei ligendes oder fahrendes; was aber die eltern an ligendem guth zusammen gebracht, bleibt jedem sein theil, oder ihren kindern, oder nächsten freunden zu einem voraus, also vorsteht ligen.

Der dritte fall.

Wie und welcher gestalt die hinterlassene kinder erben sollen, wan ihr mutter vor dem vater sturbe.

So sich dan hergegen begeben wurde, daß zwey ehegemächt kinder beysammen erzeigten und die mutter vor dem vater mit todt abgienge, so ordnen und wollen wür, daß in solchen fall nach fleissiger inventierung und bezahlung der schulden, als vorstehet, alle ligende und fahrende haab und güther, gesuchts und ungesuchts dergestalt [343]und den ehlichen hinterlassenen kindern und den vater vertheilt werden, daß nemblichen denen kindern alsbald ihr mutter gebührender voraus, was sie zum vater an ligendem guth gebracht, solle zugestellt werden und hernacher von übriger erbschaft, was sie in währender ehe bey und miteinander, es seye woher es wolle, ererbt, gewonnen, errungen hätten, davon sollen des weibs erben den dritten und dero verlassene mann die übrigen zwey theil nehmen und die kinder alsbalden bevogtet und ob eines oder mehr darunter, die zu ihren mannbahren alter kommen, ihnen ihr gebührender erbtheil zugestellt und die übrigen minderjährigen kinder dem vater in einem zimblichen verding, wie auch der güther umb einen leidentlichen züns vor anderen gelassen werden solle.

Exempl.

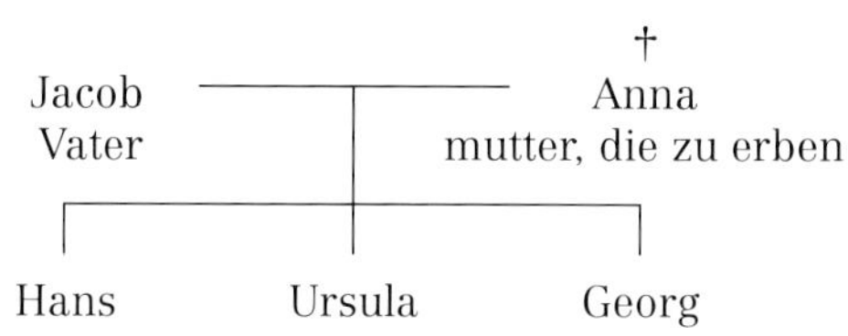

Erklärung.[344]

Hie erben die 3 kinder Hans, Ursula und Georg über bezahlte schulden, die in der ehe gemacht worden, alles ligend guth, das ihr mutter zum vater gebracht sambt einen dritten theil, was sie in der ehe miteinander ererbt, errungen und gewonnen haben, und der vater die zwey theil und das jenige, was er zur mutter an ligendem guth gebracht hat.

Der vierte fall.

Wie hernacher, so der in leben verblibene vater oder mutter ohnverändert auch abstirbt, der theilung halber mit denen kindern gehalten werden solle.

So sich aber zutruge, daß hernacher das verblibene ehegemacht, es seye vater oder mutter, unverheurath auch mit todt abginge, so erben alsdan so noch im leben verblibenen kinder, als väterlich und mütterliche haab und güther in die häubter zu gleichen theilen, als im folgenden exempl erklärt wird.

[345]Exempl.

Erklärung.

Hie seynd nach zu vor abgeleibtem vater und hernach gestorbenen mutter, oder hergegen, vier sohn als nembl[*ich*] Carl, Joachim, Hans und Michel im leben verbliben, die erben ihren vater oder mutter zu gleichen theilen in die häupter.

Der fünfte fahl.

Von erbnehmung der kinder und kindts kinder.

Wan aber sambt den kindern in ersten grad auch kindts kinder von einem verstorbnen sohn oder tochter verhanden seynd, sollen dieselben mit ihnen in die stämb zu erben zugelassen werden und an ihres vaters oder [346]mutter fusstapfen stehen dergestalt, daß alle solchen kindts kinder als vil, als ihr vater oder mutter selber, so das noch in leben wäre, erblich empfangen sollen, als in nachgesezten exempl zu sehen.

Erstes exempel

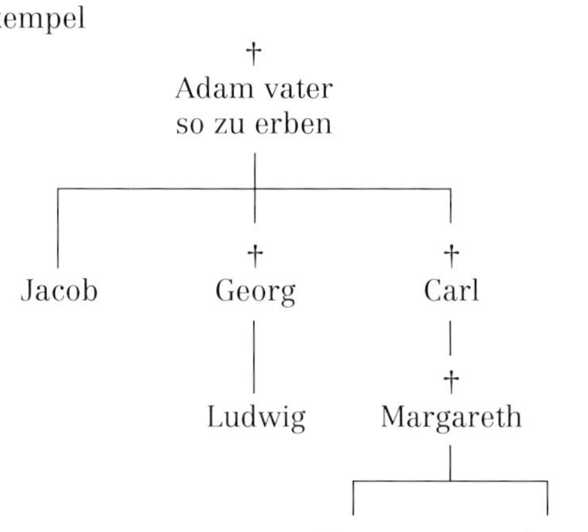

Erklärung.

[347]Hie werden Ludwig, der enickhlen, anstatt Georgen, seines vaters, auch Hans und Anna anstatt Carls, ihres ehnls, mit Jacoben, des verstorbenen Adam sohn, an desselbigen Adam verlassenschaft in die stämb zu erben zugelassen.

Das andere exempl.

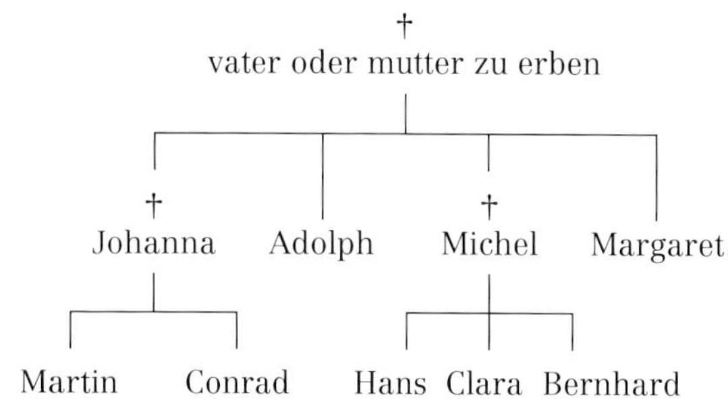

Erklärung.

Alhier wurde die erbschaft in vier theil getheilet. Einen theil nehmen Martin und Conrad, die enicklen, anstatt ihrer mutter Johanna, den andern nimbt ihr mutter bruder, der Adolph, [348]den 3ten theil nehmen Hans und Clara und Bernhard anstatt ihres vaters Michael, und den 4ten theil nimbt die lezte schwester Margareth.

Der 6te fahl.

Wie es mit künftigen erbschaften gehalten soll werden, wan sich in obigen fählen der in leben verblibene vater oder mutter widerumb verändert und aus nachgehender ehe auch kinder verlasset.

Wan sich dan fügte, daß in obgesezten fällen vater oder mutter ihren witwenstand veränderten und sich widerumb in die andere ehe einliessen und eines aus ihnen bey einem andern eheman oder weib noch mehr kinder erzeigten, so setzen und ordnen und wollen wür, daß die kinder erster und anderer ehe ihrem vater und mutter zu gleichen theilen in die häubter oder die kindts kinder in die stämm in allen seinen verlassenen aigenen güthern oder zustehenden antheil erben sollen.

---

341) fol. 3v.

342) fol. 4r.

343) fol. 5r.

344) fol. 5v.

345) fol. 6r.

346) fol. 6v.

347) fol. 7r.

348) fol. 7v.

[349]Erstes exempl.

da alle kinder verhanden

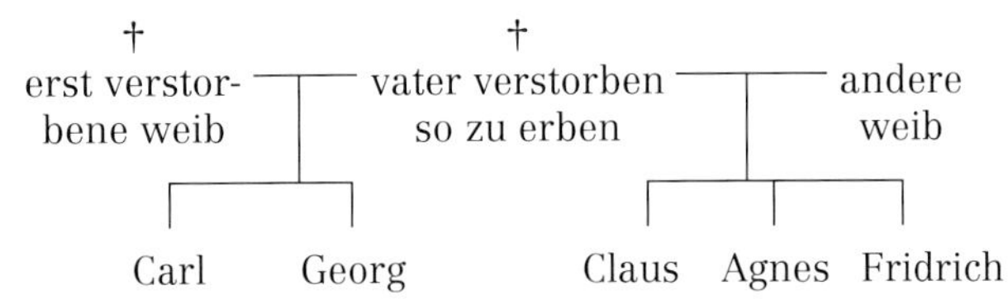

In disem fahl [*eingefügt*] sollen die drey kinder lezter ehe als nembl[*ich*] Claus, Agnes, Friderich sambt dem Carl und Georg, ihren vater halb geschwistrigen, dessen hinterlassenen antheil in die häupter erben.

Ander exempl

da neben denen kindern enickeln verhanden.

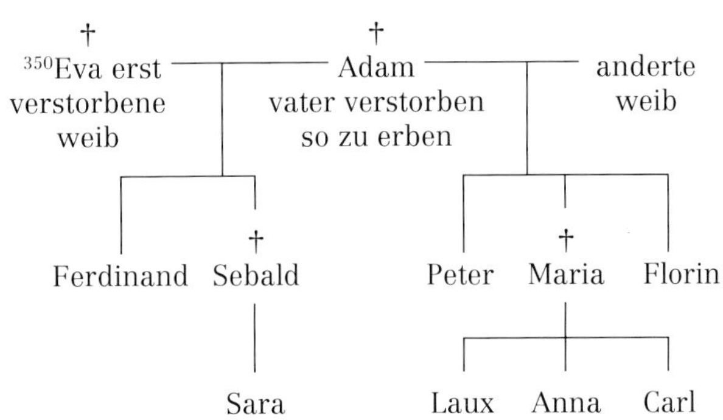

Erklärung.

Hie wird des verstorbenen Adams verlassenschaft in fünf theil vertheilt, den ersten theil nimbt Ferdinand als ein kind erster ehe, den anderten theil Sara anstatt ihres vaters Sebald, den 3ten empfänget Peter als ein sohn anderter ehe, den 4ten nehmen Laux, Anna und Carl anstatt ihrer verstorbenen mutter, den 5ten und lezten theil empfanget Florin.

[351]Der sibende fahl.

Von erbnehmung der kindts kinder allein, da keine kinder, sondern lauther enickheln verhanden seyen.

Desgleichen, so es sich begab, da die verstorbene persohn kein ehlich kind in ersten grad, sondern allein kindts kinder oder enickhl von 2 oder mehr ehelichen kindern verliesse, obgleich wohl von einem kind oder stammen mehr kinder dan von dem anderen verhanden wären, so sollen in dergleichen fällen die enickhlen in die häupter zu erben zugelassen werden.

Exempl

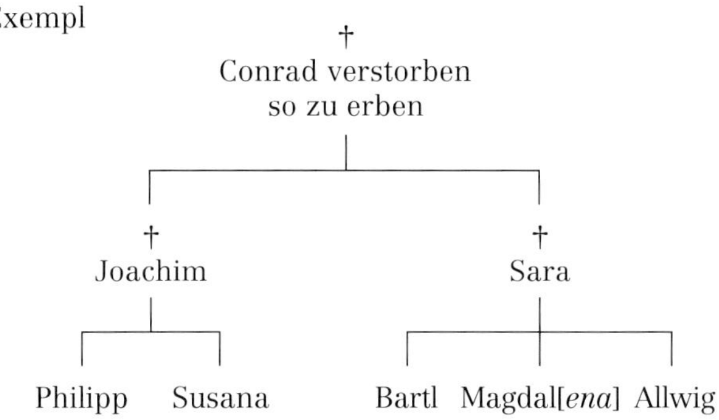

[352]Erklärung

Alhier wird die erbschaft in 5 theil ausgetheilt, und Philipp und Susanna, die 2 enickhl die zwey theil und dan Bartl, Magdalena und Allwig die 3. theil als auch enickhl des Conrads, ihres ehnls, verlassenschaft erblich empfangen, wie wohl die geschribene rechten anderst vermögen.

Der achte fahl.

Da in des ehnls oder ahnl erbnehmung die enickhl den urehnl oder urahnl, ohngeacht sie im grad näher, allerdings ausschliessen.

Trug sich auch der fall also zu, das ein persohn sturbe und verliess hinter ihm ein urenickl und darzu [*eingefügt*] seinen leibl[*ichen*] vater oder mutter, so solle in disem fall sein verlassen guth dem urenickhl der linien nach mit sich hinab zustehn und der vater oder mutter, ohngeacht daß er im grad näher verwandt, allerdings ausgeschlossen werden.

[353]Exempl

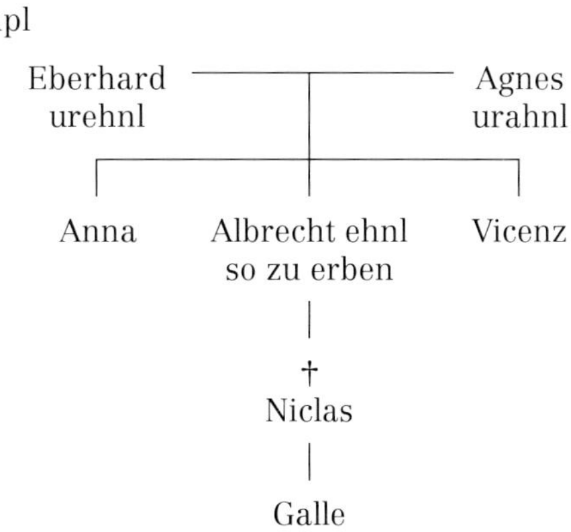

Ein lächerliches exempel! Der landsbrauch will sagen, daß zuerst die in absteigender, dan die in aufsteigender u[nd] endten die in der zwerch linien zugelassen werden.[353a]

Erklärung.

[354]Alhier erbt Galle der enickhl seinen ehnl Albrecht und schliesst Eberhard, seinen urehnl, und Agnes, seine urahnl, wie auch Anna und Vicenz aus, ohngeacht sie in aufsteigender und zwerch linie denen verstorbenen näher gefreundt, dieweil in allweg die erben absteigender linie alle so dem verstorbenen in aufsteigender oder beseitlicher linie verwandt seynd, ausschliessen.

Von unehelichen und legitimirten oder geehlichten kindern und derselben erbgerechtigkeit.

Wiewohl gemeine ehelichung, so durch päpstliche und kayserl[*ichen*] oder andere rescript beschicht, durch selbige väterlicher erbschaft fähig gemacht werden, so wollen wir danach setzen auch und ordnen hiemit, daß sowohl geehlichte als unehliche kinder, so ausserhalb des ehestands erzeiget werden, es seyen gleich andere ehliche kinder verhanden oder [355]nicht, von alle väterl[*icher*] und mütterlicher erbschaft ausgeschlossen seyn sollen, allein der fall ausgenohmen, wan solch unehlich gebohrene kinder mit vermählung und bestätung der heil[*igen*] ehe gegen ihrer mutter verehliget werden, als dan wollen wür, daß sie in allen erbgerechtigkeiten andern gleich anfängl[*ich*] ehlich gebohrnen kindern gleich seyen.

Von erbschaften in aufsteigender linie

Erster fahl.

Wie vater und mutter zugleich oder deren ehnl allein ihr kinder erben.

So es sich den zutruge, das die kinder vor den eltern absturben, und die abgestorbene persohn keine eheliche kinder oder kindts kinder, auch keine geschwisterige oder deren selben kinder verliesse, so ordnen und wollen wür, daß alsdan [356]vater und mutter mit ein ander, oder welches unter ihnen im leben, das verstorbene kind erben, und all andere, die weither in aufsteigender oder zwerch linie verwandt, ausschliessen sollen. Es seye dan sach, daß das verstorbene kindt etwas von seinem vater oder mutter, ehnl oder ahnl oder noch weithers in aufsteigender linien ererbt hätte, so soll alsdan solch guth nit dem vater oder mutter, sondern dem nächsten bluths verwandten, dannnacher das guth kommet, zufallen.

Exempl.

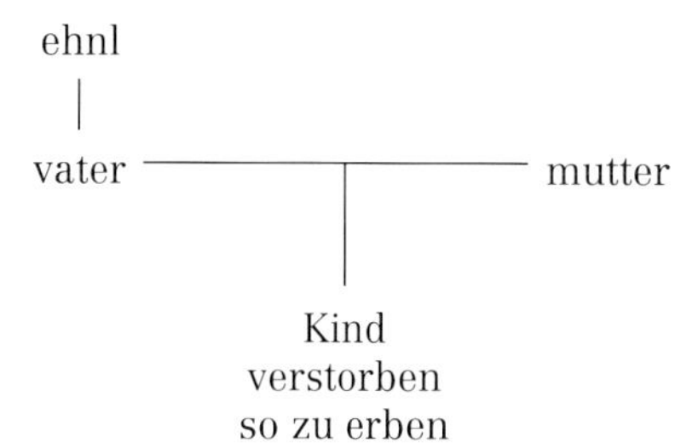

[357]Erklärung

Alhier nehmen vater und mutter des verstorbenen kindts erbschaft allein und schliessen den ehnl aus, es wäre dan sach, daß dise verstorbene kindt etwas zu voran wo den einen theil vater oder mutter, so verstorben wäre, von ehnl oder ahnl oder noch weithers in aufsteigender linie als vorstehet, ererbt hätten; alsdan soll des selbige erbguth an des verstorbenen nächsten erben fallen, woher das guth nembl[*ich*] kommen ist.

Der andere fahl.

Wann ein kindt und ahnl erben sollen.

Wann aber vater und mutter nit im leben, so erben alsdan ehnl und ahnl allein, so fern der verstorbene keine geschwisterige oder geschwisterig kinder noch im leben verlassen hätte.

349) fol. 8r.

350) fol. 8v.

351) fol. 9r.

352) fol. 9v.

353) fol. 10r.

353a) Von anderer Hand geschrieben.

354) fol. 10v.

355) fol. 11r.

356) fol. 11v.

357) fol. 12r.

Exempl.

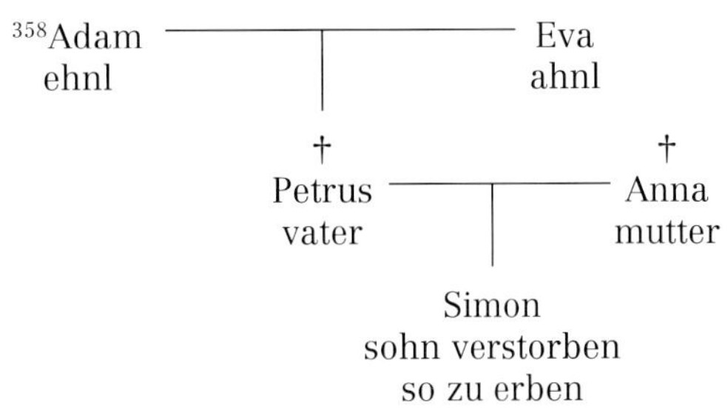

Alhier erben Adam und Eva ihren enickl Simon zugleich.

Der dritte fahl.

Wann ehnl und ahnl beederseiths von vater und mutter verhanden, wie die erben sollen.

Wann aber die verstorbene persohn nit vater oder mutter, sondern ehnl und ahnl beederseiths vater und mutter halb verliessen, so sollen alsdan solche vier ehnl und ahnl zugleich in die häupter erben.

[359]Exempl

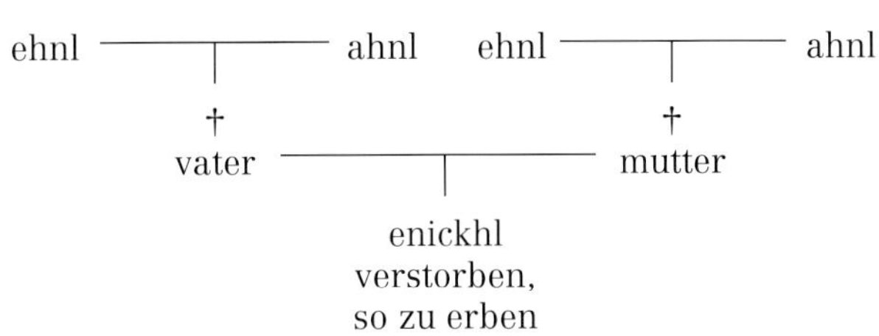

Erklärung

Hie wird die verlassenschaft des verstorbenen enickhl dem ehnl und ahnl auf des vaters seithen zum halben und der andere halbe theil dem ehnl und ahnl von der mutter her zu gleichen theil zugetheilt werden.

[360]Der 4te fahl.

Wann die persohnen aufsteigender linie in gleichen grad seynd, wie sie erben sollen.

Wann aber in disen fall der ehnl und ahnl, urehnl und urahnl, und also noch weither über sich in gleichen grad seynd, so schlüst allwegen das nächste das weithere gar von solcher erbschaft aus, wie in folgenden exempl erklärt wird.

Exempl.

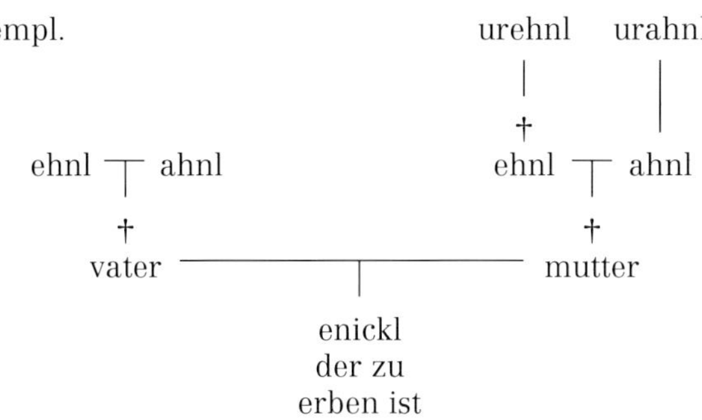

[361]Erklärung

Alhier wird des verstorbenen enickhls verlassenschaft dem ehnl und ahnl auf des vaters seith zum halben und die ander helfte der ahnl von der mutter seithen zugetheilt, und werden der urehnl und die urahnl davon ausgeschlossen.

Der 5te fahl.

Wann beiderseiths ehnl oder ahnl in ungleicher zahl seynd, desgleichen so obgesezte persohnen in ungleicher zahl lebendig gefunden wurden, als auf einer seithen väterl[*iche*] ehnl und ahnl, auf der ander seithen aber der mütterliche [*gestrichen: ähnl*] ehnl oder ahnl, so vil als beede väterl[*iche*] ehnl und ahnl zu erben empfangen und nehmen, wie das nachfolgende exempl ausweist.

[362]Exempl.

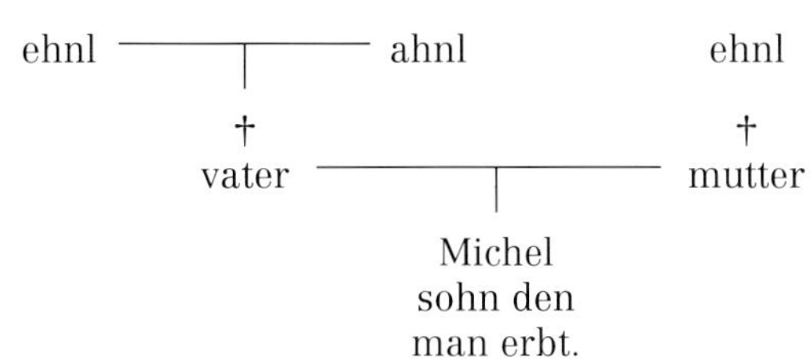

Erklärung

In disem fahl erbt der mütterl[*iche*] ehnl so vil, als beede väterl[*iche*] ehnl und ahnl.

[363]Der 6te fahl.

Wie die rechte geschwisterige aneinander erben sollen, und vater und mutter so gleichwohl in leben davon ausschliessen.

So aber die ohne leibs erben verstorbenen persohn neben vater und mutter oder einen derselbigen allein auch ehliche geschwisterige von beeden banden verliesse, so sollen des verstorbenen rechte geschwisterige erben und vater und mutter ausgeschlossen werden.

Exempl

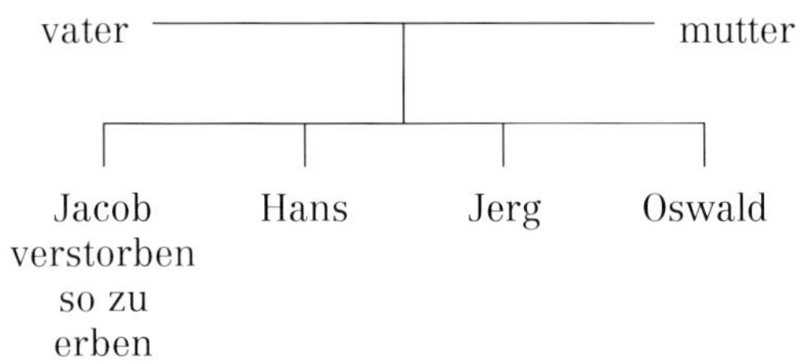

[364]Erklärung.

Alhier würdet die verlassenschaft in 3 theil getheilt, und nehmen Hans, Jerg und Oswald, die 3 Kinder, jedes einen gleichen [*eingefügt*] theil.

Der 7te fahl.

Wann neben vater und mutter und geschwisterigen auch geschwisterig kinder zu beyden banden verhanden.

So aber der verstorbene neben dem vater und mutter und geschwisterig auch geschwisterig kinder von beyden bandten verliesse, so werden dieselben geschwisterig kinder anstatt ihres vaters oder mutter für ein persohn gerechnet und auch zugelassen, erben doch nicht mehr dan ihr vater oder mutter geerbt hätte.

Exempl

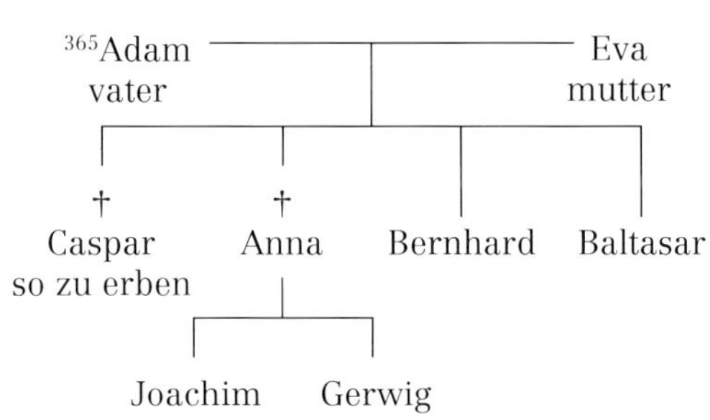

Erklärung.

Alhier werden Adam und Eva als vater und mutter ausgeschlossen und erben Bernhard und Baltasar jede einen theil, sodan Joachim und Gerwig anstatt ihrer mutter Anna sambtlich den 3ten theil an der verlassenschaft des verstorbenen Caspar.

[366]Der achte fahl.

Wie ehnl und ahnl oder deren eines sambt des verstorbenen rechten geschwisterigen oder deren kinder erben oder ausgeschlossen werden sollen.

Gleicher weis und gestalt so einer stirbt und verlast hinter ihm ehnl und ahnl und rechte geschwisterige oder geschwisterig kinder, und kein vater oder mutter mehr in leben ist, so erben des verstorbenen enickhl guth desselben geschwisterig und derselben brüder oder schwester kinder allein und schlüssen ehnl und ahnl aus.

Exempl

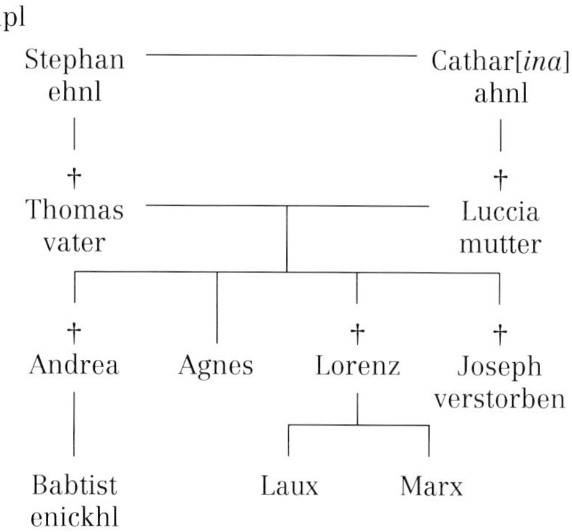

[367]Erklärung.

Hie wird des verstorbenen Joseph [*eingefügt*] erbschaft in 3 theil getheilt, der erste gebührt Agnes, deren verstorbenen schwester, der ander theil Laux und Marx, und der 3te theil gehört Baptist des verstorbenen bruders kindern, und werden Stephan und Catharina als ehnl und ahnl davon ausgeschlossen.

358) fol. 12v.

359) fol. 13r.

360) fol. 13v.

361) fol. 14r.

362) fol. 14v.

363) fol. 15r.

364) fol. 15v.

365) fol. 16r.

366) fol. 16v.

367) fol. 17r.

Der 9te fahl

Wie man erben soll, wan beederseiths von vater und mutter ehnl und ahnl neben des verstorbenen ehnls und ahnls geschwisterigen verhanden.

Lasset einer weder kinder noch kindts kinder, weder vater noch mutter, sondern ehnl und ahnl beederseiths von vater und mutter, oder eins allain nach sich und seynd gleicher gestalt des verstorbenen rechte geschwisterige oder deren kinder verhanden, so erben obgesagter massen des verstorbenen verlassenschaft die rechte geschwisterige oder derselben kinder allein und werden ehnl und ahnl allerdings ausgeschlossen und stehen [368]die geschwisterig kinder anstatt ihren vater und mutter, so die eltern nicht verhanden, sondern gestorben seynd.

Exempl.

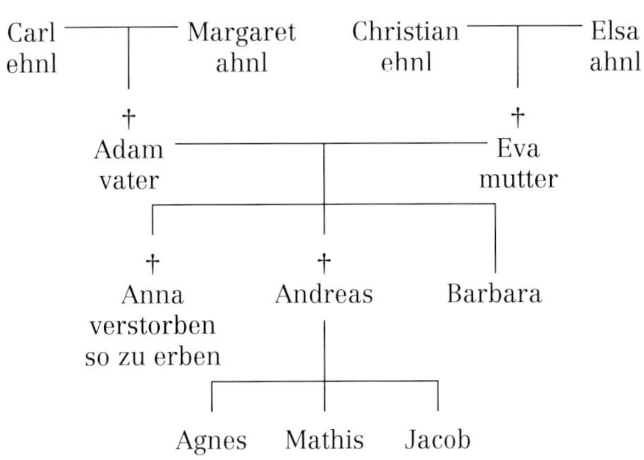

[369]Erklärung.

Alhier wird der verstorbenen Anna Erbschaft in 2 theil ausgetheilt; den ersten theil nimbt Barbara die schwester; der andere theil gebührt Agnes, Mathis und Jacob miteinander anstatt ihres vaters Andreas und werden ehnl und ahnl davon allerdings ausgeschlossen.

Der 10te fahl

Daß die kinder von ihrem vater oder mutter, enickhl von ihren ehnl oder ahnl allein geerbt werden, wan sie von einem bandt geschwisterig oder dero kinder verlassen.

Wan es sich dan zutruge und begebe, daß ein persohn ohne leibs erben oder rechte geschwisterig absturbe und verliess vater und mutter oder ehnl und ahnl nach sich in leben, und wären darzu seine ein halbe geschwisterig oder derselben kinder auch verhanden, so erben die ein halb geschwisterig allein; so aber die stief geschwisterig eines oder mehr den fahl nit erlebt und und doch zuvor kinder verlassen hat, so werden derselben ein halb geschwisterig kinder der erbschaft [370]nicht fähig, sondern der verstorbenen persohn vater oder mutter zu erben gelassen.

Erstes exempl, da vater und mutter verhanden.

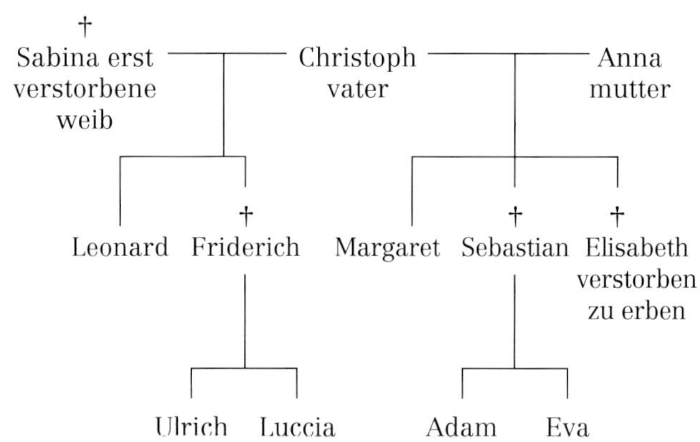

Erklärung.

Alhier erben vater und mütter ihr tochter Elisabeth sambt der Margareth und stehen Adam und Eva anstatt ihres vaters Sebastian und auch Leonhard der bruder, allein vater [371]halben verwandt sambt des verstorbenen stief bruder Friderich hinterlassenen 2 kindern allerdings ausgeschlossen.

Anderte exempl da ehnl und ahnl verhanden.

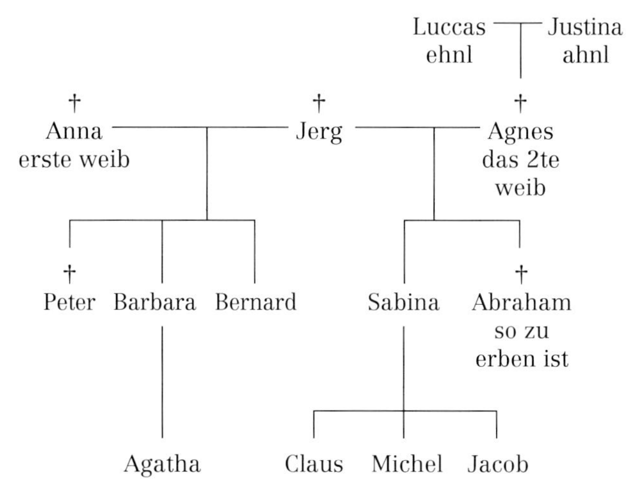

Erklärung

Hie erben den verstorbenen Abraham Luccas [372]und Justina, sein ehnl und ahnl sambt seiner rechten schwester Sabina hinterlassenen 3 kindern und werden die anderen 3 geschwisterige von einem bandt ausgeschlossen.

Von denen erbschaften in der beederseiths oder zwerch linie.

Erster fahl.

Wie rechte geschwisterig oder deren selben kinder erben.

So dann der verstorbene in ab- oder aufsteigender linie keine verwandten verliesse, so der allein geschwisterige von beyden bandten, auch etliche seiner verstorbenen rechten geschwisterig kinder, alsdan ordnen und wollen wür, daß neben den geschwisterig auch des ver[373]storbenen geschwisterig kinder, doch alleine in stämb an ihres vaters oder mutters statt zu erben sollen zugelassen werden.

Exempl

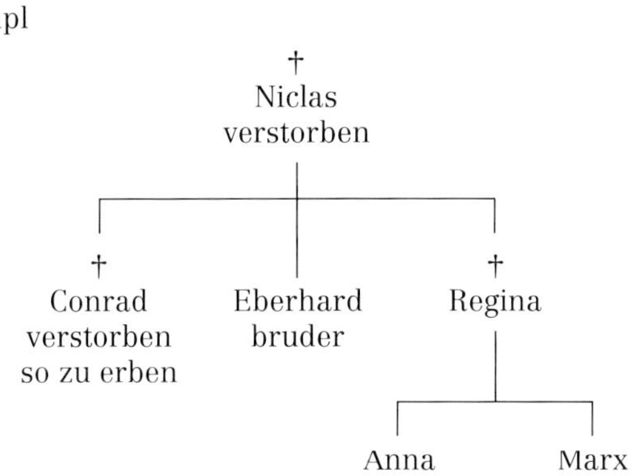

Erklärung.

Hie erben des Conrads verlassenschaft Eberhard, sein bruder, zum halben theil und dan Anna und Marx, seiner verstorbenen schwester [374]kinder den anderen halben theil.

Der andere fahl.

Das die recht geschwisterig kinder allein mit ein ander in die [*gestrichen: stäm oder*] häupter erben sollen.

Wan aber das verstorbene kein geschwisterige von beyden bandten, sondern allein etliche geschwisterig kinder nach ihme in leben verliesse, so ordnen und wollen wür, daß dieselbige brüder oder schwester kinder, es seyen derselben vil oder wenig, an solcher verlassenschaft in die häupter zugleich anstehen und darvon einem so vil als dem anderen werden soll, in ansehung, daß sie dem verstorbenen in gleichen grad verwandt und das jus repräsentationis, wan kein geschwisterig mehr in leben, nicht mehr [*eingefügt*] statt hat.

Exempl

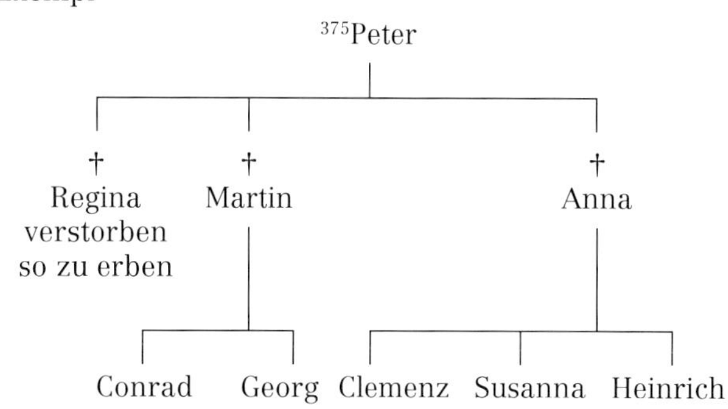

Anderte Exempl

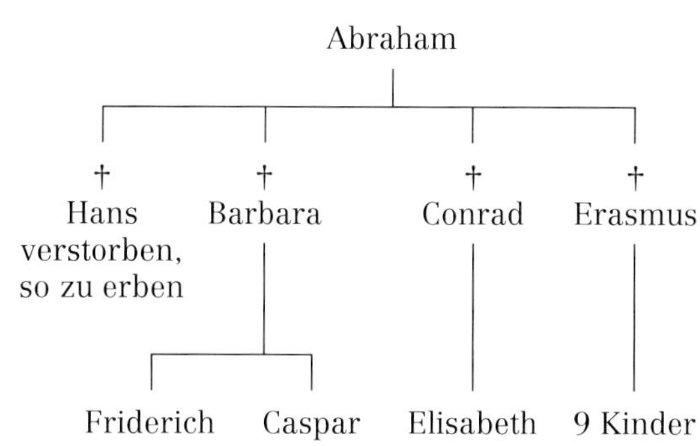

[376]Erklärung.

Alhier würd des verstorbenen Hansen verlassenschaft in zwölf gleiche theil nach anzahl der 12 hinterlassenen schwester und bruders kindern ausgetheilt.

Erklärung des dritten fahls.

Wie es mit des bruders erbnehmung gehalten werden soll, wan rechte geschwisterich, auch ein halb geschwisterig verhanden seynd.

368) fol. 17v.

369) fol. 18r.

370) fol. 18v.

371) fol. 19r.

372) fol. 19v.

373) fol. 20r.

374) fol. 20v.

375) fol. 21r.

376) fol. 21v.

Wann dan der verstorbene keine verwandten auf- oder abwerhts, sondern rechte geschwisterige von beyden bandten und auch geschwisterig von einem bandt hinter sich im leben verliesse, so ordnen und wollen wür, daß in solchen fahl die rechte geschwisterig von beyden bandten des verstorbenen bruders oder schwesters erbschaft antreten, und die einhalben geschwisterig oder dero kinder darvon ausgeschlossen seyn sollen.

[377]Exempl.

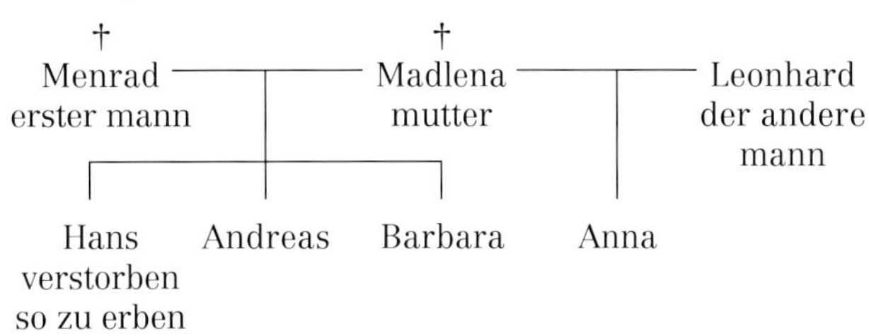

Erklärung

Hier nehmen Andreas und Barbara ihres verstorbenen rechten bruders Hansen erbschaft allein und schlüssen ihre stief schwester Anna darvon aus, ausserhalb des guths, so sie zu vor mit einander von ihrer mutter seel[*ig*] Madlena ererbt hätten, als in hernachstehenden exempl folgt.

[378]Der 4te fahl

So etwas verlassen, so zuvor ein halbe geschwisterige mit einander ererbt haben.

Wann geschwisterige, die seynd von einem oder beyden bandten miteinander von ihren rechten vater oder mutter, ehnl oder ahnl etwas ererbt und alsdan eines oder mehr aus ihnen ohne leibs erben abstürben, so ordnen und wollen wür, daß in solchen fahl sowohl die geschwisterigen von einem bandt als von beyden bandten, daß verstorbene geschwisterig gleich miteinander erben sollen, jedoch noch mahlen lauth allein auf das jenige guth und portion zu verstehen seye, was solche ungleiche geschwisterig von ihren rechten vater oder mutter, ehnl oder ahnl mit einander ererbt haben.

Exempl.

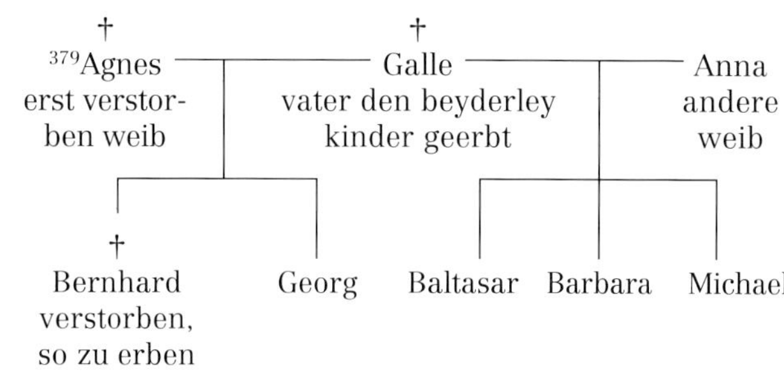

Erklärung

Alhier erben den verstorbenen Bernhard Georg, sein rechter bruder, sambt dem Balthasar, Barbara und Michäel, seines allein vater halb geschwisterige an dem zu vor ererbten väterlichen guth.

Der 5te fahl

Das geschwisterige kindts-kinder, so ihr vater noch in leben, von ihres ehnls bruder oder schwester erbschaft ausgeschlossen werden.

[380]Item sturbe einer ohne leibs erben und andere verwandte in aufsteigender linie und hinterliesse eines rechten bruders kinder, ein schwester und aus einem anderen rechten schwester kinder ein enickhl, so erben allein beyderseiths bruders kinder und die recht schwester, so noch in leben ist.

Exempl.

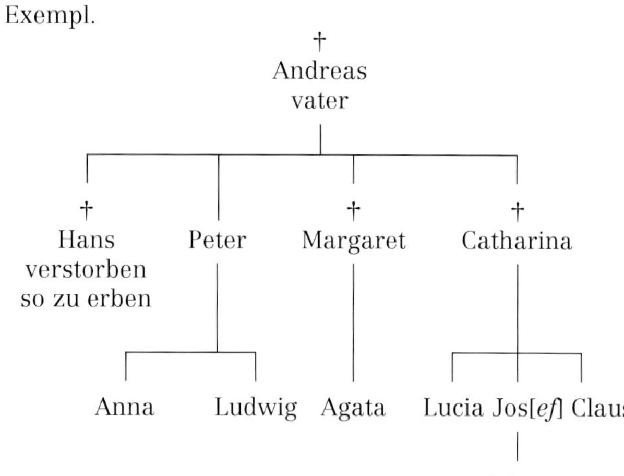

[381]Erklärung.

Alhier in disem fall werden Agata und Adam von des verstorbenen Hansen erbschaft ausgeschlossen und erben Anna und Ludwig anstatt ihres vaters Peter und Margareta, des verstorbenen bruders schwester, den anderen theil, den 3ten theil nimbt Lucia, Jos[*ef*] und Claus anstatt ihrer mutter Catharina.

Der 6te fahl

Das brüder oder schwester kinder von beyden bandten ihres vaters und mutter stief brüder oder schwester auch ausschliessen.

Item wan einer stirbt und verlast niemand in ab- oder aufsteigender linie, sondern seines rechten bruders oder schwester kinder von beyden bandten und sein bruder und schwester von einem bandt, so erben alsdan des rechten bruders oder schwester kinder und wird der stief bruder oder schwester ausgeschlossen, ohngeacht in grad er näher, dan die rechten [382]bruders oder schwester kinder.

Exempl.

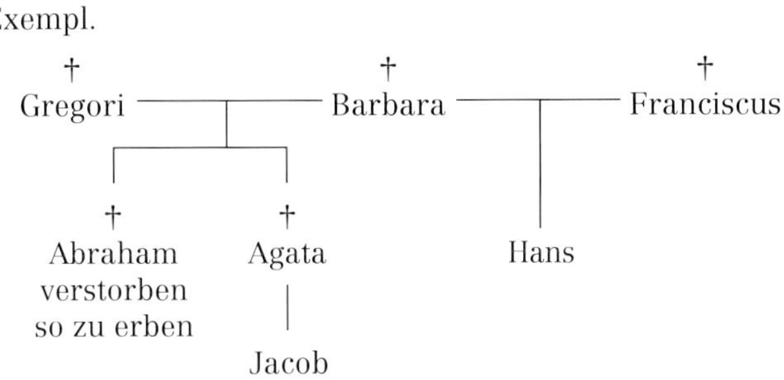

Erklärung.

Hier erbt Jacob seiner mutter bruders Abrahams verlassenschaft allein und wird Hans, des gedachten Abrahams stief bruder, ausgeschlossen.

[383]Der 7te fahl

Von erbnehmung der stiefgeschwisterig allein und derselbe kindern.

Wo aber der abgestorbene weder in ab- oder aufsteigender linie auch keine rechte geschwisterig von beyden bandten noch derselben kinder verlassen hat, als dan sollen zu seinen rechten erben zugelassen werden seine andere von einem bandt vater und mutter halb geschwisterige, und mit denselben auch ihrer einhalben geschwisterigen kinder, alle massen und gestalten, wie von denen *rechten* geschwisterigen und ihren kindern in vorgehenden fählen geordnet ist worden.

Exempl

Da fünf geschwisterige und stief geschwisterige kinder verhanden.

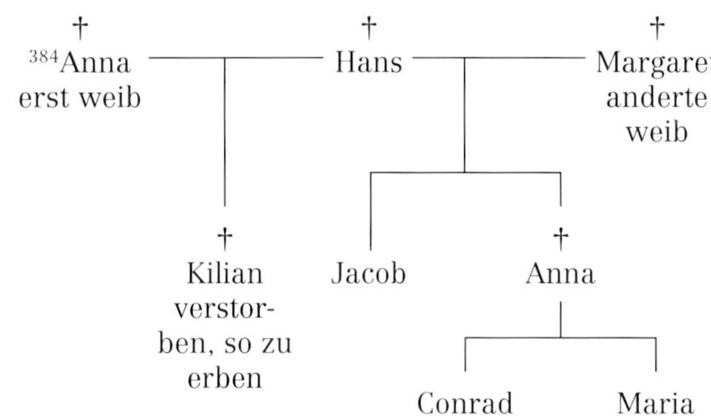

Erklärung.

Hier erbt Jacob, des verstorbenen Kilian bruder vater [*eingefügt*] halb ein theil und dan Conrad und Maria, auch mit halb-bruders kinder den anderen theil.

[385]Der 8te fahl

Wan stief geschwisterige kinder noch allein in leben, das solche in die häupter und nit in die stämmen erben sollen.

Wann dan der verstorbene aus zweyer oder mehr ein halben geschwistrig allein dere kinder, und zwar in ungleicher zahl, hinter ihm [*eingefügt*] verlasset, so ordnen und wollen wür, daß gleichergestalt, wie oben von beyderseiths geschwisterigen hinterlassenen kindern gesezt worden, sie in die häupter, als so vil mundt, so vil pfundt zu gleichen theilen ein ander erben sollen.

377) fol. 22r.

378) fol. 22v.

379) fol. 23r.

380) fol. 23v.

381) fol. 24r.

382) fol. 24v.

383) fol. 25r.

384) fol. 25v.

385) fol. 26r.

Exempl.

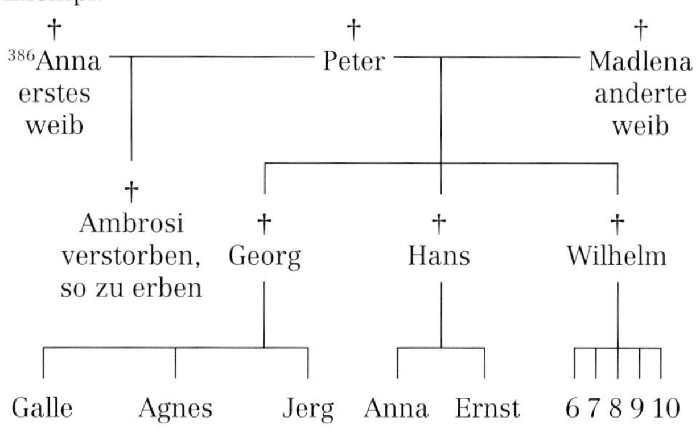

Erklärung.

Allhier soll des verstorbenen Ambrosi erbschaft nach anzahl der brüder kinder zu gleichen theilen und also in 10 theil ausgetheilt werden und eines so vil als das andere erblich empfangen.

[387]Der 9te fahl

Wann zumahl keine geschwisterig noch geschwisterig kinder weder von einem bandt noch vor dem anderen verhanden, wer alsdan erben soll.

So dann der verstorbene weder in ab- noch aufsteigender linie, darzu auch noch weder geschwisterig noch geschwisterig kinder von einem oder zweyen bandten hinter sich verliesse, so ordnen, sezen und wollen wür, daß alsdan der jenige, so in der zwerch linie ihm am nächsten verwandt, sein erb seye, also daß die nächste, sie seyen vil oder wenig, allweeg die ferneren ausschliessen und sie in die häupter zu gleichen erb kommen und zugelassen sollen werden.

Exempl

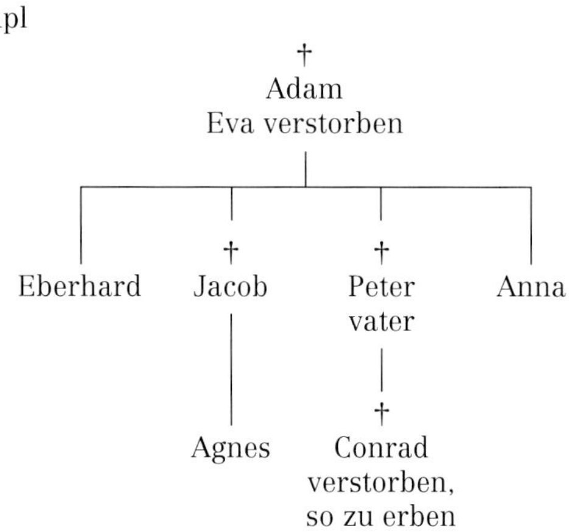

[388]Erklärung

Hier erben Eberhard und Anna den verstorbenen Conrad und wird Agnes, also so weither verwandt, allerdings ausgeschlossen.

Der 10te fahl

Wan enickheln ohne leibs erben absterben, wohin das von ihnen anererbte guth von ehnl und ahnl hinfallen soll.

Wan aber ein enickhl, welches seinen ehnl oder ahnl zu vor geerbt, ohne leibs erben absterben wurde und erben des ehnls oder ahnls beseits verwandten seines vater oder mutter rechte geschwisterige oder deren kinder nach sich verliesse, so ordnen und wollen wür, daß solch von ehnl oder ahnl anererbte guth *immassen hie bevor* in jüngeren landts brief auch geordnet gewesen, erstlich auf seine rechte geschwisterige oder wo keine rechte geschwisterige in leben wären, alsdan auf seines vaters oder mutter rechte geschwisterige, so mit ihme denselben ehnl oder ahnl geholfen erben, und es ihnen also für das liecht ge[389]standen, so vil deren oder ihrer kinder in zeit des widerfahl noch in leben /:und nit weither:/ das abgestorbene enickhl an den jenigen, was von seinen ehnl oder ahnl, als obstehet, auf es geflossen und herkommen, erben und an sie widerumb hinter sich fallen solle.

Exempl

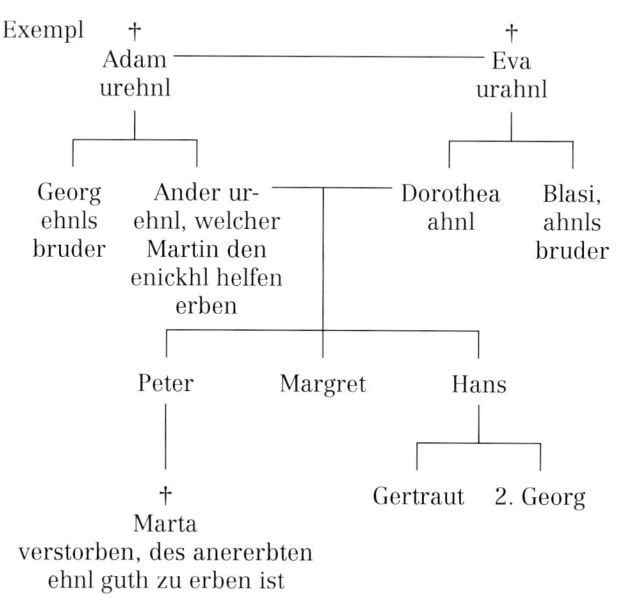

[390]Erklärung

Alhier erben Margareth einen theil und dan Gertraut und Georgius des Martin anererbt guth von ehnl und schliessen Georgen, des ehnls bruder, wie auch Blasius, der ahnl bruder, darvon aus.

Der 11te fahl

Wie vater und mutter ihre enickhl und kinder erben sollen.

Alsdan in unser graf- und herrschaft bishero nit bräuchig gewesen, das vater und mutter ihre kinder, so die geschwisterige allein ihren verstorbenen bruder oder schwester geerbt haben, doch nichtsdestoweniger natürlicher und ordentlicher satzung nach dieselbe ihre kinder aufzuerziehen und zu versehen schuldig seynd, auch die kinder ihre väter und mutter für demnach [*eingefügt*] mäniglich rechtlich erben, *dannoch* so sezen, wollen und meinen wür, daß nun hinführo vater und mutter ihres lezten kind, so mit todt ohne eheliche leibs erben von ihnen gebohren, abgangen, erben sollen mit diser bescheidenheit, das vater und mutter dasselbig ihr leztes kindt verlassen [391]ligend und fahrend haab und guth, was das wäre, ihr weil und leben lang inhaben, nutzen, niessen, gebrauchen, und den nutzen jährl[*ich*] darvon nehmen, und sollen auch die güther, so in erbs weis an sie also gefallen, weder versetzen noch verkaufen, verordnen, verschaffen, noch sonst verhandln, in kein weis, noch weeg, sondern in guten wesentlicher ehren und bauen erhalten; wo aber vater und mutter an den blumen von den selben güthern zusambt ihren eigenen guth nit nahrung noch auskommen hätten, so sollen sie ihr aigen guth zu ihrer leibsnahrung und unterhaltung zuvor angreifen und verbrauchen, und dan ihr aigen guth nicht genugsamb erreichen, und gedienen möcht, als dan sollen und mögen sie mit ehegemelten guth schaffen, handlen, thun und lassen wie und als mit anderen guth, doch allweeg zimlich und nit wüstlich ohne noth; und so dan der vater oder mutter auch absterben, ob er oder sie schon aus anderen ehen andere kinder verliessen, so solle dan das kündlich an erbguth nit auf sie, sondern wider hinter sich an die nächsten ihres vaters oder mutter bluths verwandte dannen hero das guth geflossen und kommen, *erblich zuruckfallen*.

[392]Exempl.

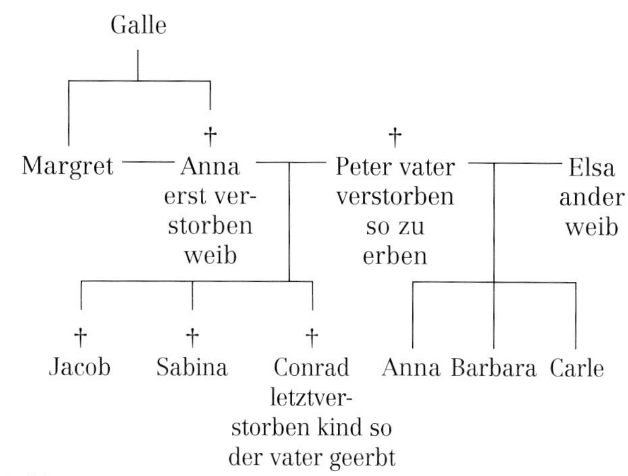

Erklärung

Alhier nachdem Peter sein lezt verstorbenes kind Conrad geerbt und nacher auch sturb, soll das guth, welches er von Conrad geerbt, nit auf seine kinder anderter ehe, sondern des erst verstorbenen weibs vater, den Galle, und ihr schwester, die Margreth, fallen.

[393]Anderte exempl.

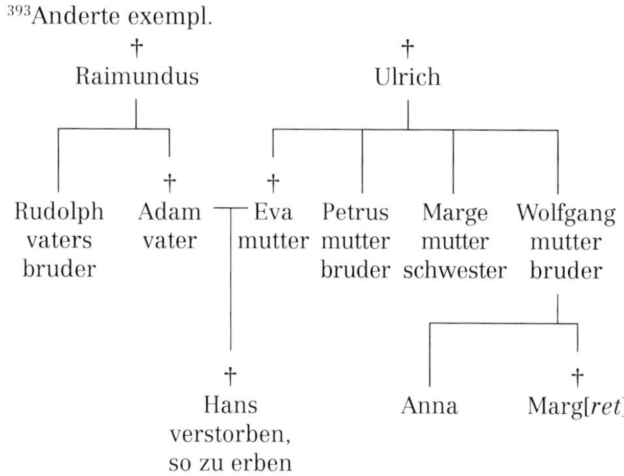

386) fol. 26v.

387) fol. 27r.

388) fol. 27v.

389) fol. 28r.

390) fol. 28v.

391) fol. 29r.

392) fol. 29v.

393) fol. 30r.

Exempl.

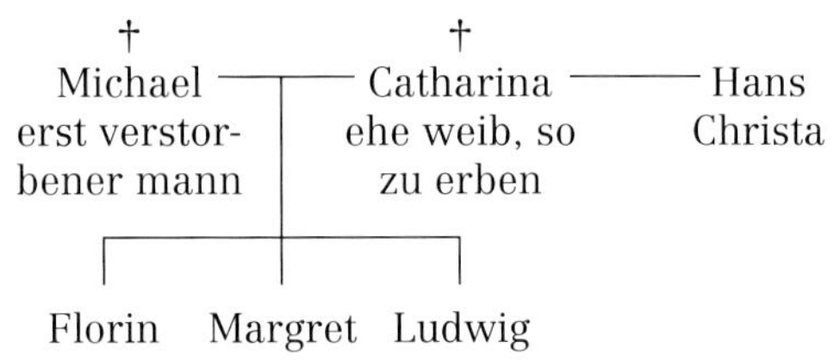

[402]Erklärung.

alhier nimbt Hans und Christa zum voraus alles ihnen zugebrachtes gueth, und demnach 2 theil von dem was er mit Catharina seinem verstorbenen weib in stehend ehe gewunen, errungen oder geerbt haben.

Exempl.

so der mann verstirbt.

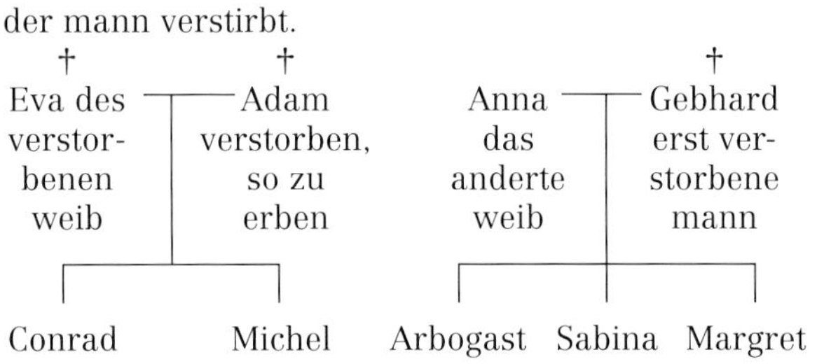

Erklärung

Allhier erbt Anna das hinterlassene weib sambt ihren kindern neben ihrem zugebrachten guth aus dem fürschlag den 3ten theil und des verstorbenen adams kinder als [403]Conrad und Michel empfangen neben ihrem natürlichen guth die 2 übrigen theil des fürschlags.

der 5te fahl

Wenn beede eheleuth kinder aus vorigen ehen haben, wie es mit den Erbschaften gehalten soll werden.

Wenn alle dergleiche eheleuthe beyderseiths aus vorigen ehen kinder nach sich verliessen, so solle es gleichfalls, wie sie oben verordnet, also gehalten werden, daß des verstorbenen kinder erben ihren väterlichen antheil des fürschlags, und des hinterlassenen weib den 3ten theil sambt dem ihrigen hinweg nehmen, auch so hergegen das weib zu vor mit todt abgienge, der mann die zwey theil, und [404]des verstorbenen weibs kinder neben ihrem natürlichen guth den 3ten theil zu erb empfangen.

Anderte Exempl

so das weib verstürbt

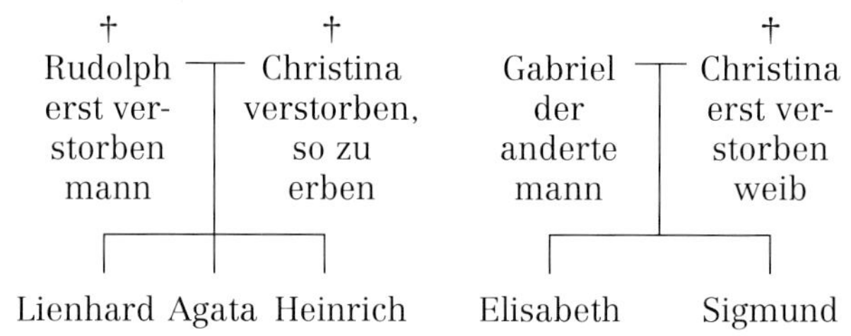

Erklärung

Hier erbt Gabriel 2 theil und der verstorbenen Christina hinterlassene kinder den 3ten theil, das jenige alles dessen beider eheleuth in stehender ehe mit einander ererbt und errungen haben.

[405]Wie in vorigen fählen verstanden werden solle.

Es seynd aber alle solche obgemelte fähle allein zwischen den eheleuthen zu verstehen, die in währender ehe stand [*eingefügt*], schuldiger pflicht nach, einander treulichen beystandt geleistet haben. Dan wo ein ehegemacht vergessentlich das andere verlassen, ihme keine eheliche beywohnung noch hülf bey der haushaltung gelaistet, sondern ohne redliche ursachen muthwilliger weis verlassen oder aber eins dem andern ehebrüchig worden und destwegen keine versöhnung geschehen, alsdan solle solches ehegemächt des verstorbenen errungenschaft nit gewärtig seyn, sondern allerdings davon ausgeschlossen seyn solle.

Desgleichen, da sich 2 allein gegeneinander ehelichen verlobt und ehe die hochzeit *vollbracht*[406] *oder sie die deckhe beschlagen hätten*, eines, welches das wäre, von dem anderen durch den zeitl[*ichen*] todt geschieden, so soll in disem fall keins von dem andern ohne sondere verschaffung nichts erben.

Von erbnehmung der obrigkeit.

Erster fahl.

So einer erblos stirbt.

Erstlichen, so ein persohn mit tot abgehet und inner dem zehenden grad keine verwandte noch ein eheman oder weib verlaßt, so ordnen und wollen wür, daß alsdan in solchen fahl alle seine güther uns als der obrigkeit heimbgefallen seyn sollen.

Der anderte fahl.

So die verwandte der erbschaft unfähig.

Wan auch schon die verstorbene persohn [407]bluths verwandte oder sein aigen weib oder man in leben nach sich verliesse, dieselben aber aus den ursachen, warumben sie enterbt werden möchten, und des verstorbenen erschaft sich selbsten unwürdig gemacht, so ordnen und wollen wür gleichfahls, daß solche verlassenschaft nit auf sie, sondern uns als der obrigkeit fallen und kommen solle.

Der 3te fahl.

Daß, welcher seinen anwarthenden erbtheil verschenckt, desselben hernach nit mehr theilhaftig unfähig seye.

So es sich begebe, daß unsere unterthanen einer seinen anwarthenden erbtheil, ehe und zu vor sich der fahl begibt, verschenken, vertauschen oder verkaufen wurde, alsdan er von solcher als deren unwürdig ausgeschlossen und solche erbschaft an uns als oberherren gefahlen seyn solle.

[408]Der 4te fahl.

Das die erben so gröblich mishandlet oder des landts verwisen seynd, durch die obrigkeit von erb ausgeschlossen seyn sollen.

Wan es sich auch zutruge, daß ein persohn versturbe, verliess gleichwohl nach ihr etliche erben, dieselben hätten aber groblich mißgethan und gehandlet oder wären des landts verwisen, so sollen dieselbige als unwürdig solcher erbschaft ausgeschlossen seyn und wür als die obrigkeit anstatten ihrer den erbtheil einziehen mögen.

Der 5te fahl.

Das deren erbschaft, so sich selber ertödtet, der obrigkeit heimbfalle.

So es sich auch begebe, welches gott der allmächtige gnädiglich verhüten wolle, daß einer aus unseren unterthanen fürsätzlicher weis ausserhalb einer taubsucht oder dergleichen sich selbsten entleibt, [409]so sollen seine hinterlassene güther auch uns als obrigkeit heimbgefallen seyn.

Der 6te fahl.

Daß eines frembdlings hinterlassene guth der obrigkeit zufalle.

So es sich dann zutruge, daß ein frembde unbekhandte persohn in unsere graf- oder herrschaften komme und an einem ohrt ohne testament sturbe und man dessen erb nicht recht [*eingefügt*] wissen kunte, alsdan sollen die von ihme hinterlassenen güther auch uns, sofern innerhalb 10 jahren kein rechtmässige beweisung und urkundt des rechten erben aufgeleget wird, alsdan der obrigkeit heimb- und zugefallen seyn.

Der 7te fahl.

Daß alle unehrlich gebohrenen persohnen ohne leib erben hinterlassenschaft der obrigkeit heimbfalle.

So dan ein persohn, welche ausserhalb der ehe erzeiget /: ob sie schon ausserhalb des fahls, daß sie mit vermählung ihrer mutter geehliget :/ legitimiert [410]wurde, ohne eheliche leibs erben mit todt abgehet und etwas nach sich verlaßt, so ordnen und wollen wür, daß solches alles, wie von alten herkommen, uns als der obrigkeit erblich heimbgefallen seyn soll.

Der 8te fahl.

Wie es mit denen malefizischen und landts flüchtigen persohnen erbguth gehalten werden solle.

Leztlich so ordnen, setzen und wollen wür auch, wie es dan bis-hero in unserer graf- und herrschaft üblichen hergebracht, daß aller deren persohnen, so ihrer mißhandlung wegen ihr leben verwürckht und des landts verwisen oder sonst landtflüchtig worden, all ihr haab und guth uns als der obrigkeit verfallen und erblich zustehen soll. Und weilen also hiermit die fürnehmste und gemeinste erbfähl, so sich bey unseren unter[411]thanen zugetragen und begeben möchten, wie es damit gehalten unterschidlich erläuthert, gesezt und erklärt haben. Da sich aber über dise ausgedruckte fähl noch andere mehr begeben und zutragen wurden, so ordnen und wollen wür, daß

402) fol. 34v.

403) fol. 35r.

404) fol. 35v.

405) fol. 36r.

406) fol. 36v.

407) fol. 37r.

408) fol. 37v.

409) fol. 38r.

410) fol. 38v.

411) fol. 39r.

in selbigen allen und jeden die gemeine geschribene recht und des heil[*igen*] röm[*ischen*] reichs ordnung observirt und gehalten, nach welcher ausweisung die übrige erbfähl alle verhandlet und berechtiget werden sollen.

Von testamenten

lezten willen, vermächnussen, übergaaben und anderen geschäften von todts wegen p.p.

Anfänglich, nachdem in dem gemeinen geschribenen rechten vil und mancherley weeg testament und lezten willen aufzurichten gesezt, die alle aber besondere zugehörige wesentlich stuckh und zierlichkeiten erfordern, deren unsere unterthanen als der mehrere theil einfältig und solche rechten und zierlichkeiten unerfahren leuth wenig wissenschaft haben und damit der absterbende lezte verordnung [412]und vermächtnus, wie sie dise nach ihrem todt gehalten haben wollen, nit gestört noch verwehrt, sondern in allweeg vollzohen, auch maas und ordnung geben werde, was ein testament und wie ein solches aufzurichten seye, so haben wür dannoch zur verhütung allerhand streit und zweyungen, die bisweilen sich unverschaffter guether halben zutragen, niemanden, so der es von rechts wegen thun mag, das testieren und vermachen entziehen oder verbieten wollen, sondern lassen es alles den unsrigen, es seyen manns- oder weibs persohnen, hiemit frey libre [*gestrichen: woll*] zu, doch anderst nit, dan in formb und gestalt wie unterschidlich hernach folgt, daß wür darumben, damit jedermänniglich sich darnach zu richten wissen, in druckh fertigen und unserer landts ordnung beyfügen lassen wollen. Gebiethen, setzen und ordnen darauf, wo ein testament oder lezter will wider oder ausserhalb solcher form und solenitaeten gemacht und aufgericht wurde, daß solches gäntzlichen [413]zunichten und unkräftig seye, als wür auch das hiemit disem erbrechten entkräftigen, also des weder legata oder ichtwas anders in denen selbigen nichtigen testamenten wahrhaftig seye und gestattet werden sollen, dan allein die gottes gaaben, so einer kirchen, spital, siechen haus und gemeinen nutzen vermacht wurde, die mögen entricht werden, so fern es andern unsern vor- und nachgeschribenen statuten nicht zuwider ist.

Der erste fahl.

Was ein testament seye.

Ein testament ist unsers gefälligen wissens ein zierliche und vollkommentliche verordnung und urkundt vor das jenige, so wür wollen nach unseren tödtlichen ableiben unsere verlassenschaft halber gehalten haben mit benennung und einsetzung eines oder mehr erben.

[414]Der andere fahl.

Warumben das testieren angesehen und erlaubt seye.

Darumb, daß ein jeder vor seinem end umb seiner seelen heil willen gottes gaab thun oder denen jenigen ihre guthaten vergelten möge, von welchen ihme, in zeit seines lebens, liebs und guths widerfahren.

Der 3te titul.

Daß einem jeden testament und lezten willen zu verordnen zugelassen.

Weil je und allweegen bey allen völckhern vermög geistlicher und weltlicher rechten herkommen und erlaubt, daß ein jeder seines gefallens testiren und lezten willen ordnen möge, auch in sonderheit menschlichen weesen nichts besser ansteht, als frey unverhinderte verordnung zu thun, et supremo voluntatis liber fit stylus et licitum arbitrium, so lassen wür unsere unterthanen billich auch darbey [415]verbleiben und solle derohalben keinem seine hand geschlossen seyn, sondern einem jeden seines willens und gefallens zu verschaffen und zu vermachen, wie oben auch angezohen, hiemit ausdrucklich zugelassen seyn, es wären dan ursachen und mängl vorhanden, darumben einer von rechts wegen nicht testieren kunte.

Der 4te fahl.

Welchen persohnen testament zu machen verbothen seye.

Nachdeme ein jeder mensch, der des verstands, alters und vernunft ist, daß es zu testieren tauglich, wohl ein testament, es seye ihm dan in sonderheit in rechten oder durch eine landts ordnung verbothen, aufzurichten und machen mag, so ordnen und wollen wür, daß in unserer graf- und herrschaft allein die hernach benanten persohnen nit gewalt noch macht haben sollen zu testieren und ausserhalb deren allein anderen ohne einige hinderung ihren lezten [416]willen aufzurichten oder testament zu machen unbenohmen, sondern in allweeg zugelassen seyn soll.

Dieweil dan bey denen münderjährigen persohnen der verstand zu gering und sie leichtlich beredt oder verführt mögen werden, so ordnen und wollen wür, daß der gewalt und freyheit ein testament zu machen, erstlich denen unmündichen, sowohl manns- als weibs persohnen, welche das 14te jahr noch nicht erreicht haben und nit mehr unter dem gewalt der eltern oder vögten seynd, solle benohmen und entzohen seyn, also daß sie kein testament und lezten willen vor obbenambsten jahren bis sie gäntzlich erfüllt, nit ausrichten können noch sollen.

Doch wollen wür uns in kraft habender obrigkeit hiermit vorbehalten haben, wo es sich fügte, daß einer persohnen, so zwischen dem 12ten oder 14ten jahr aus ehehaften und erheblichen ursachen zu testiren angelegen und vonnöten [417]seyn wurde, solches auf selbiger anhalten nach gestalt der sachen gnädig zugelassen und zu gestatten.

Zum anderten können oder mögen auch kein testament machen alle die, so unbesinnt, tobsichtig oder thorecht seynd und ihren verstand nicht haben, so lang sie nit widerum zu ihnen selbst und guten vernunft oder verstand kommen.

Zum dritten auch die stummen, so nit schreiben, item blinde, so nit reden, und die tauben, so deren keines weder schreiben noch reden kan.

Zum vierten solle der gewalt auch zu testiren allen denen benohmen seyn, welche ausserhalb der ehe gebohren und erzeügt worden, es were dan sache, daß sie eheliche leibs erben hätten.

Zum fünften, welcher haab und güther nach ausweisung der rechten confiscirt oder uns als der obrigkeit verfallen seynd, derowegen sie dann derselbigen nit mehr gewaltig oder mächtig, bis sie allerdings widerumb begnädiget seynd.

Zum sechten sollen und können auch kein testament aufrichten, welche ihres übelhausens und vergandtens [418]halber nach ausweisung unserer [*gestrichen: rechten*] landts ordnung durch uns oder unsere ambt leuth die verwaltung ihres eigenen guths genohmen oder verbothen worden.

Im fahl dan leztlich über jezt erzehlte persohnen noch weithers andere zu testieren für unnöthig oder untauglich sich finden liessen, so lassen wür in und mit derselbigen bey gemeinen geschribenen rechten und derselbigen recht verständigen verbleiben.

Der 5te fahl.

Welche in testament gezeügen oder nit seyn mögen.

Demnach dan auch aus ordnung gemeinen geschribenen [*gestrichen: recht*] rechten in aufrichtung der testamenten ein gewise anzahl der gezeügen erfordert und aber vermög ermelten rechten etwelche persohnen darinnen nicht gezeügen seyn mögen, damit dan unsere unterthanen in disem auch einen gewisen bericht haben, so setzen und ordnen wür, daß erstlich alle und jede, welchen testament zu machen verbothen, auch in testamenten nit taugliche gezeugen seyn sollen oder können.

Desgleichen sollen auch keine weibsbilder, keine, so [419]zum erben eingesezt wird oder welcher das 14te jahr seines alters nit erfüllt, auch kein jud, widertaufer oder andere, welche die rechten, zeugen zu seyn, ausdrücklich verbothen.

Der 6te fahl.

Welche persohnen zu erben nit eingesezt werden mögen.

Nachdeme auch der erben halber fürnemblich die testamenten erfunden, so ordnen und wollen wür, daß in einem jeden testament derjenige, so erben soll, ausdrucklich benent und eingesezt werde, doch seynd etliche, welche vermög der rechten nit sollen noch mögen zue erben eingestellt werden, als da seynd all die jenigen, welchen das landt oder unsere graf- und herrschaft verbothen, sodan auch alle uneheliche oder welche ausserhalb der ehe erzeuget worden und andere, welche die gemeine geschribene recht von der erbsatzung ausschliessen.

Wann aber sach wäre, daß einer oder mehr, so zu erben eingesezt, vor dem testirer absturbe und den fahl nit erlebte, so solle alsdan den [420]anderen eingesezten erben solcher theil zufallen, gehören und bleiben, und sich die nächsten befreunden, welche an testamenten erben wären, dessen nit anzumassen.

Der 7te fahl.

Aus was ursachen vater und mütter und andere erben ihre kinder oder kindts kinder enterben mögen.

Dieweil dan auch die gemeine geschribene rechten mit sich bringen und verordnen, als die eltern ihre kinder oder kindts kinder in absteigender linie nothwendiglich zu erben einsezen sollen, also daß, wo solches unterlassen, ihr testament unkräftig und nichtig, es wäre dan sache, daß sie ursach hätten, sie zu enterben, damit derwegen unsere unterthanen wissenschaft haben mögen, so seynd in derselben geschribenen rechten 14 ausdruckliche ursachen darbey, wir es auch also verbleiben lassen.

Nemblich und zum ersten, wan ein kind oder enickhl seinen vater oder mutter, ehnl oder ahnl fürsetzlich geschlagen oder freventlich hand an sie geleget hätten.

Zum anderten, wan ein kind oder enickhl seinen [421]vater oder mutter eine grosse unehrliche und schwäre injurie oder schmach zugemessen.

412) fol. 39v.

413) fol. 40r.

414) fol. 40v.

415) fol. 41r.

416) fol. 41v.

417) fol. 42r.

418) fol. 42v.

419) fol. 43r.

420) fol. 43v.

421) fol. 44r.

Zum 3ten, wan ein kind oder enickhl seine eltern peinlich beklaget hätten, es wäre dan eine solche übelthat oder laster, so wider [*eingefügt*] uns und [*eingefügt*] dem landt herren fürgenohmen worden.

Zum 4ten, wan ein kindt oder enickhl mit zauberey oder hexenwerkh umbgieng.

Zum 5ten, wan ein kindt oder enickhl seinen eltern einem nach dem leben stellte und die selbigen mit gift, schwerd oder in andere weeg umbzubringen unterstanden hätte.

Zum 6ten, wan ein kind oder enickhl sich zu seiner stiefmutter oder stiefvater gelegt und sich mit ihme oder ihr vermischt.

Zum 7ten, so ein kindt oder enickhl seine eltern verrathen und sie dadurch in schwären schaden und nachtheil ihrer güther gebracht und geführt hätte.

Zum 8ten, wan die eltern einer schuld oder anderer ursach halber in haftung und gefängnus kommen und ein kind oder enickhl das darumben ersucht, seinen vermögen nach die eltern nit wider ausbürgen [422]wolte oder sich nit sonsten bestens vermögens beflisse, das sie der gefängnus entlediget werden möchten.

Zum 9ten, wan kinder oder enickhl ihren eltern währen, testament zu machen oder fürsetzlich daran verhinderten.

Zum 10ten, wan sich ein kind oder enickhl wider seiner eltern willen in ein leichtfertiges übles leben und wesen begebe.

Zum 11ten, so die eltern einer tochter zur ehrlichen heurath helfen, sie auch darzu mit gebührlichen heurath guth nach gelegenheit ihres vermögens versehen wollen und sie über solchs die heurath ausschlieg und sich in unehrliches wesen begebte, mögen sie von ihren eltern von solchen unehrbahrkeit auch enterbt werden.

Zum 12ten, so die kinder oder enickhl den krankhen und sünlosen eltern nit gebührliche hülf und sorge thäten.

Zum 13ten, so ein kind oder enickhl eines frembden und in röm[*ischen*] reich verbotenen religion oder unchristlichen glauben wäre und verharte.

Zum 14ten, so ein kind oder enickhl ihre gefangene eltern aus gefängnus nit erlösen wolten, wan sie kunten.

[423]Wie wohl nun ein jede aus obgesezten ursachen zur enterbung der kinder oder kindts kinder genugsamb und erheblich ist, so müssen sie doch nit allein in testament ausgedruckt und gesezt, sondern auch in fahl die enterbte persohnen deren nit geständig, durch andere eingesezte erben genugsamb erwisen werden.

Wo aber solche ursach nit erwisen wäre, so ist und wird die erbsatzung allerdings nichtig und kraftlos, gleichsamb als wan kein testament gemacht worden, jedoch was sonsten der erbsatzung in solchem testament verordnet, als da seynd legata und anderes dis bezahlt, sein würkhung ein weeg haben als den andern.

Der 8te titul.

Aus was ursachen entgegen die kinder ihre eltern enterben mögen.

Weil dan auch hergegen die kinder nach ausweisung der geschribenen rechten ihre eltern in etlichen fällen gleichfalls enterben mögen, haben wür zu besseren nachricht solche auch alhier setzen wollen, und volgt.

[424]Zum ersten mögen und können die kinder ihre eltern enterben, wan vater und mutter oder andere eltern ihre kinder übergeben und ausserhalb des lasters belaidigten hals- und oberherren in den todt bringen oder andworten wolten.

Zum 2ten, wan die eltern ihre kinder mit zauberey, gift und ander weeg umb das leben zu bringen unterstunden.

Zum 3ten, wan der eltern eins mit seines kindts eheman oder eheweib sich ungebührlicher weis vermischen wurde.

Zum 4ten, wan der eltern eins den kindern in den fählen, darin es die recht zugeben, testament zu machen verhinderte.

Zum 5ten, wan der vater seines sohns oder tochter oder die mutter den sohn oder tochter übergeben oder dessen leben in ander weeg nachstellen thätte.

Zum 6ten, wan die kinder oder enickhl sünlos und von ihren eltern nit versorgt wurden.

Zum 7ten, wan die eltern ihre gefangenen kinder in gefängnus oder bandten verderben liessen und sie, wofern ihnen wohl möglich, nit erledigten.

[425]Zum 8ten, wan die eltern einer frembden und in heil[*igen*] röm[*ischen*] reich ohnzulässlicher religion wären.

In jeglichen disen fällen mögen die kinder ihre eltern enterben, jedoch müssen in allweeg die ursachen der enterbung in testament ausgedruckt und in fall der noth genugsamb beygebracht und erwisen werden.

Der 9te fahl.

Wie und in was formb testament und lezte willen aufgerichtet werden mögen.

Obgleich die gemeine kay[*serliche*] beschribene recht zu aufrichtung der beständigen testamenten vil und mancherley requisita, solennitäten und zierlichkeiten erfordern, so haben wür uns doch, unseren unterthanen und gemeinen mann zu sondern gnaden und güthe der kürtze beflissen und anstatt der weithläufigen schriften und umbständen auf andere richtige schlechtere formb, mittel und weeg bedacht, damit vil mühe, kösten und arbeith erspahrt werde, wie hernach zu sehen.

[426]Erste mittel und formb zu testieren.

Es mag ein jede testamentierende persohn, mann oder weib, vor gericht erscheinen, daselbsten mit verständlichen worten seinen lezten willen und gemüth, es seye gleichsamb verwandten darwider oder nit, eröfnen, nemblichen, wen er zu seinen rechten erben haben, auch wem und was er von seiner verlassenschaft, haab und güthern verschaffen und endlich wie es in allweeg nach seinem tödtlichen abgang gehalten haben wolle, mit angehängten begehren an richter und gericht desselben ohrts, solchen seinen lezten willen in das gerichts prothocoll einschreiben zu lassen und solches bis auf sein absterben in guter verwahrung zu halten und alsdan seinen eingesezten erben, auch anderen, denen er etwas verschafft, zu eröffnen.

Nota

Der landtschreiber oder dessen substitut soll hie fleissig aufmerkhen, wie und was des testierenden endlicher will und meinung seye, und sobald er solchen mit beygesezten tauf- und zunahmen, [427]woher er seye, jahr, monaths tag und stund und an was orth es beschehen, auch welche von dem richter und gerichtspersohnen darbey gewesen, aufgezeichnet, soll es dem testierer in des gerichts gegenwarth widerumb vorlesen und nochmahl fragen, ob sein will und gemüth also gestellt seye.

Nit weniger sollen unsere ambt- und gerichts leuthe die testirende persohn nach gelegenheit derselbigen fleisig und ernstlich befragen, ob sie zu solchen ihrem lezten willen gezwungen, getrungen, überredt oder hinterführt oder ob solches ihr wohl bedachter will und meinung seye, welche frag und darauf gefolgte andwort auch soll eingeschriben werden, und der actus darmit verricht seyn. Wann auch der testierer abschrift oder sonst brief und sigl, sol vil er deren voneten, begehrt, soll man ihme dieselbige widerfahren lassen. Und wolte er dan, daß solch sein lezter will bis auf sein absterben in geheimb gehalten wurde, so sollen unsere ambtsleuth, schreiber und richter und gerichts leuth solches wie andere geheimbe sachen bey ihren eyd verschweigen.

Anderte formb.

Wan einer in der geheimb testiren wolte.

[428]Wäre dan einer bedacht, in der geheimb zu testiren, also das niemand wissen solte, wie und was, wem oder wohin er vil oder wenig, verschaffet hätte, der mag solches, was allenthalben sein gemüth will und meinung seye, durch den geschworenen landtschreiber stellen und aufzeichnen solle lassen, alsdan mit unseres landt vogts, landtschreibers oder amans desselbigen orths insigel verschliessen und folgends verschlossen für ein gesessen gericht bringen mit vermelden, wie daß er sein testament oder lezten willen in disem verschlossenen brief aufgericht und wolle, das solchem nach seinem tödtlichen abgang statt gethan, und nach gelebt werde, mit bitte, denselben bis nach seinen todt hinter gericht zu verwahren, und alsdan seinen eingesezten erben, auch anderen, die es belangen möchte, zu verkündtigen, anzeigen und zu eröffnen, auch nach inhalt desselben zu vollziehen.

Nota

Darauf sollen unsere ambt leuth und gerichts leuth abermahls, wie oben bey der nächsten formb steht, fragen, ob er solches ungezwungen, ungetrungen, aus eigenem freyen willen fürgenohmen und gethan [429]werde. Und solle darauf alsbald die andwort mit des testierers tauf nahmen und zunahmen, jahr, monath, tag, stund und wo es beschehen, durch den geschworenen gerichts- oder landtschreiber verzeichnet werden. Kunte man aber nit füglich auf das testament schreiben, so soll man ein aigen besiglete urkundt darneben fertigen und das testament darein oder darzu schliessen.

Folgen einige form eines testaments zweyer eheleuthen, die einander zu erben einsetzen.

Ich Thomas N. von N. aus der gräfl[*ichen*] herrschaft N. und ich Anna N., sein eheliche haus frau, bekennen offentlich mit disem brief, demnach wür betrachtet haben, daß nichts gewises dan der todt und hierwiderumb nichts ungewisers dan die unentflichende stund desselbigen, daß wür darumben sambenthaft mit guter zeitiger vorbetrachtung, recht und redlich, gesundes leibs und guter vernunft dise unsere ordnung und lezten willen gethan und gemacht haben, [430]ordnen, setzen und machen dan auch in und mit kraft dis briefs, wie solches nach ordnung

422) fol. 44v.

423) fol. 45r.

424) fol. 45v.

425) fol. 46r.

426) fol. 46v.

427) fol. 47r.

428) fol. 47v.

429) fol. 48r.

430) fol. 48v.

und freyheit diser herrschaft N. oder sonst in rechten allerbest kraft und macht hat, haben soll, kan und mag, also zu welcher zeit gott der allmächtige über uns gebieten würdet und wür mit todt abgehen werden, so befehlen wür unsere seelen in sein gnad und barmherzigkeit und wollen, daß unsere todte cörper nach christlich catholischer ordnung zur erden bestattet werden, und ist darauf unser beyder lezter will und meinung, wan unser eines, welches das ist, also mit todt abgangen, das alsdan das lezt lebende unter uns beyden in allen des erst abgestorbenen güthern, sie seyn ligend oder fahrend, nichts darvon ausgenohmen, ein rechter erb seyn und bleiben solle, wie wür auch hiermit und in kraft dises briefs eines das andere wissentlich und in besten formb geerbt und zu erben benennt und gesezt haben wollen. Und wür eheleuth behalten uns heran ein gantz vollkommen macht und gewalt, solch unsere ordnung, satzung und lezten willen zu ringern, zu mehren, zu ändern [431]eines theils oder zumahl abzuthun, wan und welche zeit uns füglich und eben ist, ohne eintrag allermänniglichles, alles gethreulichen, und dessen zu wahrhaftigen gezeügnus haben wür mit fleis gebeten den N.N., daß er sein eigen insigl, doch ihme, seinen erben und nachkommen ohne schaden, ordentlich gedruckht hat auf dis unser beschlossenes testament, so geben und beschehen ist aufe N.N. monath N. montags N. im N. jahr.

Nota

Welche auf dise jezt geschribene oder andere mehr formen, wan man die testamenta hinter die obrigkeit oder ein gericht jedes orths deponieren und hinterlegen wolte, ihren lezten willen aufrichten, dieselbe nicht schuldig seynd, einige zeugen ausserhalb des geschworenen landtschreibers, der das testament in gewöhnl[*icher*] formb richten, dihrigieren soll, darzu zu nehmen, sondern daß einer oder jede zulässige testirende persohn mit jedem aufgerichteten beschlossenen testament für gericht kommen und solches alda insinuieren, [432]einandworten und hinterlegen mögen, allermassen wir bey diser nächst gesezten anderer formb darvon meldung geschehen.

Dritter formb von offenen testamenten.

Wan aber einer ohne abscheuchen offentlich, es käme vor seinen absterben sein lezter will gleich an tag oder nit, testament und vermächnus setzen wolte, der mag auch vor dem landtschreiber thun, doch sollen allweeg des wenigsten 4 oder 5 ehrliche unpartheiyische gezeugen, welche dise ordnung zulasset, in dem testament einverleibet werden, ungefährlich auf dise nachgeschribene oder andere formb, mutatis mutandis, wie einem jeden beliebet, und die landtschreiber sich jederzeit darin zu schicken und anstellung zu thun wissen werden sollen.

[433]Forma.

Ich Caspar N. von N., in der herrsch[*aft*] N. gelegen, bekenne offentlich und mit disem brief, nachdem ich jezund schwaches leibs, doch von den gnaden gottes guter vernunft bin, so hab ich aus ursachen, mich darzu bewegender, all und jeglichen meinen testament und lezten willen, so ich hievor dato dis briefs gemacht und aufgericht habe, jezt in kraft dis briefs widerrufen und abgethan, also dan die hinvorder kein kraft noch macht haben solle. Damit ich aber doch nit ohne geschäft oder ordnung abzuscheiden angesehen und zwischen meinen kindern und ihrer mutter einiglich bleibe, so habe ich mit willen und wissen meiner jezigen haus fraun mein ordnung, satzung und lezten willen gethan und gemacht, wie das nach ordnung, freyheit oder gewohnheit diser herrschaft N. allerbest kraft und macht hat, haben soll und mag, ordne, setze und mache das in und mit kraft dis briefs. Also zu welcher zeit gott der allmächtig über mich gebiethet, daß ich von disem zergänglichen leben verschaiden werde, so befehl ich mein arme seel in die hand gottes des [434]allmächtigen vaters und in das verthrauen des bitteren leidens und sterbens Jesu Christi, als für meine eigen erlösung und genugthuung. Das die gemelt meine eheliche haus frau Anna nach meinen todt bey allen und jegl[*ichen*] güthern, so ich bey meiner ersten haus fraun seelig, und dan meine jezige haus frau zu mir gebracht bey ihnen errungen und gewunnen hat, und nach meinen abgang lassen werde, es seye ligend oder fahrend, vil oder wenig, allweg diselbe Anna in ihren witwen stand verbleibt, ruhriglicher sitzen bleiben und gelassen werden soll. Und nachdem ich Caspar N. obgenannt, bey meiner ersten ehelichen haus frau 4 kinder, die noch in leben seynd, gehabt hat, soll sie die obgemelten kinder von obgehörten güthern ehrbahrlich erziehen, unterweisen und solche güther ihr und den kindern zum besten in päulichen ehren erhalten und hand haben und denen kindern mit geverdten nichts entziehen. Und nach ich 3 kinder verendert und jeden zu heurath guth ein hundert geben hab, [435]ist mein willen und meinung, daß diselben 3 verenderte kinder und wer die hundert gulden oder so vil werth gegeben werde. Sofern aber gedachte Anna, meine haus frau, nach meinen ableiben sich anderwehrts verheurathen wurde, so soll sie ihre kleider, kleinodien und anders zu ihrem leib gehörig, zu einem voraus nehmen und alsdan mit den gemelten meinen 9 kindern oder sovil deren zue derselbigen zeit in leben seyn werden, gleich theilen und sich mit einem kindts-theil begnügen lassen. Und soll der gemelten kinder keines, sie seyen von der ersten oder andern meiner jezigen haus fraun, mehr haben als das andere, sondern gleiche erben seyn, als ob sie von beyden eltern rechte geschwisterige wären. Item ich setze, bitte und erwähle meinen besagten 4 kindern, so ich mit Anna, meiner jezigen hausfrauen habe, zu vögten und vormündern die ehrsamben N.N., meine liebe und gute freund, die meine haus frau alldieweil sie sich ehrlich, redlich bey ihren kindern unverändert bleibt und halt, mit gütlicher und räthlicher hülf beystand thun. Und so sie sich verändern wurde, meiner kinder [436]theil zu empfangen und versehen, auch ihnen zum besten vorstehen, also sie mir das zu thun zugesagt und versprochen haben. Und ich Caspar obgenant behalt mir in allweeg bevor, dise mein obgeschribene satzung und ordnung zu mindern oder zu mehren, zu endern eines theils zumahlen abzuthun, wan und zu welcher zeit es füglich und eben ist, ohne eintrag jedermänigliches. Und ich Anna, des obged[*achten*] Caspar N. eheliche haus frau, bekenne in und mit disem brief, daß vorgemelter mein lieber mann sein ordnung, testament und lezten willen, wie hiervon geschriben steht, mit meinem guten willen und wissen gethan und gemacht hat. Gerede und verspreche auch in wahren threuen deme also unverweigerlich nachzukommen und folg zu thun ohne alle gefährde. Hierbey seynd gewesen die ehrsamben N.N. vor denen ich oft gemelter Caspar N. solch meine ordnung und satzung gethan und gemacht habe und des zu urkundt hab ich gebeten und erbeten.

[437]Vil formen hätten hieher ein ander nachkommender gesezt werden sollen, ist aber geliebter kürze halber unterlassen und jeder testirender persohn wie auch dem landtschreiber zu ihrer discretion und geschicklichkeit heimbgestellt worden.

Die 4te formb

testament zu machen, wan ein persohn so übel vermögend oder krankh wäre, die nit für gericht kommen möchte.

In fahl ein man oder weibs persohn kranckheits, alters oder ander ursachen halber nit persönlich für gericht kommen könte, so mag dieselbige persohn den geschwornen landtschreiber oder gemeindt von seinetwegen sambt 4 gerichts geschwornen zu sich berufen und vor denselbigen ihr gemüth und lezten willen, es sey schriftlich oder mündlich, entdeckhen, mit bitt und begehren, daß der geschworne landt [438]schreiber, der von seinetwegen entgegen ist, solch vorhabend geschäft und vermächnus fleissig aufmerckhen, verschreiben und für gericht bringen solle, auch darmit zu handlen und in verwahrung zu halten, bis zu gebührender zeit, wie vorgehende formb ausweisen.

Nach disem, wan solche 4 gerichts persohnen sambt dem landtschreiber den erzehlten lezten willen angehört, sollen sie abermahls, als obstehet, die testierende persohn mit sonderen fleis befragen, ob solches also ihr endlicher und lezter will und meinung seye, auch desthalber von niemand angewisen, hinterführt oder beredt seye.

Ebenfalls auch des testierenden verstandts und wesen halber gut aufmerckh haben, da sie dan die testirende persohn richtig oder wie es befunden, das sollen sie hernach für gericht bringen und ins prothocol verzeichnen, und folgends darob halten, auch dem in allen durchaus stattgeben, als wäre die testirende persohn selbsten vor gericht gewesen und hätte in bester formb testirt. Auch soll man ihro auf begehren abschrift nach [439]nothdurft einzutheilen, allermassen wie oben bey ander formen gleichfalls anzeige beschehen.

Die 5te formb.

Wan ein krankher etwas umb gottes willen verordnen wolte.

Wan ein mensch mit kranckheit beladen wäre und seiner seelen zu heyl und trost umb gottes willen etwas verordnen und verschaffen wolte, daß allweegen des wenigsten der priester und 2 ehrlich glaubwürdige biderman zu zeugen darbey seyn sollen, daß doch in allweeg unverdächtlich, redlich und ehrbarlich zugangen.

Der 6te fahl.

Wann ein kranckher persohn entweder freunden oder guthätern etwas verordnen wolte.

Welche persohn mit kranckheit behaft wäre, die ihren freunden oder gutthätern etwas vermachen und verschafften wolte, wan dasselbige geschäft über 3 pfund pfennig anlief, so sollen zu diser verordnung 5 zeugen [440]erbeten werden und darunter des wenigstens 2 gerichts persohnen und die übrige 3 sonst ehrliche ohnverdächtige leuthe seyn. Anderst soll dis geschäft nit gelten.

---

431) fol. 49r.

432) fol. 49v.

433) fol. 50r.

434) fol. 50v.

435) fol. 51r.

436) fol. 51v.

437) fol. 52r.

438) fol. 52v.

439) fol. 53r.

440) fol. 53v.

Die 7te formb.

Heimbliche oder offentliche testamenta vor der obrigkeit aufzurichten.

Es möchte sich etwan begeben und zutragen, daß unsere unterthanen und hintersassen, manns- und weibs persohnen etwan in ander weeg als vorstehet ihren willen und gefallen nach testament ordnen und solches vileicht lieber vor uns oder in unseren abweßen vor unseren oberambtleuthen thun wolten. Das soll abermahl eine hierzu taugliche persohn durch den geschworenen landtschreiber ihren will und meinung, wem und was sie vermachen wolle, in ein ordnung setzen und richten und beschreiben lassen, und uns oder unseren oberambtleuthen hernach entweders verschlossen oder offen in unser bewahrung ein [441]bringen. Was dan wür oder unser ambtleuth also annehmen, pasieren und gutheissen, das soll in allweeg kräftig und büendtig seyn, auch in unseren graf- und herrschaften vor allen richtern und gerichten und gemeinden darauf erkennt und vollzohen werden.

Die 8te formb.

Durch einen kay[*serlichen*] notarius zu testieren.

Damit der freye will, der unverbündtlich seyn soll, testament und lezten willen zu machen nit gehindert, sondern vilmehr gefürdert, auch einen jeden unserer unterthanen und hintersässen so vil möglich, vorgefahlene verhinderung aufgehebt und der billigkeit nach zu aufrichtung seines lezten willen fürschub gethan und geholfen werden möge, so setzen und wollen wür ferners, welche bedenckhen hätten, auf die oder all andere geschribene formb zu testiren, daß sie darzu nit gebunden seynd, sondern ein jede persohn, wans ihr geliebt [442]macht und gewalt haben solle, nach des Heil[*igen*] Röm[*ischen*] Reichs rechten, durch einen freyen kay[*serlichen*] notarium ihren lezten willen vergreifen und aufrichten zu lassen. Dasselbig soll kraft und macht haben, auch darauf erkennt werden, als wäre es nach anderen obstehenen unseren gesezten formben aufgericht.

Die 9te formb

testament aufzurichten, wan einer oder mehr unserer unterthanen ausser landt wären.

Wan vil oder wenig unserer unterthanen und hintersässen ausserthalb unser graf- und herrschaften sich enthielten, es wäre in kriegen, diensten oder anderstwo, die umb dise unsere ordnung und erb recht nichts wusten oder sonsten derselbigen nit geleben oder nachsetzen könnten, daß wo einen die noth ergriffe, kranck wurde oder in andere gefahr geriethe, daß derselbige seinen lezten willen nach desselbigen ohrts, alda er sich befindet, gebrauch oder durch [443]einen kay[*serlichen*] notarium und gebührender anzahl der zeugen stellen mögen. Und wan derselbige also gestellt und hernach für unser gericht umb vollziehung gebracht, daß darauf in allweeg erkennt und solcher lezte will gutgeheissen und passirlich sein solle.

Sonsten wan einer unser unterthanen, der ein soldath, in währenden kriegs läufen ausserhalb landts testiren wolte oder wurde, der soll an zwey zeugen an seinem testament genug haben.

Der 10te fahl.

Wan die pest regierte oder sonst ein erblich abscheuliche kranckheit vorfiele, wie man testiren möge.

Wiewohl sich etwan fähl begeben, darin sich einer deren hirvor erzehlten formben nit gebrauchen mag, als in erschröcklichen pestilenzischen oder anderen dergleichen fällen weder die gericht noch gerichts persohnen, darzu weder notarii, schreiber noch sonsten die gezeugen sich nit gebräuchlich gebrauchen lassen. [444]Jedoch damit demnoch auch in disen leidigen fählen unser arme unterthanen und hintersässen ein mittel und weeg haben, ihren lezten willen kräftig beständiglich zu richten, so ordnen, setzen und wollen wür, wan einer in obgehörten und anderen dergleichen gefährlichen kranckheiten lege und testiren wolte, und vermög dises erbrechts zu testiren taugl[*ich*] wäre, der mag sein testament und lezten willen vor einen pfarr herrn und des wenigsten noch 2 oder 3 erbetenen ehrlichen gezeugen anzeig thun und eröffnen. Dabey aber soll er erinnert und befragt werden, ob sein unberedter und unbezwungener endlicher will und meinung darbey seye, wan das also beschicht, so soll diser sein lezter will allermaß kraft und macht haben, als wäre der in einer der oberzehlten formen oder nach ausweisung der rechten am zierlichsten aufgericht und verfertiget worden.

Die 11te formb.

Wann und was ein landts- oder gerichtschreiber über aufrichtung der testamenten und lezten willen sich verhalten und schwören soll.

[445]Ein jeder, den wür zu einem landt- oder gerichtschreiber auf- und annehmen, der soll zu gott dem allmächtigen geloben und schwören, daß er in verzaichnus und aufrichtung der testamenten, codicillen und lezten willen, darzu er auf dem landt, berg und thal in- oder ausserhalb des gerichts erfordert wird, redlich, aufrecht und ehrbahrlich ohne aufsatz, gefahr und arglist handlen und sonderlich aber nach unsers publicirten erb rechts for-

men und ordnungen, dieselben threulich beschrieben und verfertigen seine eigenen prothocolla, wie sich gebührt, darüber, und alles bey ihme in der geheimb behalten, bis zur zeit sich solches vor uns und unseren gerichts leuthen und denen, die es berühren möchte, zu eröffnen gezimt, gethreulich und ohngefährlichsten.

Der 12te titul.

Warumb und was ursachen aufgerichte testamenta unkräftig werden.

Aus vil und mancherley ursachen werden aufgericht testamenten und lezte willen unkräftig, [446]deren wollen wür unseren unterthanen zur nachrichtung nur etliche anzeigen.

Als erstlich mag ein jeder, der ein testament und lezten willen aufgericht hätte, dasselbig über kurz oder lang, wan er immer will, widerumb ändern, mindern, mehren, zum theil oder gar abthun, auch seiner gelegenheit nach ein anderes machen, daran ihn auch niemand von rechts wegen hindern kan noch soll, ob er gleich solches umb keinerley ursachen willen zu widerrufen gelobt oder geschworen hätte, so mag es doch in rechten nicht fürtragen noch hindern, sondern es soll einen jeden sein eigener gefälliger will seyn bis in sein lezten seufzer und sich leib und seel voneinander scheiden, frey, unverbunden seyn und bleiben.

Wan dan einer sein testament einmahl kundtlich widerrufen hätte, das kan hernach kein kraft noch würckhung mehr haben, es wolt dan einer ein anderes herentgegen wider aufrichten. So thut allweeg das lezt oder jüngste das älter ab und zunichten machen.

[447]Es ist auch ein testament und lezter will unkräftig, wan einer solche aufrichten wurde, der hirzu von rechts wegen untauglich wäre, welche persohnen hiroben erzehlt seynd.

Item wan einer zum erben eingesezt wäre, der von rechts wegen, wie oben erzehlt, nit erb seyn kunte.

Nit weniger wan ein testament unförmblich und nach ausweisung dises erb rechts immassen bey jeder formb sein maas und ordnung geben ist, aufgericht wurde, das soll nichtig sein.

Zugleich auch wan die testierende persohn eines oder mehr seiner kinder oder kindts kinder, als ebenmässig ein kindt seinen vater, mutter oder andere eltern, ja auf den fahl, das keine leibs erben vorhanden, in seinen testament übergangen oder aber ohne genugsamb erhebliche ursachen und unrechtmässig enterbet hätte.

Item wan den testierer nach aufgerichten testament und lezten willen etliche kinder gebohren wurden, die er in testament gebräuchlicher weis zu erben nit eingesezt hätte, ist das testament auch unkräftig.

So einer in ledigem stand sein testament aufgericht und darnach sich in die ehe begeben, soll das testament [448]gleichwohl bestehen, aber doch seinen ehegemahl, den andern zu verlassen schuldig unprejudicirlich und nachtheilig seyn.

Und dan, so die eingesezte erben nach absterben des testirers nit erben seyn wolten oder seyn könten, so mag das testament aus mangel der erben auch nit kraft haben, es wäre dan darinnen sondern vorsehung beschehen, wie es in disen fahl gehalten werden solte.

Verzaichnus der gandt.

Welchermassen dieselbig durch die obrigkeit, ambt man, gericht und dorf geschwornen und gantzen gemeinden der grafschaft Vaduz erneuert und fürderhin zu halten auf- und angenohmen worden.

Erstlich wo einer dem andern zu thun schuldig, es wäre gleich wenig oder vil, und der jenige, so solche schuld zu fordern hätte, dem waibel den lohn gibt, ist er, der waibel, solchen schuldner zu pfändten, auch sofern es einer begehrt, ihne zu fragen schuldig, ob er, schuldner, derselbigen schuld bekandtlich seye oder nit, welches dan der schuldner ihme, waybel, [449]auch anzuzeigen verbunden. Und wan einer also gepfändt worden, so soll es dan 14 täg anstehen. Und am 15ten tag mag gemelter waibel alsdan den jenigen so erzehlten schuldner pfändten, solche pfandt verkaufen lassen und darnach am 3ten tag zu dem pfandten verkündten, es seyen der schulden vil oder wenig, umbligendes oder fahrendes. Und was unter 10 pfundten ist, soll bey den obgemelten tägen bleiben, so es aber 10 pfundt, mehr oder darüber, solches noch 6 täg länger stehen. Und wan die pfandt geschätzt seynd, so sollen sie 8 tag, darnach mag der, so pfänden lassen, dieselben wohl zu seinen handen nehmen und seinen frommen damit zu schaffen gewalt haben.

Zum anderten, wan einer dem andern, wie gemelt, ein schuld zu bezahlen, verfallen und schuldig, die nit umb

441) fol. 54r.

442) fol. 54v.

443) fol. 55r.

444) fol. 55v.

445) fol. 56r.

446) fol. 56v.

447) fol. 57r.

448) fol. 57v.

449) fol. 58r.

gelegen guth herrührende, so ist er ihme die beste zweyfache pfandt zu geben verbunden, erstlich im haus, kästen, häfen, pfannen, ghift und geschirr, bett und bettens, korn, saltz, schmaltz, kaäs, wein und dergleichen. Mögen aber die pfanden in haus nit gelangen, so ist er schuldig in stall zu gehen und zu geben khüe, kälber, rinder, roß [450]und wagen, sie seyen vorgemiethet oder nit, so ist er die nichtsdestoweniger wie gedacht schuldig zu geben. Mögen dan die pfandt in stall auch nit gelangen, so ist er schuldig auf den stadl zu gehen und zu geben heu, ambtstroh und was auf dem stadl ist. Wan dan die fahrend pfand auch nit mehr gelangen mögen, so ist er schuldig, den besten ligenden boden zu geben. Und wan einer, so da pfändten lasst, umbligende güther nach dem landts brauch brief und sigl verlanget, und der waibel den schuldner darvon geboten, so soll es alsdan noch 4 wochen anstehen bleiben. Da aber der schuldner solche güther in denselbigen 4 wochen nit lösen würde, so mag der glaubiger oder kläger vermög seiner erlangten brief und siglen solch guth als sein verfallen pfand verkaufen, verleichtern, versetzen und überall darmit thuen und handlen, wie ihm füglich und lieb ist, so lang und vil, bis er umb sein schuld mitsambt gebührender kösten oder schaden ausgericht und bezahlt worden. So aber etwas mehr oder weitheres, dan des klägers schuld und gebührenden schaden sich erlauft, daraus erlöst wurde, so soll derselbe überrest ihme, klägern, nit, sondern dem jenigen, [451]dessen die unterpfandt gewesen, als dem schuldner wider zuständig seyn und überandworthet werden.

Wo auch einer dem anderen ligende oder fahrende pfandt ausschreyen oder auf der gandt verkaufen läßt und diselbst zu seinen handen zeücht, so soll der schuldner seine vorgedachte güther, alldieweil der kläger solche pfandt noch selbst inne hat und nit weither verhandlet oder verkauft, widerumb zu lösen macht haben dergestalt, wo ihme der schuldner sein ausständige haubt summa mitsambt gebührenden züns, kösten und schaden erlegte, soll er, kläger, ihme solche pfandt widerumb lassen. Wan aber der kläger die nit mehr verkauft hätte, so soll er nit schuldig sein, die widerumb lösen zu lassen, sondern selbige pfandt sollen demjenigen, so die ab der gandt kauft, bleiben.

Zudem wan ein schuldner andere güther fahrende pfandt anderstwoher dan aus seinem haus für sein thür brächte, ehe dan seine pfandt geschätzt worden, so ist er kläger dieselbige zu empfangen schuldig, wo sie auch anderstwo geschätzt, soll es bey dem selben bleiben, wo nit, soll der waibel schätzen nach landts brauch. Und wan [452]einer geschätzt fahrende pfandt bey den andern hätte und dieselbige nit hinwegnehme in bestimbter zeit als den benanten 4 wochen, so soll und mag ein waibel dieselbige pfandt dem nächsten schuldner, der da kommt, in die gandt geben.

Wo auch einer dem andern gefüther oder heu auf der gandt gibt, so soll er ihm steg und weeg darzu geben, da ers dannen ziehen oder führen könne. Oder wan er das daselbsten ätzen wolte, so soll er ihme darzu tach und gmach geben, daß er selbiges der nothdurft nach brauchen möge.

Desgleichen wan einer dem andern haus, stadl und gmach auf der gandt gibt, so soll er ihme auch steg und weeg darzu geben, daß er die selbige gleichfahls nach nothdurft brauchen möge.

Wan auch einer dem andern gelegen guth zu kaufen gebe, so soll der kaufer dem verkeufer umb die halbe kauf summa nach dem gemeinen landts brauch einen tröster zu geben schuldig seyn. Und umb die andere halbe summa soll das guth sein pfandt und tröster seyn, so lang und vil, bis er umb die gantze summa [453]ausgericht und bezahlt ist.

Gleichfalhls wan einer dem andern gelegen guth in die gandt gebe, es wäre des guth wenig oder vil, so solle das gantze stuckh guth sein pfandt seyn, bis er umb sein schuld mitsambt gebührenden schaden und züns bezahlt und ausgericht worden ist. Wan aber mehr schuldner verhanden wären und nit mehr pfandt, so sollen dieselbige auch auf das stuckh guth gewisen werden, sofern es die pfandten erleiden mögen.

Item wan einer dem andern ein schuld oder anders verbieten oder verheften will, es sey gleich ein gottes haus- oder herren wohnung, so soll er dem waibel einen tröster geben, ob ers zu unrecht verbiete oder verlege. Das ers zurecht wider kehren wölle. Und alsdan ist der waibel schuldig umb seinen lohn denselbigen die schuld oder anders zu verbieten oder zu verlegen.

Item lidlohn, gesprochen und baar geliehen gelt und zörich soll fürohin nach gemeinen landtbrauch mit der kurzen gandt ziehen und eingebracht werden.[454]

Forma und verbahnung des malefiz gerichts umb gefahr auf nachfolgend form und weis.

Die erste frag.

Ich frag euch des rechten bey dem eydt, ob ich bey rechter oder bequember tag zeit zu gericht gesessen und ob der täg an ihme selbst nit zu fruhe oder zu spat noch zu heilig oder zu schlecht, daß ich möge aufheben den stab der gerechtigkeit und möge richten und urthln über leib, ehr und guth, fleisch und bluth, gelt und gelds wehrt, auch über alles, das auf heütigen tag für meinen staab gebracht wird und das aus gnädigen geheiss und befehl und nach freyheiten des hochwohlgebohrenen h*[errn]* Franz Wilhelm zu Hohnembs, Gallara und Vaduz, herrn zu Schellenberg p. als unseren allerseiths gnädigsten herrn urtheilen darum, was euch recht dunckht.

Die andere frag.

Ich frage euch des rechten bey dem eyd, ob das gegenwärthige gericht genugsamb mit richtern besezt seye, ob ihr auch unter disen richtern möchtet erkennen oder wissen haben, [455]der nit ehrlich oder wer derhalben unbillicher weis da sass, und das recht durch ihme verlezt wurde, den oder dieselben wollt ihr anzeigen bey besagtem eydt.

Die 3te frag.

Ich frag euch rechtens, ob es auf heutigen tag sich zutruge, nachdem wür nider gesessen, daß man das hochwürdige heil[*ige*] sacrament fürüber trüg, ob ich macht hätte, mit sambt euch richtern aufzustehen, demselben die gebührende reverenz und ehr zu erzeigen und nach dem es noch bey guter bequember tags zeit wäre, ob ich nicht macht hätte, mit sambt euch allen wider nider zu sitzen, zu richten und urtheilen, ob es den kay[*serlichen*] rechten unnachtheilig.

Die 4te frag.

Ich frage euch des rechten, ob es sich zutrug, indem daß wür zue gericht sassen, ein lermen, feind, feuer oder wasser noth käme, oder wurde, ob ich macht hätte, mitsambt euch aufzustehen,[456]solcher lermen und anders helfen, retten und stillen und es noch bey guter tag zeit wäre, das wür nidersässen, ob es den kay[*serlichen*] rechten nit entgegen oder zuwider wäre.

Die 5te frag.

Ich frag euch des rechten und umb ein bericht, ob es sich zutrug, indem daß ich zu gericht sitzen wurde, daß mich gott der allmächtig mit einer unversehentlichen kranckheit angriffe, wie ich mich verhalten muß, damit es den kay[*serlichen*] recht nicht nachtheilig wäre.

Die 6te frag.

Ich frag euch des rechten, ob sich zu trug, indem daß wür zu gericht wurden sitzen, daß grosse wind, hagl oder ungewitter fürfiel, und ein stunde, dadurch dem gericht buch schaden widerfahren möchte und dadurch mäniglich verhindert würde, ob ich nit macht hätte, mitsambt euch richtern aufzustehen und unter ein obdach zu richten und sitzen, und ob ich macht hab [457]das recht [*gestrichen: hab*] zu verbahnen wie hoch und theuer.

Nachdem nun die fragen geschehen, fragt der richter aber einen urthlsprecher, der ihn darzu gefelt, dieweil sich das recht so hoch und schwer anziehen will, ob ich nit billich 2 biderman, die da unpartheyisch, auch geschickt und taugl[*ich*] zu seyn, zu mir nehmen, die bey mir sitzen und bey mir hülflich und redlich seynd, damit das recht desto ordentlicher und rechtlich an sein statt gebracht werde.

Wan nun also die fragen nacheinander geschehen seynd, so soll der waibel das gericht lauth der urthl offentlich verbahnen und ausrufen.

Wan die sachen zu recht gesezt, so befragt der richter des klägers fürsprech umb ein urthl bey sein eydt und so unsers gnädigen h[*errn*] fürsprech dem richter umb anhörung angeredt. Und hernach die klag fürgebracht und begehrt die urgichten zu erkennen und zu verlesen [*eingefügt; gestrichen: lassen*]. Hirauf fragt der richter, ob es nit billig sey, wan ers dan erkennt, und der landtschreiber die urgichten verlesen. Volgt weither.

[458]Jezt schafft man den umbstandt abzutreten und zu ruckhen die richter zusammen, dan haben sie rath der urthl halber.

Nach ergangenen urthl ruckt man wider von einander und sezt sich ein jeder wider an sein orth, wo er zu vor gesessen ist.

Darauf fragt der richter den vorgesagten fürsprechen auf sein eydt umb die urthl zu eröffnen und procedirt man, wie in andern gerichten, und wan dan die urtl verlesen, so kommt und dringet sich der armen sünder fürsprech ihr andwort und bitt fürzubringen, zum ersten, andern und 3ten mahl, wird es dan mit jeder nach formb des rechten fürzutragen wissen.

---

450) fol. 58v.

451) fol. 59r.

452) fol. 59v.

453) fol. 60r.

454) fol. 60v.

455) fol. 61r.

456) fol. 61v.

457) fol. 62r.

458) fol. 62v.

Klag auf die fürgestellte malefiz persohnen.

Erstlich redt man den richter an umb anhörung, wie gebräuchig. Als volgt die klag.

Des hochwohlgebohren herrn, herrn N.N. grafen zu hochenembs p. meines gnädigen herrn [459]des wohl edlgestrengen herrn N.N. hochgedachter gnädiger herrsch[*aftlicher*] rath und landtvogt beider gräf- und herrschaften Vaduz und Schellenberg laßt gerichtlich fürbringen, wie daß N.N. vor etl[*ichen*] tagen in die gräfl[*iche*] fron vestung Vaduz in die gefangenschaft genohmen, darinen sie etlich müssethaten sowohl gut als peinlich bekennt haben mit bitt und begehren dieselben zu verlesen und anzuhören zu erkennen.

Hierauf fragt der richter, ob es nit billig seye, wan der erkennte und der landtschreiber die urgericht verlesen. Volgt weithers.

Wir anjezo mäniglich verstanden, daß dise arm fürgestellte menschen an gott verzweiflet sich mit leib und seel an teufel ergeben, das einem christen menschen nit gebührt und andere mehr zauberischen und schädliche stuckh begangen, auch schaden gethan haben deretwegen bate er zu erkennnen, daß sie das leben verwürckt haben und sollen zehen hingericht werden nach käy[*serlichen*] und des römischen reichs rechten vermög ihre gräfl[*iche*] gnad wohl hergebrachter löbl[*icher*] freyheiten und statuten, damit ihr scheulicher todt [460]mäniglichen ein abscheuen und vorbild seye.

Darauf redt der armen sünder fürsprecher und nachfolgender red.

Volgt der kläger weither und erholt mit zwey worten das vorige und bitt abermahlen mit urtl und recht, die beklagte an leben zu strafen. Dan replicirt der sünder fürsprech. Der kläger aber für das 3te mahl sagt, er laßt es bey dem vorigen bleiben und setzt es hirmit zu recht.

Formb wie man einen schuld brief einlegen soll.

Herr richter, wan ihr mich anhören von N.N. wegen. Er befihlt mir, er habe da etlich brief und urkundten begehrt, manns ihme vor eurem staab abhöre und verlese und setz es derohalben zu recht, ob es nit billich beschehe.

Jezt wird er um die urthl befragt.

Herr richter, so dunckt mich des recht, daß mans anhöre und der h[*err*] landschreiber sie verlese, und wan dan sie gehört und verlesen [461]seyndt, so ding und behalt einem jeden sein recht und 2 rath.

Wie man die brief wider heraus erkennen soll.

Herr richter, die brief seynd zwar verlesen, setz ichs weither zu recht, was recht darumb wäre.

Urthl.

Herr richter, so dunkt mich das recht, daß der waibel vor gericht verhört werde, ob er den inhabern oder unterpfandten für gericht boten haben oder nit.

Herr richter, die weil der waibel das bot verricht hat, so dunckt mich das recht, daß der gute freund warthen soll, weil ihr h[*err*] richter und ein ehrsamb gericht sitze. Khume jemands in der zeit und gebe andwort, sollen sie angehört werden, womit soll er warthen 6 wochen und 3 täg, kumme jemands und erlege haubtguth sambt anständigen zünsen und billigen kösten, soll er schuldig seyn zu empfangen; wo nit, so erkenn ich ihm ein gandt brief, das er möge ab disen einverleibten unterpfandten setzen nach gandt und landts recht der grafschaft Vaduz bis [462]er aufgericht und bezahlt ist. Und wan der gandt brief geschriben und gestellt ist, vermög ergangenen urthl, wie dan der h[*err*] landtschreiber wohl stehlen kan, soll der h[*err*] richter demselben schuldig seyn zu berichten, doch euch und euren erben und dem ehrsamben gericht ohne schaden.

Herr richter, das dunckt mich recht.

Volgt hernach

Wie man die urthl aussprechen soll.

Herr richter, es haben sich etl[*iche*] rechts handl zugetragen, so hat man auch verhört die klag und andwort, wie auch verhörung der kundschaft und gethanen recht-satz, setz ich zu recht was recht darumben werde.

Urthl.

H[*err*] richter, ich bin einer urthl befragt worden, derselben bin ich mit bedacht gewesen, ich hab auch rath begehrt, es ist mir auch rath erfolgt worden. Es hat mir ein jeder biderman gerathen, was sie billich und recht gedunckt, so hat man sich etlicher urtheln bedacht [463]und vereinbahret und verglichen, die seynd durch den h[*errn*] landtschreiber ordentlich auf das papier verfaßt worden, die soll der h[*err*] landtschreiber verlesen. Und wan dan sie verlesen seynd, so soll es darbey verbleiben, es wäre dan sache, daß sich einer oder der andere ab der urthl beschwärte, daß derselbig wohl möge appelliren und ziehen nach formb der rechten für unseren hochwohlgebohrenen gnädigen herrn und nit weither, und die urthl von richter mit silber und gold auslösen. Herr richter, das dunckt mich recht.

Wie man einen züns brief einlegen solle.

Herr richter, wan ihr mich anhören von wegen N. N.

Er befihlt mir, er habe brief und sigl, es seye ihrer vermög derselben nit gezünst worden und begehrt, das man diselben vor eurem staab anhören wölle. Setz es zu recht, ob es nit billich beschehe. Es ist die urhtl, wie mit den schuld briefen.[464]

Wie man den zünß brief heraus nehmen soll.

Herr richter, dieweil ich hör, das pot verricht hat der waibl, so dunckt das recht, das er warthen soll, weil ihr h[*err*] richter und ein ehrsamb gericht beysammen sitzen.

Kumme jemands und gebe zu rechten andwort, solle sie angehört werden. Wo nit, soll er brief und sigl widerumb zu handen nehmen und warthen 6 wochen und 3 tag, [*gestrichen: heune*] heunte abgebe man ihme verlegene züns und billige köstig, solle er schuldig seyn, diselbe zu empfangen, wo aber nit, so erkenne ich ihme die vor einverleibte unterpfandt, so in brief und siglen in ihren bestimbten marckhen begriffen, heimb, daß er darmit möge handlen, schalten und walten, als mit anderen seinen eigenen guth.

Die lezte urthl darauf.

Herr richter, wendt ihr mich weither hören.

[465]Ich habe je und allweegen gehört, wan einer ein ergangene urthl habe, seye man ihme schuldig brief und sigl, setze es zu recht, ob es nit billich geschehe.

Herr richter, mich dunckt recht, daß man ihme auf seinen kösten brief und sigl von der ergangenen urthel gebe und der landtschreiber schreibe, und der herr richter ihme und seinen erben und einem ehrsamen gericht ohne schaden besiglen, ihme zu handen stelle.

Der anderte titul.

Von kramern, beckhen, brod trägern, brandweinschenckhen und anderen, die ihre waaren unter währenden gottes dienst feil haben werden.

Wür statuiren, ordnen, wollen auch, daß wan kramer, beckhen, brodtrager, brandweinschenckhen und andere wer die möchten seyn, mit ihren waaren des morgens unter der mess oder predig feil haben und verkaufen [466]wurden, da der oder diselbig durch unser ambtleuth des ersten mahls umb 10 fl, zum anderten mahl umb ein pfund, und zum 3ten mahl mit gefängnus tag und nacht sollen gestraft werden.

Vom verbot der sonn- und feuertägen.

Weil die sonn- und feuertägen von der christlich catholischen kirchen zu heiligen und zu feuern aufgesezt, demenach so gebiethen wür hirmit ernstlich und wollen, das die unterthanen an keinem sonn- noch anderen gebotenen feüertag weder vor, noch nach mittag einige arbeith thuen, sondern sich derselbigen bemüssigen sollen, ausgenohmen schmidt, wagner oder rädter macher, sattler, seiler und dergleichen handwerckhs leuthe, die an der landtstrassen gesessen seynd, die mögen denen durchreisenden persohnen, es seyen reithende, [467]sämer oder fuhrleuth mit ihrer arbeith zu notdurften wohl fürständig und verholfen seyn. Mit ihrem anfang.

Von gottes lästeren, fluchen und schwören.

Weil dan von gott, dem allmächtigen, unseren erschaffern, heylandt und seeligmacheren in den zehen geboten, die ein jeder mensch bey seiner seeligkeit zu halten schuldig, auch in der heil[*igen*] christ catholischen kirche geordert und in dem geschribenen geistl[*ichen*] und weltl[*ichen*] rechten bey hochen pön und strafen gesezt verbothen ist, daß der göttl[*ichen*] hochgebenedeyten mutter gottes Maria und alle lieben auserwählten heil[*igen*] gottes nahmen durch kein menschen vergeblich, unnutzlich üppich geführt, sondern alle gottes, Maria und der heiligen lästerung verhütet und vermeidt werden solle.

Wür aber leyder durch tägl[*iche*] erfahrung befinden, daß solch gebot von vilen menschen, [468]jung und alten, manns- und frauen persohnen gott erbarms, vilfältig und leichtfertig überschritten, dadurch dan der allmächtige gott schwärlich beleidiget und auch wür armen menschen hierin zeitlich und dort ewiglich seiner göttl[*ichen*] gnaden beraubt und unwürdig worden, darzu auch ausser solchen unchristlichen leben vil und mancherley theuerungen, hunger, krieg und miswachs, kranckheit, pestilenz und andere kranckheiten und strafen oft entstanden

459) fol. 63r.
460) fol. 63v.
461) fol. 64r.
462) fol. 64v.
463) fol. 65r.
464) fol. 65v.
465) fol. 66r.
466) fol. 66v.
467) fol. 67r.
468) fol. 67v.

seynd, dessen die heil[*ige*] schrift allenthalben voll ist und würs noch stündlich und tägl[*ich*] scheinbahrlich vor augen haben und mit schaden erfahren.

Damit nun aber besserung folgen und dardurch göttliche allmächtigkeit widerumb versöhnet werden möchten, so haben wür unseren lieben gethreuen unterthanen zur seeligkeit nutz und guthen, auch dem gemeinen vaterlandt zum aufnehmen und aller wohlfahrt dise nachfolgende ordnung fürgenohmen.

[469]Als erstlich sollen alle unsere gesessenen ordens leuth, pfarrherren, caplän, fruhe messer und gemeiniglich alle priester, wer die seyn, so den gottes dienst versehen, und die pfrunten darumben nutzen, in ihren predigen das volckh fleissig mahnen und ermahnen und abwehren, daß sie die gräuliche gottes lästerung und bey dem nahmen gottes, seiner heiligen mutter, wunden, kraft, macht, creutz leiden, ohnmacht, leichnamb, bluth, glidern und waffen des heil[*igen*] leibs unsers herr jesu christ, den hochheiligen sacramenten, auch der jungfrauen Maria oder den heiligen zu schwören, zu fluchen oder verächtlich davon zu reden sich gäntzlich enthalten und bemüssigen, auch sie priester selbst ihnen den pfaar kindern hierinen ein feines ehrbahres exempl erweisen, ein gutes rühmlich leben, handl und wandl vorführen, desgleichen die ambts und gerichts leuth und sonderlich alle haus väter und müther, was stands sie seyen, nit allein für sich selbsten das sündtlich [470]ergerlich leben, fluchen und schwören verlassen, sondern auch bey ihren kindern, dienst leuthen und mägdten ebenmässig zu besten verfügen und zum guten ursach geben sollen.

Wo dan dise unsere und einer ehrwürdigen priesterschaft vorgangene gutherzige erinnerung nit haben folg und jemand, wer oder welche die seyen, gleich in- oder ausländische mann oder weibs persohnen niemandts, die zu ihren völligen verstandt und jahren ausgenohmen aus eigener leichtfertigkeit oder ärger angenohmen beschaidt darwider handlen oder thuen, es sey an was immer möchte seyn, so trunckhen oder nüchtern und also freventlich gott den allmächtigen, Marian die himmels königin und die auserwählte heiligen gottes in einem oder dem anderen weeg als verstehet, schändten, schwächen, verachten oder ihnen zu legen wurde, daß sich nit gebührte, der oder diselben an leib und guet gestalt der verhandlung gelegenheit und persohn erkandtnus des lebens solten ge[471]straft werden, es wäre dan, daß etwan einen aus zorn und keinen bösen ärgerlichen fueg und schwur, daß doch nit seyn solte, entwischte und hernach dessen widerumb augenscheinlich reue und leid hätte, mit deren mag man und etwas dispensiren und gedult haben, doch daß er ihnen fürnehme und verspreche, solches nimmer zu thuen.

Die jungen aber, welche tag und nacht in würthshaus ligen, üppig und leichtfertig leben, fluchen und schwören ring achten, sich übermässig anfüllen und den leuthen bösen bescheidt, auch auslauf, zankh und haader ursach geben, die sollen gefänglich angenohmen, ihr gebühr nach gestraft und bis sie wohl ernüchtert, mit wasser und brod in thurm erhalten werden.

Wür wollen und gebiethen, auf daß jedweder unserer unterthanen, er sey gleich wie er wölle, in oder ausser gericht ein solchen leichtfertigen gast unser ober ambtleuthen zu straf anzeigen, dan beschehe solches von einem nit, hernach die übertretung kundtbahr wurde, soll der verschweiger [472]des gotts lästern und unnutzen vogl gleichförmblich gestraft werden.

Wan aber die jugend umb und unter 12 jahren vileicht aus mangel sie anders und böses von ihren eltern [*gestrichen: hören*] lehren oder hören, auch also leichtfertig und freventlich den göttlich Maria und alle auserwählten heiligen nahmen entunehrten, verachten, verschmähen oder in anderweeg der göttlichen, marylichen und dem himmlischen herren zuwider üppich schwören oder reden solten, wie dasselbig immer beschehen möchte, so sollen desselbigen kindts vater, mutter, vogt oder nächsten verwandten, wie es befohlen würdet, vor unseren ambt leuthen oder ganz gesessenen gericht mit einer ruthen in grösse einer henckers ruthen dermassen, einem anderen zum exempl, darumben zichtigen und hauen, bis man ein gutes begnügen hat.

Von zaubereyen, aberglauben und wahrsagen.

Dieweil zauberey, teufls beschwären, wahrsagen, sprechen und dergleichen ein greuel vor gott, [473]als welche ding zu abgötterey nit wenig befürdrung thut auch in heiliger schrift, geist- und weltlichen rechten hoch und starckh verboten.

Demnach ist unser ernstlicher befehl, daß alle ambt und gerichts leuth unserer graf- und herrschaften auf solche und dergleichen aberglaubische leuth guth achtung darauf geben oder haben. Und da sie deren erfahren, dieselben der obrigkeit nahmhaft machen sollen, dan wür gedenkhen solche zauberey, teufels schwören, sprechen und abgöttern keines weegs zu gedulten, sondern dieselbigen unsers landts aussöndern und sie von solchen gotts lästern nicht abstehen wurden, stracks ihnen zu verweisen oder in fahl sie am leib und guth zu strafen.

Wür gebiethen auch, daß unsere unterthanen, welche bishero aus aberglauben oder fürwitz zu solchen zaubern, wahrsagen, sprechen und seegnen in- oder ausserhalb unsers gerichts gebieths gelaufen, sich dessen hinführo gäntzlich [474]enthalten, in fahl aber darüber ungehorsamb erfunden, es seyen manns- oder weibs persohnen, dieselben nach gelegenheit ihres übertretens mit dem thurm oder sonst in andere weeg gestraft werden solten.

Von gastgeben, würthen und tafernen.

Die würth sollen auch jederzeit in sonderheit die jenige, welche an der gegenstrassen sitzen, mit frischen speisen und tranckh versehen seyn, und bey unserer straf in ihren küchen allzeit versehen seyn, daß sauber und wohl gekocht und einem jeden gast nach seinem standt und begehren, so gut mans hat und bekommen kan, auftragen, und darzu keine alte verlegene unreine wein ausschenkhen, und schmeckende speisen, noch unlauthere zäche und kürnige wein gebracht werden.

Aus allerhand begebenden ursachen befehlen wür auch hirmit ernstlich und wollen, das hierführo die gastgebern ausserhalb beyder des morgens- und nachtmahls in den hochzeitlichen schmückungen [475]der einländischen persohnen, besonders derjenigen, die in denen selbigen orthen oder fleckhen und dörfern gesessen, dan mit denen frembden und reisenden hat es eine andere gelegenheit, kein gekochte speis, sondern nur brod, kääs, obst und dergleichen in denen zechen fürsetzen und auftragen bey 1 pfund pfennig straf.

Dieweil wür dan vil liederliche leuth befunden, die zu der selbes eigenen und ihren weibs und kindern endlichen verderben und untergang, desgleichen ihrer glaubigen zu grossem nachtheil mit dem tägl[*ichen*] prassen, fressen, saufen sich bey denen in schulden steckhen, so bieten wür hiermit ernstlich, daß hinführo kein würth einen unterthanen, mann oder weibs persohnen, so *[gestrichen: hat]* haus und hof hat, wie reich dieselbigen gleich seyen, des gantzen jahrs nit über 5 pfund borgen sollen, besser wäre es, wan keiner ins würthshaus gienge er hätte dan zu vor sein zöch bey sich zu bezahlen, wan aber ein würth ungefährlicher weis hierwider handlete, der soll allweegen zu sambt dem unterthanen [476]mit gefänglicher verhaftgelt oder in allweeg nach gestalt der sachen gestraft werden. Und weil sich dan *[gestrichen: doch]* nach dem gemeinen sprichwort nit gebührt, die zöch ohne den würth zu machen, als hingegen gebührt sich vil weniger, daß ein würth solche ohne beyseyn und zusehung des gasts seines gefahlens machen und aufschreiben, derohalben so gebiethen wür ernstlich wollend,

Daß wan ein zöch gethan, der gast ehender aus der herberg nit gehe, er habe dan zuvor mit dem würth ordentlich abgeraith. Er hätte dan nit gelegenheit, soll es doch nit über den anderen morgen eingestellt werden. Desgleichen soll sich auch der würth befleissen, den gast nit von dan zu lassen, es seye die raithung beschehen. Und hat der gast das gelt paar zu bezahlen, wo aber nit, so solle der würth den tag, wie, wann und wievil der gast von einer zeit zu der anderen verzehrt, fein verständlich und unverschidlich in ein sonderbahres schuldbuch aufzuzeichnen und mit gulden oder haufen zusamben schreiben, [477]beyder bey straf des thurms.

Wür wollen auch hiermit geboten und verboten haben, daß unsere gastgeber und inländische persohnen des sommers nach 8 und winthers zeiten umb und nach 9 uhr weder speis noch trankh mehr aufsetzen, sondern die gäst fein gütlich heimb weisen, bey straf eines pfundts, so oft darwider gehandlet. Es wurde dan einer von etlichen leuthen zu gast gebeten, so hat es darmit ein andere gelegenheit.

Ferner gebiethen wür auch allen gastgeben bey ihren pflichten und eyden, damit sie uns bewandt, daß sie nach hinführo, wie bishero gebräuchlich gewesen, keine wein, weder wenig noch vil, in ihren kellern zu ziehen oder zu legen sie haben dan zuvor an umbgeltet durch die jedes mahl darzu deputirten und verordneten aufschneider, visirer und umbgelter an die gewöhnliche körb höltzer aufschneiden lassen, welcher aber anders thätte, der soll alsdan ein betrieger seiner obrigkeit mit allen ungnaden darumb gestraft werden mit ihrem anhang.[478]

Von vollerey zu trincken.

Obgleich wohl der wein ein edles tranckh, gottes gaab und an ihme selbs guth, so sicht erfahrt man aber doch, wer den selbigen zu vil zusicht nimbt und misbraucht, daß daraus ein unzimbliche trunckenheit und hernacher widerumb aus derselbigen allerhand leichtfertigkeit, gottes lästerung, unfrid, todtschläg, hurerey, krankheit des leibs und der seelen folgt demnachen auch, daß gott der allmächtige öftermahls theuerung und andere strafen gehängt. Deme mit hülfe des allmächtigen zu begegnen, lassen wür uns gefahlen und wollen, daß die vorsteher der kirchen und ihre prediger auf der cantzl allen laster der trunkenheit, daß nemblich nach außweisung der heil[*igen*] schrift die voll[479]saufer keinen theil am reich gottes werden haben.

469) fol. 68r.

470) fol. 68v.

471) fol. 69r.

472) fol. 69v.

473) fol. 70r.

474) fol. 70v.

475) fol. 71r.

476) fol. 71v.

477) fol. 72r.

478) fol. 72v.

479) fol. 73r.

Item, das die trunckenheit oft die heimblichkeiten, die sonsten wohl möchten verschwigen bleiben, offenbahrt, auch ein ursprung allens übels und also in gemeiner darvon zu reden den menschen nit allein an seiner seel und seeligkeit, sondern auch an ehr, gunst, weisheit und verstand, vernunft länger leben, mannheit zur schimpf, ernst, schädlich und nachtheilig seye dem gemeinen mann und einen jedweden nit allein ernst fürtragen und zu erkennen geben solle, dan der vil befunden werden, die tag und nacht in würthshaus ligen, schlemmen und themen, von dannen nit weichen, alldieweil ihnen der würth auftragt und borget, lassen auch ihre weib und kinder grosse armuth, hunger, kummer leider alle, die solches thun, seynd nit haus vater zu nennen, sondern üppich, leichtfertige weinschleich [480]und volle zapfen, die man weder zu gericht, recht, noch anderen ehrlichen ämbtern beförderen, auch billig kein biderman einem solchen verruckten tropfen sein eheliche tochter zu einem weib verheurathen, sondern mäniglich sich diser gesellen, so vil möglich bemüssigen sollen.

Damit und aber solch übermässig fressen und saufen abgestellt werde, demnach befehlen wür hirmit alles ernsts, daß die tafernen und gastgeben keiner unser unterthanen des tags mehr nit als ein eintzige beschaidentliche zöch geben und borgen oder abnehmen und sonderlich die übel hausenden knaben oder wie mans nennen möchte, der oben unter der rubric von gastgeben auch gedacht nit von einer zöch zu der anderen sitzen lassn, vil weniger soll einem, der voll und bezecht aus einem würthshaus in das andere gienge, einige speis und thranckh weder umb, noch ohne gelt gegeben werden, bey straf 5 pfund pfening, bey dem gast und würth jeder gleich unnachlässlich zu be[481]zahlen, es wäre dan, so einer von ehrlichen leuthen in die herberg geladen oder von seinen sonst verwandten oder bekandten alda gesucht. Und als zu ferneren trunckh zu ehren dienste geursacht wurden, solle der gastgeb in solchen und dergleichen fällen sich aller discretion und beschaidenheit wissen zu verhalten und sich fürsehen, das hinunter kein betrügliche gefahr gebraucht werde.

Wan einer auch den anderen zum trinckhen nöthigen, oder sonst den trunckh wider eines guten willen mässen und haben wolte, den jenigen, dem ers gebracht, solte ihme gleich bescheid thun, das sollen die würth mit guten worten abstellen, wan aber ein verdrunckhner wein zapf damit nit zufriden oder gesättiget seyn wolte, soll der darumb nach gestalt der sachen 1 lbd oder mit dem thurm gestraft werden.

Es soll auch ein jeder gastgeb seine *[gestrichen: zöch]* gäst und zöchleuth von dem laster der trunckenheit fleissig abmahnen und wahrnen, dise unsere ordnung erindern und zu obberührten ungebührlichen zutrunckh kein wein geben oder geben lassen, [482]es sey zu was zeiten es wolle, dann solte hierüber einige ungebühr oder rumor fürgehen oder sonst sommers zeiten nach 9 uhren und in winther nach 8 uhr in würthshäusern gehörter gestalt geprasset und gezechet werden, so wollen wür den würth mit sambt denen gästen an geld oder mit gefängnus strafen lassen, und wan dan sich auch einer dermaßen angefüllt und übertruncken hätte, daß er nit aufrecht gehen kunte, item so einem S: H. der nestel zu hals gebrochen und geunwillet oder sich in allweeg ungebührlich gehalten, darob sich die leuth ärgern möchten, der soll mit einer zimblichen geld straf belegt und so er dergleichen widerumb thät, die buß jedes mahl geschärpft werden.

Auf das aber die bußfertigen diser straf nit entfliehen, so setzen und wollen wür, daß alle diejenige, welche solche übermässig trunckhenheit sehen oder darbey seyn wurden und zu vor keine anmahnung helfen wollen, bey ihren pflichten und eyden unseren ambt leuthen solche weinschleichen und voll tropfen alsobalt nach beschehener ver[483]wahrung anzeigen, auf daß sie der gebühr nach abgestraft werden, welches aber hierzu still schwaigen, solche zu trinckhen fürgehen lassen und mit abmahnen nit wehren oder darvon seyn, die wurden gleichergestalt wie oben die übertretene verbots ihrer straf darumben gewärthig seyn müssen.

Wo auch unzimblicher trunckhenheit eine übelthat begienge, der soll dessen als ein vollsaufer desto weniger gnad und entschuldigung haben, sondern noch umb so vil höcher gestraft werden.

Und so einer des vermögens nit wäre, die ihme auferlegte geld straf ohne nachtheil seines weibs und kinder zu erlegen, soll er diselbigen auf jeden tag und nacht 5 ß abbussen.

Von faulenzen und müssiggänger.

Wan dan der müssiggang ein thier und mutter böser laster, daraus endlich nichts guts entstehet, [484]demnach ist unser ernstlicher befehl, will und meinung, daß die müssigganger und faulentzer die sache in unseren gebiethen ohne arbeith enthalten, es seyen inlandische, unbekandte, verheurath oder ledige persohnen, alle derhalben niemand der nit seinen genugsamb versprechen hat ausgenohmen, für unsere ambt leuth sollen gefordert werden und gerechtfertiget. Befinden sich dan solche müssiggehende faule tropfen, die von ihren eigenen gut, handwerkhen, herren diensten, handtirungen oder anderen arbeithen nit zu leben haben und doch nichts desto weniger bey gesunden vermöglichen leib der faulen handt und müssiggang umbziehen, soll man ihnen nach gelegenheit einer jeden persohn auferlegen, in ein, 2 oder 3 monathen sich zur handarbeith, ehrlichen handtierungen oder herren diensten darbey und darvon sie ihre tägl[*iche*] aufenthaltung haben mögen und zu begeben, oder aber, wo solches nit beschehen, nach verfliessung der bestimbten vermein oder zeit, da sie nachmahl ohne arbeith, gewerb oder dienst seyn wurden, alsbalden von land und [485]ausgeschafft werden.

Damit nach ihrs künftige des müssiggangs desto weniger gewohne, so gebieten wür hirmit alles ernsts, daß die eltern ihre kinder, sobald dieselben *[gestrichen: 7d]* das 7te jahr erreicht, nit müssig gehen, noch auf der gassen umblaufen lassen, sondern zur schulen zu biethen, zur arbeith und anderen guten werckhen ziehen.

Wan aber die eltern oder in deren vogten nächsten freund und bluths verwandten hierin an denen bemelten kindern saumig oder hinterlässig seyn wurden oder ihren selbst eigenen kindern diser unserer ordnung zu wider den müssiggang an denen werck tägen übersehen und gestatten wurden, sollen die durch ihre fürgesezte obrigkeit jedes mahl erfordert, ihnen ihr ungehorsamb hierumben untersagt, und wo zum anderen, dritten oder mehr beschehen, allweegen von denen eltern, vogten oder nächsten verwandten, deren die kinder zuvor sprechen stende, ein gebührende geltstraf genohmen und so oft es widerholet, diselbige gesteigert oder erhöchert werden.

[486]Wo auch unnutzes gesünd befunden, es wäre mann- oder fraun persohnen, jung oder alt, landt fahrende oder heimbische, spilleuth, gaugler, springer, singer, sprecher, hofirer oder andere dergleichen verdächtige pursch, welche sich in die würthshäuser legen, schlemmen, demmen, und dardurch anderen zue tägl[*ichem*] prassen, verderblich verschwendten auch anreitzung und ursach geben, wurden diselben nit langer als ein tag und nacht beherbergen und folgends unverhinderlich hinweggeschickt oder darumben mit gefängnus oder straf gegen deren aufhaltenden und müssiggehenden lumpen leuthen verfahren werden.

Von der austheilung

banckhen, rüstern und denen so sich fürsetzlich über ihr vermögen zu schulden steckhen, nachmahlens von ihren güthern abtreten und vertriben werden.

Es gibt leider die tägl[*iche*] erfahrung zu erkennen, daß vil heillose liederliche leuth dermassen ver[487]thunlich übel und hinlässlich hausen, daß sie leztlich gezwungen werden, von haus und hof zu lassen. Doch das noch mehr ist, mit ihrem haab und güthern bey würthen nichts zu langen oder bezahlen mögen. Dadurch dan ihr glaubige nit allein schädlich betrogen und zu schanden geführt, sondern auch der priorität und vorgangs halber, welche unter ihnen die alten und bösen gerechtigkeiten zur bezahlung habe erst mit ferneren unkösten vil und mererley disputationen und einreden zu gebrauchen geursachet, darumben nothwendtige erkandtnus beschehen muß, durch [*eingefügt*] welches wür und unsere beambten nit weniger molestirt und bemühet werden.

Damit und aber solch schändlich ansetzen und betriegen hinführo gegen jedermäniglich eingestellt werde, so wollen wür hiermit allen und jeden unseren unterthanen gewöhrt, auch ihnen ernstlich und bey denen in kay[*serlichen*] rechten vorgesehener strafen auferlegt haben, daß sich ein jeder alles urthunlichen haushalten und [488]unordentlicher verschwendtung, desgleichen auch unnutzlichen gelt aufnehmens, schulden machens und gemeiniglich alles dessen, so in dem seinigen und anderer ins künftig zum nachtheil und schaden reichen möchten, gäntzlich enthalten und also ein jeder, was ihm nutzlich und fürständig, mit fleiß und ernst bedenckhen solle.

Wan dan disen zugegen gehandlet und also durch sein wissentlich bös arglist und muthwillig verschwendten und übel haushalten die leuth ansetzen und so weit kommen wurde, daß er nit zu bezahlen hätte, so all anderen zu einem exempl, alsbald der von obrigkeits wegen über sein haab und gut die hände geschlagen und er die glaubiger nach eines jeden recht und gerechtigkeiten, so weit es langen mag, ausgetheilt und er als ein leichtfertiger verschwendter stracks aus unserem gebieht verwisen und so lang nit mehr eingelassen werden, bis auf unser begnädigung, und er alle seine glaubiger, die uns zu klag kommen, [489]bey heller und pfennig bezahlt und uns dessen genugsamben schein angezeigt hat.

Wan auch solche schuldner, die also ausgeschafft worden, oder für sich selbsten gereichen und von uns, daß nit leichtlich beschehen wurde, widerumb eingelassen und begnadet werden, schon hernach über kurz oder lange zeit widerumb zu hausheblich wohnungen und vermögen kommen wurden, sollen sie die in ewigkeit nimmermehr zu ehrlichen dignitäten und ämbtern genohmen, sondern von mäniglich threu, ehr und wehrlos gehalten werden.

So aber jemand aus unversehentlichen zustand, unglückh oder widerwärtigkeit das beschehen möchte, ohne sein verschulden in solche armuth käme, daß er seinen glaubigern nit zu bezahlen hätte, so soll er doch alle seine güther lediglich cediren und abtreten, auch ferner schul-

480) fol. 73v.

481) fol. 74r.

482) fol. 74v.

483) fol. 75r.

484) fol. 75v.

485) fol. 76r.

486) fol. 76v.

487) fol. 77r.

488) fol. 77v.

489) fol. 78r.

dig seyn auf begehren der glaubigern mit dem eyd zu bestätigen, das hierunter kein gefahr oder betrug gebraucht, nichts verändert noch auch sonsten weithers nichts in seinen gewalt habe, zu welchem [490]beneficio cessionis bonorum unsere beambten in und ein jeden, der also ohne sein verursacht schulden gerathen, solle kommen lassen.

Doch mit disem ausdrücklichen anfang, daß ein jeder, der wie jezt gehört, seiner güther cedirt und abgetreten, an eydts statt geloben und versprechen soll, wo er mit der zeit widerumb zu einem vermögen kommen wurde, daß er seinen glaubigern das jenige, so ihnen vormahls abgangen, redlicher weis widerumb entrichten wolt, wo er anderst über seine zimbliche nahrung von neu erworbenen oder ererbten haab und gütheren, so vil vermacht und entrathen alles nach sag der rechten.

Von unnutzen haushalter, prodigis und verschwändter ihrer güther.

Nachdem durch das tägl[*iche*] fressen, saufen, spilen und andere leichtfertigkeit ihrer vil sich selbsten, auch ihrer weib und kinder in das äusserste verderben und an bettlstaab richten, solchen schändtlich laster und übel abzubegegnen und der [491]armen unschuldigen weib und kinder hierunter zu verschonen und von nachtheil so vil mögl[*ich*] zu verhüten, so ist hiemit unser ernstlicher wil und meynung, daß alle unsere ambtleuth, des gleichen waiblen, geschworne, auf solche und dergleichen verthräuliche haußhalter, verschwendter und prodigi ihr sonderbahr und fleißig aufmerkhen haben, und da sie einen erfahren, der anfange, seines und seines weibs güther also leichfertiger weis zu verschwendten, denselben alsbalden für das ambt bringen, also soll ihme von unseren beambten sein höchst sträfliches und ungebührliches verhalten mit ernst untersagt und darbey bethreuet werden, wo er von solchen seinen unzimblichen fürnehmen und verthunischen weesen nit abstehen, sich bessern, ihme selbst, auch seinem weib und kindern forthin wie es sich gebührt nutzlich und ehrbahrlich haushalten, sich beschaidentlich, weesentlich erzeigen, sein und seines weibs güther, wie einem gethreuen haushalter gebührt und wohl anstehet, auch vor gott und der [492]welt schuldig ist, aufrecht, redlich verwalten, sondern des orths in künftig ferner mangel erscheinen wurde, daß er alsdan gewislich seiner haushaltung gantz und gar entsezte, mandat gemacht und ihr über sein und seiner hausfrauen haab und güther vogt und pfleger verordenet werden und darzu von uns gestraft werden.

Wo dan auf solches erstes betrachten sich einer nit bessern, sondern in seinem üppichen und sträflichen verschwendten fortfahren wird, soll er widerumb zur stund und als zum anderen mehr bescheiden, ihme seine frevel zur übermüthigen verhaltung zum allerhöchsten angezohen und darauf 14 tag lang ins gefängnus geworfen werden, mit wasser und brod oder sonsten geringen speisen, nach beschaffenheit der persohn, enthalten und von danen nit gelassen werden, er habe dan zuvor angelobt und geschworen, fürohin sein leichtfertigkeit, ärgerlich und verthuenisch leben in besserung und wohlhaus zu verändern und ohne vorwissen, gutachten und bewilligung inspection [493]zu sehen oder pflegern, die ihme von obrigkeits wegen gesezt werden sollen, von seines und seines weibs ligenden und fahrenden güthern nichts mehr, weder wenig noch vil, zu verwendten noch verkehren.

Es sollen auch die jenige, welche von der obrigkeit also zu inspectoren, administratoren geordnet seynd, ihn gethreu fleissig aufsehen und achtung auf des verschwendters haushaltung tragen, gleich bey sonderbahr geliebt, die sie darumben thun, sollen auch zu ihren selbst eigenen geschäften und wan bey ihnen ein unfleiß gespührt, und sie vileicht das ihrig dadurch daheimb versaumben möchten, sollen unsere beambte ihnen für ihre mühe und arbeith von des verschwendters haab und guth /: ihrem verdienst, gelegenheit und vermögen nach :/ eine zimbliche belohnung schöpfen und geben lassen.

Wan aber der verschwendter obgehörte massen, die ihme von obrigkeits wegen geordnete inspectores, administratores oder mit ihrem rath, wissen und willen in seinen angefangenen [494]verthuenischen und nichtigen weesen nachmahls eigenes kopfs fortfahren wurde, so sollen nit allein die gedachten verordnete, sondern auch ambtman, vögt und gerichts leuth, auch alle andere geschworene befehl haben, bey ihren pflichten und eyden schuldig seyn, solches unser oberambts leuthen alsbalden anzubringen, darauf diselben unverlängt wider nach dem ungehorsamben verschwendter greifen, ihne für gericht, darunter er gesessen, fürstellen und von obrigkeits wegen durch den waibel oder anderen geschworenen man zu ihme klagen und begehren lassen, denselben nichtigen oder ungehorsamben verthunischen, leichtfertigen mann seiner prodigalität halber von administration und verwaltung aller seiner und seiner hausfrauen haab und güther mit gericht und recht offentlich zu entsetzen und ein mandat zu sprechen, auch ihme, sein weib und kinder und allen, der haab und güthern curatores, vögt und vormünder zu setzen.

Auf welche klagen und begehren, wan der beklagte [495]seiner prodigalität und sträflichen verschwendtens halber vorangeregter massen überwisen, sollen die richter und urthl sprecher eines jeden gerichts schuldig seyn, ihme alsbald der obberührten administration zu entsezen und munadt zu richten oder zu erklären, auch auf ihme sein weib, kinder entweder die zwey vorgegebene oder sonst nach gut ansehen richter und gerichts zwey und andere männer zu curatores und vögten verordnen, die sollen sich darinen erzeigen und verhalten, wie ehrlichen vormündern gezimbt und wohlanständig, dessen hinoben auch gedacht und hernacher unter dem titul der vormundschaft ordnung weither meldung geschehen würdet. Es sollen auch hievor dise urthl und offentliche gethane erkandtnus an nothwendigen orthen publicirt und ausgerufen werden, auf daß mäniglich dessen wissens und ein jeder sich mit disen munadten vernichtigen mann zu contrahiren und zu handlen hätten möchte.

[496]Dann alles, was über dises mit dem selben munadten /: ohne seinen gesezten curatore expresslich vorwissen und bewilligung :/ contrahirt oder in ander weeg, wie das immer beschehen möchte, ihme sein weib, kindern, haab und güthern zum nachtheil gehandlet, das wurde für ein nullität und nichtigkeit geachtet und auch weder kraft noch macht haben solle, vil weniger vor unseren gerichten etwas darauf gehalten und erkennet werden.

Und dan weil die armen unschuldigen weib und kinder bisweilen mit schmerzen und bedauern zusehen müssen, wie üppich und schändlich ihr mann und vater das seinig und ihres verschwendtet und darüber sie aber alle hunger und kummer mit heissen zähern und thränen gegen himmel schreyen möchten, demnach so wollen wür denselben zu gnaden und guten auch ferner dis gesezt und geordnet haben, daß wo der mundate man von der ersten hiroben angezeigten wohnung und übel hausen anzurichten [497]von seines weibs zugebrachten oder ererbten ligenden und fahrenden haab und güthern vil oder wenig unnutzlich veränderte oder hingegen hätte, daß zu jederzeit des weibs ihre kinder oder selben curatores dieselbigen an einigen entgeltung oder abgang frey widerumb zu fordern und zu vindiciren macht und gewalt haben, darumb auch unsere ambtleuth, richter und gericht schuldig seyn sollen, ihnen so sie darumben angelangt werden, nach aller billigkeit in- und ausserhalb rechtens darzu verhelfen, damit der, so diser haab und güther also wider recht und ungebührlich an sich gebracht, anderen ein verwahrnung und exempl bey sich umbzusehen, was und mit wem ein jeder handlen solle.

Beyneben ordnen wür auch, daß der mann gehörter massen mandat gemacht, ihme auch sein weib und kindern die nothwendig gebührliche unterhaltung aus ihren haab und gut, nachdem [498]dasselbig beschaffen, auch vil und wenig verhanden ist, durch die curatores, gericht und alle jahr darzwischen, so oft man begehrt, darumben fleissig raithung geben werden.

Wan auch in gemeinen kay[*serlichen*] rechten die weiber ihrer heurath güther halber vor anderen ihren männer glaubwürdigen vilerley privilegia und freyheiten haben und so dan einer ohne seines weibs hülfe zu thun und verursachten in obgehörten schulden-last verderben und abgang kommen wurde, wollen wür dasselbige weib an ihne selbst recht und billig bey solchen privilegien gelassen geschützet und gehandt habt werden.

Doch aber ein weib ihrem mann geholfen verschwenden und schulden machen, es wäre geschehen mit hoffart, füllerey, prassen, zechen, geld aufnehmen oder in ander weeg und solches auf sie kundtlich erwisen wurde, dieselbig soll ihrer freyheiten, wie jezt gehört, vor anderen ihres mannes glaubigern mitnichten geniessen, sondern ihre forderung unter die gemeinen unbestreyten glaubigern gezehlt und ihr [499]also einiger vortheil, weder in- noch ausserhalb rechtens nichts zuerkandt oder verstattet werden.

Es macht sich auch ein weibs persohn dermassen verthuenisch, üppich, schandlich und leichtfertig halten, wür wurden gegen ihr gleichmässig oder andere strafen, wie oben ihre persohn unseren gefallen und gutachten nach vernehmen, darumb wöllen mäniglich darvon gewahrnet seyn.

Item diejenigen, welche sich ehrlichen zusammen verleibt, sollen den heil[*igen*] ehestandt, warumben derselbig eingesezt, ein gute betrachtung nehmen und nit wider gottes gebot, zucht und alle ehrbarkeit, denselben mit ihren unzüchtigen zusammen schlupfen beschlafen, sondern bis sich auf sein zeit der christlichen einsatzung rein und zichtig gegen einander verhalten, wie oben unter demjenigen articul von dem leichtfertigen beywohnen und hurerey auch befohlen worden, dan solte anderst beschehen und sich ein unzichtige schwängerung oder kindts[500]geburth befinden, oder in anderweeg, wie jetzt gesezte puncten gehandlet werden, so wollen wür die unbrichigen ungehorsamben mann- und weibs persohn mit gefängnus oder auf andere weis und weeg nit ungestraft lassen.

490) fol. 78v.

491) fol. 79r.

492) fol. 79v.

493) fol. 80r.

494) fol. 80v.

495) fol. 81r.

496) fol. 81v.

497) fol. 82r.

498) fol. 82v.

499) fol. 83r.

500) fol. 83v.

Policey ordnung.[501]

Abstellung der tauf suppen, kindermahl und schänkungen.

Wür wollen auch hinführo den unnothwendigen kosten, der bey der tauf suppen und kindtsmahlen aufgangen, hiermit ganz und gar verboten, auch abgestellt und dis verordnet haben, daß den jenigen weibern, so in kindts nöthen bey einer frauen gewesen und derselben kind betterin nächste bluths verwandten auch denen, so zu gevater erbeten und die jugend zu der christlichen tauf bestätiget, deren alle nit über ein tisch voll sein sollen, ein zimbliche mahlzeit, nachdem diselbige haushaltung beschaffen, in 3 oder 4 trachten geben und daraus kein überfluss gebraucht werden.

Desgleichen wollen wür auch, daß einem kind oder kindbetherin von einer persohn, die zu gevater erbeten, nit über einen halben gulden oder ein halben cronen aufs höchst soll verehrt werden, wohl aber weniger.

[502]Und dan andere weiber, so nit gevätterig seyn, die kindbetherin besuchen, solle keine mehr als 2 batzen wehrt, es seye an wein, geld, brod, hun, eyer oder ander mit ihnen tragen und verehren, wo aber haus arme bettlhafte kindbehterin wäre, die ohne das das almosen bedürfen, das solle jedermäniglich gevatter und andere erlaubet seyn, ihnen aus barmherzigkeit christliche hülf und handreichung ihren besten vermögen nach und gelegenheit mit zu theilen, aber sonst alle andere schänckungen, mahlzeiten, pangeten und dergleichen unkösten wollen wür bey 3 pfunden jeder verbrechender persohn abzunehmen hirmit aufgehabt haben.

Von todten-mahlen, besingnussen, sibenden, dreyßigsten und jahr zeiten.

Es ist an etlichen orthen unseres gebieths ein schändlicher brauch aufkommen, darab wür ein grosses missfallen haben, als nemblich wan ihr mann mit todt abgangen, da man solte in leid seyn, und für einen ein mitleiden [503]haben, hat man dargegen mit grossen überflüssigen unkösten deren armen erben nit zum geringen nachtheil, todtenmähler und ladschaften bey der besingnus, sibenden und dreyßigsten anstellen und halten müsse, darbey sich weder geistlich noch weltlich geschämt zu finden.

Disem greul und todten gefräss aber zu begegnen, schaffen wür hirmit ernstlich bey 10 pfund pfennig einen jeden verbrechenden und der sich darbey befinden wurde, unnachlässlich zu entrichten, daß hinführo durchaus in unseren gantzen gebieth, kein orth ausgenohmen, einige todten mähler mehr gehalten werden, vil weniger jemand darzu berufen oder gehalten, sondern die begräbnus, besingnussen, sibenden und 30igsten mit gebührenden christlichen gottes dienst wie bey dem catholischen alten herkommen celebrirt und verricht werden.

Den geistlichen, die von anderen orthen also darzuberufen, solle man ungefehr so vil an gelt präsent verordnen oder heimbzutragen geben, also ungefehr [504]zur selbigen zeit ein zimbliche mahlzeit gilt und nit mehrers, dabey es endt bleiben.

Dan aber jemand den seinigen ein jahr zeit halten und ausser diser ordnung die priesterschaft und eheliche freund, die er dazu geladen und gerufen, möchte selbst speisen oder an einen würth verdingen, und nit das mahlzeit geld darfür geben wolte, so lassen wür solches hiermit aber an oberzehlten tägen nit zu.

Desgleichen der gemeinen bruderschaft, was die selben eingangen oder gegen und mit ein ander auf und angenohmen, wollen wür nit ordnung geben haben.

Wo dan etliche persohnen versterben und deren verlassenschaft oder erb güther willen ein freundschaft zusammen kommen muß, welches gemeiniglich auf den dreyßigsten beschicht, das lassen wür wohl zu, daß eine bescheidentliche mahlzeit möge gehalten werden, aber darbey soll sich niemand anderer befinden als die jenigen, welche anspruch zu erben haben und die nothwendiglich darbey seyn [505]müssen, so aber jemand darwider thäte, soll gebührende straf dargegen fürgenohmen und darunter niemand verschonet werden.

Die gemeine anniversaria oder jahrtäg betreffend, wie selbige gestift, also sollen sie gehalten werden, wo aber von keiner mahlzeit meldung beschicht, so solle man dem priester und anderen, denen es gehörig, weil sich sonsten bey denen mahlzeiten allerley gesindl zuschlägt und ein grosses aufgehet, das gelt darfür geben das mögen sie hernach verzöhren oder heimblich heimbtragen, ihres gefallens, wo dan anderst beschicht, sollen die kirchen pfleger darumb gestraft und in ihren rechnungen nit passirt werden.

Von kirch-weyhungen.

Dieweil bishero in haltung der christlichen catholischen kirchtägen ein grausambe unordnung geführt und darob nit allein mit aufwendtung überflüssiger proviant und [506]ein grosses verzöhrt, sondern auch durch solche füllerey und andere leichtfertigkeit auch schand und laster begangen und geübt worden, demnach haben wür hierunter nachfolgende ordnung und mit ernst darob zu halten gesezt, also

erstlich wan ein kirchweyung einfällt oder gehalten wurde, soll mäniglichen die kirchen und gottes dienst fleissig besuchen, ehe und zuvor sich derselbige des morgens geendet, niemand weder speis noch tranckh gegeben werden.

Es solten auch weder kramer, beckhen, brodträger, brandweinschänckher noch andere vor vollendtung des gottes dienst feil haben, bey straf wie oben bey den anderen titul auch geboten.

Und dan findet man unverschambte gesellen, die ihren verwandten zu haus und hof laufen und sich an einer zimblichen mahlzeit nit sättigen lassen, sondern gar bis in den anderen, ja wohl auch ihren bis auf den 3ten tag ob dem ligen und [507]überlästig seynd, dadurch weib und kindern die nothwendige leibsnahrung geschmälert und noch darzu bisweilen unmässigste besten zeiten an ihren obligenden feld und haus arbeith verhindert und in grossen kosten gebracht werden.

Demnach wollen wür, daß hinführo keine weder weibs persohnen auf einige kirchtags mahlzeiten ziehen, sie seyn dan sonderlich darzu berufen und erbeten, wo dan jemand ungeladen sich bey einer solchen mahlzeit eintringen wolte, welches gleichwohl hirmit einem jeden verboten seye, soll man doch denselben sitzen noch kommen lassen bey straf 4 pfund pfennig.

Und welcher unterthan kirchtag halten wolte, die soll aufs höchst 6 oder 8 speisen nit darzu laden, welcher aber über dise anzahl laden wird, der soll von jeder persohn straf 1 lbd bezahlen.

Wür ordnen auch, das forthin auf einer kirchweyhung den geladenen gästen mehr nit als ein mahlzeit von 4 richten und dan die nachtrachten, [508]etwan ein sultz, kiechlein, milch, obst, kääs oder dergleichen aufgestellt werden und darbey auf das allerlängst anderthalb oder zwey stund sitzen, nachmahls mögen sie ein weil spatzieren gehen und gegen abend, wan sich die gäst wider nach haus begeben, solle ihnen noch ein trunckh mit verrichtung überblibener speis, kääs oder obst so lang als bey der mahlzeit fürgestellt und endl[*ich*] darbey gelassen werden.

Wie die nach kirchtägen oder nach weil durch dieselbigen bishero nit nur allein überflüssige unkösten aufgangen und verbraucht, sondern auch der gemeine man bey den so langen schlemmen und thremen an seiner arbeith mercklich verhindert worden, wollen wür hirmit gantz und gar aufgehebt und abgethan haben, wurde sich aber jemand unterstehen, ferners einigen nach kirchtag zu halten, der soll umb 10 lbd unnachlässlich gestraft werden.[509]

Von der faßnacht, ascher-mittwoch, mumerey und ansingen.

Nachdem wür auch vernohmen, daß der gemeine mann umb die heil[*ige*] weinachten, neue jahr und der heil[*igen*] 3 könig oder ostertag durch die ansinger und sternen bettler mächtig beschwärt und überloffen werde, daher wollen wür den bishero eingewurtzleten mißbrauch des umb- und ansingens gehen unseren untertanen oder ausländischen zu beschehen hirmit abgeschafft und verboten haben, daß wo fürohin dergleichen faulentzen, stern bettler in unser gebieth kommen wurden, daß sie von ihren umbstreifen abgewohnen und ihnen von denen unterthanen nichts gereicht werden soll, doch hierdurch denen armen schulern zur erlangung ihres aufenthaltens und täglicher nahrung jedes orths gebrauch nach nichts benohmen seyn.

Und dan weil das übermässig fressen und saufen,[510] auch umblaufen, vermummen, stummen und verbutzen in der fasnach und aschermittwoch, mit gefangen in die brunen werfen und ander dergleichen bestialischen heidnischen mißbräuch nit allein gottes ordnung, sondern aller christlichen zuchten ehrbarkeiten zuwider, demnach so wollen wür ebenmässig, daß hinfüro keiner den anderen weder fangen, in brunen werfen weder sonst mit haltung des fasnacht küchleins beschwären, noch anlaufen, er seye dan ordentlich darzu berufen und obgleich solche ladung beschehen, so solle sie doch länger nit getischt werden, als oben die zeit bey denen kirchtägen gesezt, und das butzen sonderlich die sich da mann und frauen in manns- und weibs kleider verstellen, darumb vil unzucht und laster fürlaufen, wie auch die verdeckten und vermummten angesichter solle alles bey straf des thurms verbothen seyn.

Aber sonsten geben wür zu, daß die unterthanen den aschermittwoch, neuen jahren, faßnachten und andere gemeinen jahr täg mit beschaidenheit [511]freund und nachbarn nach alten gebrauch zusammen kommen, ein zimbliche zöch thun, lustig und frölich seyn mögen.

Von unordentlicher kleidung und tractation.

Wan dan der jüngste anno 1577 zu franckhforth neuen reformation policey ordnung und nothwendiglich verse-

501) fol. 84r.
502) fol. 84v.
503) fol. 85r.
504) fol. 85v.
505) fol. 86r.
506) fol. 86v.
507) fol. 87r.
508) fol. 87v.
509) fol. 88r.
510) fol. 88v.
511) fol. 89r.

hen und einer jeden obrigkeit bey nahmhaften poenen auferlegt, der landts ordnung und unterthanen gelegenheit nach eine gute beständige ordnung zu machen und darob wie sich gebührt, zu halten und sich nur durch die tägl[*iche*] erfahrung erscheinet, wie in allen dingen, sonderlich aber in kleidung, feder hüthen und anderen geschmuckh ein unumbzimblicher und übermässig köstlicher überfluß gebraucht und angewandt, dadurch die hoffarth und leichtfertigkeit in das junge gesündl gepflantzet, gott der allmächtige zum zorn bewegt und das landt an geld und gut erstattet wurde.

[512]Disem verderben- und übelstandt abzugegnen setzen, ordnen und wollen wür, daß insgemein alle und jede unsere unterthanen, drinner angehörige und verwandten ein jede persohn sich ihrem stand gemäss zimblich und überflüssig, noch unordentlich, wie bishero in disen landten üblich gewesen und herkommen bekleiden sollen.

In sonderheit sollen sich die geistliche, wie es die ehrbarkeit ihr stand geistlichen rechten nach erfordert, in ihren kleidungen ehrbahrlich und geistlich halten und alle unzimbliche köstlichkeiten aus arglichen handel und wandl vermeiden.

Wo aber ein geistlicher aus bosheit seinen priesterlichen habit oder tonsur verändern, weltliche kleider anziehen und darinen betreten wurde, der soll alsobald nach ausweisung in anno 1630 auf dem reichstag zu augsburg gemachten vermeinung gefänglich genohmen, gebührlich bestrafen oder zu thun seinem ordinario überschickt werden.

[513]Was dan unsere leuth, beamten, secretarien und canzley verwandten betreffe: die sollen sich in ihren kleidungen und gezierden ein jeder nach seiner dignität und würd, wie bey anderen höfen ihres gleichen erzeigen und erhalten. Aber unsere unterthanen auf dem landt, sie seyen jung oder alt, ledig oder verheurath, sollen keine frembde ausländische köstliche gewandt und tücher als sammet, atlas, seiden, welches englisch, niderländisch und dergleichen getuch, dessen ellen bis auf ein cronen oder 2 fl kommt, ihnen machen lassen, hüth, mantl noch kleid mit sammet, seiden, atlas, goldenen noch silbernen borten, schnüren noch verbremen lassen, sondern die gerichts leuth sich aufs allerhöchst des luidischen tuch, die übrigen aber vil mehr der anderen guten inländischen starckhen tüchern, die wahrhaft und ins wether guth seynd, unzerstochen und unverschnitten gebraucht werden sollen.

[514]Es sollen auch keine unserer unterthanen, die sich mit dem pflueg oder handarbeith ernähren müssen, ein jederley feder tragen, es habe dan zuvor einer einen zug in krieg getan und dessen sein redliche passeporten aufzuweisen, ausgenomen in umbziehen, musterungen oder wurde einem sonsten zu tragen erlaubt, alles bey unserer unnachlässlicher straf, was aber kriegsleuth seynd, die in denen stürmen, feld schlachten, auf anschlägen ehrlich tapfer thaten vollbracht und etwas darbey bekommen, denen erlauben wür anzuhaben und zu tragen golden ring, sambt, atlas, seiden und dergleichen, so wird sich ihr kriegs vermögen und beuthe tragt nit weniger, wo von einigen oder einigsten potentaten, fürsten, grafen und herren- oder frauen persohnen in kriegs- oder hofsdiensten botschaften oder in anderweeg von ihren ehrlichen thaten gethreuen diensten oder geschicklichkeiten wegen von kleidern, goldenen ringen oder andere wie das nahmen haben möchte, was verehret [515]würdet, das mag dieselbige persohn den verehrten zur gedächtnus wohl antragen, doch gefahr darin ausgestanden. Neben denen wollen wür auch die onnothwendige pangeten und ladschaften, in sonderheit aber die frembden köstlichen speisen und tränckhen von confect, zuckherwerckh, gewürtz, süssen wein, mulvasir und dergleichen, das dem gemeinen mann nur zu grossen untaten und verderben hülft, auch nit über 4 gekochte speisen neben kaäs und obst zu geben hiermit bey höchster straf verbothen haben.

Von bettleren.

Nachdem das landt mit teutschen und welschen bettleren sonderlichen und anderen dergleichen umbschweifenden stötzen überlofen, welches dan nit allein unseren armen unterthanen ein merckliche beschwärung und überbürdte, sondern auch den inländischen haus armen leuthen, die das almosen nit entrathen können, an ihren nothwendigen [516]unterhaltung ein grosser abbruch wäre, derohalben gebiethen wür hiermit alles ernsts und wollen, daß nunführo alle ausländische bettler, sonder siechen und andere landtstürzer, die hin und wider von einem landt in das andere streifen, in unserm gebicht fernes zu bettlen keines weegs gestatten, auch an gräntzen und posten nit ein- oder durchgelassen werden, sondern allenthalben mit ernstlicher trachtung aus- und abgeschafft werden sollen.

Wo sich aber über dis unser gebot einige ausländische starcke bettler, sonder siech- oder landstraifer heimlich oder offentlich in unserm gebieth einschleichen wurden, denen sollen unsere unterthanen nichts mittheilen bey straf eines orths des gulden in das pfendt säckl zu legen.

Und wo dan über erstgethane ausschaffung für bettler oder bettlerinnen an offenen freyen jahrmärckten, hochen festen, kirchweyhen oder sonst erfunden oder betreten wurden, die sollen gefänglich angenohmen und nach gelegenheit gestraft, auch von stetten nit entlassen werden, sie haben sich dan verurphedet, die [517]täglich ihres lebens in unser grafschaft und herrschaften nit mehr kommen zu bettlen.

Dieweil auch unter dem schein des bettlens vil und mancherley betrüglichkeiten mitlaufen, oft unter dem faulen haufen, schelmen, dieb, mörder, brenner und andere übelthäter erfunden werden, so sollen demnach unsere ambt und gemeine unterthanen auf solche bueben desto fleissiger achtung geben, wo einiger verdacht oder argwohn verhanden, mit nothwendiger versprechung und in anderweeg nach ansehen und gestalt der sachen gegen ihnen verfahren.

Was dan die inländische recht wissentlich armdürftige leuth seynd, die sich alters, kranckheit oder andere gebrechlichkeit halber ohne das almosen nit erhalten mögen, denen soll allein in unseren gebieht, sonderlich aber mehreren theils an denen [*gestrichen: er*] ärben alle [518]sie gebohren und erzohen, auch etwan lange zeit wohnhaft gewesen seynd, oder sonst andersten in der frembde zu bettlen gestattet werden.

Es sollen auch commun, gemeindt und dörfer ihre armen leuth selbsten erhalten, damit andere leuth mit ihnen nit beschwärt werden und da die spendt nit so vil einkommens, so sollen alle sonntäg durch den prediger der armen auf der cantzl gedacht werden und die darzu verordnete spendtmeister ein schüssle aufgestellt, und was nach eines jeden guten willen und vermögen dareingelegt, fleissig und ordentlich nach derselbigen gemeindt gut ansehen unter die hausarmen, mangel- und presshaften ausgetheilet werden.

Der ungezweifelten zuversicht, gott der allmächtige, als der uns die armen hoch anbefilcht, werde einem jeden sein ausgelegtes almosen 10fältig ersetzen.

[519]Und so dann in einem fleckhen so vil arme presshafte leuthe wären, die von derselbigen gemeindte nit erhalten möchten werden, so soll ihnen in anderen unseren dörfern zu bettlen erlaubt seyn. Doch daß sie dessen schein haben und zu wissen, welch bey ihrer gemeinde nit erhalten werden können.

Wür wollen aber uns vertrösten, die ordnung zur unterhaltung der armen weder bey ihren jeden commun dermassen angestellt, daß diejenigen andere leuth nit beschwären und anzulaufen ursach haben.

Aber die inländischen manns- und weibs persohnen, jung oder alt, die gerad und stark bey denen kundtlich ist, da sie sich mit ihrer arbeith wohl ernähren und des bettlens entrathen mögen, soll weder zu bettlen gestattet noch etwas gegeben werden.

[520]Ebenfahls soll auch den inländischen haus armen leuthen nit zugelassen werden, ihre kinder, so alters und gesundtheit halber ihr mues und brod gewinen kunen und mögen bey sich zu behalten und in bettl zu ziehen, sondern soll ihnen mit ernst auferlegt werden, ihre kinder zur arbeith zu ziehen, oder auf befundenen ungehorsam beydens jung und alts des landts zu verweißen.

Also beschlüsslichen mit kurzen verstandt, daß frembde bettler nit passirt, vil weniger ihnen von unseren unterthanen etwas gereicht und gegeben werden solle.

Es wäre dan, daß ungefähr ein armer presshafter bettler oder bettlerin gegen nacht in unseren gebieth käme oder geführt werde, die von diser ordnung nichts wissen, dieselben mächt speisen, tränckhen und eine nacht beherbergen, aber nit länger, bey straf eines pfunds, so oft hierwider gehandlet wurde, mit ihrem anfang.[521]

Von spiler und spileren.

Dieweil aus dem spilen allerhand unrad und haaß und neid, muthwillen, zankh und hader, gotts-lästerung, frembden guths und andere untugenden erwachsen, demnach so befehlen wür, daß unsere unterthanen sich alles ungebührlichen schwören, spilen gäntzlich enthalten und keine anderst als etwan umb kurzweil weder mit karten, würfeln noch andere dergleichen auf ein tag nit über 3 batzen aufs allermeist verspilen solle, bey straf 1 lbd. Die würth und andere, die solch ungebührlich spilen wissentlich gestatten, unterschleipf und herberg darzugeben, sollen gleichmässig darumben gestraft werden.

Wurde auch jemandt sich falschen spilens unterstehen, die würfeln knipfen, falsche oder in anderweeg betrüglichkeit auf dem spil gebrauchen, der soll dieselbige falsche spil gebrauchen, der oder dieselbige falschen spiler [522]sollen, wo sie betreten, gefänglich und peinlich nach unseren gutachten gestraft werden.

Das keglen, blatten schiessen, ballen und dergleichen kurzweil spil, die zu übung des leibs dienen, dem schiessen ohne gewöhnlichen zilstatten, ohn übermässiges aufsetzen soll unverboten seyn.

Hieneben wollen wür die gefährlichen und arglistigen geweth auch in sonderheit verbothen haben, wan einer auf borg was verspilt, daß unser beambten keine bezahlung darumben gestatten sollen.

---

512) fol. 89v.

513) fol. 90r.

514) fol. 90v.

515) fol. 91r.

516) fol. 91v.

517) fol. 92r.

518) fol. 92v.

519) fol. 93r.

520) fol. 93v.

521) fol. 94r.

522) fol. 94v.

Von kupplen und heimblichen endhalt.

Nachdem das kupplen vor gott und der welt ein unverandwortlich, schädlich, ärgerlich und böß laster, also ist hiermit unser ernstlicher befehlch, daß die kuppler und kupplerin, welche durch ihre hin und wider tragende botschaft und weickhel, die [523]sonst anderweeg wohl fromb und redlich bliben, zu unzucht und hurerey verursacht, auch diejenigen, so solchergestalt ihr haus und hof darleihen und darumben wissens tragen, mit gefängnus 14 tag lang in mit wasser und brod oder auf andere weeg nach gelegenheit der personen und übertretung sollen gestraft werden.

Und wan gleichwohl das kupplen zu den ehren diente, aber doch solches hinterrucks oder ohne vorwissen der eltern oder in mangel deren des geordneten vogts und einer ehrlichen freundschaft beschehen, die soll nichtsdestoweniger in gefängnus neben entrichtung 10 lbd straf darüber büssen. Dan niemandt gebührte einen anderen wider geheiss und willen, seine kinder zu verkupplen. Wo dan vater und mutter, vogt und verwandte ihre ehrliche kinder und nächste bluths [524]freundschaft selbsten zu den unehren verkupplen wurden, die sollen mit urthl und recht am leben gestraft werden.

Von leichtfertiger beywohnung und hurerey.

So unsere graf- und herrschaften zwey oder mehr persohnen erfunden, die in unehren beyeinander sässen, die sollen unseren oberambtleuthen also bald angeben, von ihnen beschickt und zu dem heil[*igen*] ehestandt angewisen oder auf den verweigerten fahl stracks fort aus dem landt hinweggeschickt werden. Wan auch von einer ledigen tochter oder wittfrauen ein ärgerlich leben geführt und kundtbar, sollen unsere beamte solche persohn für sich beschicken und sie darvon alles ernst wahrnen, wo sie aber darüber von ihren schandtlosen leben nit abstehen wurden, sondern ferner ungebührlich zugangen, von ihr vermerckt und dessen überwisen wurde, soll sich gleichfahls des [525]landts verwisen werden.

Sodan weithers, weil die hurerey und bueberey unter dem ledigen gesindl je länger je mehr über hand nimbt und bereits leider so weit gerathen, daß sie solches dannoch für kein sünd mehr achten, denen aber fürzukommen und auf das solche und dergleichen schändtliche muthwillige nit etwan mehr unverträglich ärgerliches leben bey gott dem allmächtigen nit etwan mehr straf und unheil bey Sodoma und Gomora über ein gantzes landt verursacht, demnach so setzen und wollen wür, daß wo hinführo zwey ledige persohnen in offentlicher hurerey mit- und beyeinander vergriffen oder sich fleischlich vermischt und solches kundtbahr, soll die manns persohn 8 und das weibs-bild 4 tag und so vil nächt darumben in gefängnus mit wasser und brod geleget oder in anderes nach unser ordnung gestraft werden.

Es begibt sich wohl etwan auch, daß die leichtfertigen töchter zu treibung oder hurerey steg [526]und weeg suchen und machen ihnen gedanckhen, ob sie gleich geschwängert, seye es nur umb ein tragen und kindt bringen zu thun, dem vater gebühr alsdan das kindt zu sich zu nehmen, damit seyn sie wider glatt und ledig, auf ein solches, damit dergleichen lasterhafte schleppsäckh ihres vorhabens und meinung nit vergwüst, behalten wür uns bevor nach befindtung und gestalt der sachen, dem vater oder mutter das kindt zuzusprechen.

Wan auch zwey leedige persohnen sich ehelichen zusammen verglübt, sollen sie sich bis auf die ordentliche einführung zichtig und ehrbahr gegeneinander erzeigen und nicht strackhs also schändlicher unzüchtiger weiß zusammen schlupfen, wie bey vilen bishero beschehen ist, oder wür wurden anderen zu einem exempl mit strenger gelt- und thurms-straf gleich denen die offentliche hurerey treiben, gegen denen procediren und verfahren lassen.

[527]So sich dan zutrug, daß einer eine geschwängert hätte und wolte das kindt mit guten willen nit annehmen, sondern ließ die gebährende persohn zum eydt kummen und sonst kein andere darhinter steckt, daß er umbsonsten kein anderer rechter vater seye, der soll umb 10 lbd gestraft werden.

Von ehebruch, hurerey und nothzwang.

So dan ein ehegemacht, weib oder mann an einander brüchig und dessen überwisen wurden, das solle zum ersten mahl gefänglich angenohmen, der mann in den thurm an boden und das weib in ihr gebührliche gefängnus 14 tag lang eingelegt und darin mit wasser und brod, es wurde dan des weibs gelegenheit anderst erfordern, gespeist und daraus nit gelassen werden, es habe sich dan dieselbe persohn auch umb die gelt straf mit der obrigkeit gebührlich verglichen, es solle [528]darzu der mann zu keinen dignitäten gericht oder recht gebraucht, sondern aber danzumahl deren rund entsezt und dan die weibs persohn zu vorgesezter straf zu keiner hochzeit offentlich tantzen, zöchen noch anderen ehrlichen gesellschaften nimmermehr geladen, sondern ob sie aus übersehen oder unbedacht dahin berufen und anderen ehrlichen weibs persohnen nit gedultet oder aber von unseren ambt und gerichts leuthen oder anderen uns mit eyd bewandten befelchs leuten alsbalden mit ernst abgestraft werden bey unserer straf.

Wo aber ein eheman oder eheweib zum anderten mahl überwisen, soll diselbe brüchige persohn widerumb gefänglich angenohmen, ein monath lang mit wasser und brod enthalten, der mann auch sowohl das weib allen ehrlichen gesellschaften entsezet und allweeg doppelt so hoch als das erstmahl gestraft werden.

[529]Wurde dan wider alle zuversicht einige ehepersohn über ausgestandenen zwey strafen noch zum 3t mahl an dem laster des ehebruchs ergriffen und nochmahls entweder unseren gefallen und gutachten auf beschaffenheit der persohn neben der geldstraf des landts verwisen werden.

Als aber ein solche persohn, so des landts verwisen, von uns oder unsrigen wider zu gnaden aufgenohmen und eingelassen, noch über die übrigen ausgestandenen strafen an dem laster des ehebruchs zum 4t mahl ergriffen, die soll von leben zum todt gericht werden.

Wan auch ein lediger man oder gesell mit einem eheweib, auch ledige frau mit einem eheman in werckh der verbotenen unkeuschheit zu schaffen hätte, die von deswegen sollen gleich denen eheleuthen gestraft werden und aus der ursach ist des weibs ehebruch schwärlicher und sträflicher zu achten als des manns.

[530]Dieweil sie von einem anderen man geschwängert werden und also ihrem rechtmässigen mann einem unrechtmässigen erben zubringen und ob sich zutragen, daß ein ehegemächt gegen den anderen gefährlicher und unaussetziger weis mittl und weeg suchen wurde, desselbig zum fahl zu bringen und dadurch die eheschädigung zu erlangen, item wan zway ehe persohnen in solche blindheit fielen, daß sie wissentlich und geschwächt von ein ander die ehe brechen oder die unkeuschheit treiben, die beyde oder die eine so schuldig erfunden, sollen für recht gestellt werden und am leben gestraft werden.

So dan auch zwey persohnen der ehe halber, in welcherley das beschehe, misverständtig und ein ander für den geistlichen richter citieren wurden, soll aus allerhand bewegender ursachen der verlustige theil umb 10 lb jederzeit unnachlässig gestraft werden.

[531]Ferner ordnen wür auch, wan einer dem anderen sein weib und tochter, sie seye jederzeit redlich, ehrlich und wohlgestalt, sambt ihrem gut und paarschaft ohne sein des manns oder der eltern wissen und willen hinweggeführt hätte, daß der mit dem schwerdt an leben gestraft werden solle.

Item wan ein mann 2 weiber und ein weib 2 männer genohmen und ihr jedes mit den beyden schon hochzeit gehalten, es seye beschehen an was endten und orthen es wölle, sie sollen dem todt, nemblich der mann das schwerdt und das weib zu vertränckhen verschuldt haben.

Welcher auch eine frau oder jungfrau nothzwängt und ihr als wider ihren willen und ohne einig gegebener ursach die ehr mit gewalt abgenohmen, der soll dem wasser anbefohlen und ertränckt werden.[532]

Von muthwilligen gesellen, die tag und nacht auf der gassen handl anstellen.

Wür wollen hiermit ernstlich gebiethen, daß sich jedermäniglich, jung und alt, was standts oder weesens die seyn, auf der gassen bey tag oder nacht fein zichtig und still verhalten, auch einer den anderen zu friden lassen und nicht bolteren, zanckhen, jauchzen, schreyen und pleren, wie das unvernünftige thier oder vieh, auch keine schädliche gedichte oder gottlose lieder weder sprechen noch singen, die sich aber dessen nit enthalten, sondern hirwider dis unser gebot sträflich erzeigen werden, die sollen von allen unseren unterthanen in nächsten und zum besten gefänglich angenohmen und hierwider niemand verschont werden.

Auf daß aber solches desto weniger beschehe, so würdt in sonderheit umb so vil voneten seyn, [533]daß die eltern ihre kinder von jugendt auf davon genohmen und also in aller unzucht und leichtfertigkeit umblaufen lassen oder wür wurden geursacht, gegen die eltern destwegen starckhen einsehen zu thun.

Das zwischen bösen und guten ein unterschidt gehalten werde.

Damit dan mäniglich vor laster und untugenden sich desto mehr verhüte und dargegen den jenigen, so sich eines ehrbahrlichen wandel und handels beflissen, in allweeg vor anderen geehrt und befördert werden, so wollen wür dannoch, daß die jenigen persohnen, welche unehrliche thaten und handlungen überwisen oder gründtlicher schandt und laster halber offentlich diffamirt und verläumbt wären, bey anderen ehrlichen leuthen an den gemeinen zusamben[534]kunften, jahr-tägen, tafelen, gaste-

523) fol. 95r.

524) fol. 95v.

525) fol. 96r.

526) fol. 96v.

527) fol. 97r.

528) fol. 97v.

529) fol. 98r.

530) fol. 98v.

531) fol. 99r.

532) fol. 99v.

533) fol. 100r.

534) fol. 100v.

reyen oder dergleichen orthen nit gelitten, vil weniger zu einigen ehrlichen ämbtern gebraucht oder zugelassen werden sollen.

Als wollen wür auch des unehrlichen pastard und pfaffen kindern sich anderen ehrlich gebohrenen nit fürbrechen oder gleichmachen, sondern etwas zuruckhen und hinter sich gehalten, dan thätten sie solches nit, wolten entweders anderen vorsitzen, gehen, stehen, reithen oder fahren, sollen sie mit spott davon abgewisen werden.

Nit weniger sollen auch diejenigen, welche laster und thaten halber gestraft werden, sich gegen andere ehrlichen unberichtigen leithen etwas beschaiden und eingezogen als andere verhalten. Auch sich nit oben aufsetzen oder fürziehen, anderst wurden sie gleichfahls mit schimpf davon abgewisen.[535]

Von liecht- und gunckel häusern.

Dieweil wür befinden, daß aus der nächtlichen versambung licht- und gunckhel stuben nichts anderst als allerhandt unzuchten, tantzen, spilen, mumereyen, fressen, saufen, hurereyen und endlich volle bäuch erfolgen, als manchem ehrlichem mann sein tochter und gesündt nit allein spott und schand, zu dem es vor gott ein greul, geführt, sondern auch solche leichtfertigkeit, schlemen und tremmen das seinig heimblich gehaltener weiß abgetragen würdet, demnach so wollen wür dise unnothwendige liecht- und gungelstuben gantz und gar abgethan, verbothen und uns gegen die übertreter, auch denen so ferner haus, hof und unterschlaipf darzu geben wurden, mit gelt und thurmstraf zu verfahren vorbehalten haben.

[536]Wo dan ehrbahre leuth mit ihren gesündl umb erspahrung holtz und liecht zu ihren nachbahrn oder verwandten zur stuben mit ihren gespünst oder anderer arbeith gehen wollten, das soll ihnen ohnverwehrt, aber doch ihnen hirmit alle leichtfertigkeit, gesang und unzüchtige wort verboten haben.

Von hochzeiten und schänkinen.

Bishero ist bey den gehaltenen hochzeiten und schänckhinen ein merklicher überflüssiger unkosten an speis und tranckh, daraus dan beschwerliche theuerung folgt, angefangen, damit gleichwohl denen hochzeitleithen ganz und gar nit gedient und doch mancher säckel dardurch leer worden und hätte vileicht der mehrere theil das verzöhrte geld wohl sonsten daheimb in anderweeg zu haus nothdürftig.

[537]Demnach nun fürzukommen, ist hirmit unser ernstlicher befehl, will und meinung, daß man hinführo, wo zwey persohnen zu der heil[*igen*] ehe greifen und nit über 200 fl zue kirchgang, damit solche ehrlicher vollzochen werden, oder doch zur mahlzeit nit über 12 persohnen laden und setzen mögen, es wurde ihnen dan die hochzeit von ihren eltern oder sonst guten freunden gehalten und von unseren ober ambtleuten ein mehrers vergunt, bey straf einer persohn 1 lbd, so der bräutigamb und würth jeder halb unnachlässlich bezahlen sollen.

Und so reiche vermögliche leuth hochzeit halten, sollen dieselbe nit mehr als 30 oder 40 persohnen des meistens aber vor 4 tisch laden bey vorgesezter straf, und dan nach gelegenheit der zeit bey den würthen kein manns persohn theurer aber wohl weniger als umb .5. und ein weibs-persohn 4 batzen eingedingt oder sonsten von denen hochzeitlichen [538]persohnen nit weither darzu geschossen werden, alles bey straf 5 lbd beydes die hochzeitleuth und würth halben theil zu bezahlen.

Welche dan armuth und unvermogens halber nur solche schlechte örther oder pfennig wehrts hochzeit anstellen und demselbigen solle keinesweegs gestattet werden, die obbestimbte anzahl, sondern allein etliche ihre nächsten bluths verwandten zu laden, auch dis fahls nit über ein oder aufs allermeist zwey zöchen zu halten vergundt haben.

Es soll auch fürohin umb vil unnothwendige kosten zu vermeiden kein hochzeit zum längsten über anderthalb oder zwey tag wehren und die nach oder gesellen täg, wie die mögen genannt werden, hiemit ganz und gar abgestellt seyn bey straf 5 lbd eine jede übertretende persohn anzulangen.

Und dieweil auch bishero an denen hochzeiten mit den geschänkhen und verehrungen [539]ein grosser mißbrauch gewesen, solchen nun abzuschaffen ordnen wür und wollen, daß hinführo ausserhalb vater und mutter ein schwächer und schwiger, bruder und schwester, denen wür hirinen ihren freyen willen lassen, niemand, weder verwandte noch bekandte, welche gleich diselbige seyn, die in unseren graf- und herrschaften wohnhaft seyn, weither oder mehr nit schenckhen sollen, dan das sohn eltern persohn ein gulden auch aufs höchst, ein eintzige persohn, wittiber oder witwen ein patzn 6, 7 oder 8, ein junger gesell, ein jungfrau 3, 4 oder 5 batzen des meistens bey straf 5 lbd.

Wür wollen ebenmässig bey jezt gedachter straf, unseren unterthanen zum nutzen, wohlfarth und guten hirmit geboten und verboten haben, daß hinführo weder weibsnoch manns persohnen, weder reiche noch arme aus einer herrschaft in die andere oder aus [540]einem fleckhen in den anderen, so zu denen zöchen oder schänckhungen ziehen sollen, es seyen dan ihnen dieselbige persohn von dem hochzeiter oder hochzeiterin unter obstehender zahl geladen oder an selbigen orth, alda die hochzeit gehalten, wohnstatt, denen soll es ohnverboten seyn.

Was aber das jung ledige gesündl betrifft, ob dieselbigen ein offentlichen ehrlichen züchigen tantz, den unsere ambtleuth erlauben möchten und mit dem trunckh oder unzucht zu gefallen in dem nächsten fleckhen auf ein virtl oder halbe meil weegs nachziehen, sich alda züchtig und beschaidentlich halten, denen wollen wür solches nit abgeschlagen haben, aber andere winckhel üppich und leichtfertige neben denen sollen beym thurm und anderer straf hiermit allerdings abgestellt und verboten werden.

[541]Ferners setzen und wollen wür hirmit ernstlich, daß keiner unserer unterthanen an unser oder unsere oberambtleuth verweisung und bewilligung beschehen, auch ehender nit zu bürger oder einwohner auf und angenohmen werden, dieselbige persohnen haben sich dan zuvor bey ihren herren oder leibaigenschaft ledig und dargegen uns, wie andere unsere leibaigen unterwürfig gemacht, daran wür kommen und content seyn mögen.

Von denen gartknechten.

Es gibt die tägliche erfahrung und der schaden selbst zu erkennen, wie hoch unsere unterthanen und arme leuth von denen umbstraifenden müssig gehenden garthknecht und herren losen knechten zu berg und thal sonderlich an den eintzigen orthen mit abnehmung des ihrigen beschwert, angriffen und beschädiget werden, denen noch fürzukommen, befehlen wür hirmit ernstlich und wollen, daß [542]keiner unserer unterthanen hinführo einige garth- oder herren lose knecht, die dem samblen, hinterfangen und bettlen nachziehen, ausserhalb der gewöhnlichen würthshäuser, welches doch auch über ein nacht nit beschehen soll, beherbergen, noch anderst halten bey straf 1 lbd von jedem verbrachten zu entrichten.

Es wäre dan, wo ein abgedanckter knecht, der sich verzöhrt oder sonst kranckh wäre und nit vil zum besten, aber doch seinen redlichen passport aufzuweisen hätte, uns durch unser gebieht zuge, dem es auf sein demüthiges gebührliches bitten mag ein jeder nach seinem freyen willen und guten gefallen etwas mittheilen, es seye ein stuckh brod, heller, pfennig oder was anders, aber die übrige faul tropfen, handwerkhs- oder andere werckhlose leuth, so sich nur auf garten legen, soll man an allen orthen erstlich mit guten, wo solches nichts verfangen möchte, als[543]dan mit gewalt ausschaffen und keinem nichts geben.

Wird sich aber einer damit nit ab- oder ausweisen, sondern die leuth damit hochmächtigen tringen, zwingen oder ängstigen, denselben sollen unsere unterthanen gesambter handt, darumben ja ein nachbar dem anderen an straf 10 lbd beyspringen soll, gefänglich annehmen und uns überandworten, wür wollen nach gestalt der sachen mittl und straf gegen ihme vorzunehmen wissen.

Solte sich aber einer zur wehr stellen und nit wollen gefangen geben, und derselbig frevler darüber durch sein verursachen und gegenwehr, in sonderheit wan er sich auf vorgehend von unsertwegen gethans versprechen und ermahnen, in die gehorsamb nit gehen wolte, von denen unsrigen beschädiget oder gar endtlich entleibet wurde, dessen sollen sie kein endtgelt [544]haben noch in unguten darumb angelangt werden.

Wür gebiethen auch ferner unseren ambtleuthen und unterthanen, daß sie alle jahr zu unterschidlichen mahlen unverwahrneten sachen, so oft sie solches für ein nothdurft achten, mit ihren nachbarn dises losen gesündls halber auf dem landt, in wäldern, heuhäusern und anderen dergleichen verdächtigen orthen besuchung thun und anstellen, und in fall dan solcher gestalt argwöhnische persohnen betreten wurden, sollen sie oder er, wie sie mit tauf- und zunahmen heissen, wessen landts sie seynd, weme sie zustenden, von wann sie ziehen, was ihr thun und lassen, wohin sie wollen, was sie an disem orth zu schaffen und gemeiniglich was ihr intent und vorhaben seye mit allen umständen ernstlich befraget und was unwichtiges befunden, dieselben umb ferner inquisition [545]in verhaft genohmen, die übrigen aber mit scharpfen betrohungen, wan sie mehr der enden angriffen, mit gefängnus oder in ander weeg gegen sie zu verfahren aus dem landt gewisen werden.

Von denen zigeunern.

Demnach auf etliche unterschidliche gehaltenen reichs tagen und sonderlich durch jüngst in anno 77 zu franckhfurth erneuerte reichs policey ordnungen geboten, beschlossen, und fürsehen worden, keine zigeuner in dem reich teutscher nation zu gedulten.

Also befehlen wür hirmit allen und jedem unseren unterthanen, fordist unseren ober- und unter ambtleuten, das sie gemelte zigeuner weder manns- noch weibs persohnen noch ihren anhang in- und durch [546]dis unser

---

535) fol. 101r.

536) fol. 101v.

537) fol. 102r.

538) fol. 102v.

539) fol. 103r.

540) fol. 103v.

541) fol. 104r.

542) fol. 104v.

543) fol. 105r.

544) fol. 105v.

545) fol. 106r.

546) fol. 106v.

landt ziehen, zu handlen oder zu wandlen und noch vil weniger kurtz oder lang darinnen sich aufzuhalten gestattet, sondern von dannen hinweeg weisen, und mit ernst darabhalten und sie daran weder passporten noch anderes, so sie aufweisen möchten, nit hinterlassen.

Wo aber sie sich nit abweisen lassen, sondern hierüber in- und durch dis landt ziehend betreten werden, solten sie von den unsrigen gefänglich angenohmen und gelifert und alles, was bey ihnen befunden, es seye an pferdten, püxen, währen, kleider, paarschaften oder anderen zum halben theil unter diejenigen, so sie beygefangen und gelifert, ausgetheilet werden.

Wan auch jemand etwas gegen solchen [547]zigeunern, die nur auffahren und verräther der christenheit, sondern auch ehrliche leuth mit zauberey bestelen, beluigen und betrügen, wie sie immer kundten, mögen mit der that handlen oder vornehmen wurde, der soll daran nit gefreflet noch unrecht gethan haben.

547) fol. 107r.

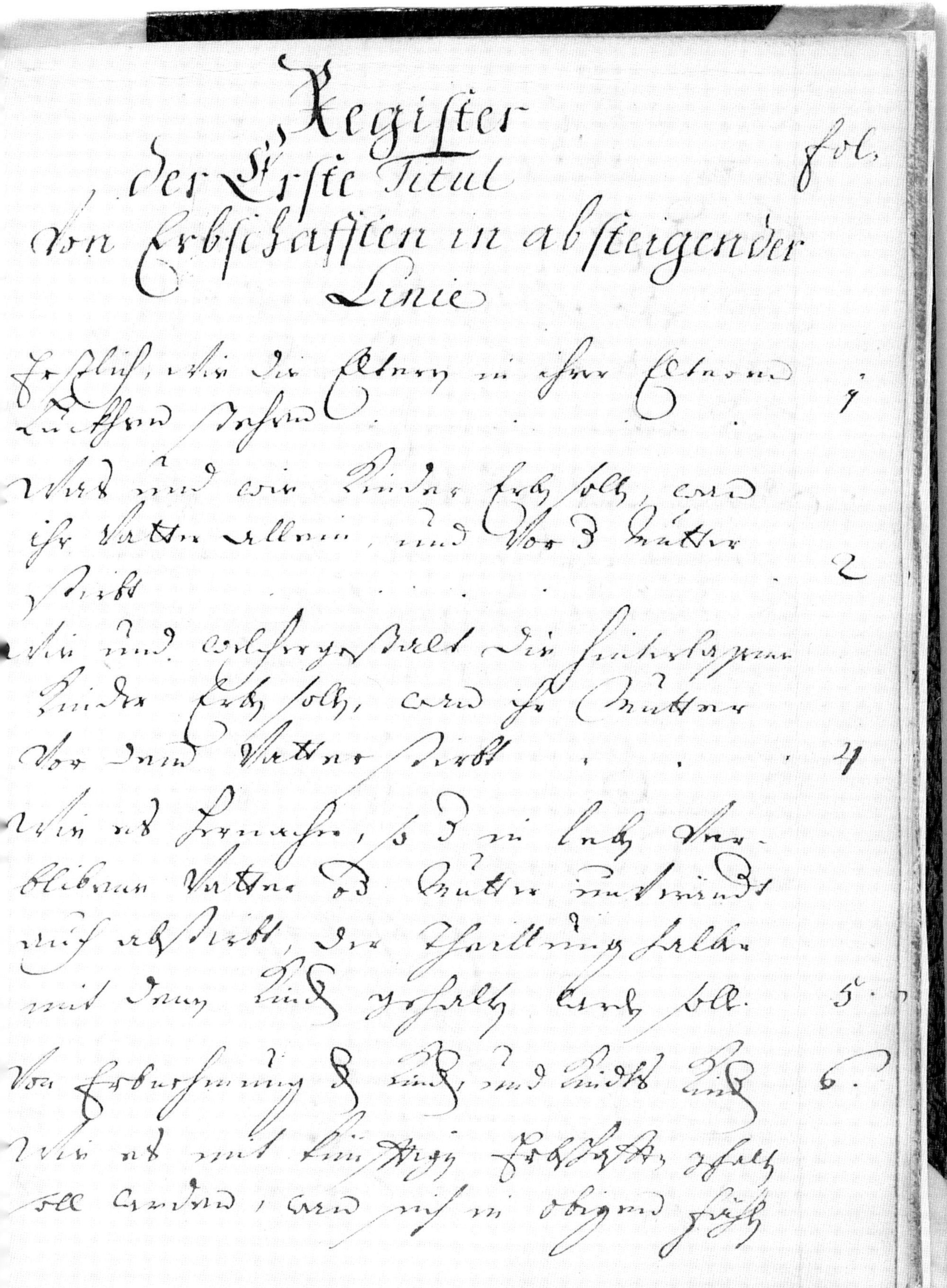
Register
der Erste Titul
von Erbschafften in absteigender
Linie
fol.

REGISTER.

Der erste titul fol.

von erbschaften in absteigender linie

Von erbschaften in aufsteigender linie.

Von erbschaften in der beyderseiths oder zwerch linie.

Von erbnehmung deren eheleithen.

Anhang

SACHERKLÄRUNGEN

Vgl. dazu auch das nachfolgende Abkürzungsverzeichnis

abraithen
Abrechnen. Jutz, Bd. 1, S. 28; GW, Bd. 1, S. 85.

aufschneider
Beamter für die Getränkesteuer. DRWB, Bd. 1, S. 942.

bidermann
Unbescholtener Mann. Lexer, S. 21.

deckhe beschlagen
Beschreiten. *«Bei feierlichen Hochzeiten wurden Braut und Bräutigam in das Schlafgemach gebracht entkleidet und mußten das Bett besteigen, worauf das Zimmer verschlossen und andern tags wieder aufgeschlossen wurde»*. GW, Bd. 1, S. 1573.

dreyßigster
«Der dreißigste Tag nach der Beerdigung eines Verstorbenen. An diesem Tage ward ehemals der letzte Seelengottesdienst für den Verstorbenen gehalten». GW, Bd. 2, S. 1394.

ehehaft
Recht, gesetzmässig. Lexer, S 36.

fahrnis
Sachen, die ohne Veränderung ihres Wesens von Ort zu Ort bewegt werden konnten. HRG, Bd. 1, S. 1050.

fruhe messer
«Ein von der Stiftung zu einer Messe, die er am frühen Morgen täglich zu lesen hat, lebender Geistlicher». GW, Bd. 4 1/1, S. 318.

gant
Der im Rahmen der Zwangsvollstreckung vorgenommene öffentliche Pfandverkauf. HRG, Bd. 2, S. 1384.

geschiff
Coll. zu schiff in seiner ursprünglichen Bedeutung «gefäss». GW, Bd. 4 1/2, S. 3885.

gesuchtes und ungesuchtes gut
Sowohl das, was man bereits hergestellt und erworben hat, als auch das, was man noch weiter sollte herstellen und erwerben können. GW, Bd. 4 1/2, S. 4285.

geunwillet
Abstossend. Jutz, Bd. 1, S. 1171.

geweth
Genosse, ein gleicher. Lexer, S. 71.

gunckelhäuser
«Haus, in welchem abends nach Abrede einige Töchter zusammenkamen, um an der Kunkel zu spinnen, und wo sich dann auch die Jünglinge zu Spiel und Scherz einfanden». In weiterer Folge Haus, in dem es liederlich hergeht. Id., Band 2, S. 1709.

halsherr
Leibherr, als Herr über die Hals- oder Leibeigenen; in verallgemeinderter Bedeutung unumschränkter Herrscher überhaupt. Id., Band 2, S. 1531. Dem Halsherren gehört die Ausübung der obersten Gerichtsbarkeit, er ist Inhaber des Halsgerichts. GW, Band 4/11, S. 263.

hauptsumme
Kapital; im Gegensatz zum Zins. Id., Band 7, S. 973. Hauptsächliche Summe einer Schuld, Kapital. GW, Bd. 4/11, S. 634 f.

kürnig
Körnig. GW, Bd. 5, S. 2814.

leibsnahrung
Lebensmittel, aber auch Lebensunterhalt, Leibgedinge. DRWB, Bd. VI 11/7, 8, S. 1107.

lichtstuben
Siehe gunckelhäuser.

lidlohn
Lohn eines Dienstboten, soweit er in Geld besteht. HfH, S. 395.

malefiz
aus dem Lateinischen maleficium übernommenes Rechtswort, das von einem peinlichen Gericht zu ahndende Verbrechen bezeichnet. GW, Bd. 6, S. 1500.

malefizisch
Der peinlichen, hohen Gerichtsbarkeit zugehörig, verfallen. Id., Bd. 4, S. 167.

notdurft
Notwendigkeit, Bedürfnis. Jutz, S. 557; Bedürfnis; das notwendig Bedurfte und Unentbehrliche; der Bedarf an notwendigen Dingen, besonders zum Leben. GW, Bd. 7, S. 924.

ohnverändert
Unverheiratet, ohne zu heiraten. Id., Band 1, S. 310.

passierlich
Erträglich, annehmbar. Id., Band 4, S. 1660.

presthaft
Mangelhaft, gebrechlich. GW, Bd. 2, S. 373.

raithung
Siehe abraithen.

rüster
Gerüstemacher. Lexer, S. 174.

sämer
Samenaere: einer, der Geld einsammelt als Einnehmer. Lexer, S. 176.

schleppsäckh
Liederliche Weibsperson, Hure; im abgeschwächten Sinn leichte scherzhafte Schelte; Id., Bd. 7, S. 639. Schelte auf einen Menschen, der etwas Dummes gemacht hat, nachlässig ist. Faul, unordentlich, schlampig. GW, Bd. 9, S. 649.

solennität
Feierlichkeit, feierliche Handlung. Id., Bd. 7, S. 782.

stötzen
Einfältiger, ungelenker Mensch, dummer Kerl. Id., Bd. 11, S. 1864.

tafernen
Aus ital. taverna, Schenke, Wirtshaus. GW, Bd. 11 1/1, S. 25.

taubsucht
Sinnlosigkeit, Anfall von Geistesstörung, mit Wüten verbunden, Tobsucht. Id., Bd. 7, S. 284.

themmen
Schlemmen, schwelgen, im Rausch leben, wo Sinn und Verstand zugedämmt, eingehüllt oder verdunkelt sind. Gewöhnlich mit schlemmen verbunden. GW, Bd. 2, S. 709.

übelhausen
Schlecht haushalten. GW, Bd. 11/2, S 38.

umbgelt
Verbrauchs- und Umsatzsteuer im Marktverkehr und an den Grenzen (Stadttoren). Speziell war das Umbgelt gelegt auf geistige Getränke, zunächst auf Wein, dann auch auf Branntwein und Most. Vormals war es eine (Gewerbs-) Steuer auf die Wirte, nicht auf Private, und ursprünglich eine bloss städtische Verbrauchssteuer, die dann aber auch auf das Land ausgedehnt wurde. Id., Bd. 2, S. 241.

urgicht
Geständnis. In der Rechtssprache scheint urgicht mit der Einführung des römischen Rechts und der Folterung die verengte Bedeutung erhalten zu haben. a) das Geständnis mit und ohne Folter, b) die Aufzeichnung des Geständnisses. Urgicht ist eine summarische Beschreibung aller Verbrechen eines Delinquenten. Ungenau wird der gesamte mit der Vernehmung und dem Geständnis verbundene Hergang als urgicht bezeichnet. GW, Bd. 11, S. 2425.

verding
Verpflichtender Vertrag Jutz, Bd. 1, S. 806.

vergewüst
Verbürgt. Jutz, Bd. 1, S. 817.

verheften
Vorenthalten, zurückhalten. Lexer, S. 271.

visirer
Eichmeister. Lexer, S. 290.

weinschleich
Schlauch zum Abziehen und Überleiten des Weins. Jutz, Bd. 2, S. 1573. Säufer, Trinker, häufig im 16. Jahrhundert, später seltener. Zwei Vorstellungen gehen durcheinander «Einer, der viel Wein verschlingt», anknüpfend an die eigentliche Bedeutung von Schlauch, «Fresser, Schlemmer» und «einer, der mit Wein gefüllt ist wie ein Weinschlauch». GW, Bd. 14 1, S. 989 f.

würfeln knipfen
Beim Spiel betrügerisch behandeln. GW, Bd. 5, S. 1435.

zwerchlinie
Quer- oder Seitenlinie einer Verwandtschaft. Id., Bd. 3, S. 1285.

ABKÜRZUNGEN

Bd.
Band

DRWB
Deutsches Rechtswörterbuch (Wörterbuch der älteren deutschen Rechtssprache) Hrsg. von der Preußischen Akademie der Wissenschaften. 8 Bände, Weimar, 1914–1932.

fl.
Gulden

GW
Grimm, Jakob und Wilhelm: Deutsches Wörterbuch. Hrsg. von der deutschen Akademie der Wissenschaften Berlin. 16 Bände, Leipzig, 1854/1954.

HfH
Eugen Haberkern, Joseph Friedrich Wallach: Hilfswörterbuch für Historiker. 8. Auflage, Basel, Tübingen, 1995.

HRG
Handwörterbuch zur deutschen Rechtsgeschichte. Hrsg. v. Adalbert Erler und E. Kaufmann. 4 Bände. Berlin, 1971 ff.

Id.
Schweizerisches Idiotikon. Wörterbuch der schweizerdeutschen Sprache. Frauenfeld, 1881 ff.

JBL
Jahrbuch des Historischen Vereins für das Fürstentum Liechtenstein

Jutz
Jutz, Leo: Vorarlbergisches Wörterbuch mit Einschluss des Fürstentums Liechtenstein. Wien, 1960.

LB
Landsbrauch

lbd
Pfund Pfennig

Lexer
Lexer, Matthias: Mittelhochdeutsches Taschenwörterbuch. 32. Auflage, Stuttgart, 1966.

LLA
Liechtensteinisches Landesarchiv, Vaduz

LUB
Liechtensteinisches Urkundenbuch

RA
Registratur A (Akten des Fürstlichen Oberamts, bis 1808)

SchäU
Schädler Urkunden

vgl.
vergleiche

zit.
Zitiert

QUELLEN

UNGEDRUCKTE QUELLEN

LLA Landsbrauch 1667, Abschrift Johann Georg Wolf von Vaduz.

LLA Landsbrauch 1682, Abschrift Basilius Hoop.

LLA Landsbrauch 17. Jahrhundert: «Umbfragen und verbanung deß malefiz gerichts wie solches in der grafschaft Vaduz üblich».

LLA RA CXLIII, ohne Datum: «Des richters ayd über das blut zurichten», «urtlsprecher ayd», «schreibers ayd».

LLA RA 1/16/6, Policey- und Landtsordnung des Reichs-Fürstenthums Liechtenstein 1732.

LLA RA 02/6/01, 1571.

LLA RA 02/6/02, 1666.

LLA RA 02/6/04, 1695.

LLA RA 02/6/05, 16. und 17. Jahrhundert.

LLA RA 02/6/06,1718.

LLA RA 02/6/07, 1720.

LLA RA 02/6/08, 1726.

LLA RA 02/6/09, 1727.

LLA RA 02/6/10,1798.

LLA RA 143/36, ohne Datum: «Verbannung des malefiz gerichtes geschieht ungefahr uff hernach folgender formb und weis».

LLA 146/021, 1650.

LLA SchäU 24, 14. Mai. 1509.

LLA SchäU 26, 1. August 1509.

LLA U57, 1589.

GEDRUCKTE QUELLEN

Büchel, Johann Baptist: Regesten der Herren von Schellenberg. In: JBL 1 (1901), S. 177–268.

Burmeister, Karl Heinz (Hrsg.): Vorarlberger Weistümer. 1. Teil (Bludenz – Blumenegg – St. Gerold). Wien, 1973.

Liechtensteinisches Urkundenbuch (LUB), 1. Teil: Von den Anfängen bis zum Tod Bischof Hartmanns von Werdenberg-Sargans, 1416; Band 1 und 2: Bearbeitet von Franz Perret. Vaduz, 1973; Band 3: Bearbeitet von Benedikt Bilgeri. Vaduz, o. J.; Band 4: Aus den Archiven des Fürstentums Liechtenstein. Bearbeitet von Georg Malin. Vaduz, 1963–1965.

Ospelt, Joseph: Landammänner-Verzeichnis und Landammänner-Siegel. In: JBL 40 (1940), S. 37–67.

Ritter, Rupert: Die Brandisischen Freiheiten. In: JBL 43 (1943), S. 9–42.

LITERATUR

Aebi, Hans Georg: Landsbrauch der zürcherischen Freiherrschaft Sax-Forsteck 1627. Ein Beitrag zur Erforschung ländlicher Rechtsquellen im St. Galler Rheintal. Diss. Zürich, 1974.

Aichhorn, Ulrike: Die Rechtstellung der Frau im Spiegel des österreichischen Weistumsrechts. Wien, 1992. (Dissertationen der Universität Salzburg. Band 33).

Bader, Karl Siegfried: Studien zur Rechtsgeschichte des mittelalterlichen Dorfes. 2. Teil: Dorfgenossenschaft und Dorfgemeinde. Wien, 1974.

Beck, Wilhelm: Eheliches Güterrecht und Ehegattenrecht nach unseren Rechtsquellen. In: JBL 17 (1917), S. 107–124.

Borgolte, Michael: Geschichte der Grafschaften Alemanniens in fränkischer Zeit. Sigmaringen, 1984. (Vorträge und Forschungen. Sonderband 31).

Borgolte, Michael: Die Grafen Alemanniens in merowingischer und karolingischer Zeit. Sigmaringen, 1986. (Archäologie und Geschichte. Band 2).

Brunner, Otto: Land und Herrschaft. Grundfragen der territorialen Verfassungsgeschichte Österreichs im Mittelalter. Wien, 1965.

Büchel, Johann Baptist: Geschichte der Herren von Schellenberg. In: JBL 7 (1907), S. 5–75.

Büchel, Johann Baptist: Geschichte des Eschnerberges. In: JBL 20 (1920), S. 5–36.

Bühler-Reimann, Theodor: Warnung vor dem herkömmlichen Weistumsbegriff. In: Deutsche Ländliche Rechtsquellen. Probleme und Wege der Weistumsforschung. Hrsg. Peter Blickle. 1. Auflage. Stuttgart, 1977.

Burmeister, Karl Heinz: Caspar von Capal (ca. 1490–1540), ein Bündner Humanist und Jurist. Sonderdruck aus: Festgabe zum 65. Geburtstag von Claudio Soliva. Zürich, 1994.

Burmeister, Karl Heinz: Die Vorarlberger Landsbräuche und ihr Standort in der Weistumsforschung. Zürich, 1970.

Burmeister, Karl Heinz: Grundlinien der Rechtsgeschichte Vorarlbergs. In: Montfort 39 (1987), S. 42–51.

Burmeister, Karl Heinz: Probleme der Weistumsforschung. In: Deutsche Ländliche Rechtsquellen. Probleme und Wege der Weistumsforschung. Hrsg. Peter Blickle. 1. Auflage. Stuttgart, 1977, S. 74–86.

Conrad, Hermann: Deutsche Rechtsgeschichte. Band II. Neuzeit bis 1806. Karlsruhe, 1966.

Ebel, Wilhelm: Geschichte der Gesetzgebung in Deutschland. 2. Auflage. Göttingen, 1958. (Göttinger Rechtswissenschaftliche Studien. Band 24).

Eder, Irmtraut: Weistümer als Dokumente der Territorialpolitik. In: Deutsche Ländliche Rechtsquellen. Probleme und Wege der Weistumsforschung. Hrsg. Peter Blickle. 1. Aufl. Stuttgart, 1977, S. 142–153.

Falk-Veits, Sabine; Weiss, Alfred S.: «Armselig sieht es aus, die not ist nicht zu beschreiben.» Armut als soziales und wirtschaftliches Problem des 18. und 19. Jahrhunderts, dargestellt am Fallbeispiel Liechtenstein. In: Bausteine zur liechtensteinischen Geschichte. Studien und studentische Forschungsbeiträge. Hrsg. Arthur Brunhart. Zürich, 1999, Band 2. Neuzeit: Land und Leute, S. 209–241.

Fehr, Hans: Über Weistumsforschung. In: Vierteljahrsschrift für Sozial- und Wirtschaftsgeschichte 13 (1916), S. 555–561.

Feigl, Helmuth: Rechtsentwicklung und Gerichtswesen Oberösterreichs im Spiegel der Weistümer. Wien, 1974. (Archiv für Österreichische Geschichte. Band 130).

Dopsch, Heinz; Spatzenegger, Hans (Hrsg.): Geschichte Salzburgs. Stadt und Land. Band 1/2. Salzburg, 1983.

Goop, Adulf Peter: Liechtenstein – gestern und heute. Vaduz, 1973.

Hartz, Werner: Die Gesetzgebung des Reichs und der weltlichen Territorien in der Zeit von 1495 bis 1555. Diss. Marburg, 1931.

Hollaus, Petra: Das Maien- und Herbstzeitgericht zu Rofenberg: Eine Untersuchung der Gerichtsprotokolle 1602–1605. In: Bausteine zur liechtensteinischen Geschichte. Studien und studentische Forschungsbeiträge. Hrsg. Arthur Brunhart. Zürich, 1999, Band 2. Neuzeit: Land und Leute, S. 181–208.

Hübner, Lorenz: Grundzüge des deutschen Privatrechts. 5. Auflage. Leipzig, 1930.

Justi, Johann Heinrich Gottlob von: Grundsätze der Policeywissenschaft. 3. Ausgabe. Göttingen, 1782. (Neudruck Frankfurt a. M., 1969).

Kaiser, Peter: Geschichte des Fürstenthums Liechtenstein. Nebst Schilderungen aus Chur-Rätien's Vorzeit. Chur, 1847. Neu hrsg. von Arthur Brunhart. Vaduz, 1989. 2 Bände.

Knemeyer, Franz Ludwig: Polizeibegriffe in Gesetzen des 15. bis 18. Jahrhunderts. In: Archiv des öffentlichen Rechts 92 (1967), S. 154–180.

Kocher, Gernot: Richter und Stabübergabe im Verfahren der Weistümer. Graz, 1971.

Koziol, Helmut; Welser, R.: Grundriss des bürgerlichen Rechts. Band 11. Sachenrecht, Familienrecht, Erbrecht. 6. Auflage. Wien, 1982.

Lieberich, Heinrich: Die Anfänge der Polizeigesetzgebung des Herzogtums Bayern. In: Festschrift für Max Spindler. München, 1969, S. 307–378.

Maurer, Helmut: Der Herzog von Schwaben. Grundlagen, Wirkungen und Wesen seiner Herrschaft in ottonischer, salischer und staufischer Zeit. Sigmaringen, 1978.

Mitteis, Heinrich; Lieberich, Heinrich: Deutsches Privatrecht. Ein Studienbuch. 4. Auflage München/Berlin, 1963.

Müller, Walter: Die Offnungen der Fürstabtei St. Gallen. Die Ergebnisse im Spiegel der Weistumsforschung. In: Deutsche Ländliche Rechtsquellen. Probleme und Wege der Weistumsforschung. Hrsg. Peter Blickle. 1. Auflage. Stuttgart, 1977, S. 52–69.

Naegeli, Alfred: Das germanische Selbstpfändungsrecht in seiner historischen Entwicklung mit besonderer Rücksicht auf die Schweiz. Diss. Zürich, 1876.

Niederstätter, Alois: Beiträge zur Verfassungs- und Verwaltungsgeschichte Vorarlbergs (14. bis 16. Jahrhundert). In: Montfort 39 (1987), S. 53–70.

Niederstätter, Alois: Aspekte des Landesausbaus und der Herrschaftsverdichtung zwischen Bodensee und Alpen im 11. bis 14. Jahrhundert. In: Montfort 44 (1992), S. 48–62.

Ospelt, Alois: Wirtschaftsgeschichte des Fürstentums Liechtenstein im 19. Jahrhundert. In: JBL 72 (1972), S. 5–423.

Ospelt, Alois: Die geschichtliche Entwicklung des Gerichtswesens in Liechtenstein. In: Liechtenstein Politische Schriften 8 (1981), S. 217–244.

Ospelt, Joseph: Zur liechtensteinischen Verfassungsgeschichte. In: JBL 37 (1937), S. 5–50.

Ospelt, Joseph: Die Gründung der Grafschaft Vaduz nebst kurzer Geschichte der vorausgegangenen Zeit. In: JBL 41 (1941), S. 5–70.

Patzelt, Erna: Entstehung und Charakter der Weistümer in Österreich. Baden, Wien, Leipzig, Brünn, 1924.

Planitz, Hans: Die Vermögensvollstreckung im deutschen Mittelalter. Band 1: Die Pfändung. Leipzig, 1912.

Polizei- und Landesordnungen. Hrsg. Gustaf Klemens Schmelzeisen; W. Kunkel; H. Thienne. Köln, Graz, 1968. (Quellen zur Neueren Privatrechtsgeschichte, Band 2).

Preu, Peter: Polizeibegriff und Staatszwecklehre. Die Entwicklung des Polizeibegriffs durch die Rechts- und Staatswissenschaften des 18. Jahrhunderts. Göttingen, 1983. (Göttinger Rechtswissenschaftliche Studien, Band 124).

Sablonier, Roger: «Graf Hartmann sol ze tail

werden Vaduz»: Der Werdenberger Teilungsvertrag von 1342. In: JBL 92 (1994), S. 3–36.

Schädler, Albert: Die alten Rechtsgewohnheiten und Landsordnungen der Grafschaft Vaduz und der Herrschaft Schellenberg, sowie des nachherigen Fürstentums Liechtenstein. In: JBL 5 (1905), S. 41–85.

Schafhauser, Eugen: Die St. Martinskirche von Eschen und das Gerichtsgebäude zu Rofenberg. In: JBL 54 (1954), S. 71–78.

Schlosser, Hans: Spätmittelalterlicher Zivilprozess nach bayrischen Quellen. Gerichtsverfassung und Rechtsgang. Wien, 1971.

Schmelzeisen, Gustaf Klemens: Polizeiordnungen und Privatrecht. Münster/Köln, 1955. (Forschungen zur Neueren Privatrechtsgeschichte, Band 3).

Schultze, Johannes: Richtlinien für die äußere Textgestaltung bei Herausgabe von Quellen zur neueren deutschen Geschichte. In: Blätter für deutsche Landesgeschichte, Jahrgang 98 (1962), S. 1–11.

Schulze, Hans K.: Die Grafschaftsverfassung der Karolingerzeit in den Gebieten östlich des Rheins. Berlin, 1973. (Schriften zur Verfassungsgeschichte. Band 19).

Schulze, Reiner: Die Polizeigesetzgebung zur Wirtschafts- und Arbeitsordnung der Mark Brandenburg in der frühen Neuzeit. Aalen, 1978. (Untersuchungen zur deutschen Staats- und Rechtsgeschichte, Neue Folge, Band 22).

Seger, Otto: Überblick über die liechtensteinische Geschichte. Vaduz, 1974.

Siegel, Heinrich: Das deutsche Erbrecht nach den Rechtsquellen des Mittelalters in seinem inneren Zusammenhang dargestellt. Neudruck der Ausgabe Heidelberg 1853. Aalen, 1969.

Stievermann, Dieter: Geschichte der Herrschaften Vaduz und Schellenberg zwischen Mittelalter und Neuzeit. In: Liechtenstein – Fürstliches Haus und staatliche Ordnung. Geschichtliche Grundlagen und moderne Perspektiven. Hrsg. Volker Press; Dietmar Willoweit. Vaduz, 1987, S. 87–128.

Theisl, Maria: Die Bestimmungen der Weistümer der österreichischen Alpenländer im Spiegel des heutigen Rechtes. Diss. Graz, 1994.

Vogt, Paul: Brücken zur Vergangenheit. Ein Text- und Arbeitsbuch zur liechtensteinischen Geschichte. 17. bis 19. Jahrhundert. Hrsg. vom Schulamt des Fürstentums Liechtenstein. Vaduz, 1990.

Weber, Matthias: Die schlesischen Polizei- und Landesordnungen der frühen Neuzeit. Köln, Weimar, Wien, 1996. (Neue Forschungen zur schlesischen Geschichte, Band 5).

Werkmüller, Dieter: Über Aufkommen und Verbreitung der Weistümer. Nach der Sammlung von Jacob Grimm. Berlin, 1973.

Wieacker, Franz: Privatrechtsgeschichte der Neuzeit unter besonderer Berücksichtigung der deutschen Entwicklung. Göttingen, 1952.

Wiessner, Hermann: Sachinhalt und wirtschaftliche Bedeutung der Weistümer im deutschen Kulturgebiet. Baden, Wien, Leipzig, Brünn, 1934.

Willoweit, Dietmar: Die Entwicklung und Verwaltung der spätmittelalterlichen Landesherrschaft. In: Deutsche Verwaltungsgeschichte I. Stuttgart, 1983, S. 66–131.

NACHSCHLAGEWERKE

Deutsches Rechtswörterbuch (Wörterbuch der älteren deutschen Rechtsprache). Hrsg. von der Preussischen Akademie der Wissenschaften. 8 Bände, Weimar, 1914–1932.

Geschichtliche Grundbegriffe. Historisches Lexikon zur politisch-sozialen Sprache in Deutschland. Hrsg. Otto Brunner; Werner Conze; Reinhard Kosellek. Stuttgart, 1972 ff.

Grimm, Jakob und Wilhelm: Deutsches Wörterbuch. Hrsg. von der deutschen Akademie der Wissenschaften Berlin. Leipzig, 1854/1954. 16 Bände.

Haberkern, Eugen; Wallach Joseph Friedrich: Hilfswörterbuch für Historiker. 8. Auflage. Basel, Tübingen, 1995.

Handwörterbuch zur deutschen Rechtsgeschichte. Hrsg. Adalbert Erler; E. Kaufmann. Berlin, 1971 ff. 4 Bände.

Jutz, Leo: Vorarlbergisches Wörterbuch mit Einschluss des Fürstentums Liechtenstein. Wien, 1960.

Lexer, Matthias: Mittelhochdeutsches Taschenwörterbuch. 32. Auflage. Stuttgart, 1966.

Schweizerisches Idiotikon. Wörterbuch der schweizerdeutschen Sprache. Frauenfeld, 1881 ff.

BILDNACHWEIS

S. 13: Paul Vogt, Brücken zur Vergangenheit. Vaduz, 1990, S. 29

Alle übrigen Abbildungen: LLA AM 5. Landsbrauch 1667

Aufnahmen: Heinz Preute, Vaduz

ANSCHRIFT DER AUTORIN

Dr. Karin Schamberger-Rogl
Santnerweg 58
A-5301 Eugendorf

ZWISCHEN MARKT UND ELFENBEIN-TURM – VOLKS-KUNDE HEUTE

HERMANN BAUSINGER

Seit zirka 1830 sind solche Herzchen belegt, mit denen die besten Milchkühe bei der Alpabfahrt im Frühherbst ausgezeichnet werden. Diese farbigen Holzherzen werden den Tieren auf die Stirn gebunden. So kehren die überdies mit Blumen und Glocken geschmückten Tiere vom Berg ins Tal zurück. Der Bauer, dessen Tiere dergestalt ausgezeichnet werden, sammelt diese Herzen und nagelt sie an die Aussenwand seines Viehstalls. Dieses Brauchtum ist ein Spezifikum des Liechtensteiner Oberlands.

Früher wurden die Alpabfahrtsherzen von den Hirten selbst aus Schindeln und dünnen Brettchen geschnitzt, mit dem Monogramm Jesu (JHS) versehen und so für die Prämierung vorbereitet. Heute jedoch werden diese Herzen industriell gefertigt. Die Vielfalt in Grösse, Form und Farbe ist demnach einer standardisierten Einheitsform gewichen.

Wieviel Liechtensteiner braucht es, um eine Glühbirne auszuwechseln? Ich unterstelle, dass einer genügt. Wird die Frage auf die Ostfriesen bezogen, denen man in Deutschland gerne die Rolle moderner Schildbürger zuweist, so lautet die Antwort: Drei – einer hält die Birne, und zwei drehen die Leiter. Die gleiche Frage wurde auch für Volkskundler gestellt,[1] und hier lautete die Antwort: Acht – einen, der die Birne einschraubt, und sieben, welche die Terminologie und Theorie ausarbeiten.

Im Programm für diese Tagung in Balzers[2] sind sieben Referentinnen und Referenten angeführt; ich hoffe und denke aber, dass sich jene scherzhafte Antwort trotzdem nicht auf die Tagung anwenden lässt. Doch es ist etwas Richtiges dran an dieser spöttischen Bemerkung – wie an den meisten Boshaftigkeiten. In der akademischen Volkskunde wurde und wird tatsächlich viel Energie und Zeit in Anstrengungen investiert, vernünftige Begriffe zu finden und theoretische Zugänge zu erschliessen. Die Kritik am ‹Elfenbeinturm› liegt nahe; aber bei näherem Zusehen zeigt sich, dass solche Investitionen – mindestens in manchen Phasen einer Wissenschaft – ganz unvermeidlich sind.

Es gibt Wissenschaften, bei denen man ziemlich genau weiss, wo man dran ist. Dazu gehört beispielsweise die Medizin. Natürlich gibt es auch dort vielerlei Richtungsstreit – mancher geht sogar tödlich aus –, und natürlich gibt es auch Abgrenzungsfragen, etwa im Blick auf Formen der sogenannten Alternativmedizin. Man streitet also beispielsweise darüber, ob Akupunktur zu dem Fach gehört oder ob sie nicht in den Bereich der Laienmedizin verwiesen werden muss. Aber im Ganzen weiss man doch, woran man ist; Medizin ist zentriert um Probleme von Gesundheit und Krankheit, und sie ist legitimiert durch eine praktische Profession, durch das ärztliche Handeln.

Volkskunde als Beruf – das ist, wenn man vom akademischen Bereich absieht, ziemlich selten. Volkskunde als Berufung gibt es häufiger, aber mit sehr verschiedenartigen, weit auseinanderlaufenden Interessen. Die Frage- und Forschungsrichtung des Fachs ist keineswegs eindeutig. Das mag sich merkwürdig anhören, denn die Gegenstände und Gebiete des Fachs scheinen ja bereits sprachlich vordefiniert: *Volks*poesie, *Volks*märchen, *Volks*sage, *Volks*lied, *Volks*glaube, *Volks*frömmigkeit, *Volks*kunst, *Volks*sprache, *Volks*brauch, *Volks*tracht. Schaut man aber genauer hin, so erweist sich gerade dieses Ordnungsprinzip als Falle. Es gibt Verbindungen mit dem Bestimmungswort *Volk*, die nicht oder kaum ins Fach einbezogen sind. Schon bei *Volks*wagen steigen die meisten Volkskundler im allgemeinen aus. Und auch Bereiche wie *Volks*schule, *Volks*hochschule, *Volks*empfänger, *Volks*abstimmung sind keine eigentlichen volkskundlichen Domänen. Wichtiger aber ist etwas anderes, das man als Volksparadox bezeichnen könnte. Der Schweizer Volkskundler Eduard Strübin hat einmal festgestellt, wenn etwas mit dem Etikett *Volks-* versehen sei, könne man davon ausgehen, dass es nicht volkstümlich, nicht populär sei. Dies stimmt so nicht ganz: Volksmusik ist zum Beispiel sehr populär, und Volksmusikabende oder Volksmusik-Hitparaden erreichen in Funk und Fernsehen hohe Einschaltquoten. Aber diese Art der Darbietung mögen die Volkskundler auch wieder nicht so recht; wenn sie könnten, würden sie diesen Veranstaltungen die Bezeichnung Volksmusik am liebsten verweigern.

Was also nun? Es zeigt sich, dass sich aus solchen an der Sprache orientierten Beobachtungen keine verbindliche Theorie, keine klare Handlungsanweisung für Volkskundlerinnen und Volkskundler ableiten lässt. Im Gegenteil: Die Dinge und Bezüge geraten ins Schwimmen. Aber eben diese Lockerungsübung scheint mir deutlich zu machen, dass es sich lohnt und dass es mitunter ganz unvermeidlich ist, sich grundsätzlichere Gedanken zu machen.

Mein Thema heisst: *Volkskunde heute*. Ich fasse das nicht so auf, dass von mir eine allgemeine Be-

---

1) Bei einer Konferenz in den USA.

2) Einführungsreferat von Hermann Bausinger, gehalten anlässlich der öffentlichen Tagung «Zwischen Markt und Elfenbeinturm – Volkskunde heute» vom 21. November 1998. Die Tagung wurde vom Arbeitskreis für Regionale Geschichte organisiert.

standsaufnahme mit bibliographischen Auflistungen erwartet wird, und erst recht nicht eine Bilanzierung der liechtensteinischen Volkskunde. Ich habe mich zwar bemüht, ein bisschen mit Liechtenstein und mit dem hiesigen Volksleben vertraut zu werden, und ich werde ab und zu einen einheimischen Farbtupfer anbringen, damit das Angebot nicht zu exotisch wird. Aber auf einen Überblick zum Stand der liechtensteinischen Volkskunde kann ich schon deshalb verzichten, weil Herbert Hilbe dazu vor kurzem einen umfassenden Überblick gegeben hat.[3]

Volkskunde heute – diese Themenstellung zielt weniger auf einen Querschnitt als auf die Frage, was die neuen Akzente, die neuen Fragestellungen und eventuell auch die neuen Methoden im Fach sind. Allgemeiner formuliert: Wo und wie kontrastiert die heutige Volkskunde mit der von gestern und vorgestern? Wenn ein solches Kontrastbild entworfen wird, ist die Versuchung gross, das Bisherige, das Vergangene recht dunkel zu malen, damit das Neue möglichst strahlend herauskommt. Lessing hat in diesem Sinn einmal von den Rezensenten gesprochen, die ihren Objekten die Krätze andichten, um sie besser jucken zu können. Um dieser Versuchung zu entgehen, will ich gleich sagen, dass Liechtenstein, was die volkskundliche Forschung und was die volkskundlichen Publikationen anlangt, im Vergleich mit anderen Regionen wahrhaftig nicht schlecht dasteht. Nicht nur, aber vor allem dank dem 1986 erschienenen Buch von Adulf Peter Goop: *Brauchtum in Liechtenstein*.[4] Dieses Buch unterscheidet sich von vielen anderen Brauchtums-Enzyklopädien durch eine grosszügige Ausfächerung. In die Kapitel über den Jahreslauf und den Lebenslauf ist bei Goop vieles einbezogen, was nicht in jedem Brauchkalender steht, und ausserdem gibt es bei ihm einige kurze Kapitel, die sehr nahe am Alltag bleiben: Kapitel zu Essen und Trinken, Kleiden, Wohnen, zu gängigen Formen der Kommunikation und der Geselligkeit und zu religiösen Äusserungen und Verhaltensformen. Diese Kapitel enthalten verschiedentlich Hinweise auf die neuere Entwicklung der Volkskultur. So ist beispielsweise vom Niedergang der herkömmlichen Kleidungsnormen die Rede; das Wort Freizeitkleidung taucht auf; das Eindringen und auch die Ausbreitung von Fertiggerichten werden erwähnt; und bei den Geselligkeiten wird nach den traditionellen Kartenspielen auch Bezug genommen auf neue Computerspiele. Diese neuen Entwicklungen werden registriert, und es wird keine moralische Suada dagegen aufgefahren; eigentlich fällt kein böses Wort. Aber an der Gewichtung und an einzelnen Formulierungen wird doch deutlich, dass diese Phänomene unter dem Aspekt *Brauchtum* Randerscheinungen sind, dass sie nach der Meinung von Adulf Peter Goop nicht zur eigentlichen Volkskultur gehören. Diese ist charakterisiert im Sinne der von Richard Weiss ausgearbeiteten Grundbegriffe,[5] charakterisiert als geprägt durch Tradition und Gemeinschaft. Es handelt sich um eine wesentlich aus bäuerlichen Wurzeln stammende Volkskultur. Natürlich weiss Adulf Peter Goop, dass diese Volkskultur brüchig geworden ist, überfremdet von Erscheinungen der Moderne – eben deshalb sieht er die Volkskunde aufgerufen, gegenzusteuern. Die Trachtenbewegung, die ja in Liechtenstein besonders stark ist, kann als eine solche Gegensteuerung verstanden werden, und das ganze traditionelle Konzept der Volkskultur ebenso.

Wolf Huber hat dazu kritisch angemerkt: «Wenn ein Dienstleistungs- und Industriezentrum wie Liechtenstein ... heute noch eine vorwiegend aus der vorindustriell-bäuerlichen Welt stammende Identität pflegt, so ist möglicherweise gerade das als Identitätsverlust zu beurteilen».[6] Der Aufsatz von Wolf Huber ist mir nicht zugänglich; ich entnehme das Zitat dem Buch von Ralph Kellenberger.[7] Wenn ich nur von diesem einen Satz ausgehe, dann drängt sich mir (obwohl ich mich im allgemeinen auf der selben kritischen Linie befinde) die Frage auf, ob hier nicht zu direkt und zu einseitig argumentiert wird.

Ich habe vorher Richard Weiss erwähnt. Er hat mehr als einmal (am eindringlichsten wohl in dem Aufsatz «*Alpiner Mensch und alpines Leben in der Krise der Gegenwart*»)[8] darauf hingewiesen, dass die Schweiz als ganzes sich als alpine Nation versteht, dass die Bergbauern (deren Anteil an der Be-

Mit Versatzstücken aus benachbarten «alpinen» Kulturen versuchte man, eine liechtensteinische Volkskultur zu konstruieren. Dieses Bild entstand vor der Kulisse der liechtensteinischen Bergwelt auf Gnalp, oberhalb von Triesenberg. Es ist ein Werbefoto für das ländlich-alpine Liechtenstein um 1950.

Das Bild kann vordergründig als Kitsch abgetan werden. Andererseits hat diese Darstellung auch eine emotionale Kraft. Es wird zwar eine Klischeewelt dargestellt, die mit dem Alltag der Bevölkerung nur wenig gemeinsam hat. Die hier dargestellte «Volkskultur» ist – wie Kultur insgesamt – auch Kompensation für verloren Gegangenes: für den Verlust an Geborgenheit, ja generell für die verschwundene «heile Welt», die es in der dargestellten projizierten Form aber wohl nie gegeben hat.

völkerung nie höher als 5 Prozent war) bis heute die Imagelieferanten nicht nur für die Tourismuswerbung, sondern auch für das Selbstverständnis der Schweizer sind. Das lässt sich zwar trefflich ironisch kontrastieren mit den betuchten Aktenköfferliträgern, deren Zahl vermutlich höher ist als die der Bergbauern, und doch handelt es sich nicht einfach um eine Lüge. Die Bedeutung von Symbolen darf nicht unterschätzt werden, und der in solchen Zusammenhängen naheliegende Begriff der Kompensation sollte nicht als Hieb- und Stichwaffe verwendet werden. Schliesslich ist die Fähigkeit zur Kompensation eine sehr respektable menschliche Eigenschaft – Kultur hat immer kompensative Elemente; ja man kann mit einigem Recht sogar geradezu sagen: Kultur ist Kompensation.

3) Hilbe, Herbert: Volkskundliche Forschung in Liechtenstein. In: Historiographie im Fürstentum Liechtenstein. Hrsg. von Arthur Brunhart. Zürich, 1996, S. 127–136.

4) Goop, Adulf Peter: Brauchtum in Liechtenstein. Vaduz, 1986.

5) Weiss, Richard: Volkskunde der Schweiz. Erlenbach-Zürich, 1946.

6) Huber, Wolf: Sozialräumliche Identität und kulturelle Vielfalt. In: Elsasser, Hans u.a. (Hrsg.): Kulturelle Vielfalt, regionale und örtliche Identität – eine sozio-kulturelle Dimension in der Raumplanung? Wien, 1988, S. 247–249.

7) Kellenberger, Ralph: Kultur und Identität im kleinen Staat. Das Beispiel Liechtenstein. Bonn, 1996.

8) Weiss, Richard: Alpiner Mensch und alpines Leben in der Krise der Gegenwart. In: Schweiz. Archiv für Volkskunde 58 (1962), S. 232–254.

Aber – und nun nähere ich mich doch der Kritik von Huber – was als *Volkstumspflege* bezeichnet wird und in den Augen optimistischer Pfleger und Sachwalter die alte Volkskultur bewahrt und rettet, ist eine Veranstaltung und nicht der Alltag, eine Inszenierung und nicht das Gegebene, und selbst wo der zahlenmässige Anteil dieser Volkstumspflege an den Erscheinungen der Volkskultur beträchtlich ist, gilt doch das Urteil, dass diese Bestrebungen nicht unbedingt populär sind. Eduard Strübin hat dies im Baselbiet untersucht. Der «Einfluss der Heimatbewegung», so formuliert er vorsichtig, sei «schwer abzuschätzen». Aber dann wagt er doch das Resümee, «dass zwar viele Einzelne Freude und innere Bereicherung erleben» durch die Massnahmen der Volkstumspflege, dass «aber das Volk in seiner grossen Mehrheit nicht tiefer berührt wird».[9]

Im Klartext heisst das: Auch wenn man über den Stellenwert, über das Ausmass der Wirkung solcher Pflege streiten kann – es gibt jedenfalls unter dieser Glasur etwas ganz anderes, einen neuen Zuschnitt von Normen, Formen und Aktivitäten, denen man zwar oft den Namen Volkskultur verweigert, der aber zur Signatur unserer Zeit gehört und nicht einfach im toten Winkel der Wissenschaft bleiben sollte.

Ich komme später darauf zurück. Zunächst möchte ich der Meinung entgegentreten, erst die allerjüngste Entwicklung habe die traditionelle volkskundliche Blickweise und das herkömmliche Instrumentarium obsolet oder unzureichend gemacht. Der eingeschränkte Blick ist ein Erbstück, man kann auch sagen: ein Taufgeschenk der Volkskunde. Seit man von Volkskunde sprechen kann, wurden ihre Vertreter mit dieser Sehweise ausgestattet, so, wie man gelegentlich im Kino bei bestimmten Filmen eine 3-D-Brille verpasst bekommt. Mit dem Unterschied allerdings, dass der Blick auf einen Teilbereich der kulturellen Wirklichkeit fixiert und andere Teilbereiche ausgeschlossen wurden.

Ich will versuchen, das an einem Beispiel zu verdeutlichen. Theodor Fontane erinnert sich in einem Brief vom März 1886 (gerichtet übrigens an Moriz Lazarus, einen der Begründer der Völkerpsychologie und auch der Zeitschrift des Vereins für Volkskunde) an einen Freund, mit dem er sich in England über das Verhältnis von Kunstlied und Volkslied unterhalten hat. Dieser Freund zitierte ein volkstümliches Lied und verglich es mit den anspruchsvolleren, aber auch auf Popularität zielenden Versen des Lyrikers Johann Wilhelm Ludwig Gleim. Das Urteil: «Gleim ist vergessen. Volk, Volk, alles andere ist Unsinn».[10] Das hören die Volkskundler natürlich gerne. Fontane aber bezieht diese Äusserung nun auf ein Lied, das damals in Berlin die Runde machte: «Mutter, der Mann mit dem Koks ist da ...». Fontane schreibt zu diesem Gassenhauer: «Er wird zwar nicht 100 Jahre leben, auch nicht 100 Tage, aber es ist doch immer was, einer Millionenstadt auf vier Wochen hin ein bestimmtes Wort oder Lied in den Mund gelegt zu haben». Fontane täuschte sich mit seiner Prognose: das Lied gab es auch noch nach 100 Tagen, und auch nach 100 Jahren ist es noch bekannt. Ganz sicher aber hatte er recht mit dem Hinweis auf die Volkstümlichkeit des Liedes – «Volk, Volk; alles andere ist Unsinn». Aber – hier ist offenbar ein anderes Volk gemeint als das der Volkskunde, in deren grossen Volksliedsammlungen jenes Lied nirgends auftaucht.

Es gab Ausnahmen, aber im allgemeinen war die Vergabe des Etiketts *Volk* an bestimmte Voraussetzungen gebunden. Es musste etwas Altes sein, möglichst etwas Uraltes, es musste aus der Region kommen, und es musste im allgemeinen aus dem bäuerlichen Milieu stammen. Damit waren nicht nur die Gassenhauer ausgeschlossen, die ja keineswegs nur in den Grossstädten verbreitet waren, sondern auch vieles andere. Ein paar Andeutungen dazu:

– Die Volkskundler haben im letzten Jahrhundert damit begonnen, Märchen und Sagen zu sammeln aus der mündlichen Überlieferung, und sie haben versucht, die Verbreitung von Märchen und Sagen literarisch durch zahlreiche Editionen abzusichern. Schon im 19. Jahrhundert dürfte es mehr gedruckte als erzählte Sagen und Märchen gegeben haben. Die Volkskunde ignorierte die populären Lesestoffe

von der christlichen Beispielgeschichte bis hin zum Räuberroman, obwohl gerade diese Lektüren im 19. Jahrhundert einen ungeheuren Auftrieb hatten. Erst in jüngster Zeit hat sich die Volkskunde diesem Bereich zugewandt; ich nenne in diesem Zusammenhang den Namen von Rudolf Schenda, der auf diesem Gebiet sehr viel gearbeitet hat.[11]

– Volkskundlerinnen und Volkskundler waren immer wild auf den Nachweis abergläubischer Vorstellungen – aber eigentlich nur dann, wenn sich darin archaische Bilder spiegelten. Erst sehr spät ist man darauf aufmerksam geworden, dass auch moderne, halbwissenschaftliche Wissensbestände in den Aberglauben Eingang gefunden haben. Eduard Strübin wies beispielsweise auf hygienische und psychologistische Vorstellungen hin;[12] und für unsere Zeit muss in diesem Zusammenhang an die esoterischen Zirkel erinnert werden, die ihr Wissen und ihre Rituale ja nicht von den alten Germanen oder Walsern oder Rätoromanen haben, sondern eher aus China oder aus Indien. Eso-

9) Eduard Strübin: Baselbieter Volksleben. Sitte und Brauch im Kulturwandel der Gegenwart. Basel,[2] 1967, S. 285 f.

10) Fontane, Theodor: Werke, Schriften und Briefe. München, 1980, Abt. IV, 3, Nr. 435.

11) Hingewiesen sei vor allem auf die grosse Studie: Volk ohne Buch. Studien zur Sozialgeschichte der populären Lesestoffe 1770–1910. Frankfurt a.M., 1970.

12) Strübin (wie Anm. 9), S. 263.

Die Sage von der «Guschger Sennpuppe» hat Erzähltes zum Inhalt, das in ähnlicher Form auch in anderen (alpinen) Sagen auftaucht. Hirten basteln auf ihrer Alphütte eine weibliche Puppe und treiben daraufhin allerhand Schabernack mit ihr. Die Puppe wird dabei auch als Objekt für die Projektion von sexuellen Phantasien missbraucht. Grundmotiv ist der sexuelle Hunger inmitten der alpinen Einsamkeit. Die Berghütte bietet hier andererseits den idealen abgeschirmten Raum, in dem die Hirten der Kontrolle durch die Dorfgemeinschaft weitgehend entzogen sind. Am Ende der Weidezeit auf der Alp wird die Puppe plötzlich lebendig, sehr zum Schrecken der Hirten. Die Puppe tötet daraufhin den Hirten, von welchem sie besonders malträtiert wurde. Als Zeichen der Abschreckung wird die Haut des Hirten auf dem Dach der Hütte ausgespannt. Die Sage ist in dieser Überlieferung ein moralisierendes Lehrstück, das die Hirten anmahnt, auch inmitten der abgeschiedenen Bergwelt ein tugendhaftes und «gottgefälliges» Leben zu führen.

Das Bild zeigt einen Ausschnitt aus dem 1997 veröffentlichten Comic von Sabine Bockmühl. Sie hat die Sage von der «Guschger Sennpuppe» in einer eindrucksvollen Bilderfolge dargestellt und interpretiert. Der Autorin gelingt so eine aktuelle und unkonventionelle Annäherung an dieses volkskundliche Thema. Hier gezeigt wird die Szene, in der die Hirten ihre selbst gebastelte Sennpuppe dem Hüttenchef vorstellen. Der skeptische Blick des Hüttenchefs offenbart eine leise Vorahnung des noch Kommenden, währenddem die Hirten eine sorglose, ja gar frivole Ausgelassenheit an den Tag legen. In dieser bildlichen Darstellung wird gar nicht erst versucht, eine heile Welt darzustellen.

terische Formen und Inhalte werden allerdings nur zum Teil in den Bereich des Aberglaubens verwiesen; sie gelten auch als neue Möglichkeiten des Glaubens.

– Die Volkskunde hat sich immer dem bäuerlichen Brauch, der bäuerlichen Lebensweise zugewandt. Dass auch Arbeiter eine sehr spezifische Form der Lebensbewältigung und der Kultur hatten, ist eigentlich erst in den sechziger Jahren des 20. Jahrhunderts deutlich geworden, nicht zuletzt dank Rudolf Braun, der im Zürcher Oberland detaillierte sozial- und kulturhistorische Untersuchungen anstellte.[13]

– Ein letztes Beispiel: Seit langem gibt es in der Volkskunde die Sparte Volksmedizin. Dafür wurde Jahrzehnte lang nur gesammelt und aufbereitet, was an Heilmitteln und Heilmethoden angeblich unbeeinflusst von medizinischem Wissen in Familien und Nachbarschaften tradiert wurde. Nur gelegentlich wurde der Zusammenhang mit früheren Phasen der Schulmedizin hergestellt, und erst sehr spät wurde deutlich gemacht, dass auch die Konfrontation mit der heutigen wissenschaftlichen Medizin zu den populären Umgangsformen mit Krankheit und Gesundheit gehört. Zu den ersten, die in dieser Richtung gearbeitet haben, gehört die Schweizerin Margarete Möckli-von Seggern, die die Einstellung von Industriearbeitern zur Medizin untersuchte.[14] In Tübingen entstand später eine empirische Arbeit «Kranksein im dörflichen Alltag»,[15] und vor kurzem kündigte ein junger Volkskundler und Historiker ein Seminar unter dem Titel «Jenseits der Volksmedizin» an, um neue Fragen zu thematisieren.

Vergegenwärtigt man sich die alten Verkürzungen und Verbiegungen der Realität durch die Volkskunde, dann wird es einigermassen verständlich, dass das Fach eine sehr bewegte kritische Phase durchmachen musste, in der es fast nur darum ging, Hypotheken abzubauen, ideologische Lasten abzuwerfen. In Deutschland war diese Tendenz besonders ausgeprägt, und natürlich gibt es dafür einen einleuchtenden Grund: Der Nationalsozialismus hatte die volkskundlichen Blickweisen übernommen und verschärft, und es gab nicht wenige Volkskundler, die in der Zeit des Nationalsozialismus den inhumanen Vorstellungen von Blut und Boden, von germanischer Prägung und rassischer Überlegenheit auf den Leim gegangen waren. Aber die Kritik blieb keineswegs auf Deutschland beschränkt. Paul Hugger hat in dem grossen Schweizerischen Handbuch ein Kapitel überschrieben: «Ein deutsches Beben hat seinen Nachhall in der Schweiz».[16] Dieser Nachhall war unvermeidlich, denn bestimmte Voraussetzungen und Vorurteile hatten – wenn auch in weniger absoluter und weniger militanter Form als in Deutschland – auch die Volkskunde in anderen Ländern geprägt. Ja man kann sagen, dass geradezu weltweit ein gewisser Dekonstruktionsprozess einsetzte; selbst in der amerikanischen *cultural anthropology* und im *folklore and folklife research* gab es Revisionsbestrebungen, die parallel zu den deutschen liefen.

Eine Zeitlang – ich denke an die 1960er- und 1970er Jahre – wurde sehr viel Energie in diese kritische Auseinandersetzung investiert. Das war die Zeit, in der einer die Glühbirne hielt und sieben dazu eine Theorie ausarbeiteten – einfach deshalb, weil jene Glühbirne immer noch heiss war und weil sich am Gewinde sehr viel Rost angesetzt hatte. Aber ich möchte betonen, dass es falsch wäre, diese Phase unter der Flagge *«Volkskunde heute»* segeln zu lassen. Es handelt sich um eine Anstrengung von gestern, welche die vorgestrige Blickweise ablöste und die Basis für neue Fragestellungen und Arbeitsweisen schaffte.

Sicherlich hat man damals mit der Kritik übers Ziel geschossen; vorsichtiger gesagt: Man hat neue Zusammenhänge entdeckt, ist aber nicht immer der Gefahr entgangen, diese Zusammenhänge zu isolieren und zu verabsolutieren. Ich möchte das an drei Beispielen verdeutlichen, und ich werfe dabei auch einen Seitenblick auf die Geschichtswissenschaft, die vor ähnlichen Problemen stand:

– Für Peter Kaiser, den bekanntesten älteren Historiographen Liechtensteins, war – in der an den Forschungen von Volker Press orientierten Formulierung von Arthur Brunhart[17] – das Volk «das Subjekt der Geschichte, nicht die Landesherrschaft».

Aber es muss dann gleich eingeschränkt werden, dass zum Volk für Kaiser eigentlich nur die Besitzer und die Hausväter zählten; von den wirklichen Unterschichten (und auch von den Frauen) ist bei ihm nicht die Rede. Erst in jüngster Zeit wurden vermehrt Anstrengungen unternommen, die Perspektive umzupolen zugunsten einer «Geschichte von unten», wie es schlagwortartig genannt wurde. Dass die entsprechenden Forderungen noch nicht abgegolten sind, zeigt beispielsweise die Skizze, die der Vaduzer Norbert Haas zum Thema Auswanderung vorgelegt hat.[18] Er schreibt in diesem Zusammenhang: «Es müsste von sozialen Ausgrenzungen die Rede sein, von moralischen Verdikten, vom Umgang mit dem sogenannten Abnormalen».

Dieser Appell charakterisiert auch die kritischen Tendenzen der historischen Volkskunde in der Gegenwart. Die alten Schilderungen der Dorfgemeinschaft hatten die obrigkeitlichen Reglementierungen weithin ignoriert; von den unterbäuerlichen Schichten war kaum die Rede; Spannungen und Widerstände wurden beiseite geschoben zugunsten des Bilds einer ausgewogenen Gemeinschaft. Dieses Bild wurde in den 1960er und 1970er Jahren auseinandergenommen und sehr prinzipiell widerlegt. Jetzt war die Rede vom Not- und Terrorzusammenhang im Dorf.[19] Das war ein Pendelausschlag nach der anderen Seite; inzwischen ist dieses kritische Bild ergänzt worden durch den Hinweis auf beträchtliche Kollektivleistungen und auch Kollektivrücksichten im alten Dorf, wie sie bereits in Arnold Niederers Buch «*Gemeinwerk im Wallis*» geschildert werden.[20]

– Entsprechende Kritik und Gegenkritik hat es auch in anderen Bereichen gegeben. Mit Recht wurde beispielsweise kritisiert, dass im Bereich der Volkslieder zwar das Lob der Heimat und auch das Lob der Herrschaft herausgestellt wurde, nicht oder kaum dagegen die Stimmen kritischen Protests;[21] dass in Volkssagen zwar die Verbindungen zu übersinnlichen Glaubensvorstellungen gesucht wurden, nicht aber die Aussagen über die Not und auch den Widerstand der Untertanen. Das ist eine neue Fragerichtung – und sie ist keineswegs überholt; Ursula Brunold-Bigler hat gerade in ihren jüngsten Publikationen noch einmal auf diese sozialkritische Seite der Sage hingewiesen;[22] und in Liedarchiven wurde auf dem Feld der Protestlieder eine reiche Ernte eingefahren.[23]

Überzogen wurde hier insofern, als ein Teil der Wissenschaftler die Bezeichnung Volkskultur für die Protestkultur reservierte.[24] Damit war auch eine neue Einseitigkeit begründet. Volksbrauch war

---

13) Braun, Rudolf: Industrialisierung und Volksleben. Zürich, Stuttgart, 1960. – ders.: Sozialer und kultureller Wandel in einem ländlichen Industriegebiet (Zürcher Oberland) unter Einwirkung des Maschinen- und Fabrikwesens im 19. und 20. Jahrhundert. Zürich, Stuttgart, 1965.

14) Möckli-von Seggern, Margarete: Arbeiter und Medizin. Zur Einstellung des Zürcher Industriearbeiters zur wissenschaftlichen und volkstümlichen Heilkunde. Baden, 1965.

15) Dornheim, Jutta: Kranksein im dörflichen Alltag. Soziokulturelle Aspekte des Umgangs mit Krebs. Tübingen, 1983.

16) Hugger, Paul: Zu Geschichte und Gegenwart der Volkskunde in der Schweiz. In: Handbuch der Schweizerischen Volkskultur. Hrsg. von Paul Hugger, Zürich, 1992, Band 1, S. 15–33; hier S. 26.

17) Brunhart, Arthur: Peter Kaiser 1793–1864. Erzieher, Staatsbürger, Geschichtsschreiber. Facetten einer Persönlichkeit. Vaduz, 1993, S. 198–200; vgl. Volker Press: Peter Kaiser und die Entdeckung des liechtensteinischen Volkes. In: Geiger, Peter (Hrsg.): Peter Kaiser als Politiker, Historiker und Erzieher. Vaduz, 1993, S. 53–73.

18) Haas, Norbert: Ich wüsste gerne mehr von Aline Alber. In: Allmende 18. Jahrgang (1998) Heft 58/59, S. 113–115; hier S. 114.

19) Ilien, Albert; Jeggle, Utz: Leben auf dem Dorf. Zur Sozialgeschichte des Dorfes und Sozialpsychologie seiner Bewohner. Opladen, 1978, S. 36.

20) Niederer, Arnold: Gemeinwerk im Wallis. Bäuerliche Gemeinschaftsarbeit in Vergangenheit und Gegenwart. Basel, 1956.

21) Steinitz, Wolfgang: Volkslieder demokratischen Charakters aus sechs Jahrhunderten. 2 Bände, Berlin, 1954 und 1962.

22) Brunold-Bigler, Ursula: Die Armut, die Krankheit und das «Leide» Wetter. Zur narrativen Bewältigung des Passionalen in alpinen Sagen. In: Brunold-Bigler, Ursula, Bausinger, Hermann (Hrsg.): Hören Sagen Lesen Lernen. Bausteine zu einer Geschichte der kommunikativen Kultur. Bern etc., 1995, S. 117–131. – Brunold-Biegler, Ursula: Hungerschlaf und Schlangensuppe. Historischer Alltag in alpinen Sagen. Bern etc., 1997.

23) Klusen, Ernst: Das sozialkritische Lied. In: Brednich, Rolf W.; Röhrig, Lutz; Suppa, Wolfgang, (Hrsg.): Handbuch des Volkslieds, Band 1. München, 1973, S. 737–760.

24) Dies gilt nicht nur für die deutsche und deutschsprachige Volkskunde; vgl. etwa Muchembled, Robert: Kultur des Volkes, Kultur der Eliten. Stuttgart, 1982.

«Volkskunde heute» in Liechtenstein muss sich zwangsläufig mit Veränderungen auseinandersetzen, welche das Land in den vergangenen Jahrzehnten vom Agrarland zur Industrie- und Dienstleistungsgesellschaft verwandelt haben. Landwirtschaft und Viehzucht existieren zwar weiterhin, wurden aber von der stetig gewachsenen Mobilität aus dem Blickfeld gedrängt. Die Tiere beanspruchen zeitweise – völlig legitim – trotzdem Platz auf der Strasse, beispielsweise auf dem Weg von der Weide in den Stall. Dies verlangt von den übrigen Verkehrsteilnehmern einerseits Geduld, verschafft ihnen andererseits einen Moment des Innehaltens und der Besinnung. Welten begegnen sich.

Nicht nur die grösser gewordene Mobilität, sondern auch politische und wirtschaftliche Ereignisse und Entwicklungen bewirkten eine grössere Durchmischung der Bevölkerung. Auch in Liechtenstein. Kulturen sind sich geographisch näher gekommen. Die moderne Telekommunikation ermöglicht es, jederzeit Gespräche rund um den Globus zu führen und dafür auch ständig erreichbar zu sein. Ob dies zu einem besseren Verständnis der Menschen und Kulturen untereinander beiträgt, bleibt eine offene Frage.

nun – zugespitzt gesagt – nur noch die Katzenmusik gegen unliebsame Vorgesetzte, dagegen nichts mehr, was ohne Protestcharakter war. Die Korrektur: Beides gilt – zur Volkskultur gehört in der Tat vieles, das früher im toten Winkel blieb, also vielerlei Formen des Protests, aber eben auch die Fronleichnamsprozession oder die Fürstenfeier, auch wenn diese von oben initiiert und organisiert ist.
– Ein drittes: In jener kritischen Phase wollte die Volkskunde nicht mehr nur beschauliche Bilder und Beschreibungen liefern, sondern sie wollte eingreifen. Es galt nicht nur wissenschaftliche Probleme am Schreibtisch zu lösen, sondern über die Wissenschaft soziale Probleme anzupacken. Wiederum ist festzuhalten, dass dies kein falscher Akzent war und dass es sich nicht um ein überholtes Anliegen handelt. Aber es stellte sich heraus, dass es keineswegs leicht ist, an praktischen Lösungen mitzuwirken; oft reichten die wissenschaftlichen Mittel nicht aus.

Ich versuche das zu verdeutlichen am Problem der Minderheiten in Deutschland. Bekanntlich gab es seit den 1960er Jahren in Deutschland und auch in den umliegenden Ländern eine kräftige Zuwanderung von Arbeitsmigranten und -migrantinnen aus

den südeuropäischen Ländern. Man sprach von *Gastarbeitern* in der Erwartung, dass sie bald wieder zurückwandern würden. Man entwickelte Rotationsmodelle, die aber nicht funktionierten, nicht funktionieren konnten. Einige Volkskundler erkannten das schnell und traten nun für die *Integration* der Zugewanderten ein. Aber was heisst Integration? Es ging um Chancengleichheit – aber zwang das zum Verzicht auf die kulturelle Eigenart in der Religion, der Sprache, den Sitten, der Lebensweise? Bald machte das Schlagwort von der *kulturellen Identität* oder der *ethnischen Identität* die Runde: die ethnische Identität müsse bei allen unvermeidlichen Zwängen zur Anpassung bewahrt werden. Einige Zeit schien das die Lösung, bis deutlich wurde, dass damit neue Probleme verbunden waren. Die Feststellung von Identität ist immer auch eine Machtfrage. Wer definiert ethnische Identität? Wird Identität national codiert, so kann dies die Missachtung der Kultur von Minderheiten bedeuten (man denke an die Unterschiede zwischen Türken und Kurden). Und wie verhält es sich mit Angehörigen der zweiten oder dritten Generation, also mit jungen Menschen, die streng genommen keine Türken mehr sind, aber auch noch keine Schweizer oder keine Deutschen. Für sie ist die ethnische Identität oft ein Gefängnis und keine Entlastung. Vollends deutlich wurde das Dilemma, als im ehemaligen Jugoslawien im Zeichen ethnischer Identität die schlimmsten Bluttaten begangen wurden. Das Thema ist nicht vom Tisch; das Problem verlangt weiterhin wissenschaftliche Reflexion und fundierte Hilfeleistungen – aber vom Tisch war die aus der Kritik geborene Selbstsicherheit, mit der man glaubte, Patentlösungen parat zu haben.

Dieses letzte Beispiel zeigt freilich auch, dass der Wandel in der Volkskunde nicht nur durch eine Reinigung von Perspektiven zustande kam, nicht nur durch einen Blickwechsel. Die Volkskunde musste sich auch verändern, weil sich die Realität veränderte. Als ich die ersten Überlegungen zu diesem Referat anstellte, sass ich in einem Zugabteil irgendwo in Norddeutschland. In meinem Wagen gab es Geschäftsreisende mit dem Laptop auf dem Schoss und dem Handy in der Tasche; einer war dabei, der das Abteil kontinuierlich damit unterhielt, dass er seiner Frau oder seiner Freundin Positionsmeldungen durchgab: «Wir sind jetzt in Göttingen, nein, keine Verspätung». «Ja, jetzt sind wir in Hannover; ja ja, hier regnet es auch». Aber auch jugendliche Touristen waren im Abteil, mit Rucksäcken, die so gross waren, dass – bedenkt man das alternative Bekenntnis zu sparsamem Kleiderwechsel – wohl mehrere Wochen Urlaub ins Haus standen. Zwei ältere Ehepaare waren im dem Wagen, die mit einem Wochenendticket in ihr Feriendomizil fuhren und die ihre Ferienerfolge im Stil eines Börsenberichts vortrugen: «Lanzarote fünf Tage, vier Sterne, 670.– DM mit Bad und WC». Darauf – im Tonfall ‹Das ist noch gar nichts› – das gegnerische Paar: «Slowakei, Karpaten, tiptop, vier Übernachtungen unter 500.– DM mit Frühstücksbüfett und allem drum und dran». Schliesslich sass, auf meiner Höhe, aber auf der anderen Seite des Gangs, eine Frau mit zwei Kindern, mit denen sie sich sehr laut auf deutsch unterhielt und die sie noch lauter auf türkisch zurechtwies. Der ältere Junge war still, er hatte ein Computerspiel in der Hand. Die jüngere Schwester quengelte so, dass ich mich während der ganzen Fahrt gestört fühlte.

Aber diese Störung und das ganze Ambiente war zugleich ein volkskundliches Lehrstück. Darf die Volkskunde vor solchen Phänomenen die Augen verschliessen, nur weil sie ihr geheiligtes Gerüst ins Wackeln bringen und weil sie in keine der herkömmlichen Schubladen passen? Solche Ballungen von Mobilitätserscheinungen sind ein Teil unserer Kultur, und es gehört zu den Aufgaben und Möglichkeiten volkskundlicher Arbeit, solche Szenen zu beobachten, zu vermessen und zu interpretieren. Szenen, bei denen die Beteiligten wechseln, die aber doch gewisse Strukturen und gewisse Dominanten erkennen lassen. Die Szenerie kann eine Disco sein, ein Supermarkt (auch Einkaufen ist genormtes kulturelles Verhalten),[25] ein Strandabschnitt am Meer,[26] eine Altstadtkneipe, ein Bahnhofsplatz. Das von Ueli Gyr und seinen Kollegen angebotene Projektseminar «Filmethnographische Recherchen im Zürcher Hauptbahnhof» gehört in diesen Zusammenhang.

Damit soll nun nicht gesagt sein, dass Volkskundliches nur auf Reisen, nur noch in der Bewegung, nur noch in den charakteristischen Ausdrucksformen einer mobilen Gesellschaft zu fassen wäre. Auch wenn ich mich auf die Kultur einer Region oder sogar eines Orts konzentriere, muss ich als Volkskundler die traditionellen Grenzen überschreiten, die herkömmlichen Sparten oft zurücklassen. Ich habe die beiden Liechtensteiner Zeitungen eines einzigen Tages (Montag, 9. November 1998) durchgesehen und möchte den Befund, der sich daraus für mich ergeben hat, skizzieren:

Es ist ganz erstaunlich, was an dem vorausgehenden Wochenende an Kulturellem geboten wurde. Die Klage, mit der Kultur gehe es bergab, zielt zumindest an den quantitativen Gegebenheiten vorbei. Noch nie hat es so viele kulturelle Aktivitäten und Angebote gegeben. Das ist keine liechtensteinische Besonderheit; Ähnliches lässt sich auch anderswo feststellen.

Volkskundliches im engeren, im herkömmlichen Sinn lässt sich eigentlich nur an einem, allerdings bedeutsamen Ereignis festmachen. Adulf Peter Goop stellte an jenem Wochenende sein neues Buch über die Ostereier im Zarenreich vor, aufgrund seiner einmaligen Sammlung. Das ist ein Stück Volkstumspflege (um diesen Begriff noch einmal aufzunehmen) – in diesem Fall aber nicht auf das eigene Volk bezogen: auch die traditionelle Volkskunde bleibt also von Globalisierungstendenzen nicht unberührt. Abgesehen von diesem einen Ereignis war in den Zeitungsberichten entlang der kanonischen volkskundlichen Einteilung kaum etwas abzuhaken. Aber wenn man eine vorsichtige Etagentrennung zwischen Hochkultur und Volkskultur vornimmt (mit einem Zwischenstockwerk, in dem ‹Hoch› und ‹Volk› ineinander übergehen), kann sehr vieles der Volkskultur zugerechnet werden. Der Gitarrenzirkel veranstaltete ein Konzert mit einem kubanischen Gitarristen in der Pfarrkirche Bendern; der Handharmonikaclub Schaan hatte sein Jahreskonzert, der Schweizer Verein seine Jahresversammlung; ein Kurs für Seidenmalerei wurde angekündigt, ein Frühstückstreffen für Frauen wurde angezeigt, und eine Zusammenkunft von Jugendunion und Senioren fand in Mauren statt. Aber auch die Aktivferien auf dem Trisunahof mit dem «Turnikantenstadel» (der Anklang ans Fernsehen ist unverkennbar) gehören dazu. Und auch kommerziell angetönte Ereignisse wie die Weihnachtsausstellung der Papeterie müssen erwähnt werden, und jedenfalls auch die internationale Kat-

Die Volkskunde befasst sich auch mit Fragen des Tourismus. Welche liechtensteinische Wirklichkeit nehmen Touristinnen und Touristen bei ihrem zumeist kurzen Aufenthalt im Fürstentum wahr? Was für Bedürfnisse können die Gäste in Liechtenstein befriedigen? Vermutlich handelt es sich bei den hier in Vaduz fotografierten Japanerinnen um Reisende, die nur wenige Stunden in Liechtenstein verweilen. Will Liechtenstein den oberflächlichen Tagestourismus noch vermehrt fördern oder eher auf einen qualitativen Tourismus setzen, der Gäste anzieht, welche einige Tage im Fürstentum verweilen und dabei Land und Leute besser kennenlernen wollen?

zenausstellung in Vaduz (beispielsweise als Teil einer volkskundlichen Untersuchung über die Haustier-Konjunktur und deren soziale und psychologische Hintergründe). Schliesslich: Auch alle Nachrichten, die mit dem Tourismus zu tun haben, sind einzubeziehen; auch Touristen sind Volk. Und wenn gefordert wird, die Volkskunde müsse sich um die Einheimischen kümmern, ist darauf hinzuweisen, dass diese Einheimischen – ob sie wollen oder nicht – sich auf die Touristen einstellen.

In einem Roman von Kurt Weiss steht der folgende kleine Passus: «Vaduz ist ein ruhiger Fleck. Sicher im Winter. Sicher am frühen Morgen. Unru-

25) Welz, Gisela u.a.: Einkaufen. Ethnographische Skizzen. Konsumentenkulturen in der Region Tübingen. Tübingen, 1996.

26) Vgl. Bausinger, Hermann: Nouveaux terrains, nouvelles tâches, nouvelles méthodes. In: Chiva, Isac; Jeggle, Utz (Hrsg.): Ethnologies en miroir. Paris, 1987, S. 315–331.

he geht schnell vorüber. Sie kommt in Bussen, ab neun Uhr, hundertfünfzig an einem schönen Sommertag, jeder mit achtzig Leuten, die ein Bedürfnis haben, die Ansichtskarten kaufen, Zigaretten und Schokolade, die Kaffee trinken und wieder abfahren. Vaduz ist ein ruhiger Fleck».[27] Unruhe geht schnell vorüber ... – aber den Tag über bestimmt sie das Leben in Vaduz, und es ist gewiss ein Stück Heimatkunde oder Volkskunde, wenn gefragt wird, was sich hier abspielt, warum die Tagesgäste kommen, was sie sehen wollen und was sie tatsächlich sehen. Welches Bild – vielleicht sollte man in diesem Zusammenhang eher sagen: welches Image wird ihnen präsentiert, und was bedeutet der Fremdenverkehr für die liechtensteinische Identität? Sicher, man kann warten, bis die Fremden wieder weg sind. Aber vielleicht bleibt dann gar nicht mehr so viel übrig, und jedenfalls ist auch das Leben ohne die Fremden nicht unverändert – und sei es nur, weil ein autochthones, ein stilles Kontrastprogramm aufgebaut wird zu dem saisonalen Trubel.

Ein junger amerikanischer Ethnologe legte vor kurzem eine kleine Untersuchung vor über die Fastnacht in Elzach, einem kleinen Ort im Schwarzwald. Er gab der Studie eine Überschrift, die den Charles-Dickens-Titel «A Tale of Two Cities» variiert: «A Tale of Two Carnivals».[28] In Elzach gibt es den alten Brauch des Taganrufens am Morgen des Fastnachtsmontags, gegen vier oder halb fünf Uhr, vor Eintritt der Dämmerung. Das ist so früh, dass Fremde um diese Zeit noch nicht im Dorf sind; aber auch tagsüber sind am Montag Fremde in den Wirtschaften des Dorfs nicht zugelassen, jedenfalls nicht gerne gesehen – und es gibt wirksame Mittel, sie das merken zu lassen, so dass sie schnell wieder aus den Lokalen verschwinden. Aber es gibt auch eine Fastnacht für die Fremden. Seit der Zeit um den Ersten Weltkrieg wird am Sonntagmittag die Fastnacht ausgerufen, und der ganze Fastnachtssonntag dient eigentlich dazu, den fremden Besuchern etwas vorzuführen, bis hin zu einem abendlichen Fackelzug. Der Ethnologe zeigt nun, dass beides eine wichtige Funktion für die Elzacher hat, nicht nur der interne Brauch am Montag, sondern auch die vorausgehende Aussendarstellung. Ich weiss nicht, ob es in Liechtenstein Parallelen gibt – aber auch wenn dies nicht der Fall ist, möchte ich daran festhalten, dass auch der Fremdenverkehr ein Stück Liechtensteiner Volksleben ist.

Es war mir wichtig, wenigstens an der einen oder anderen Stelle konkret zu werden, also anzudeuten, wo das Neue konkret zu suchen und zu finden ist. Um dies nun aber nicht in eine endlose Liste münden zu lassen, möchte ich abschliessend etwas prinzipieller fragen, wie sich die neuen Akzente in der heutigen Gesellschaft charakterisieren lassen. Ich stelle dazu vier Beobachtungen heraus:

1. Die alte Volkskunde ging von einer relativ homogenen Gesellschaft aus. Kulturräumliche Unterschiede waren wichtiger als die sozialen. Heute dagegen haben wir es mit einer früher unbekannten

sozialen Ausdifferenzierung zu tun. Damit ist nicht nur gemeint, dass es eine Vielzahl differenter Berufsbilder gibt, sondern auch, dass wir mit ständig neuen, immer wieder anderen sozialen Situationen konfrontiert sind. Mit Georg Simmel, einem Kultursoziologen aus der Zeit um die Jahrhundertwende, könnte man von «einer Vielzahl sich durchkreuzender sozialer Kreise» reden. Simmel hat dies damals auf die entstehenden Grossstädte bezogen;[29] heute gibt diese Vielzahl sich durchkreuzender sozialer Kreise auch ländlichen Gebieten bis zu einem gewissen Grad das Gepräge.

2. – und das hängt eng mit der ersten Beobachtung zusammen: Jeder und jede Einzelne ist heute in vielerlei Kreise einbezogen. Der sozialen Ausdifferenzierung entspricht die Vielfalt der Rollen, die jede einzelne Person spielen muss. Es gibt nicht mehr die konzentrische Einlagerung in Familie, Nachbarschaft, Dorf, Region (eines auf das andere bezogen), sondern es gibt viele auseinanderstrebende Orientierungen. Daraus entsteht Unsicherheit; übergreifende Normen fehlen oder werden nicht ohne weiteres akzeptiert. Umso wichtiger werden die Normen kleiner Gruppen und die Bin-

Fastnachtsbrauchtum in Liechtenstein: Guggenmusik am Kinderumzug in Vaduz. Die Guggenmusik ist ein im späteren 20. Jahrhundert aus der Schweiz übernommenes Kulturgut. Die Guggenmusik-Gruppen suchen sich jedes Jahr ein neues Motto aus. Sie entwerfen dementsprechend jeweils neue Kleider für ihre Auftritte bei Fastnachtsumzügen im In- und im Ausland. Die Guggenmusik ist zu einem festen folkloristischen Element geworden, das mittlerweile gezielt zur Werbung für Liechtenstein eingesetzt wird. Der Liechtenstein-Tag an der Expo 2000 in Hannover wurde von einer eigens zusammengestellten Guggenmusik aus dem Fürstentum mitgestaltet.

Der von Schuljugendlichen unter Anleitung eines «Funkenmeisters» aufgebaute Funken in Balzers wird von der sogenannten «Funkenhexe» überragt. In allen liechtensteinischen Gemeinden werden am ersten Sonntag in der Fastenzeit solche Funken abgebrannt. Mit diesem Feuerzauber sollen die Geister des Winters verjagt werden. Dieses lokale Brauchtum, verknüpft mit einem Dorf- oder Quartierfest, stammt aus vorchristlicher Zeit und wird auch heute noch gepflegt.

27) Weiss, Kurt: Tod in Vaduz. Vorabdruck eines Kapitels in: Allmende 18. Jahrgang (1998), Heft 58/59, S. 38–42; hier S. 38.

28) Tokofsky, Peter: A Tale of Two Carnivals. Vorabdruck als Ms. (1997).

29) Simmel, Georg: Die Grossstädte und das Geistesleben. In: Brücke und Tür, Stuttgart, 1957, S. 227–242.

dung an sie. Bei Jugendlichen ist dies ganz deutlich; sie orientieren sich vor allem an ihren *peer groups*, an ihren Cliquen. Aber es gilt auch für Erwachsene, die oft einen Verein, einen Freundeskreis oder ähnliches als eine Art Heimat betrachten. Solche Bindungen sind oft nicht auf Dauer gestellt – man könnte von einer Ad-hoc-Gesellschaft reden, die natürlich schwerer zu fassen und zu verstehen ist als eine in sich ausgeglichene und kontinuierliche Gesellschaftsstruktur.

3. Das Stichwort Ad-hoc-Gesellschaft reiht sich den anderen Schlagwortbegriffen an, mit denen die heutige Gesellschaft etikettiert wird: Risikogesellschaft, Freizeitgesellschaft, Erlebnisgesellschaft, Inszenierungsgesellschaft. Der Begriff Risikogesellschaft[30] verweist auf jene Verunsicherung im Normengefüge und in der Lebensplanung, die sich vor allen Dingen auch in beruflichen Unsicherheiten ausdrückt. Die anderen Begriffe zeigen, dass jenseits der Arbeit eine hektische Jagd nach positiven Erfahrungen eingesetzt hat.

4. Diese Jagd wird angefeuert, die Erlebnissucht wird angeheizt durch die Medien. Ich kann das hier nicht im einzelnen verfolgen, ich möchte aber doch festhalten, dass bestimmte Mentalitätsveränderungen direkt oder indirekt beeinflusst sind von den äusseren Formen verstärkter Modernisierung: die Medien werden ja nicht nur zum Zeitvertreib verwendet, sondern sie setzen auch Massstäbe. An einem Beispiel aus der traditionellen Volkskunde verdeutlicht: die oft ziemlich öden Narrentreffen wären vermutlich nicht so beliebt, wenn sie nicht durch das Fernsehen in oft monotoner Weise popularisiert würden. Natürlich hat die erhöhte Mobilität auch mit der technischen Entwicklung zu tun, und auch das Schlagwort der Globalisierung ist in diesem Zusammenhang zu erwähnen. Einerseits geht es um die Übernahme vieler Momente aus fremden Kulturen, andererseits muss man festhalten, dass die Wirkungen der Globalisierung und der Mobilisierung nicht nur in eine Richtung gehen, denn der weltweite Horizont provoziert auch ein verstärktes Bedürfnis nach Eingrenzung. Ein schwedischer Volkskundler hat das in einer schlagwortartigen Feststellung zusammengefasst: «More global, more regional, more local».[31] Die Vermehrung globaler Tendenzen verstärkt auch die Tendenz zur regionalen oder lokalen Identität.

Dies ist eine knappe Gegenwartscharakteristik, ein Blick auf die jüngste Entwicklung, auf das Ergebnis der neuesten Geschichte. Aber ich möchte darauf hinweisen, dass solche neuen Dimensionen und Akzente immer auch Aspekte der älteren kulturellen Entwicklung beleuchten, die vorher eher im Dunkeln lagen. Die soziale Ausdifferenzierung von heute legt beispielsweise die Frage nahe, ob die Homogenität früherer Gemeinwesen nicht überschätzt wurde. Sie lenkt den Blick auch bei historischen Untersuchungen auf die Abweichungen, auf die Ränder. Die moderne Verunsicherung, die mit den Problemen beruflicher Karrieren zusammenhängt, lässt uns erkennen, dass wir es früher erst recht mit einer «Risikogesellschaft» zu tun hatten. Die Monographien über bäuerliche Gemeinschaften – ich denke etwa an die vorbildlichen Arbeiten über die ungarische Gemeinde Atany[32] oder den schwäbischen Ort Kiebingen[33] – lassen erkennen, dass die Leute damals ständig neu disponieren mussten und dass sie in existenzieller Abhängigkeit von Umständen lebten, die sie nicht zu beeinflussen vermochten – beispielsweise in einer oft deprimierenden Abhängigkeit vom Wetter. Die neuen Formen der Erlebnisangebote können den Blick schärfen für die ‹Show›-Seiten früherer Bräuche und früherer kultureller Veranstaltungen. Der fränkische Dichter und Volkskundler Konrad Weiss hat einmal die Trachten als «heraldische Formen des Volksdaseins» bezeichnet, als Zeichen, die nach aussen gerichtet sind, die wie ein Wappen präsentiert werden. Tatsächlich praktizierten die Menschen Bräuche ja auch früher nicht nur für sich und untereinander – auch früher wurde vieles nicht nur ausgeführt, sondern auch vorgeführt. Schliesslich: der Begriff Medien weckt bei uns die Assoziation des Fernsehens und neuerer Formen der Vernetzung; aber auch früher wurde die Kultur durch Medien mitgeprägt, durch Bilder und seit der Alphabetisierung eines Grossteils der Bevölkerung vor allem auch durch Bücher.

Die kulturelle oder ethnische Identität ist heute im Wandel. Die relative Homogenität früherer Gesellschaften ist aufgebrochen, Einflüsse von aussen sind stärker geworden. Kinder und Jugendliche suchen in selbst gewählten Cliquen eine Heimat auf Zeit. Situationen und Beziehungen ändern sich permanent. Der Ball wechselt ebenso immer wieder seine Position, vom Menschen gesteuert.

Ein weites Feld also, in Bezug auf die Gegenwart und auf die Geschichte, und dieses weite Feld tut sich auch im kleinen Liechtenstein auf. Ja man könnte sogar sagen, Liechtenstein sei ein besonders lebendiges Laboratorium für die Volkskunde. Vor kurzem hat die Schweizerische Gesellschaft für Volkskunde ihr hundertjähriges Bestehen gefeiert, und ich durfte bei dieser Gelegenheit einen kleinen Rückblick geben.[34] Als Motto wählte ich ein Wort von Gottfried Keller: «Wie kurzweilig ist es, dass es nicht einen eintönigen Schlag Schweizer, sondern dass es Züricher und Berner, Unterwaldner und Neuenburger, Graubündner und Basler gibt, und sogar zweierlei Basler». Diese Feststellung lässt sich auch auf einen anderen Massstab übertragen, und sie gilt dann auch für Liechtenstein mit dem Walserdorf Triesenberg, mit den Orten, die der Reichsherrschaft Schellenberg angehörten, und anderen, die zur Grafschaft Vaduz gehörten. Mit einer Grenze, die Gemeinsamkeit schafft, die aber nicht abschliesst; mit kräftigem Eigenwuchs und vielfältigen internationalen Beziehungen und Kontakten. Die Tradition und der Eigen-Sinn sind so gut ein volkskundlicher Gegenstand wie das Neue und die Öffnung nach aussen.

30) Vgl. Beck, Ulrich: Risikogesellschaft. Auf dem Weg in eine andere Moderne. Frankfurt a.M., 1986.

31) Löfgren, Orvar: Tagungsbeitrag (Ms.). Berlin, 1996.

32) Fél, Edit; Hofer, Tamás: Proper Peasants. Traditional Life in a Hungarian Village. New York, 1969.

33) Jeggle, Utz: Kiebingen – eine Heimatgeschichte. Tübingen, 1977.

34) Bausinger, Hermann: Gegen die Eintönigkeit ... In: Schweizer Volkskunde, 87. Jahrgang (1997), Heft 1, S. 12–21.

BILDNACHWEIS

S. 130, 142 und 143: Liechtensteinisches Landesmuseum, Vaduz

S. 133: Liechtensteinisches Landesarchiv, Vaduz (Foto: Baron Eduard von Falz-Fein, Vaduz)

S. 135: Sabine Bockmühl (Anna Bolika): Die Sennpuppe. Edition Fuchs & Hase. Triesen, 1997

S. 138, 139: Nikolaus Walter, Feldkirch

S. 141: Mathias Braschler, Zürich

S. 145: Close up AG, Roland Korner, Triesen

ANSCHRIFT DES AUTORS

Prof. Dr. Hermann Bausinger, Emeritierter Ordinarius für Volkskunde an der Universität Tübingen
Ludwig-Uhland-Institut für Empirische Kulturwissenschaft
Biesinger Strasse 26
D-72070 Tübingen

DIE VADUZER HEXENPROZESSE AM ENDE DES 16. JAHRHUNDERTS

MANFRED TSCHAIKNER

Die Hinrichtung von Hexen durch das Schwert mit anschliessender Verbrennung griff übrigens etwa zur selben Zeit auch in den österreichischen Herrschaften vor dem Arlberg Platz.[4]

Im zweiten Abschnitt der zitierten Darlegungen macht uns Anhorn mit den öffentlich verkündeten Endgeständnissen (Urgichten, Vergichten) bekannt. Dabei erfahren wir, dass sämtliche Hexen den Verführungskünsten des Teufels in Gestalt eines schönen Jünglings, der jeweils einen bestimmten Namen führte, erlegen sein sollen und dass dieser auch mit finanziellen Verlockungen seine Interessen durchzusetzen vermocht habe. Die Frauen galten somit als Opfer ihrer Lüsternheit und ihrer materiellen Gier beziehungsweise Armut. Bemerkenswert erscheint in diesem Zusammenhang die Angabe, dass der Widerwille der Hexen gegen Gott und die Menschen sich erst aus dem Teufelspakt ergebe und nicht schon davor bestanden habe. Die theologische Prägung des Hexenbildes zeigt sich auch darin, dass der Teufelspakt mit dem Widerruf der christlichen Taufe verbunden war.

Der im Auftrag des Teufels durchgeführte Schadenzauber soll ohne dingliche Hilfsmittel rein personal durch Berühren und Anblasen erfolgt sein. Dass jemand, der sich mit dem Teufel einliess, immer schon betrogen war, veranschauliche die Art des Geldes, das seine Opfer von ihm jeweils erhielten. Es verwandelte sich, wenn man es ausgeben wollte, stets in Laub.

Am Schluss führt Anhorn noch das Beispiel einer schönen jungen Frau an, die vergeblich versucht habe, ihren Teufelsbund wiederum rückgängig zu machen. Der Leser der Chronik wird gewarnt, an eine solche Möglichkeit zu glauben, denn im konkreten Fall bildete das einzige Ergebnis der Bemühungen, dass die Frau einen schweren körperlichen Schaden aufgrund der folgenden Misshandlung durch den Teufel erlitt und dass sie diesem weiterhin in Furcht untertan bleiben musste.

Es ist nicht mehr zu klären, wie Anhorns Wahrnehmungsinteressen seine Darstellung der Hexengeständnisse beeinflussten. Möglicherweise hatte er die Hinrichtungen des Jahres 1597 selbst miterlebt.

Über die Fortsetzung der Hexenprozesse in Vaduz unterrichten uns zwei weitere Eintragungen in Anhorns Chronik. Diejenige für das Jahr 1598 lautet:

Im Räbmonet [= Februar[5]] hatt man zu Vadutz 3 unholden mitt dem schwärt gericht und darnach verbrent. Dise habend sich von gott ihrem schöpfer, Christo ihrem erlöser, dem heiligen geist ihrem regierer, vom touff und gmeinschafft der heiligen abgeworffen und dem teüffel ergäben.[6]

Wiederum betont Anhorn die für ihn aussergewöhnliche Art der Hinrichtung durch das Schwert mit anschliessender Verbrennung. Von den Verbrechen der Hexen erwähnt er jedoch nur mehr ihren Abfall von Gott und dem christlichen Glauben.

Noch kürzer fasst sich der Chronist bei der Erwähnung der Hexenprozesse des Jahres 1600:

Den 1. Septembris hatt man zu Vadutz vier unholden mitt dem schwärt gericht und darnach verbrent.[7]

Nun erscheint das Interesse Anhorns an den Gerichtsverfahren allein auf die Hinrichtungsart reduziert. Bald dürfte diese aber auch für ihn nichts Besonderes mehr dargestellt haben. Fanden in Vaduz in den folgenden Jahren weitere Hexenprozesse statt, die deshalb in der Maienfelder Chronik nicht mehr angeführt wurden?

Die Verbrennung einer vermeintlichen Hexe bei lebendigem Leibe in Zizers im Jahr 1602 erwähnt Anhorn jedenfalls wieder: *Im Augusto hatt man zu Cicers ein unhold, die Walchinen genempt, läbendig in das feür geworffen und verbrent. Welche sich von gott ihrem schöpfer, Christo ihrem heiland, dem h. geist ihrem regierer abgeworffen, dem teüfel zu eigen ergäben, vil leüt und vich verderbt hatt.* Wenn er im Anschluss daran auch die Hinrichtung eines Sodomiten in Chur anführt,[8] hängt dies vielleicht ebenfalls damit zusammen, dass es sich dabei eben um Gerichtsverfahren in Anhorns Heimat, den Drei Bünden, handelte.

Die Maienfelder Chronik wirft ein neues Licht auf die von Peter Kaiser angeführten Hexenverfolgun-

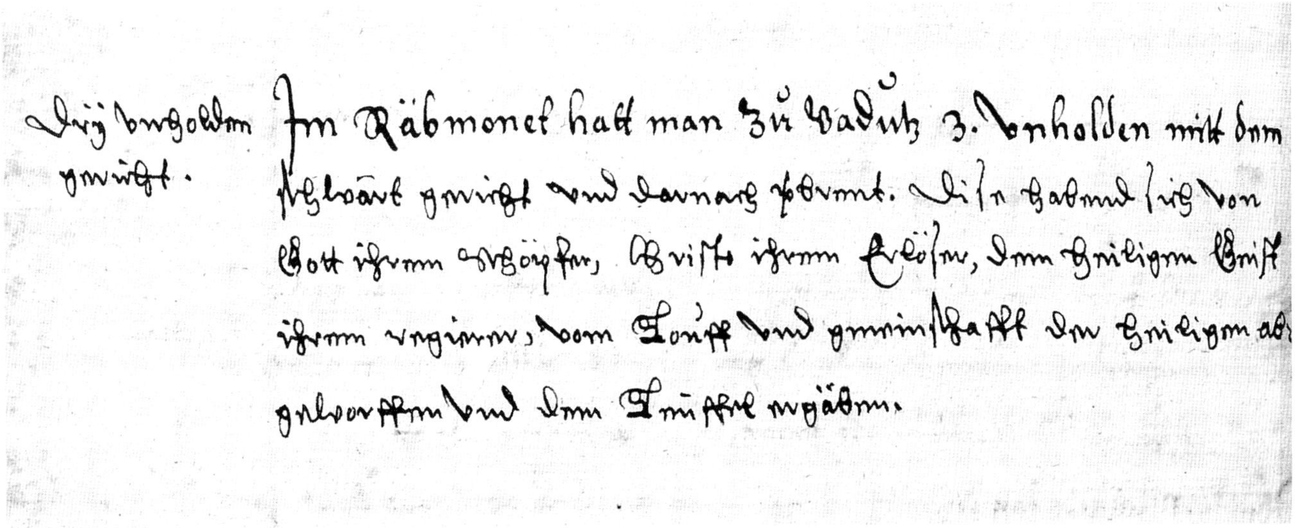
Drey unholden gricht.
Im Räbmonet hatt man zu Vaduz 3. unholden mitt dem
schwärt gricht und darnach verbrent. Dise habend sich von
Gott ihrem schöpfer, Christo ihrem erlöser, dem heiligen Geist
ihrem regierer, vom Tauff und gemeinschafft der heiligen ab-
geworffen und dem Teüffel ergäben.

Bartholomäus Anhorn der Ältere erwähnt in seiner Chronik, dass Hexenprozesse in Vaduz im Februar 1598 drei weitere Todesopfer forderten.

gen im Herbst 1598.[9] Am 5. Oktober dieses Jahres erhielten Geschworene aus verschiedenen Gemeinden einen Audienztag vor dem Landvogt, den Landammännern beider Landschaften und dem Landschreiber, wobei sie ihre Klagen über bestimmte Personen vorbrachten, die bei ihnen der Hexerei verdächtigt wurden.

Peter Kaiser schreibt zwar, dass im Anschluss daran gegen die Angeklagten «der Prozeß eingeleitet» worden sei, verflüchtigt sich jedoch bei den weiteren Ausführungen in zeittypische Gemeinplätze. So scheint er die Verbrennung etlicher Hexen nur daraus abgeleitet zu haben, dass es sehr schwer war, «von einer solchen Anklage sich zu

4) Tschaikner, Manfred: «Damit das Böse ausgerottet werde» – Hexenverfolgungen in Vorarlberg im 16. und 17. Jahrhundert. Bregenz, 1992 (Studien zur Geschichte und Gesellschaft Vorarlbergs 11), S. 163.

5) Schweizerisches Idiotikon. Wörterbuch der schweizerdeutschen Sprache. Band 4. Frauenfeld, 1901, Sp. 237.

6) Anhorns Chronik, S. 275.

7) Ebenda, S. 288.

8) «Den 9. Octobris hatt man zu Chur den Ch. Mal., einen sodomitten, mitt dem schwärt gericht und verbrent.» – Anhorns Chronik, S. 303.

9) Kaiser, Peter: Geschichte des Fürstenthums Liechtenstein. Nebst Schilderung aus Chur-Rätien's Vorzeit. Chur, 1847. Neu hrsg. von Arthur Brunhart. Vaduz, 1989. Band 1, S. 386–388.

reinigen, weil die Behauptung der Unschuld und das Läugnen für ein Werk des bösen Geistes angesehen und alsbald die schrecklichen Qualen der Folter angewendet wurden». Obwohl Kaiser behauptet, dass «um diese Zeit» mehrere Personen verbrannt worden seien, lassen seine Darlegungen vermuten, dass ihm keine Akten von Hexenprozessen vorlagen.

Anhorns Chronik kann wohl als Beleg dafür gelten, dass im Herbst 1598 wirklich keine Hinrichtungen von Hexen erfolgten. Es ist schwer vorstellbar, dass zu dieser Zeit wieder Verbrennungen bei lebendigem Leib vorgenommen wurden und der Chronist sie deshalb nicht erwähnt. Die von Kaiser angeführten Klagen der Geschworenen dokumentieren somit allein den Verfolgungsdruck aus der Bevölkerung, der damals nicht unmittelbar in Gerichtsverfahren mündete.

Zusammenfassend lässt sich feststellen, dass in den Jahren 1597, 1598 und 1600 in Vaduz drei Hexenprozesse geführt wurden, die insgesamt elf Todesopfer forderten. Es ist nicht auszuschliessen, dass man auch in den Jahren davor und danach der Hexerei verdächtigte Personen gerichtlich verfolgte.

Da vor kurzem in einer Quelle des bischöflichen Archivs in Chur ebenfalls drei Vaduzer Hexenprozesse des Jahres 1667 neu entdeckt worden sind,[10] muss die Zahl der nachgewiesenen und erschliessbaren Todesopfer bei den liechtensteinischen Hexenverfolgungen auf nunmehr etwa 180 erhöht werden.

10) Tschaikner, Manfred: Die Feldkircher Jesuiten, das nächtliche Landleben und die Hexenverfolgungen. In: Montfort 51 (1999), S. 337–339, hier S. 338 f.

BILDNACHWEIS

«Chronik der Stadt Maienfeld», von Bartholomäus Anhorn dem Älterern, fol. 214r und fol. 215v

Fotos: Heinz Preute, Vaduz, ab dem Originaldokument im Stadtarchiv Maienfeld

ANSCHRIFT DES AUTORS

Dr. Manfred Tschaikner
Beim Kreuz 42
A-6700 Bludenz

DIE LIECHTEN-STEINISCHE MIGRATIONS-POLITIK

IM SPANNUNGSFELD NATIONALSTAATLICHER INTERESSEN UND INTERNATIONALER EINBINDUNG 1945 BIS 1981

CLAUDIA HEEB-FLECK
VERONIKA MARXER-GSELL

Inhalt

VORBEMERKUNG

Beim folgenden Artikel handelt es sich um Resultate, die im Rahmen eines schweizerischen Nationalfondsprojektes vom Januar 1998 bis Dezember 2001 erarbeitet wurden. Die Gesamtuntersuchung liegt in den liechtensteinischen Bibliotheken vor.

Arbeitsraum in der Zahnfabrik Ramco in Schaan, um 1947

Begrifflichkeit und Fragestellung

Bauarbeiter, 1993

Migrationspolitik wird nach klassischer Manier in zwei Politikbereiche unterteilt: in den Bereich der Zulassungspolitik und in jenen der Integrationspolitik. Bei der Zulassungspolitik geht es um die Frage, wieviel und welche AusländerInnen sich für wie lange und mit welchen Rechten ausgestattet im nationalen Territorium aufhalten dürfen. Bei der Integrationspolitik geht es um Massnahmen zur gesellschaftlichen Eingliederung der im Lande anwesenden AusländerInnen. Diese können sehr unterschiedlich ausgestaltet sein und reichen von Beratungsangeboten bis zur Erleichterung der Einbürgerung.

In Liechtenstein wurden bezüglich der Integration der AusländerInnen im vorgegebenen Zeitraum zwar Anstrengungen unternommen. So stand zum Beispiel die Erleichterung der Einbürgerung für langjährig ansässige AusländerInnen seit den 50er Jahren immer wieder in Diskussion. Zu konkreten Ergebnissen kam es jedoch nicht. Migrationspolitik heisst im liechtensteinischen Kontext Zulassungspolitik. Sie definiert, unter welchen Bedingungen AusländerInnen zur Arbeitsaufnahme nach Liechtenstein einwandern dürfen respektive unter welchen Bedingungen sie das Land zu verlassen haben. In engem Bezug zur Arbeitsmigration steht als zweiter Regelungsbereich der Familiennachzug.

ARBEITSMARKTLICHE VORAUSSETZUNGEN DER LIECHTENSTEINISCHEN ZULASSUNGSPOLITIK

Das wesentlichste Charakeristikum der liechtensteinischen Migrationspolitik ist deren enge Bindung an die Bedürfnisse des Arbeitsmarktes. Die Versorgung der liechtensteinischen Wirtschaft mit ausländischen Arbeitskräften war und ist bis heute auf dem Hintergrund eines strukturellen Arbeitskräftemangels die vorrangige zulassungspolitische Zielsetzung. Liechtenstein standen im vorgegebenen Zeitraum diesbezüglich verschiedene Möglichkeiten offen, welche je nach politischer und/oder wirtschaftlicher Situation unterschiedlich genutzt wurden.

Als erstes ist in diesem Zusammenhang die Freizügigkeit mit der Schweiz zu nennen. Sie ermöglichte bis 1981 eine uneingeschränkte Rekrutierung auf dem schweizerischen Arbeitsmarkt. 1981 wurde sie auf Betreiben Liechtensteins aufgehoben, galt jedoch weiterhin für GrenzgängerInnen aus der Schweiz.

Ein zweiter, die Zulassungspolitik bestimmender Faktor bestand in der Möglichkeit, der wirtschaftlichen Nachfrage nach Arbeitskräften mit der Bewilligung von GrenzgängerInnen aus dem benachbarten Vorarlberg zu begegnen. Die Zuwanderung von sogenannten DrittausländerInnen, das heisst von AusländerInnen, die nicht Schweizer BürgerInnen waren, konnte aufgrund dieser Voraussetzungen trotz hohem wirtschaftlichem Bedarf relativ restriktiv gehandhabt werden.

Über die herausragende Bedeutung des Grenzgängerwesens sowie der Zuwanderung aus der Schweiz geben die untenstehenden beiden Tabellen Auskunft.

Zur oberen Tabelle ist zu bemerken, dass die Zunahme der ausländischen Wohnbevölkerung nicht allein auf die Arbeitsmigration und den Familiennachzug zurückzuführen ist. Sie wird auch noch von anderen Faktoren wie zum Beispiel dem natürlichen Bevölkerungswachstum oder dem Heiratsverhalten bestimmt.

GESAMTBESCHÄFTIGUNG UND AUSLÄNDISCHE ERWERBSTÄTIGE 1941 BIS 1990

Jahr	Gesamtbeschäftigung	Ausländerbeschäftigung Total		
		absolut	in Prozent	Grenzgängeranteil in Prozent
1941	4 161	676	16,2	1,4
1950	6 338	2 007	31,7	11,9
1960	9 096	3 893	42,8	43,7
1970	11 569	6 240	53,9	40,9
1980	14 840	8 212	55,3	40,1
1990	19 905	11 933	59,9	57,7

GESAMTBEVÖLKERUNG UND AUSLÄNDISCHE WOHNBEVÖLKERUNG NACH HERKUNFTSKATEGORIEN 1941 BIS 1990

Jahr	Gesamtbevölkerung	AusländerInnen Total			
		absolut	in Prozent	SchweizerInnen in Prozent	DrittausländerInnen in Prozent
1941	11 094	1 785	16,1	32,7	67,3
1950	13 757	2 751	20,0	43,3	56,7
1960	16 628	4 143	24,9	37,1	62,9
1970	21 350	7 046	33,0	35,7	64,3
1980	25 215	9 302	36,9	43,6	56,4
1990	29 032	10 909	37,6	40,9	59,1

RECHTLICHE VORAUSSETZUNGEN DER LIECHTENSTEINISCHEN ZULASSUNGS-POLITIK

Die liechtensteinische Zulassungspolitik orientierte sich im wesentlichen an der schweizerischen, wartete jedoch auch immer wieder mit eigenen Lösungen auf. Rechtlich basierte sie auf der schweizerischen Ausländergesetzgebung (ANAG)[1], die 1941 mit der Einführung der Freizügigkeit zwischen Liechtenstein und der Schweiz auch in Liechtenstein zur Anwendung kam.[2] Liechtenstein nahm in fremdenpolizeilichen Belangen die Stellung eines Schweizer Kantons ein, war also bei der Regelung des Aufenthaltsrechts von DrittausländerInnen nicht autonom. Auch in der Zulassungspolitik waren die liechtensteinischen Behörden an die für die Schweiz geltenden fremdenpolizeilichen und arbeitsmarktlichen Grundsätze gebunden. Trotz dieses eng gesteckten gesetzlichen und institutionellen Rahmens entwickelte sich in Liechtenstein ein eigenes Ausländerrecht. Dieses schlug sich am ausgeprägtesten in den Verordnungen zur Begrenzung der Zuwanderung nieder.

Im folgenden sollen die wesentlichsten Etappen in der Herausbildung des liechtensteinischen Begrenzungssystems dargestellt werden. Besonderes Augenmerk gilt dabei den liechtensteinischen Spezifika im Vergleich zur Schweiz. Neben den rechtlichen Besonderheiten interessieren die spezifisch liechtensteinischen Verhältnisse, die die eigenständige Entwicklung begründeten und in Gang setzten. Um einen Einblick in den migrationspolitischen Gestaltungsprozess zu gewähren, werden zu ausgewählten Problemstellungen die Positionen der involvierten Akteure dargelegt. Dies sind im vorgegebenen Zeitraum: die liechtensteinische Regierung, die liechtensteinische Fremdenpolizei, das Arbeitsamt, der Arbeiternehmerverband, die Industriekammer und die Gewerbegenossenschaft.

---

1) Bundesgesetz über Aufenthalt und Niederlassung der Ausländer vom 26. März 1931 (ANAG).

2) In diversen Vereinbarungen zwischen Liechtenstein und der Schweiz über die Regelung der fremdenpolizeilichen Beziehungen festgehalten. LGBl. 1941 Nr. 4, LGBl. 1948 Nr. 11, LGBl. 1963 Nr. 38 und 39.

Restriktive Zulassungspolitik auf der Basis des Rotationsprinzips 1945 bis 1968

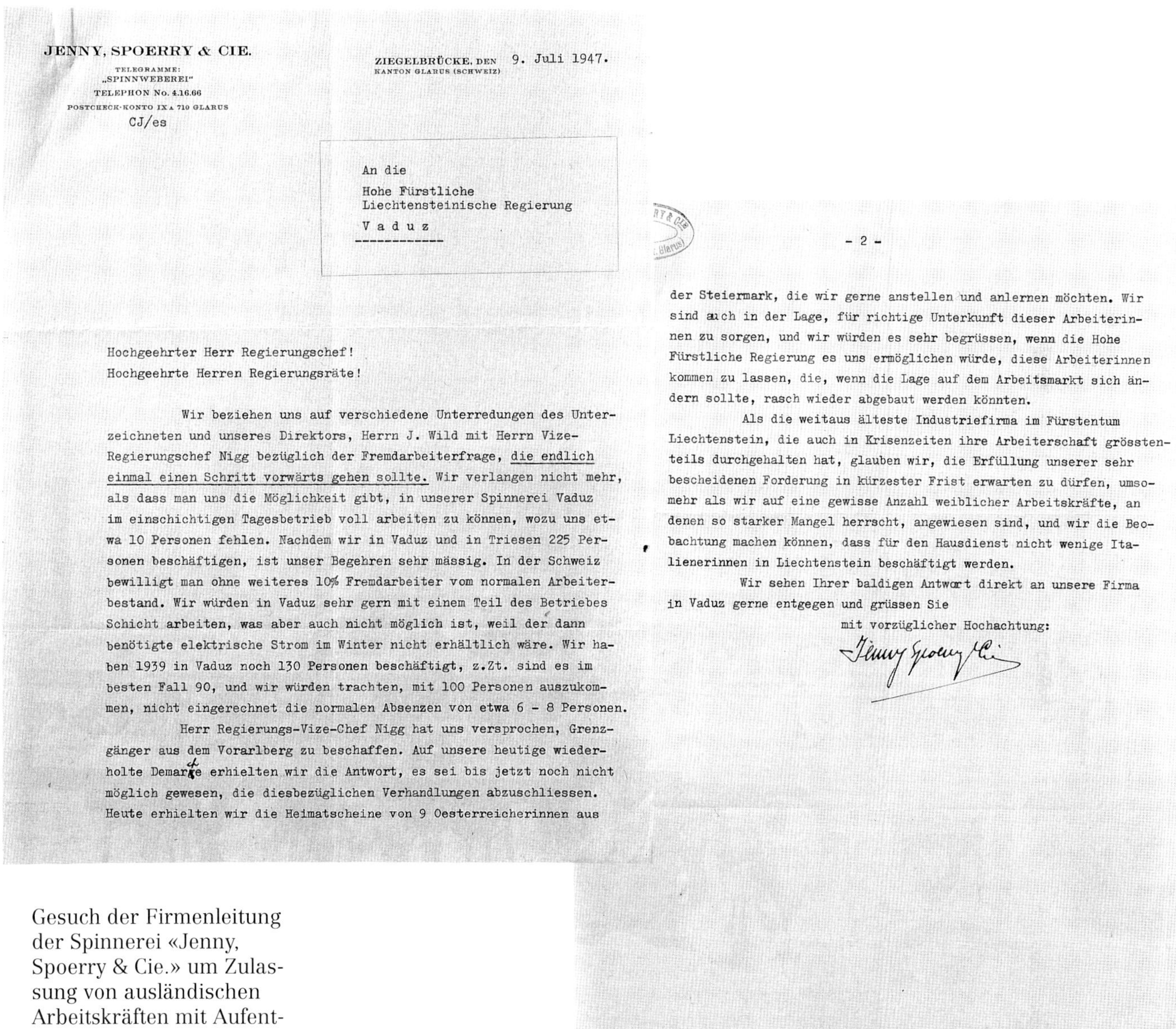

JENNY, SPOERRY & CIE.
TELEGRAMME: „SPINNWEBEREI"
TELEPHON No. 4.16.66
POSTCHECK-KONTO IX a 710 GLARUS
CJ/es

ZIEGELBRÜCKE, DEN 9. Juli 1947.
KANTON GLARUS (SCHWEIZ)

An die
Hohe Fürstliche
Liechtensteinische Regierung
V a d u z

Hochgeehrter Herr Regierungschef!
Hochgeehrte Herren Regierungsräte!

Wir beziehen uns auf verschiedene Unterredungen des Unterzeichneten und unseres Direktors, Herrn J. Wild mit Herrn Vize-Regierungschef Nigg bezüglich der Fremdarbeiterfrage, die endlich einmal einen Schritt vorwärts gehen sollte. Wir verlangen nicht mehr, als dass man uns die Möglichkeit gibt, in unserer Spinnerei Vaduz im einschichtigen Tagesbetrieb voll arbeiten zu können, wozu uns etwa 10 Personen fehlen. Nachdem wir in Vaduz und in Triesen 225 Personen beschäftigen, ist unser Begehren sehr mässig. In der Schweiz bewilligt man ohne weiteres 10% Fremdarbeiter vom normalen Arbeiterbestand. Wir würden in Vaduz sehr gern mit einem Teil des Betriebes Schicht arbeiten, was aber auch nicht möglich ist, weil der dann benötigte elektrische Strom im Winter nicht erhältlich wäre. Wir haben 1939 in Vaduz noch 130 Personen beschäftigt, z.Zt. sind es im besten Fall 90, und wir würden trachten, mit 100 Personen auszukommen, nicht eingerechnet die normalen Absenzen von etwa 6 - 8 Personen.

Herr Regierungs-Vize-Chef Nigg hat uns versprochen, Grenzgänger aus dem Vorarlberg zu beschaffen. Auf unsere heutige wiederholte Demarche erhielten wir die Antwort, es sei bis jetzt noch nicht möglich gewesen, die diesbezüglichen Verhandlungen abzuschliessen. Heute erhielten wir die Heimatscheine von 9 Oesterreicherinnen aus

- 2 -

der Steiermark, die wir gerne anstellen und anlernen möchten. Wir sind auch in der Lage, für richtige Unterkunft dieser Arbeiterinnen zu sorgen, und wir würden es sehr begrüssen, wenn die Hohe Fürstliche Regierung es uns ermöglichen würde, diese Arbeiterinnen kommen zu lassen, die, wenn die Lage auf dem Arbeitsmarkt sich ändern sollte, rasch wieder abgebaut werden könnten.

Als die weitaus älteste Industriefirma im Fürstentum Liechtenstein, die auch in Krisenzeiten ihre Arbeiterschaft grösstenteils durchgehalten hat, glauben wir, die Erfüllung unserer sehr bescheidenen Forderung in kürzester Frist erwarten zu dürfen, umsomehr als wir auf eine gewisse Anzahl weiblicher Arbeitskräfte, an denen so starker Mangel herrscht, angewiesen sind, und wir die Beobachtung machen können, dass für den Hausdienst nicht wenige Italienerinnen in Liechtenstein beschäftigt werden.

Wir sehen Ihrer baldigen Antwort direkt an unsere Firma in Vaduz gerne entgegen und grüssen Sie

mit vorzüglicher Hochachtung:
Jenny Spoerry & Cie

Gesuch der Firmenleitung der Spinnerei «Jenny, Spoerry & Cie.» um Zulassung von ausländischen Arbeitskräften mit Aufenthaltsstatus, 1947. Das Ansuchen wurde von der liechtensteinischen Regierung abgelehnt.

Tunnelbau zwischen Gnalp und Steg, Triesenberg, 1946/47

Stolleneingang für den Tunnelbau im Steg, 1946/47

Charakteristisch für die wirtschaftliche Entwicklung Liechtensteins nach 1945 ist der rasante Wandel vom Agrar- zum Industriestaat. Der wirtschaftliche Aufschwung basierte auf dem 1924 mit der Schweiz abgeschlossenen Zollvertrag und einer Gesetzgebung,[3] die Liechtenstein als Standort für Unternehmen und Sitzgesellschaften prädestinierte. Die massive Industrialisierung ging mit einem grossen Mangel an Fach- und Führungskräften einher, zu dem sich in den 1950er Jahren ein steigender Bedarf an niedrigqualifizierten Arbeitskräften gesellte. Auch in der Land- und Hauswirtschaft sowie im Gastgewerbe herrschte grosser Arbeitskräftemangel. Der Aufschwung rief nach einer grosszügigen Zulassung qualifizierter wie unqualifizierter Arbeitskräfte, was von den Wirtschaftsvertretern, der Liechtensteinischen Industriekammer und der Gewerbegenossenschaft auch artikuliert wurde.

Ganz andere Anforderungen an die Zulassungspolitik wurden von seiten der organisierten Arbeitnehmerschaft gestellt. Aufgrund der beschränkten Ausbildungsmöglichkeiten war das Qualifikationsniveau der einheimischen Arbeitskräfte relativ tief. Der Rückgriff der Industrie auf Fach- und Führungskräfte aus dem Ausland führte in der Folge zu einer Überschichtung am Arbeitsplatz, die die Einheimischen in eine schwierige Konkurrenzsituation brachte. In den 1950er Jahren lautete die Hauptforderung des Arbeitnehmerverbandes an die Ausländerpolitik deshalb: Sicherung des Arbeitsplatzes und Gewährleistung von Aufstiegsmöglichkeiten für die liechtensteinische Arbeitnehmerschaft und insbesondere für die nachrückende Generation, den «liechtensteinischen Nachwuchs».

Arbeitsraum in der Firma «Präzisions-Apparatebau AG», Vaduz, gegründet 1944

DIE GRENZGÄNGERBESCHÄFTIGUNG ALS STRATEGIE

Die Zulassungspolitik der 1940er und 1950er Jahre versuchte, diesen unterschiedlichen Bedürfnissen Rechnung zu tragen. Die Nachfrage nach Fach- und Führungskräften konnte – zumindest in den 40er Jahren – grösstenteils mit SchweizerInnen gedeckt werden. Dem steigenden Bedarf der Industrie nach niedrigqualifizierten Arbeitskräften versuchte man mittels einer liberalen Zulassung von GrenzgängerInnen aus Vorarlberg zu entsprechen.

1947 hatte die Regierung der Forderung der Industrie nach Hilfskräften mit Aufenthaltsstatus eine

3) Steuergesetz von 1923 sowie Personen- und Gesellschaftsrecht von 1926.

klare Absage erteilt und darauf hingewiesen, dass als «Industriearbeiter» nur GrenzgängerInnen bewilligt werden. Die Grenzgängerbeschäftigung wurde damit zu einem zentralen Bestandteil der Arbeitsmarktpolitik, was sich auch auf die Zuwanderung auswirkte. Dank der Ausweichmöglichkeit auf GrenzgängerInnen konnte sie auf relativ niedrigem Niveau gehalten werden.

Die Grenzgängerbeschäftigung erlaubte die Abschöpfung von Arbeitskraft ohne gesellschaftliche Folgekosten, da die GrenzgängerInnen die Infrastruktur (Wohnungsmarkt) nicht belasteten und im damaligen Verständnis auch nicht «überfremdungswirksam» waren. Entsprechend der Situation auf dem liechtensteinischen Arbeitsmarkt konnten GrenzgängerInnen zudem zugelassen oder durch Verweigerung der Arbeitsbewilligung aus dem Arbeitsprozess entfernt werden, ohne dass soziale Kosten entstanden wären. Sie erfüllten damit die Funktion eines «Konjunkturpuffers» auf ideale Weise.

Des weiteren orientierte sich die Grenzgängerpolitik an Grundsätzen, die für die einheimischen Arbeitskräfte faktisch einer Arbeitsplatzgarantie gleichkamen: GrenzgängerInnen wurden nur zugelassen, wenn keine einheimischen Arbeitskräfte zur Verfügung standen. Ferner durfte ein Betrieb keine LiechtensteinerInnen entlassen, solange er GrenzgängerInnen beschäftigte. Aufgrund dieser Zugeständnisse wurde die liechtensteinische Grenzgängerpolitik auch vom einheimischen Arbeitnehmerverband weitgehend mitgetragen.

Trotz der liberalen Grenzgängerpolitik und dem freien Zugriff auf den schweizerischen Arbeitsmarkt konnte die Nachfrage nach Arbeitskräften nicht gedeckt werden. In den 1950er Jahren nahm deshalb die Zuwanderung besonders aus Deutschland, Österreich und Italien zu. Im Unterschied zur Schweiz, die unter ähnlichen arbeitsmarktlichen Voraussetzungen eine liberale Einwanderungspolitik betrieb, hielt Liechtenstein jedoch nach wie vor an einer restriktiven Zulassung von AufenthalterInnen fest.

ZULASSUNG VON DRITTAUSLÄNDER/INNEN AUF DER GRUNDLAGE DES ROTATIONSPRINZIPS

Die Zuwanderung der DrittausländerInnen erfolgte in Liechtenstein wie in der Schweiz auf der Basis des sogenannten Rotationsmodells. Dieses strebte eine möglichst grosse Rotation der ausländischen Arbeitskräfte an, um einen vorübergehenden und flexiblen Charakter des Arbeitskräftezuzuges zu gewährleisten. Mittels zeitlich begrenzter Aufenthaltsbewilligungen, hoher Wartefristen für die Niederlassung und der Verweigerung des Familiennachzugs sollten längerfristige Aufenthalte oder gar die dauerhafte Niederlassung von AusländerInnen verhindert werden. Den wirtschaftstheoretischen Hintergrund für das Rotationsmodell bildete die Annahme eines zyklischen Konjunkturverlaufs, in dem Aufschwung und Krise einander in regelmässigen Abständen folgen. Ausländischen Arbeitskräften wurde in diesem Zusammenhang die Funktion eines «Konjunkturpuffers» zugeordnet. In Phasen des konjunkturellen Aufschwungs sollten sie zur Behebung von Produktionsengpässen eingesetzt werden, in Zeiten eines Konjunktur- und Beschäftigungsrückgangs wieder abgebaut werden. Hinter dem Rotationsmodell stand ferner die Vorstellung, dass die ausländischen Arbeitskräfte ihren Aufenthalt auch selber als vorübergehend definierten, die Option der Rückkehr also fester Bestandteil ihres Arbeitsaufenthaltes im Ausland war.

LIECHTENSTEINISCHE SPEZIFIKA

Die Rekrutierung ausländischer Arbeitskräfte auf der Basis des Rotationsprinzips ist für die schweizerische wie die liechtensteinische Zulassungspolitik bis in die 1960er Jahre charakteristisch. Liechtensteinisches Spezifikum ist einzig die besonders rigide Umsetzung des Prinzips. Um eine Zementierung der Überschichtung zu verhindern, wurde den ausländischen Arbeitskräften vor allem in der Industrie nur eine Platzhalterfunktion zugestanden. Sie waren solange willkommen, als sich keine liechtensteinischen Arbeitskräfte mit gleichen Qualifikationen finden liessen. Standen Einheimische zur Verfügung, waren die AusländerInnen soweit als möglich wieder aus dem Arbeitsprozess zu entfernen. Zur Gewährleistung der Rückwanderung der ausländischen Arbeitskräfte bedienten sich die liechtensteinischen Behörden eines differenzierten Instrumentariums:

Als erstes ist das Nichtverlängern der Aufenthaltsbewilligung zu nennen. Mit dieser fremdenpolizeilichen Massnahme konnten AusländerInnen auf relativ einfache Weise zum Verlassen des Landes gezwungen werden.

Um ein Sesshaftwerden zu verhindern, erhöhte Liechtenstein die Niederlassungsfrist 1951 analog zur Schweiz von fünf auf zehn Jahre. Potentiellen Anwärtern konnte man sich auch in diesem Fall durch Nichtverlängern der Aufenthaltsbewilligung entledigen.

Mit welcher Rigidität das Rotationsprinzip umgesetzt wurde, zeigt sich insbesondere in der Fortweisung ausländischer Ehepaare nach der Heirat. Mit der Verhinderung der Familiengründung in Liechtenstein versuchte man, das natürliche Wachstum der ausländischen Bevölkerung so tief als möglich zu halten.

Vor dieser Massnahme schreckte man auch nicht zurück, wenn die Ehefrau eine Liechtensteinerin oder eine Niedergelassene war. Das bedeutete, dass Liechtensteinerinnen, die einen Ausländer heirateten, indirekt des Landes verwiesen wurden. Diese diskriminierende Praxis stiess ab Mitte der 1950er Jahre zunehmend auf Widerstand. Im Blickfeld der Kritik stand in erster Linie die Schlechterstellung der liechtensteinischen Frauen gegenüber den zugeheirateten Ausländerinnen, die bei Heirat mit einem Liechtensteiner automatisch das liechtensteinische Bürgerrecht erhielten und damit das Recht hatten, im Land zu bleiben. Die auf gesetzlicher Ebene angelegte geschlechtsspezifische Diskriminierung, auf die der Verlust der Staatsbürgerschaft bei Heirat mit einem Ausländer letztlich zurückging,[4] kam in Liechtenstein mit seinen tief verwurzelten patriarchalen Strukturen nur am Rande zur Sprache.

Als letztes ist zu erwähnen, dass Liechtenstein Drittausländern bis 1968 keinen Familiennachzug ermöglichte. Ausgenommen davon waren hochqualifizierte Arbeitskräfte und reiche Privatiers. Im Unterschied dazu gewährte die Schweiz den Familiennachzug in der Regel nach drei Jahren.

4) Ab 1974 konnten Liechtensteinerinnen bei Heirat mit einem Ausländer ihre Staatsbürgerschaft beibehalten.

Erste Massnahmen zur Beschränkung der Zuwanderung von ausländischen Arbeitskräften 1962/63

Trotz der grundsätzlich restriktiv ausgerichteten Einwanderungspolitik und der starken Inanspruchnahme des Grenzgängerwesens nahm in Liechtenstein in den 1950er Jahren die ausländische Bevölkerung in ähnlichem Mass zu wie in der Schweiz. Von 1950 bis 1960 stieg der Ausländeranteil an der Wohnbevölkerung von 20 auf 25 Prozent an.[5] Die Ausländerbeschäftigung betrug 1960 rund 43 Prozent. Diese Entwicklung wurde von zunehmenden Überfremdungsängsten begleitet und einer zunehmend kritischen Haltung bezüglich des strukturellen Wandels. Im Zentrum der Kritik stand dabei das starke Wachstum des industriellen Sektors. Das Gewerbe, das von einer starken Abwanderung von Arbeitskräften Richtung Industrie betroffen war, fürchtete um den Verlust der «harmonischen Wirtschaftsstruktur». Auf seiten der liechtensteinischen Arbeitnehmerschaft erblickte man in der wachsen-

Abwertung unserer völkischen Substanz und Eigenart, Abwertung unserer kulturellen und weltanschaulichen Werte

Die routinierte Einbürgerungspraxis der Dreißigerjahre trägt nun reichlich Früchte und ruft nach neuen Problemen und Lösungen. Diese Früchte, die gutbestallte Agenten und Advokaten auf geheiligter Heimaterde züchteten, kommen uns nun teuer zu stehen. Wir bezahlen diese Schuld mit dem Erbe unserer Väter, das wir übernommen haben, um es treu zu verwalten und unversehrt weiterzugeben. An mahnenden Stimmen hatte es nie gefehlt; sie wurden aber als Scharlatane und Volksverhetzer abgetan. Die kommende Generation, die einmal die „Geschichte Liechtensteins im 20. Jahrhundert" schreiben wird, überschreibt dieses Kapitel mit dem Ausdruck „Kollektivschuld unserer Väter".

Eine weitere Komponente, die unsere völkische Substanz, Eigenart und Existenz unbarmherzig liquidiert, ist die hemmungslose Überindustrialisierung unseres geliebten Vaterlandes. Hat es einen Sinn, daß wir würdige Objekte unter Denkmalschutz stellen, ein Walserhaus aufzukaufen und subventionieren, Gelder in ein Museum stecken und im selben Moment unsere völkische Eigenart und analog unsere

Existenz als Volk aufgeben? Das Wörtchen „völkisch" ist bei uns verpönt und wird als verfluchte Importware abgetan. Dieses Wörtchen hat aber seine große Berechtigung im Lexikon eines jeden einzelnen Volkes. Entwickelt einmal die Gedanken „Einbürgerung und Überfremdung" weiter und stellt euch hernach die Frage: Was ist aus Liechtenstein nach 100 Jahren geworden? Die Antwort fällt vernichtend aus! Aber gerade diese vernichtende Antwort muß für uns, die wir in unserer Heimat ein heiliges Erbe unserer Väter sehen, größte Verpflichtung sein.

Und so fällt — nach meiner Ansicht — in den Aufgabenkreis des Arbeiterverbandes *nicht nur* die Wahrung der Arbeiterinteressen, *sondern auch* in vermehrtem Maße die Reinerhaltung der liechtensteinischen Volksseele und damit die Erhaltung unserer geliebten Heimat an sich.

Die Überfremdung ruft nach Anerkennung anderer Religionsgemeinschaften. Dieses Problem hat heute leider seine Berechtigung, ist aber zugleich ein zweischneidiges Schwert. Einmal müssen wir die Humanität als Leitstern unseres Handelns nehmen und Toleranz üben. Anderseits sind die Gefahren, die aus falsch verstandener Humanität und Toleranz erwachsen, nicht zu verkennen. Zum mindesten ist dieses Problem ein gordischer Knoten, den diejenigen mit dem zweischneidigen Schwert durchschneiden mögen, die ihn geknüpft haben. Unsere Devise lautet: Liechtenstein, Vaterland, du köstliche Perle am Alpenrhein, dich halten wir vor fremdem Einfluß rein!

Es ist gut, wenn sich der hohe Landtag mit solchen Fragen befassen muß. Das Thema „Überfremdung" gewinnt dadurch an Aktualität. Warten wir ruhig ab, was für ein Kostüm der Landtag zurechtschneidet. Jedenfalls gehört das „Gesetz über die Anerkennung anderer Religionsgemeinschaften" dem Volk zum Entscheid vorgelegt. Wenn durch die Presse

keine allgemeine Brunnenvergiftung vorgenommen wird, so dürfte die Antwort des Volkes einhellig, klar und unmißverständlich ausfallen. Und dem ist gut so.

Der große deutsche Dramatiker und Literaturhistoriker Lessing sagt so treffend in einem seiner bekanntesten Werke: „Als mir die Schuppen von den Augen fielen . . ."

Also wollen wir mit Lessing einig gehen und mit schuppenfreien Augen der nahen Zukunft entgegensehen.

Ein Mitglied des Liechtensteinischen Arbeitnehmerverbandes spricht sich im verbandseigenen Mitteilungsblatt gegen die Einbürgerung von Ausländerinnen und Ausländern aus. August 1959 den ausländischen Bevölkerung eine Gefahr für «Volk und Heimat». Anfangs der 1960er Jahre erklärte der Arbeitnehmerverband die «Überfremdung» zum Problem Nummer 1. Der Tribut, den Liechtenstein der Industrialisierung und Modernisierung zolle, sei zu hoch, die wirtschaftliche Entwicklung liefe den Volksinteressen entgegen. Auch die Behörden hielten die «Grenzen des Wachstums» für erreicht. Der Zweck der Industrialisierung wurde in der Schaffung von ausreichenden Arbeitsmöglichkeiten für die einheimische Arbeitnehmerschaft gesehen. Eine industrielle Entwicklung über dieses Ziel hinaus war im damaligen Wirtschaftskonzept nicht vorgesehen.

Dies ist der Hintergrund, auf dem die Industriekammer 1961 mit der Forderung nach einer grosszügigeren Zulassungspolitik auf den Plan trat. Konkret ging es um die Bewilligung von «Hilfskräften» mit Aufenthaltsstatus. Anfangs der 1960er Jahre erwies sich die Rekrutierung von GrenzgängerInnen als zunehmend schwierig. Das Potential war grösstenteils abgeschöpft, das Qualifikationsniveau oft unzureichend, die Fluktuation hoch. Im Gegensatz zu dieser Entwicklung stand das wachsende Interesse der Industrie an längerfristigen Arbeitsverhältnissen. Die in diesem Kontext plausible Forderung der Industriekammer nach AufenthalterInnen stiess bei den übrigen Interessenvertretern, der Gewerbegenossenschaft und dem Arbeitnehmerverband, auf klare Ablehnung. Für die Behörden war dies der Zeitpunkt, die Weichen in der Zulassungs- und Wirtschaftspolitik neu zu stellen.

DIE VERORDNUNG ÜBER DIE BESCHRÄNKUNG DER ZUWANDERUNG AUSLÄNDISCHER ARBEITSKRÄFTE VOM 7. OKTOBER 1963

Ende Dezember 1962, das heisst zwei Monate vor dem schweizerischen Bundesrat,[6] verfügte die liechtensteinische Regierung erste Massnahmen zur Einschränkung der Zuwanderung von DrittausländerInnen. Im Januar folgten Vorschriften zur Plafonierung des Grenzgängerbestandes. Die Bestimmungen wurden im Oktober 1963 in Form einer Verordnung publiziert, die im formalen Aufbau an das schweizerische Vorbild erinnert. Inhaltlich stellte sie jedoch eine weitgehend eigenständige Lösung dar. Sie soll im folgenden kurz präsentiert werden.

Der erste Artikel legt einen Begrenzungsmechanismus für die Zuwanderung respektive im Falle der GrenzgängerInnen die Beschäftigung von ausländischen Arbeitskräften fest und formuliert gleichzeitig die Bedingungen für Ausnahmen. In der Regel werden Aufenthalts- und Grenzgängerbewilligungen für ausländische Arbeitskräfte nur noch «im Rahmen des Wegzugs ausländischer Arbeitskräfte aus Liechtenstein» erteilt. Damit ist der für das liechtensteinische Zulassungssystem charakteristische Begrenzungsmechanismus bereits 1963 definiert, auch wenn er sich dazumal noch ausschliesslich auf die Arbeitskräfte bezieht.

ZUWANDERUNG «IM RAHMEN DES WEGZUGS»

Zuwanderung «im Rahmen des Wegzugs» bedeutete einen generellen Marschhalt. Auf die Bedürfnisse der Industrie bezogen hiess das ein klares Nein zu jeder weiteren Expansion mittels zusätzlicher ausländischer Arbeitskräfte. Ausnahmebewilligungen wurden eingeräumt, doch galten sie in erster Linie für das Gewerbe. Von den Beschränkungsmassnahmen gänzlich ausgenommen waren landwirtschaftliche Betriebe, private Haushaltungen, das Gastgewerbe sowie Spitäler und Heime. Es handelte sich hierbei grossteils um Arbeitsbereiche, aus denen sich die Einheimischen aufgrund der inattraktiven Arbeitsbedingungen längst zurückgezogen hatten, die ausländischen Arbeitskräfte also auch nicht als Konkurrenten auftraten. Die Unterschichtung hatte in Liechtenstein zudem auch in Zeiten von Arbeitslosigkeit Tradition, was

5) In der Schweiz im selben Zeitraum von 5,9 auf 9,3 Prozent.

6) Bundesbeschluss über die Beschränkung der Zulassung ausländischer Arbeitskräfte vom 1. März 1963.

Maschinenhalle in der Firma «Jenny, Spoerry & Cie.» in Vaduz, 1979

Arbeiterinnen in der Zahnfabrik Ivoclar (ehemals: Ramco) in Schaan

mit erklärt, dass dieser Art von Zuwanderung trotz der viel zitierten «Überfremdung» kaum Widerstand erwuchs.

BEDINGTES RECHT AUF FAMILIENGRÜNDUNG

Im zweiten Artikel geht es darum, die schlimmsten Auswüchse des Rotationssystems zu beseitigen. Aufenthalter, die eine Liechtensteinerin oder eine Niedergelassene heiraten, werden nicht mehr zum Verlassen des Landes gezwungen. Sie erhalten unabhängig von ihrer beruflichen Qualifikation das Recht, in Liechtenstein eine Familie zu gründen. Grundsätzlich verboten bleibt nach wie vor der Familiennachzug, dies trotz einer zunehmenden Liberalisierung in den umliegenden Ländern.

Lassen wir die einzelnen Massnahmen noch einmal Revue passieren, so handelte es sich bei der Verordnung von 1963 um den Versuch, mittels der Einführung eines einfach zu handhabenden Steuerungsmechanismus' (Zulassung im Rahmen des Wegzugs) den Bestand der ausländischen Arbeitskräfte aus dem Drittausland zu stabilisieren und trotz des bedingt gewährten Rechts auf Familien-

gründung das natürliche Wachstum der ausländischen Wohnbevölkerung so gering als möglich zu halten. In diesem Zusammenhang stand auch das grundsätzliche Verbot des Familiennachzugs.

Neben diesen ausländerpolitischen Zielsetzungen diente die Verordnung jedoch auch dazu, Strukturpolitik zu betreiben. Ziel war die Eindämmung der industriellen Expansion, das Mittel eine Verschärfung der Bewilligungspraxis gegenüber der Industrie. Den Industriebetrieben wurden nicht nur die benötigten AufenthalterInnen verweigert. Mit der Plafonierung des Grenzgängerbestandes wurde auch die Expansion über das Grenzgängerwesen unterbunden. Die Folge dieser behördlichen Massnahmen war ein arbeitsmarktlicher Notstand, der die Industrie letztlich zur Verlagerung von Betriebsteilen ins Ausland zwang. Zwischen 1963 und 1968 wurden von liechtensteinischen Unternehmen im Ausland 17 Zweigniederlassungen gegründet, die zirka 1600 Arbeitskräfte beschäftigten.

Liechtenstein und die Schweiz waren in den 1960er Jahren die einzigen europäischen Länder, die trotz einer starken Nachfrage nach Einwanderung diese zu begrenzen suchten. Die Entstehungsbedingungen für die ersten Beschränkungsmassnahmen waren in beiden Ländern ähnlich und doch verschieden. In Liechtenstein war das Hauptmotiv die Angst vor einem unkontrollierten Wachstum der Industrie und der damit einhergehenden «Überfremdung». Die schweizerischen Beschränkungsmassnahmen standen hauptsächlich im Interesse der Konjunkturdämpfung. Sie waren ein Versuch, mittels der Beschränkung der bis dahin liberalen Zulassung von ausländischen Arbeitskräften der Konjunkturüberhitzung und der damit einhergehenden Begleiterscheinungen wie Inflation und Kostensteigerung entgegenzuwirken.

Neben der wirtschaftlichen Situation spielten jedoch auch noch andere Faktoren eine Rolle. Innen- wie aussenpolitisch nahm die Kritik an der bundesrätlichen Zulassungspolitik anfangs der 1960er Jahre stark zu. Der äussere Druck kam von seiten Italiens, das, die zunehmenden Rekrutierungsschwierigkeiten der Schweiz ausnutzend, eine rechtliche Besserstellung seiner in die Schweiz ausgewanderten BürgerInnen forderte. Im Innern machte die organisierte Überfremdungsbewegung, die 1961 mit der Gründung der Nationalen Aktion auf den Plan trat, Druck.

Familienzuzug für ausländische Arbeitskräfte?

Welchen Wirbel diese Frage in der Schweiz ausgelöst hat und immer noch auslöst, ist wohl zur Genüge bekannt. Bei uns bildet sie ebenfalls mehr oder weniger das Tagesgespräch, auch wenn sie in der Presse nicht diesen Niederschlag gefunden hat. Schon des öftern wurde aus Kreisen der Arbeiter gewünscht, es solle im Mitteilungsblatt des LAV zu dieser Frage Stellung bezogen werden. Im September wurde von einigen Arbeitern ein diesbezügliches „Eingesandt" eingereicht, das in der Septemberausgabe des Mitteilungsblattes auch veröffentlicht wurde. Eine offizielle Stellungnahme des Verbandes blieb bis anhin jedoch noch aus. Es sprachen auch verschiedene Gründe für dieses Zuwarten. Doch nun wollen wir vom Verband aus zu dieser Sache Stellung nehmen.

Dank der jahrelang anhaltenden Hochkonjunktur erfreute sich auch die liechtensteinische Wirtschaft einer stets zunehmenden Prosperität wie sie niemand vorausgeahnt und zu sagen gewagt hätte. Es entstanden immer mehr Unternehmen und Betriebe, die sich im Sog der Entwicklung dementsprechend auch vergrößerten. Dies führte schon lange dazu, daß der Bedarf an Arbeitskräften bei weitem nicht mehr mit der einheimischen Arbeitskraft gedeckt werden konnte. Es mußten also ausländische Arbeitskräfte zugezogen werden und der Zustrom der Fremdarbeiter begann.

Schon gleich am Anfang wurden nicht nur aus Arbeiter- sondern aus verschiedenen Kreisen Bedenken gegen diesen Zustrom laut. Man verlangte größtmöglichste Zurückhaltung zu üben. Eine besondere Gefahr sah man in der Gewährung von Daueraufenthalten. Um Daueraufenthalte nach Möglichkeit zu vermeiden, ging man dazu über, auch einem ausländischen Arbeiter, der eine Liechtensteinerin heiratete, den Daueraufenthalt zu verweigern. Einige Liechtensteinerinnen wurden von dieser Maßnahme schwer betroffen, denn sie mußten das Heimatland verlassen. Andere, die das Glück hatten, einen Ausländer zu heiraten, der vom Arbeitgeber als unabkömmlich erachtet wurde, konnten bleiben. Es soll diese Bemerkung jetzt nicht als böswillig aufgefaßt werden, sondern einfach als Hinweis darauf, daß *im Prinzip gesehen* solche Unterschiede einfach nicht gerechtfertigt sind.

Trotz aller Bedenken und der getroffenen zurückhaltenden Maßnahmen ging die Entwicklung weiter und der Zustrom der Fremdarbeiter wuchs von Jahr zu Jahr. Eine teilweise Stagnation oder gar rückläufige Tendenz zeigte sich lediglich bei den Grenzgängern, also gerade in jener Kategorie, die an und für sich keine Überfremdungsgefahr für uns bedeutet. Durch den dauernden Anstieg der Zahl der Fremdarbeiter, sah sich die Regierung im März 1963 veranlaßt, den Fremdarbeiterstand zu plafonieren. Diese Regelung der Regierung ist auf den 31. Dezember 1964 befristet und es darf wohl in nächster Zeit einer Besprechung zwischen den Wirtschaftsverbänden und der Regierung und nach unserer Auffassung einer Erneuerung und Verlängerung dieser Plafonierung.

Nun aber zur Frage des Familienzuzuges. Mag man sich zu dieser Sache stellen wie man will, als erstes gilt jedenfalls die Überlegung, ob eine Möglichkeit für eine Zulassung von fremden Familien besteht, ohne daß der Lebensraum und die Existenz des eigenen Volkes gefährdet wird. Um in dieser Beziehung für uns ein ungefähres Bild zu geben, seien folgende Vergleiche angeführt:

Bundesrepublik Deutschland einschließlich Westberlin

Wohnbevölkerung zirka	55 Millionen
Flächenmaß zirka	248 000 km²
Fremdarbeiter zirka	900 000
ergibt Fremdarbeiter zur Wohnbevölkerung	1,7%
ergibt Fremdarbeiter auf den km²	3,6

Schweiz

Wohnbevölkerung zirka	5 Millionen
Flächenmaß zirka	41 000 km²
Femdarbeiter zirka	750 000
ergibt Fremdarbeiter zur Wohnbevölkerung	15%
ergibt Fremdarbeiter auf den km²	18

Liechtenstein

Wohnbevölkerung zirka	18 000
Flächenmaß	157 km²
Fremdarbeiter zirka	4000
ergibt Fremdarbeiter zur Wohnbevölkerung	22%
ergibt Fremdarbeiter auf den km²	25

Diese Zahlen bieten nicht Gewähr für absolute Genauigkeit. Es sind die Grenzgänger aus der Schweiz und Vorarlberg nicht inbegriffen. Auch sind die hier niedergelassenen Ausländer ausgeklammert. Man kann die Berechnung anstellen wie man will, das Ergebnis ist immer ein bedenkliches und eines ist sicher, Liechtenstein steht in der Überfremdungsgefahr an der Spitze.

Wenn wir also die Lebensbelange des eigenen Volkes nicht in Frage stellen wollen, so ist für uns ein Familienzuzug nicht gegeben. Liechtenstein ist zu klein, als daß wir auch nur im ausgeglichenen prozentualen Verhältnis mit anderen Staaten diese Zuwanderung mitmachen könnten. In Wirklichkeit stehen uns ja nur zirka 70 km² Wohnraum und wirtschaftlich nutzbare Fläche zur Verfügung — der übrige Teil sind Berge und Wald. Diese 70 km² braucht die jetzige Bevölkerung zu ihrem Lebensraum, da ja auch noch der natürliche Bevölkerungszuwachs miteingerechnet werden muß.

Wir wissen nicht genau, wieviele Familien es im jetzigen Zuzug wären, aber wir wissen, daß es immer mehr würden. Wer einmal A sagt, muß auch B sagen, das hat noch jede Erfahrung gelehrt. Es könnte dann wohl auch kein Unterschied zwischen der Staatszugehörigkeit gemacht werden. Und so ist es wohl keine übertriebene Annahme, daß in wenigen Jahren mehrere hundert Familien zuziehen würden.

Die Folgen, die ein solcher Zuzug für unser kleines Ländchen haben würde, sind im voraus nicht ganz abzusehen. Es müßten für diese Familien Wohnungen zur Verfügung gestellt werden. Wer übernimmt das? Der Unternehmer? Wenn ja, soll dann etwa der Liechtensteiner in einer Mietwohnung ausziehen oder eine nicht aufzubringende Miete bezahlen müssen? Oder sollen Neubauten erstellt werden, was höchstwahrscheinlich im Gefolge hat, daß noch mehr Fremdarbeiter benötigt werden? Steht Bauland für die Erstellung dieser evtl. zusätzlichen Wohnungen zur Verfügung? Wenn ja, ist es richtig, wenn dieses Land zur Erstellung von Wohnungen für Fremde benützt wird und mancher liechtensteinische Arbeiter kaum oder gar nicht mehr die Möglichkeit hat, sich einen Bauplatz aus privatem Besitz zu erwerben?

Familien brauchen eine ganz andere Betreuung als einzelne Personen. Es müßten für die Kinder auch Schulräume zur Verfügung gestellt werden. Haben wir für fremdsprachigen Schulunterricht Lehrpersonal zur Verfügung? Wir glauben es müßte welches beigezogen werden evtl. auch mit Familie. Für die religiöse Betreuung der Fremdarbeiter — zumal der

Erzwungene Zugeständnisse an das Niederlassungsprinzip: die Liberalisierung des Familiennachzugs 1968

DRUCK VON AUSSEN

Die Schweiz und in der Folge auch Liechtenstein wurden aufgrund ihrer restriktiven Ausländerpolitik von Italien in den 1960er Jahren stark unter Druck gesetzt. In der Schweiz kam es nach zähen Verhandlungen (1961–1964) zum Abschluss eines Einwanderungsabkommens, das der Schweiz weitgehende Zugeständnisse abverlangte. Als die bedeutendsten sind zu nennen: die Möglichkeit des Familiennachzugs für Jahresaufenthalter nach 18 Monaten, vordem drei Jahre; der Anspruch auf Verlängerung der Aufenthaltsbewilligung nach fünf Jahren bis zur Erreichung der Niederlassung (zehn Jahre) und der Anspruch der Saisonniers auf die Umwandlung ihrer Bewilligung in eine Jahresaufenthaltsbewilligung nach 45 Monaten Saisonarbeit innert fünf Jahren bei gleichzeitiger Familiennachzugsmöglichkeit. Insbesondere die Einführung von Rechtsansprüchen stellte für die MigrantInnen eine entscheidende Verbesserung ihrer Rechtsstellung dar. Auf Druck Spaniens wurden diese Vergünstigungen 1967 auch auf die spanischen Arbeitskräfte und in der Konsequenz auf die anderen europäischen Staaten exklusive Osteuropa ausgedehnt. Die in der Schweiz erfolgte Liberalisierung erzeugte in Liechtenstein einen grossen Anpassungsdruck. Die Angst, ebenfalls zu unliebsamen Zugeständnissen gezwungen zu werden, war allgegenwärtig, die Verhinderung eines ähnlichen Abkommens vorrangiges Ziel.

Ab 1966 setzte Italien Liechtenstein über den italienischen Konsul in St. Gallen auch direkt unter Druck. Im Vergleich zur Schweiz bewegten sich die Forderungen jedoch in einem bescheidenen Rahmen. Sie beschränkten sich auf die Aufhebung des Familiennachzugsverbots für Hilfs- und Facharbeiter und eine Verbesserung der sozialen Sicherheit der Einwandernden. Für die liechtensteinische Migrationspolitik stellte der Druck Italiens und dessen innenpolitische Implikationen jedoch eine grosse Herausforderung dar.

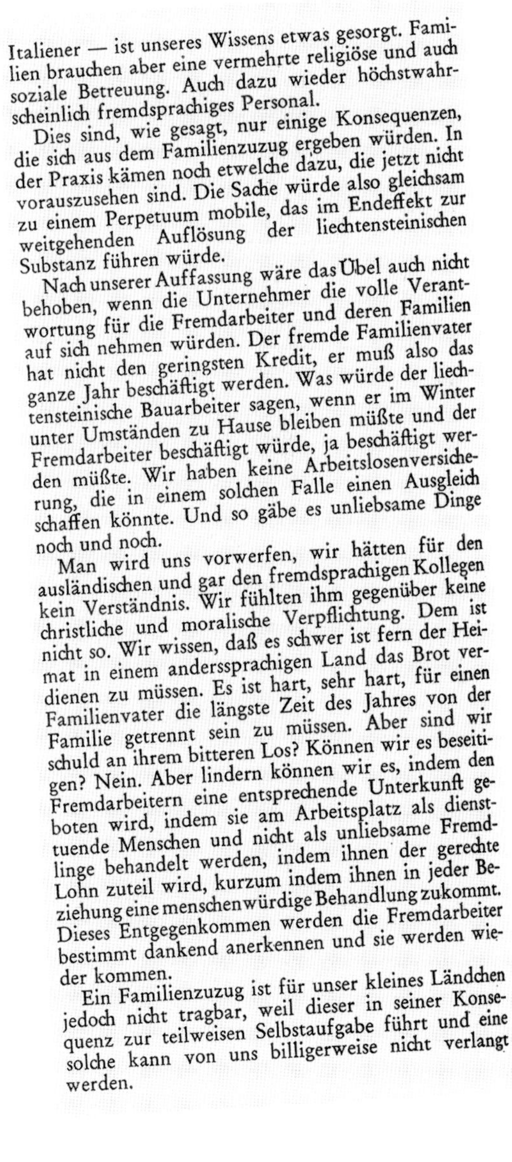
Italiener — ist unseres Wissens etwas gesorgt. Familien brauchen aber eine vermehrte religiöse und auch soziale Betreuung. Auch dazu wieder höchstwahrscheinlich fremdsprachiges Personal.

Dies sind, wie gesagt, nur einige Konsequenzen, die sich aus dem Familienzuzug ergeben würden. In der Praxis kämen noch etwelche dazu, die jetzt nicht vorauszusehen sind. Die Sache würde also gleichsam zu einem Perpetuum mobile, das im Endeffekt zur weitgehenden Auflösung der liechtensteinischen Substanz führen würde.

Nach unserer Auffassung wäre das Übel auch nicht behoben, wenn die Unternehmer die volle Verantwortung für die Fremdarbeiter und deren Familien auf sich nehmen würden. Der fremde Familienvater hat nicht den geringsten Kredit, er muß also das ganze Jahr beschäftigt werden. Was würde der liechtensteinische Bauarbeiter sagen, wenn er im Winter unter Umständen zu Hause bleiben müßte und der Fremdarbeiter beschäftigt würde, ja beschäftigt werden müßte. Wir haben keine Arbeitslosenversicherung, die in einem solchen Falle einen Ausgleich schaffen könnte. Und so gäbe es unliebsame Dinge noch und noch.

Man wird uns vorwerfen, wir hätten für den ausländischen und gar den fremdsprachigen Kollegen kein Verständnis. Wir fühlten ihm gegenüber keine christliche und moralische Verpflichtung. Dem ist nicht so. Wir wissen, daß es schwer ist fern der Heimat in einem anderssprachigen Land das Brot verdienen zu müssen. Es ist hart, sehr hart, für einen Familienvater die längste Zeit des Jahres von der Familie getrennt sein zu müssen. Aber sind wir schuld an ihrem bitteren Los? Können wir es beseitigen? Nein. Aber lindern können wir es, indem den Fremdarbeitern eine entsprechende Unterkunft geboten wird, indem sie am Arbeitsplatz als diensttuende Menschen und nicht als unliebsame Fremdlinge behandelt werden, indem ihnen der gerechte Lohn zuteil wird, kurzum indem ihnen in jeder Beziehung eine menschenwürdige Behandlung zukommt. Dieses Entgegenkommen werden die Fremdarbeiter bestimmt dankend anerkennen und sie werden wieder kommen.

Ein Familienzuzug ist für unser kleines Ländchen jedoch nicht tragbar, weil dieser in seiner Konsequenz zur teilweisen Selbstaufgabe führt und eine solche kann von uns billigerweise nicht verlangt werden.

Im Mitteilungsblatt des Liechtensteinischen Arbeitnehmerverbandes wird im Dezember 1964 Stimmung gemacht gegen die Gewährung von Aufenthaltsbewilligungen von ausländischen Arbeitskräften.

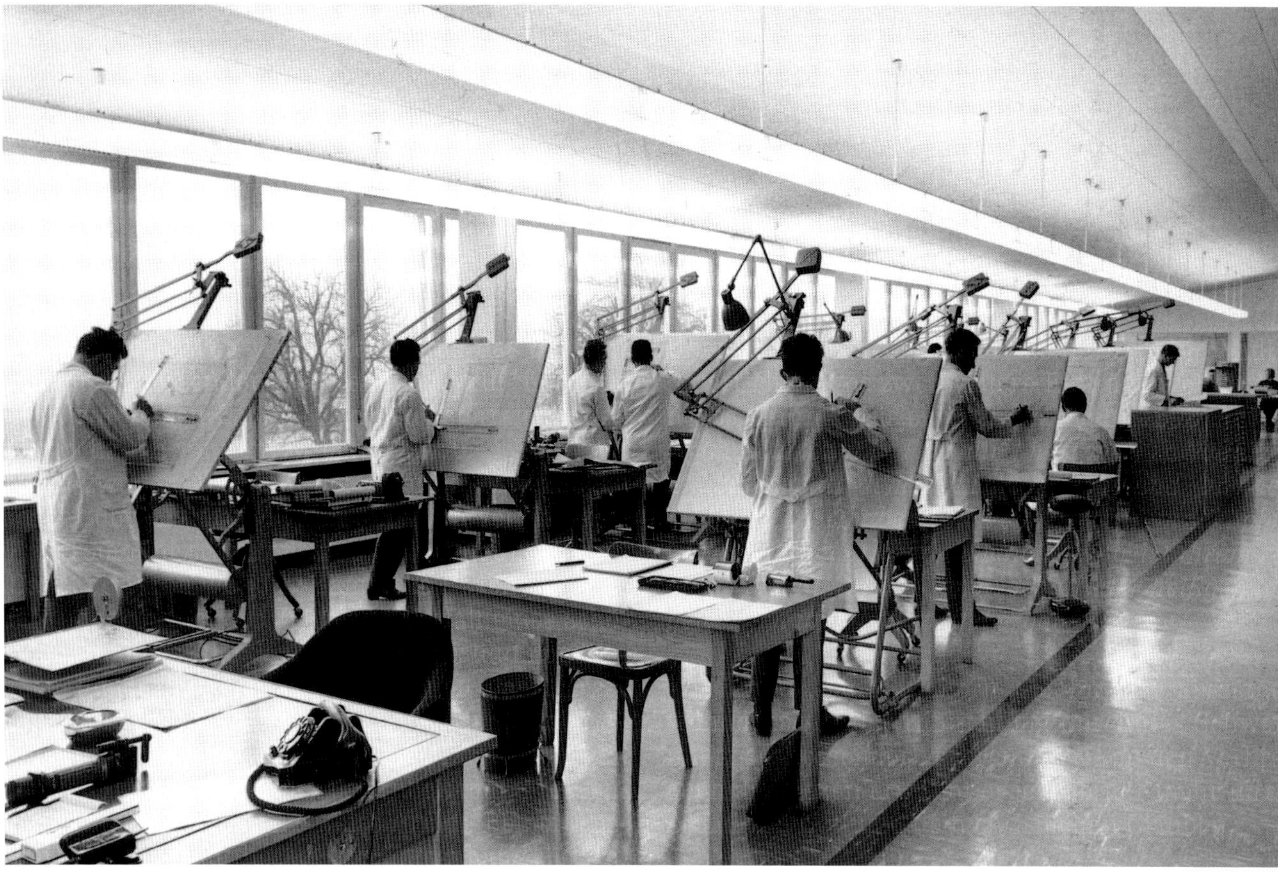

Zeichensaal in der Firma Hilti AG in Schaan, um 1966

VOLLZUGSNOTSTAND IM INNERN

Auf dem Hintergrund des Einwanderungsabkommens mit Italien und der sich innerhalb der Europäischen Wirtschaftsgemeinschaft (EWG) herausbildenden Freizügigkeit im Personenverkehr wandelte sich das Selbstverständnis der ausländischen Arbeitnehmer. Der Familiennachzug wurde zunehmend als Recht begriffen, das den ausländischen Arbeitnehmern zustehe. Dies hatte zur Konsequenz, dass immer mehr ausländische Arbeitskräfte ein Gesuch auf Familiennachzug stellten, auch wenn sie nicht in die Kategorie der Hochqualifizierten fielen. Oder sie zogen ihre Familie einfach nach. Die Angst vor aussenpolitischen Reaktionen verunmöglichte es den Behörden, die Gesuche abzulehnen oder die illegal anwesenden Familienangehörigen auszuweisen. Die Folge war ein Vollzugsnotstand, der die Behörden zunehmend unter Handlungsdruck setzte.

DIE POSITIONEN DER EINZELNEN AKTEURE

Die Interessenvertretungen der Industrie und des Gewerbes forderten seit Jahren eine moderate Liberalisierung des Familiennachzugs. Das Gewerbe sah sich immer wieder damit konfrontiert, dass bewährte Arbeitskräfte aufgrund des strikten Familiennachzugsverbots für «Berufs- und Hilfsarbeiter» abwanderten. Die Industriekammer hielt eine moderate Liberalisierung des Familiennachzugs angesichts der europäischen Entwicklung für unerlässlich. Sie befürchtete, dass sich die restriktive Familienzuzugspraxis längerfristig zu einem Standortnachteil auswachsen und die ohnehin schwierige Arbeitskräfterekrutierung zusätzlich erschweren könnte.

Gegen jegliche Liberalisierung Front machte der Arbeitnehmerverband. Er vertrat die Auffassung, dass eine Öffnung des Familienzuzugs eine «Existenzbedrohung für Volk und Heimat» darstelle, die es im «nationalen Interesse» zu verhindern gelte.

Der hartnäckige Widerstand des Arbeitnehmerverbandes, der nicht nur als Gewerkschaft, sondern gemäss seinem Selbstverständnis auch im Namen des liechtensteinischen Volkes auftrat, blockierte die Behörden über Jahre hinweg. Obwohl der prinzipielle Entscheid für eine Liberalisierung des Familienzuzugs bereits 1965 gefallen war, konnte in dem auf Konsens angelegten politischen System Liechtensteins das Problem ohne Einverständnis des Arbeitnehmerverbandes keiner Lösung zugeführt werden. Dies um so mehr als von seiten der Arbeitnehmerschaft mit einer Volksinitiative gegen die generelle Einführung des Familiennachzugs gedroht wurde. Erst auf dem Hintergrund des zunehmenden aussen- und innenpolitischen Drucks signalisierte der Verband 1968 seine Bereitschaft zum Einlenken. Er machte zum gleichen Zeitpunkt auch klar, dass er eine allfällige Volksinitiative gegen eine Regelung des Familienzuzugs nicht unterstützen werde.

DIE GESETZLICHE REGELUNG DES FAMILIENZUZUGS

Am 1. April 1968 erliess Liechtenstein die Verordnung betreffend die Erteilung von Familienbewilligungen an ausländische Arbeitnehmer. Sie schuf die Möglichkeit des Familiennachzugs für Drittausländer unabhängig von Qualifikation und Nationalität nach einer Frist von fünf Jahren. Auch Saisonniers wurden in die Regelung des Familienzuzugs mit einbezogen und konnten analog nach 45 Monaten Saisonaufenthalt innert fünf Jahren eine Familienbewilligung beantragen. Die Privilegierung der Hochqualifizierten und der landwirtschaftlichen Arbeitskräfte wurde über Ausnahmebestimmungen zur Herabsetzung der Nachzugsfrist weiterhin gewährleistet. Verheiratete Drittausländerinnen hatten keinen Anspruch auf Familiennachzug, für ledige, verwitwete und geschiedene Mütter waren Ausnahmen vorgesehen.

Im internationalen Kontext war die liechtensteinische Regelung des Familienzuzugs sehr restriktiv. Die fünfjährige Frist war äusserst hoch, der Kreis der Nachzugsberechtigten, der sich auf die Ehefrau und die Kinder unter 18 Jahren beschränkte, eng gefasst. Schon in der Schweiz lagen die Fristen wesentlich tiefer: Für Migranten aus West-, Nord- und Südeuropa betrugen sie seit 1967 eineinhalb Jahre, für alle übrigen Staatsangehörigen drei Jahre. In den EWG-Staaten bestand für EWG-Angehörige keine Nachzugsfrist, für die übrigen Staatsangehörigen gab es je nach Land unterschiedliche Regelungen, die aber alle weit liberaler als die liechtensteinische Gesetzgebung waren. Auch der Kreis der Nachzugsberechtigten war wesentlich grösser.

Im liechtensteinischen Kontext stellte die Verordnung über den Familienzuzug eine fortschrittliche Lösung und einen grossen Schritt dar. Sie bedeutete den Bruch mit dem Rotationsprinzip und auf formaler Ebene die Anerkennung des Niederlassungsprinzips. Sie definierte klare Voraussetzungen für den Familiennachzug und behandelte vom Grundsatz her alle Drittausländer unabhängig ihrer Qualifikation und Nationalität gleich. Sie ermöglichte nicht nur Jahresaufenthaltern, sondern auch Saisonniers einen dauerhaften Aufenthalt und ein Familienleben.

Im Gegensatz zum Einwanderungsabkommen zwischen Italien und der Schweiz gewährte die Verordnung von 1968 jedoch keinerlei Rechtsansprüche. Letztlich hing also alles von der fremdenpolizeilichen Praxis ab.

DIE FREMDENPOLIZEILICHE PRAXIS

Zwischen den formalrechtlichen Bestimmungen über den Familienzuzug und der fremdenpolizeilichen Praxis bestand eine grosse Diskrepanz. Verwaltungsintern hatte man schon vor Inkrafttreten der Verordnung eine Kontingentierung der Familienbewilligungen beschlossen. In der Folge wurde die Höchstzahl auf 30 Bewilligungen pro Jahr festgelegt. Mit der Kontingentierung wurde das Unterlaufen der Verordnung bewusst in Kauf genommen, da vorauszusehen war, dass mehr Gesuche eingereicht würden als Bewilligungen zu vergeben waren.

DISKRIMINIERUNG NACH NATIONALITÄT

Die Kriterien, die bei der Ausscheidung der Gesuche angewandt wurden, begründeten eine nach Nationalität diskriminierende Bewilligungspraxis. Im Widerspruch zur Verordnung, die bezüglich der Herkunft der Antragsteller keine Vorgaben machte, berücksichtigte man in der Praxis nur Gesuche von Österreichern, Deutschen, Italienern und Spaniern. Staatsangehörige aus «entfernteren Ländern» wurden vom Familiennachzug ausgeschlossen.[7] Ab 1971 wurde ihnen zwar die Möglichkeit des Familiennachzugs zugestanden, doch verlangte man eine doppelt so lange Wartefrist, also zehn Jahre.

Arbeitskräfte aus «entfernteren Ländern» wurden jedoch nicht nur beim Familiennachzug, sondern auch bezüglich der Zulassung diskriminiert. Generell zugelassen wurden nur Hochqualifizierte. Unqualifizierte Arbeitskräfte erhielten ausschliesslich für die Landwirtschaft, für Spitäler, Heime, Anstalten oder das Gastgewerbe eine Bewilligung. Diese Zulassungspraxis entsprach der schweizerischen und basierte auf einem Kreisschreiben vom März 1964. Sie wurde an der UNO-Konferenz gegen Rassismus und Rassendiskriminierung 1978 scharf kritisiert. Während die Schweiz sich dem Druck beugte und die diskriminierende Zulassungspraxis aufgab, hielt Liechtenstein ausdrücklich daran fest.

DISKRIMINIERUNG NACH GESCHLECHT

Was beim Familiennachzug besonders deutlich wird, ist die geschlechtsspezifische Diskriminierung, der Frauen im Ausländerrecht ausgesetzt waren. Familie wurde nur in Bezug auf das männliche Familienoberhaupt wahrgenommen. Entsprechend dieser patriarchalen Grundhaltung schloss die Verordnung von 1968 verheiratete Ausländerinnen explizit vom Familiennachzug aus. Ledige, verwitwete und geschiedene Ausländerinnen erhielten in Ausnahmefällen die Bewilligung zum Nachzug ihrer Kinder. Die geschlechtsspezifische Diskriminierung führte besonders gegenüber ledigen Müttern zu unmenschlichen Härten. Ledige Ausländerinnen, die in Liechtenstein ein Kind zur Welt brachten, erhielten für dieses keine Aufenthaltsbewilligung. Es musste aus dem Land geschafft werden. Erst 1980 wurde diese Praxis aufgehoben und das in Liechtenstein geborene aussereheliche Kind mit der Geburt in die Aufenthaltsbewilligung der Mutter einbezogen. Die Gleichstellung der Frauen bezüglich Familiennachzug erfolgte auf Gesetzesebene 1989.

DREISTUFIGES ZULASSUNGSMODELL

Zusammenfassend ist festzuhalten, dass die fremdenpolizeiliche Praxis die Einwandernden in verschiedene Nationengruppen einteilte, die bezüglich Zulassung und Rechtsstellung unterschiedlich behandelt wurden. Es lassen sich drei geografische Gruppen unterscheiden. Zur ersten, privilegiertesten gehören die SchweizerInnen, die aufgrund der Freizügigkeit von 1941 bis 1981 keinerlei Beschränkungen unterworfen waren. Sie waren auf dem Arbeitsmarkt den InländerInnen gleichgestellt und konnten ihre Familie jederzeit nachziehen. Zur zweiten Gruppe zählen die traditionellen Rekrutierungsländer Österreich, Deutschland, Italien und am Rande Spanien. Für Arbeitskräfte aus dieser Nationengruppe schuf man 1968 die Möglichkeit des Familiennachzugs nach fünf Jahren. Aufgrund der Kontingentierung der Familienbewilligungen konnte jedoch nur eine begrenzte Anzahl von Berechtigten die Familie nach der gesetzlich vorgegebenen Frist nachziehen. Zur dritten Gruppe schliesslich gehören alle übrigen Staaten, in erster Linie die «entfernteren Länder». Angehörige dieser Staaten wurden in der Regel nur zugelassen, wenn sie hochqualifiziert waren oder aber in inattraktiven Branchen und Berufen arbeiteten. Den Familiennachzug verwehrte man ihnen zunächst generell, später wurde er in der Regel mit der Niederlassung gewährt.

Die Bevorzugung der SchweizerInnen war politisch begründet und stützte sich auf das Freizügigkeitsabkommen von 1941. Die unterschiedliche Behandlung der Drittausländer wurde mit ihrer kulturellen Andersartigkeit und der damit postulierten schwierigen «Assimilierbarkeit» legitimiert und beruhte damit letztlich auf einem rassistischen Konzept.

ZULASSUNGSPOLITIK ALS NISCHENPOLITIK

Die Familienzuzugsverordnung von 1968 war ein aussenpolitischer Erfolg. Im Unterschied zur Schweiz war es Liechtenstein gelungen, gegenüber den Rekrutierungsländern die Autonomie in der Gestaltung der Ausländerpolitik zu wahren. Die aus staatlicher Sicht negativen Erfahrungen, die die Schweiz mit Italien und Spanien gemacht hatte, konnten so weitgehend vermieden werden. Der Druck von aussen zwang zwar zu Konzessionen. Liechtenstein definierte jedoch seine Familienzuzugsregelung ohne konkrete Einflussnahme der Rekrutierungsländer, bestimmte also autonom, in welchem Rahmen sich die Liberalisierung bewegte. Der Erfolg der 1968 getroffenen Lösung lag ferner darin, dass sie trotz ihrer vergleichsweisen Restriktivität von Italien als ausreichende Anpassungsleistung akzeptiert wurde. Weitere Druckversuche blieben aus, obwohl Liechtenstein Ende 1970 die Möglichkeit des Familiennachzugs für Saisonniers bereits wieder aufhob. Ab 1971 mussten Saisonniers zusätzlich zu den 45 Monaten Saisonaufenthalt eineinhalb Jahre als Jahresaufenthalter nachweisen, wobei sie keinerlei Anspruch auf Umwandlung der Saisonbewilligung hatten.

Als Quintessenz lässt sich festhalten, dass sich Liechtenstein im Bereich der Migrationspolitik äusserem Druck mit Erfolg entziehen konnte. Für die Herkunftsländer war das Auswanderungsvolumen nach Liechtenstein zu unbedeutend, als dass sich staatliches Engagement gelohnt beziehungsweise aufgedrängt hätte. Wenn dennoch, wie im Falle Italiens, Druck ausgeübt wurde, blieb er vergleichsweise gering. Die Kleinheit ermöglichte Liechtenstein in migrationspolitischen Belangen eine Nischenpolitik, die es erlaubte, weitgehend den eigenen Interessen nachzuleben. Der Freiraum, der sich infolge der Bedeutungslosigkeit im aussenpolitischen Kontext ergab, wurde auch bewusst gewahrt. Liechtenstein verfolgte im Bereich der Migrationspolitik die Strategie, möglichst nicht aufzufallen und sich nicht festzulegen. Es war ein erklärtes Ziel, keine zwischenstaatlichen Verpflichtungen einzugehen, also konkret den Abschluss von Niederlassungsverträgen und Einwanderungsabkommen wenn möglich zu vermeiden.

7) Zu den «entfernteren Ländern» gehörten gemäss schweizerischem Kreisschreiben vom 16. März 1964 alle Staaten Asiens und Afrikas sowie die europäischen Staaten Griechenland, Malta, Portugal, Türkei, Zypern und die Oststaaten inklusive Jugoslawien.

Plädoyer für einen eigenständigen Weg in der AusländerInnen-Frage. Liechtensteiner Vaterland, Mai 1970

AZ Vaduz, Donnerstag, den 21. Mai 1970 Erscheint Dienstag,

Liechtenstein und die Schwarzenbach-Initiative

von Berthold Konrad, Vaduz

Am 6./7. Juni werden die Stimmbürger der Schweiz entscheiden, ob die so sehr diskutierte Schwarzenbach-Initiative, die einen massiven Abbau des Ausländer-Kontingents in unserem Nachbarland vorsieht, angenommen wird oder nicht. Ist eine Annahme der Initiative möglich? Welche Auswirkungen hätte die Annahme der Schwarzenbach-Initiative für unser Land? — Diese und weitere Fragen beschäftigen auch unsere Bevölkerung, was sehr zu begrüssen ist, denn auch wir müssen uns in Liechtenstein in naher Zukunft für eine neue Fremdarbeiter-Regelung entscheiden. Darauf werden wir jedoch in einem separaten Aufsatz eingehen. Heute soll nur kurz auf einige Probleme eingegangen werden, die uns mit oder ohne Schwarzenbach-Initiative beschäftigen müssen.

Was will die Initiative?

In einem Vortrag hat Hr. Schwarzenbach kürzlich gesagt: «Auch wenn unsere Initiative vom Schweizervolk nicht angenommen wird, so haben wir wenigstens erreicht, dass sich der Bundesrat ernstlich mit dem Problemkreis der Ueberfremdung befasst.» In der Tat kann man heute feststellen, dass die Schweiz gewissermassen von der Problem-Lawine überfahren worden ist.

«Unter dem Druck des zweiten Volksbegehrens gegen die Ueberfremdung schlägt heute der Bundesrat eine Stabilisierung der ausländischen Erwerbstätigen vor und drängt im übrigen auf vermehrte Anstrengungen zur Assimilation und zur erleichterten Einbürgerung», meint Herr Schwarzenbach. Und weiters: «Es steht ausserhalb jeder Diskussion, dass die Initianten nicht nur im Rahmen der ihnen durch die Bundesverfassung gewährleisteten Rechte handeln, sondern dass sie sich zum Ziel gesetzt haben, das «Besondere» des Schweizertums zu pflegen, nämlich nach alt schweizerischer Tradition und überdies bundesrätlicher Instruktion «unser Leben, unser Zusammenleben auf unserem Raum so einzurichten, wie es uns passt, in einem Land, das auch unsern Kindern Heimat sein wird». Ganz so unrecht hat Schwarzenbach in der Annahme ja auch nicht, «dass die Tausende von Südländern nicht aus Liebe zur Freiheit und Demokratie und den gesellschaftlichen Institutionen in die Schweiz eingereist sind, sondern um des Verdienstes willen; dass die Arbeitgeber die südländischen Arbeitskräfte weder aus Gründen der Humanität, noch der christlichen Nächstenliebe, sondern zur Steigerung ihrer Produktion in die Betriebe gerufen haben. Menschenfreundlich wäre es gewesen, die Maschinen zu den Menschen zu bringen und nicht die Menschen zu den Maschinen zu verfrachten».

Kein Schwarzenbach bei uns, aber dennoch...

Auch wenn wir Liechtensteiner mit der Schwarzenbach-Initiative nicht einiggehen, so müssen wir uns doch Gedanken darüber machen, wie wir in Zukunft das Problem der Ueberfremdung an die Hand nehmen. Die Annahme der Schwarzenbach-Initiative in der Schweiz dürfte uns auf keinen Fall veranlassen, die Ventile zu öffnen. Auf der anderen Seite können wir es uns auch nicht leisten, eine Restriktion der Fremdarbeiter hinzunehmen. Was wir jedoch unbedingt müssen ist: die Anzahl der ausländischen Erwerbstätigen auf dem heutigen Stand zu halten, und nur evtl. parallel zur Bevölkerungszunahme eine Erhöhung dulden. Auch hier drängt sich auf, dem Saisonarbeiter und dem Grenzgänger mehr Beachtung zu schenken. Eine Lockerung bei der Zulassung von Grenzgängern wird unumgänglich sein. Im Interesse einer annehmbaren Fremdarbeiterpolitik wird es jedoch künftighin unerlässlich sein, den Familienzuzug bei Saisonarbeitern zu stoppen, hingegen die vermehrte Zulassung von Saisonarbeitern zu befürworten, da ja dadurch keine grössere Ueberfremdung entstehen kann. Einem Saisonnier ist doch zuzumuten, sich ohne Familie hier aufzuhalten. Unseren Vätern ist es früher auch zugemutet worden!

Der kleine Mann und die Initiative

Müsste der Liechtensteiner nächste Woche über eine Schwarzenbach-Initiative abstimmen, so wäre es sicher genauso fraglich, ob sie angenommen würde oder nicht. Gerade in letzter Zeit machen sich immer mehr Stimmen bemerkbar, die für einen Stop von Zulassungen sind. Einmal wird besonders die Knappheit an erschwinglichen Wohnungen ins Feld geführt. Tatsächlich werden heute Wohnungen gebaut, deren Miete für einen durchschnittlichen Arbeiter unerschwinglich sind. Sfr. 400.— bis sfr. 600.— für eine grössere Wohnung ist heute an der Tagesordnung. Die teuren Wohnungen werden von «besseren», d. h. finanziell höher gestellten Ausländern gemietet und die billigen Wohnungen von bewilligten ausländischen Arbeiterfamilien «gestürmt». Wo bleiben also die erschwinglichen Wohnungen? — Im weiteren dürfen die Auswirkungen des Streiks in Genf und der Kundgebungen in Zürich nicht unterschätzt werden. In einem Land, wo Streiks ja praktisch verboten sind, zeugt das «auf-die-Strasse-gehen» der Ausländer nicht unbedingt von grossem Assimilationswillen. Ueberdies wären Schweizer wahrscheinlich eingesperrt worden, wenn sie das gleiche getan hätten. Diese Vorkommnisse und das gewisse «Du-musst-ja-stimmen» von oben wirkt sich bestimmt nicht sehr positiv auf die kommende Abstimmung in der Schweiz aus. Auch das müssen wir in Betracht ziehen und die genannten Situationen bei uns vorstellen. Wie würde der Liechtensteiner reagieren? Nicht derjenige, der uns ohnehin verkaufen würde (so etwas soll es auch geben), sondern der echte, konservative Liechtensteiner! Schon Prof. Karl Hilty hat 1892 geschrieben: «Es steht ein starker und tapferer Kern von Menschen dazwischen ... — Und endlich wird man nie in grossen Uebergangszeiten, wie die unsrige, den Menschen mit Materialismus über alle Schwierigkeiten hinweg täuschen können.»

Eine Ueberlegung wert...

Solange wir unsere Eigenstaatlichkeit noch behaupten wollen (und können), müssen wir unsere eigenen Lösungen für uns gestellte Probleme suchen. Wenn wir uns nur ein bisschen Mühe geben, vom Egoismus einen Teil abzustossen, dann sind wir fähig, für unser Land eine Lösung zu finden, die auch von den Schweizern respektiert wird.

Die Entstehung des liechtensteinischen Begrenzungssystems 1970

Die grösste Zuwanderung fand in Liechtenstein wie in der Schweiz in den 1960er Jahren statt. Trotz der Beschränkungsmassnahmen nahm die Ausländerbeschäftigung erneut zu und erreichte 1970 schliesslich 53 Prozent. Im Unterschied zu den 1950er Jahren ging der Beschäftigungszuwachs nun jedoch mit einer hohen Zunahme der ausländischen Wohnbevölkerung einher, die bis Ende 1970 auf einen knappen Drittel der Gesamtbevölkerung anwuchs. Was waren die Ursachen dieser Entwicklung? Was die Faktoren, die ein Unterlaufen des bereits 1962 formulierten Stabilisierungsziels ermöglichten?

Als erstes ist die wirtschaftliche Entwicklung zu erwähnen, die für die 1960er Jahre mit den Stichworten «Hochkonjunktur» und «Bauboom» charakterisiert werden kann. Der Konjunkturboom ging mit einer starken Nachfrage nach Arbeitskräften einher, die vom einheimischen Arbeitsmarkt schon lange nicht mehr[8] und vom regionalen zunehmend weniger befriedigt werden konnte. Das Potential an GrenzgängerInnen war weitgehend abgeschöpft, die Rekrutierung von ausländischen Arbeitskräften auf zunehmend entlegenere Arbeitsmärkte angewiesen. Die Folge davon war eine starke Zunahme der Zuwanderung, was sich in einem überdurchschnittlich hohen Zuwachs der ausländischen Wohnbevölkerung niederschlug. Die veränderten Rekrutierungsbedingungen sind aus der untenstehenden Statistik gut ablesbar.

Auf eine Formel gebracht lässt sich die migrationspolitische Situation der 1960er Jahren folgendermassen beschreiben: je schwächer die Grenzgängerbeschäftigung ausfiel, desto notwendiger wurde der Zuzug von AufenthalterInnen. Unter der Voraussetzung einer konstanten Nachfrage lässt sich dieser Satz nicht nur verallgemeinern sondern auch umkehren: je eingeschränkter die Beschäftigung von AufenthalterInnen desto notwendiger der Rückgriff auf GrenzgängerInnen. Dies wurde in den 1950er und wird erneut in den 1980er Jahren deutlich, in denen die Grenzgängerbeschäftigung nach Aufhebung der Freizügigkeit mit der Schweiz um mehr als das Doppelte zunahm.

8) In den 1950er Jahren betrug der Anteil der AusländerInnen am Beschäftigungszuwachs 68,4 Prozent, in den 1960er Jahren sogar 95 Prozent.

9) Nur JahresaufenthalterInnen und Niedergelassene. 1960 beziehen sich die Angaben auf die gesamte ausländische Wohnbevölkerung.

STÄNDIGE AUSLÄNDISCHE WOHNBEVÖLKERUNG NACH NATIONALITÄTEN[9]

		Staatsangehörigkeit									
Jahr	Total	Schweiz	Österreich	Deutschland	Italien	Spanien	**Portugal	Griechenland	Jugoslawien	*Türkei	Andere
1960	4 143	1 563	1 184	836	376	–	–	–	–	–	184
1970	6 719	2 429	1 858	1 165	707	149	–	69	101	–	241
1980	9 246	4 141	2 029	1 095	880	122	–	88	293	307	291
1990	10 218	4 426	2 122	1 021	858	193	161	95	385	554	403

** Bis 1989 unter «Andere» enthalten. * Bis 1979 unter «Andere» enthalten.

Neben der wirtschaftlichen Nachfrage liegen die Ursachen für die in den 1960er Jahren überdurchschnittlich starke Zunahme der ausländischen Wohnbevölkerung jedoch auch in der damaligen Zulassungspolitik. Die Zulassungsbeschränkungen von 1963 waren als kurzfristige Massnahmen konzipiert und wiesen deshalb einen relativ geringen Konkretisierungsgrad auf. Dies machte es den Zulassungsbehörden schwer, dem Druck von seiten der Arbeitgeber auf Dauer standzuhalten. Die 63er Verordnung enthielt zudem eine Reihe von Ausnahmebestimmungen, die Zuwanderung über den Ersatzanspruch hinaus ermöglichten, ja in einem gewissen Sinn sogar erforderten. An erster Stelle sind hier die den Beschränkungsmassnahmen nicht unterstellten Erwerbszweige wie zum Beispiel die Landwirtschaft oder das Gastgewerbe zu nennen, denen aufgrund äusserst schwieriger Rekrutierungsbedingungen dem Bedarf entsprechend ausländische Arbeitskräfte zugesprochen wurden. Eine bevorzugte Behandlung erfuhr jedoch auch das Gewerbe, das insbesondere bei der Errichtung neuer Betriebe mit Ausnahmebewilligungen rechnen konnte. So hatten zum Beispiel neukonzessionierte Betriebe des Bauhauptgewerbes Anspruch auf ein Mindestkontingent von drei ausländischen Arbeitskräften, das in den folgenden Jahren noch um je eine Person aufgestockt werden konnte.

Von den Beschränkungsmassnahmen ausgenommen waren aufgrund der Freizügigkeit auch die SchweizerInnen. Obwohl sich ihr Anteil an der ausländischen Wohnbevölkerung aufgrund der in den 1950er und 1960er Jahren verstärkt erfolgten Zuwanderung von DrittausländerInnen verringerte, lässt sich auch für die 1960er Jahre eine nicht unerhebliche Zuwanderung aus der Schweiz feststellen. Die ausserordentliche Zunahme der ausländischen Bevölkerung in den 1960er Jahren geht also auch zu einem guten Teil auf den freien Zuzug der SchweizerInnen zurück.

Ein weiterer Faktor war die 1968 eingeführte Liberalisierung des Familienzuzugs. Obwohl die Familienbewilligungen kontingentiert wurden, ist ein Teil des ausländischen Bevölkerungszuwachses auch auf diese Massnahme zurückzuführen.

Die hohe Ausländerbeschäftigung sowie die massive Zunahme der ausländischen Wohnbevölkerung bedeuteten für Liechtenstein eine gesellschaftliche Herausforderung ersten Ranges. Die Überfremdungsdiskussion schlug hohe Wellen, der Ruf nach einer Kehrtwende war allgegenwärtig.

DER IMPULS AUS DER SCHWEIZ

In einer ähnlichen Lage befanden sich auch die schweizerischen Behörden. 1965 war die erste Überfremdungsinitiative, 1969 die zweite, die sogenannte Schwarzenbach-Initiative, lanciert worden. Beide Volksinitiativen forderten eine massive Reduktion der ausländischen Wohnbevölkerung, was bei einer Annahme zu einem volkswirtschaftlichen Desaster geführt und die Schweiz auch international unter Druck gesetzt hätte. Auf diesem Hintergrund waren in der Schweiz seit 1965 Bestrebungen im Gange, die Zulassungspolitik auf eine neue Basis zu stellen. Konkret ging es darum, die bis anhin auf betrieblicher Ebene erfolgte Plafonierung der ausländischen Arbeitskräfte (Betriebsplafonierung) durch eine gesamtwirtschaftliche Plafonierung auf nationaler Ebene zu ersetzen (Gesamtplafonierung). Aufgrund des starken Widerstandes von seiten der Industrie sowie von strukturschwachen Kantonen konnte der Systemwechsel jedoch erst unter dem massiven Druck der Schwarzenbach-Initiative umgesetzt werden. Er erfolgte im März 1970, zwei Monate vor der Abstimmung über die Initiative.

Die Bemühungen der Schweiz um ein griffiges Zulassungssystem wurden in Liechtenstein mit grossem Interesse verfolgt: Ende Dezember 1970 wurde unter Kritik von seiten der Wirtschaftsvertreter, jedoch ohne nennenswerten Widerstand, schliesslich ebenfalls auf die Gesamtplafonierung umgestellt.

Der Systemwechsel war in Liechtenstein mit zwei Neuerungen verbunden: einer gesamtwirtschaftlichen Betrachtung der Zulassungsfrage und der Ausdehnung des Begrenzungsmechanismus' auf die ausländische Wohnbevölkerung.

DIE GESAMTPLAFONIERUNG

Gemäss dem neuen System ging man in der Frage der Zulassung von ausländischen Arbeitskräften nicht mehr vom einzelnen Betrieb aus sondern von der gesamten Volkswirtschaft. Die Regierung legte jährlich die Höchstzahlen für die Erteilung von erstmaligen Aufenthaltsbewilligungen fest. Ausländische Arbeitskräfte wurden nur noch im Rahmen dieser Höchstzahlen zugelassen. Die Bewilligung von ausländischen Arbeitskräften erfolgte gemäss einem feststehenden Prioritätenkatalog, der sogenannten «Prioritätsordnung». Diese war auch für die Beschäftigung von GrenzgängerInnen, deren Bestand ebenfalls plafoniert war, massgebend.

Auch die aktuelle Zulassung von Saisonniers war an Höchstzahlen gebunden. Die Zuteilung an die einzelnen Betriebe erfolgte im Baugewerbe nach bestimmten Kriterien wie zum Beispiel den im vergangenen Jahr im Lande ausgeführten Arbeiten, dem vormaligen Bestand an Saisonarbeitskräften etc.

Im Kern beinhaltete die Gesamtplafonierung die Begrenzung der Zuwanderung mittels der Festlegung von Höchstzahlen für Neubewilligungen. Der Systemwechsel zielte denn auch in erster Linie darauf ab, die Zuwanderung in den Griff zu bekommen. Neben dieser zulassungspolitischen Zielsetzung ging es jedoch auch darum, den der Betriebsplafonierung inhärenten Branchenprotektionismus abzubauen und die Wettbewerbsfähigkeit der Wirtschaft zu stärken.

DER BEGRENZUNGSMECHANISMUS

Während sich Liechtenstein in der grundsätzlichen Ausrichtung des Zulassungssystems an das schweizerische Vorbild hielt, ging es bezüglich der Verfahrensmodalitäten sowie der zulassungspolitischen Zielsetzungen eigene Wege. Die jährliche Festlegung der Höchstzahlen für erstmalige Aufenthaltsbewilligungen erfolgte nach einem eigenen Begrenzungsmechanismus, der gemäss Artikel 2 der Begrenzungsverordnung von 1970 folgendermassen definiert war:

«Die neu erteilbaren Aufenthaltsbewilligungen werden auf Grund der Zahl der Ausländer, die Liechtenstein verlassen (Ausreise), und unter Berücksichtigung des Verhältnisses zwischen den im Lande wohnhaften liechtensteinischen und ausländischen Staatsangehörigen festgesetzt.»

Das Verhältnis zwischen den liechtensteinischen und ausländischen Staatsangehörigen setzte die Regierung mit Erlass der Verordnung auf einen Drittel der Gesamtbevölkerung fest, das heisst, der Ausländeranteil durfte nicht mehr als 33 Prozent betragen.

Das Einwanderungsvolumen ergab sich durch die Inbezugsetzung der beiden Parameter: jährliche Ausreisen und Ausländeranteil von maximal 33 Prozent. Auf dieser Basis setzte die Regierung die jeweiligen Höchstzahlen für Neuzulassungen fest. Dies im Unterschied zur Schweiz, wo die Höchstzahlen zwischen den Behörden und den «interessierten Kreisen» jährlich neu ausgehandelt wurden.

DIE FESTLEGUNG DER «DRITTELSGRENZE»

Das liechtensteinische Begrenzungssystem unterschied sich jedoch nicht nur im Verfahren, sondern auch in der Entschiedenheit, mit welcher das Stabilisierungsziel verfolgt wurde, von der schweizerischen Lösung. Es ist hier die bereits erwähnte Festlegung des Ausländeranteils auf einen Drittel der Gesamtbevölkerung, die sogenannte «Drittelsgrenze», angesprochen. Angesichts der nach wie vor stark expandierenden Wirtschaft handelte es sich um einen kühnen Schritt, der der Erklärung bedarf.

Die Idee, die Zuwanderung vom Ausländeranteil der Wohnbevölkerung abhängig zu machen und diesen auf einen Drittel zu begrenzen, kam von seiten der Industrie. Die Industriekammer beteiligte sich aktiv an der Suche nach einem für Liechtenstein geeigneten Zulassungsmodell und machte diesen Vorschlag im Rahmen eines Konzepts, das sie der Regierung im April 1970 vorlegte. Dass der Vorschlag von dieser Seite kam und nicht, wie viel

Vorfreude auf den Feierabend. Arbeiter beim Verlassen des Geländes der Firma Hoval AG in Vaduz, 1994

eher zu erwarten gewesen wäre, von seiten der Arbeitnehmerschaft, erstaunt im ersten Moment. Bei genauerer Betrachtung sowie der Berücksichtigung der gesellschaftlichen Zusammenhänge ist das Vorgehen der Industriekammer jedoch durchaus verständlich.

Zum Vorschlag selbst: Die Festlegung des Ausländeranteils auf einen Drittel der Gesamtbevölkerung orientierte sich am Ausländerbestand vom 31. Dezember 1969, der damals 30,8 Prozent betrug. Er bedeutete also – im Unterschied zu den ähnlich gelagerten Bestrebungen der schweizerischen Überfremdungsbewegung – keine Reduktion der ausländischen Wohnbevölkerung, sondern beinhaltete eine Wachstumsreserve von über zwei Prozent. Zusätzlichen Spielraum erhoffte man sich von einer Revision der Einbürgerungsgesetzgebung.[10]

Der Vorschlag der Industriekammer kam zu einer Zeit, in der die Abstimmungskampagne zur Schwarzenbach-Initiative auf vollen Touren war. Diese forderte die Reduktion der ausländischen Wohnbevölkerung auf zehn Prozent der Gesamtbevölkerung und zwar pro Kanton. Auf diesem Hintergrund und des auch in Liechtenstein bestehenden Handlungsbedarfs stellt sich das Vorpreschen der Industriekammer als Flucht nach vorne dar. Es ging darum, Schlimmeres zu verhüten.

Vom bedeutendsten Wirtschaftsvertreter eingebracht, stellte der Vorschlag ein ernst zu nehmendes Verhandlungsangebot dar, auf das schliesslich auch die Arbeitnehmervertretung einschwenkte. Auch wenn nach Auffassung des Arbeitnehmerverbands ein Ausländeranteil von einem Drittel «das wirklich höchste noch tragbare Mass» bedeutete, war mit der Festlegung eines Höchstwertes doch Entscheidendes gewonnen.

Die «Drittelsgrenze» wurde in der Folge zum massgebenden Kriterium wie auch zum Markenzeichen der liechtensteinischen Zulassungspolitik. Sie definierte die Zuwanderung nicht nur im quantitativen Sinne sondern auch qualitativ. Je mehr SchweizerInnen zuwanderten – auch diese zählten zur ausländischen Wohnbevölkerung – desto restriktiver gestaltete sich die Zulassung von DrittausländerInnen. Ähnliches lässt sich auch bezüglich der Zulassung von erwerbstätigen und nichterwerbstätigen DrittausländerInnen feststellen. Je liberaler die Zulassung von erwerbstätigen AufenthalterInnen war, desto restriktiver fiel die Zulassung von Nichterwerbstätigen aus. Dies war neben den Überfremdungsängsten der Hauptgrund für die äusserst restriktive Handhabung des Familienzuzugs. Es erklärt damit auch ein Stück weit die Repressivität des liechtensteinischen Ausländerregimes.

Die Verschärfung der Zulassungsbestimmungen und die Aufhebung der Freizügigkeit mit der Schweiz 1980/81

Trotz der systematischen Begrenzung der Zuwanderung und der Rückwanderung von mehreren Hundert ausländischen Arbeitskräften während der Rezession (1974–1976) lag der Ausländeranteil mit Ausnahme des Jahres 1976 konstant über dem vorgegebenen Drittel. 1980 erreichte er knapp 37 Prozent. Den grössten Zuwachs hatte dabei die schweizerische Bevölkerung erfahren, die sich von 1970 bis 1980 fast verdoppelte. In Liechtenstein waren 1980 annähernd die Hälfte der AusländerInnen schweizerischer Nationalität. Auch die Ausländerbeschäftigung war, besonders im letzten Drittel der 1970er Jahre, stark angestiegen. 1980 wurden 55 Prozent der Arbeitsplätze von AusländerInnen eingenommen.

Die massive Überschreitung der «Drittelsgrenze» sowie die verschärfte Konkurrenzierung durch ausländische Arbeitskräfte stiessen bei der organisierten Arbeitnehmerschaft auf steigenden Unmut. Dieser gipfelte schiesslich in einem Antrag an die Regierung, in welchem eine restriktivere Handhabung der Zulassung und eine Reduktion des Ausländerbestandes gefordert wurde. Der Antrag, der im März 1978 von der Delegiertenversammlung des Arbeitnehmerverbands einstimmig verabschiedet worden war, drohte darüberhinaus mit der Lancierung einer Volksinitiative, sollte im Gespräch mit der Regierung kein Erfolg erzielt werden.

Das provozierende Auftreten der organisierten Arbeitnehmerschaft hatte seine Ursache in der seit der Rezession veränderten Arbeitssituation. Obwohl der Beschäftigungsrückgang in den Rezessionsjahren grösstenteils auf Kosten ausländischer Arbeitskräfte ging, waren auch Einheimische davon betroffen. Zu Unmutsbezeugungen kam es in der liechtensteinischen Arbeitnehmerschaft besonders dann, wenn einheimische Arbeitskräfte entlassen wurden, während man ausländische weiterbeschäftigte oder gar neu einstellte. Die Rezession hatte zum Verlust des bis anhin gesicherten Privilegs eines garantierten Arbeitsplatzes geführt. Und der 1977 einsetzende Wiederaufschwung, der mit einem starken Zuwachs der Ausländerbeschäftigung einherging, verschärfte die Konkurrenz um die Arbeitsplätze zusätzlich. Ein Teil der einheimischen Arbeitnehmerschaft fühlte sich zunehmend in die Ecke getrieben und abgedrängt.

Die Regierung beantwortete die ultimativen Forderungen von seiten der Arbeitnehmerschaft mit einer Verschärfung der Zulassungsbestimmungen und der Aufhebung der Freizügigkeit mit der Schweiz.

DIE UNTERMINIERUNG DER RECHTSSTELLUNG DER DRITTAUSLÄNDER/INNEN

1980 wurde das Begrenzungssystem mit «besonderen Massnahmen» ausgestattet, die es der Regierung erlaubten, bei Überschreiten der «Drittelsgrenze» das kodifizierte Recht in wesentlichen Punkten ausser Kraft zu setzen. Überstieg der Ausländeranteil 33 Prozent, konnte die Frist für den Familiennachzug, die gemäss Gesetz fünf Jahre betrug, auf unbestimmte Zeit verlängert werden. Eine weitere Massnahme war die Erhöhung der Frist für den Berufsbranchenwechsel von drei auf fünf Jahre. Sie zielte darauf ab, die Abwanderung ausländischer Arbeitskräfte aus strukturschwachen Branchen wie zum Beispiel der Landwirtschaft oder dem Gastgewerbe einzuschränken und dadurch Neuzulassungen vorzubeugen. Eine weitere Massnahme war die Verlängerung der Frist für die Umwandlung von Saisonbewilligungen in Aufenthaltsbewilligungen. Mit der vorgesehenen Fristerstreckung von den gesetzlich festgelegten 45 Monaten innert fünf Jahren auf mindestens 90 Monate innert zehn Jahren wurde letztlich jedoch nur die seit 1971 übliche fremdenpolizeiliche Praxis bestätigt. Auch die Ausdehnung der Frist für den Familien-

10) Im gleichen Jahr, in dem die Begrenzungsverordnung in Kraft trat, reichte der Landtagsabgeordnete und Sekretär der Industriekammer, Herbert Kindle, ein Postulat zur Erleichterung der Einbürgerung der «alteingesessenen AusländerInnen» ein. Erstes und einziges Resultat der anfangs der 1970er Jahre intensiv geführten Diskussion war die Erleichterung der Rückbürgerung von ehemaligen Liechtensteinerinnen, die mit einem Ausländer verheiratet waren, sowie die Möglichkeit, bei Heirat mit einem Ausländer die liechtensteinische Staatsbürgerschaft beizubehalten. Beide Massnahmen wirkten sich auf den Ausländeranteil senkend aus.

Die vom Schweizer-Verein in Liechtenstein organisierte 1. August-Feier auf Dux in Schaan, 1956. Es spricht als Festredner Divisionskommandant Edgar Schumacher.

nachzug dürfte angesichts der Kontingentierung der Familienbewilligungen einer eingespielten Praxis entsprochen haben. Als letztes sei noch die Massnahme erwähnt, die Zahl der AusländerInnen nach Betrieben und Nationalitäten zu begrenzen. Insgesamt lässt sich feststellen, dass die verstärkten Bemühungen, die Zuwanderung einzuschränken, auf Kosten der bereits im Land anwesenden AusländerInnen gingen, deren ohnehin schwach ausgebildete Rechtsstellung (keine Rechtsansprüche) zusätzlich beschnitten wurde. Ferner gilt zu berücksichtigen, dass der Ausländeranteil konstant über einem Drittel lag, die «besonderen Massnahmen» also keine Ausnahmeregelung darstellten, sondern die fremdenpolizeiliche «Normalität» wiedergaben.

Neben der Einführung der «besonderen Massnahmen» wurden 1980 auch Korrekturen am System selbst vorgenommen. Das bis anhin privilegiert zugelassene ausländische Personal für Schulen, Spitäler, landwirtschaftliche Betriebe etc. wurde nun ebenfalls den Begrenzungsmassnahmen unterstellt, das heisst in die Höchstzahlen miteinbezogen. Damit wurde die letzte Lücke des Systems geschlossen.

Mitglieder des Türkischen Vereins in Liechtenstein, 1994

DIE EINDÄMMUNG DER ZUWANDERUNG AUS DER SCHWEIZ

Die grösste zulassungspolitische Herausforderung war in den 1970er Jahren jedoch eindeutig die unkontrollierbare Zuwanderung aus der Schweiz. Dass man an diesem Punkt anzusetzen habe, wollte man die «Drittelsgrenze» weiterhin aufrechterhalten, war bei allen migrationspolitischen Akteuren unbestritten. Nach mehreren Anläufen einigte man sich schliesslich mit den schweizerischen Behörden auf eine teilweise Aufhebung der seit 1941 bestehenden Freizügigkeit. Dieser Schritt ermöglichte es Liechtenstein ab November 1981, auch die SchweizerInnen dem Begrenzungssystem zu unterstellen. Freien Zugang hatte nur noch ein eingeschränkter Personenkreis, der in erster Linie Studierende, Personal für öffentliche Institutionen wie zum Beispiel das Schul- oder Gesundheitswesen sowie Familienangehörige von sich bereits in Liechtenstein aufhaltenden Schweizer Staatsangehörigen umfasste. Alle übrigen Aufenthaltsgesuche fielen nun ebenfalls unter die von der Regierung festgesetzten Höchstzahlen. Das einzige Privileg, das die SchweizerInnen bei der Zulassung noch genossen, war die Bevorzugung gegenüber DrittausländerInnen.

Von jeglichen Beschränkungsmassnahmen ausgenommen waren nach wie vor die schweizerischen GrenzgängerInnen. Ihr Anteil an der Ausländerbeschäftigung stieg nach Aufhebung der Freizügigkeit denn auch massiv an. 1990 arbeiteten fast doppelt so viele GrenzgängerInnen aus der Schweiz in Liechtenstein wie 1981. Das Anwachsen der

Ausländerbeschäftigung konnte mit der Aufhebung der Freizügigkeit nicht verhindert werden. Was stattfand, war eine Verlagerung von der Kategorie der Aufenthalter auf jene der Grenzgänger. Das Problem der Konkurrenzierung durch ausländische Arbeitskräfte, auf das die Überfremdungsdiskussion der späten 1970er Jahre letztlich zurückging, wurde mit den getroffenen Massnahmen also nicht gelöst. Was in den 1980er Jahren jedoch erreicht wurde, war die Stabilisierung der ausländischen Wohnbevölkerung, auch wenn sie sich auf einem relativ hohen Niveau von gut 37 Prozent bewegte. Der von der Regierung demonstrierte Handlungswille sowie der während des Konjunktureinbruchs 1982/83 eingetretene Rückgang der Ausländerbeschäftigung führte schliesslich auch zu einem Abflauen der Überfremdungsdiskussion.

Das Begrenzungssystem wurde 1989/90 nochmals den veränderten Bedingungen angepasst, das heisst, auch die Zulassung von GrenzgängerInnen wurde verstärkt reglementiert. Eine grundsätzliche Umorientierung fand erst mit dem Beitritt zum EWR statt, auf Druck von äusseren Gegebenheiten.

ANGLEICHUNG AN EUROPÄISCHE RECHTSSTANDARDS AUFGRUND WIRTSCHAFTLICHER EINBINDUNG

Die Einbindung in den europäischen Wirtschaftsraum erforderte auch im Ausländerrecht eine Angleichung an europäische Standards. Dies hatte eine massive Verbesserung der Rechtsstellung der AusländerInnen zur Folge. Als Beispiel sei an dieser Stelle nur der Familiennachzug erwähnt. EWR-Angehörige, auch Saisonniers, sind jederzeit berechtigt, ihre Familienangehörigen nachziehen zu lassen. Es existiert keine Wartefrist mehr. Eine Verbesserung stellt auch die Erweiterung des zum Nachzug berechtigten Personenkreises dar. Die grundsätzliche Errungenschaft besteht jedoch darin, dass es sich beim Familiennachzug nunmehr um einen unabdingbaren Rechtsanspruch handelt, der auch quotenmässig nicht reglementiert werden kann. Als letztes ist zu erwähnen, dass die obigen Errungenschaften nur für EWR-StaatsbürgerInnen und mit geringen Einschränkungen für Schweizer Staatsangehörige gelten. Personen aus Drittstaaten sind in ihren Rechten nach wie vor stark eingeschränkt.[11]

Fazit

Die liechtensteinische Migrationspolitik bewegte sich in einem komplexen Kräftefeld, das sich thematisch auf drei Bereiche reduzieren lässt: die enge Bindung an die Schweiz, die starke wirtschaftliche Nachfrage nach ausländischen Arbeitskräften und der Schutzanspruch der liechtensteinischen Arbeitnehmerschaft vor ausländischer Konkurrenz.

Neben diesen gesellschaftlichen Kräften wurde sie jedoch auch von ideellen Kategorien bestimmt. Gemeint sind nationalistische, rassistische und patriarchale Denkmuster, die kaum hinterfragt wurden. Ihnen allen ist ein Merkmal gemeinsam, nämlich die Betonung von Ungleichheit und daraus abgeleitet das Recht auf Ungleichbehandlung.

Kennzeichnend für den nationalistischen Ansatz ist der Anspruch der liechtensteinischen Arbeitnehmerschaft auf Privilegierung. Im Sinne eines «nationalen Rechts» verstanden, bedurfte er keiner weiteren Legitimation. Genau so wenig wie die Funktionalisierung der ausländischen Arbeitskräfte als «Konjunkurpuffer» einer Rechtfertigung benötigte.

Die «Überfremdungsideologie» definierte das Fremde oder den Fremden generell als Gefahr: in einem biologistisch-rassistischen Sinne für das «liechtensteinische Erbgut», auf kultureller Ebene als Gefährdung der «liechtensteinischen Eigenart».

Neben nationalistischen und rassistischen Motiven spielten patriarchale Denkmuster eine zentrale Rolle. Sie begründeten zum einen die Diskriminierung der ausländischen Frauen, die bis 1989 keinen Anspruch auf Familiennachzug hatten. Zum andern waren sie für die skandalöse Behandlung der eigenen Bürgerinnen verantwortlich, die bei Heirat mit einem Drittausländer bis anfangs der 1960er Jahre aus dem Land gewiesen wurden.

Insgesamt führten diese Faktoren zu einer über den ganzen Zeitraum hinweg restriktiv ausgerichteten Zuwanderungspolitik, die im Falle der DrittausländerInnen mit einer äusserst schwach ausgebildeten Rechtsstellung einherging.

Die liechtensteinische Migrationspolitik bewegte sich in einem starren Korsett, das den Behörden wenig Spielraum liess. Dennoch überrascht, mit welcher Härte insbesondere gegen unterprivilegierte Ausländerinnen und Ausländer (Saisonniers, AusländerInnen aus «entfernteren Ländern», ledige Mütter) vorgegangen wurde. Insbesondere wenn man bedenkt, dass Liechtenstein einen grossen Teil seines Reichtums nicht nur ausländischem Kapital sondern auch ausländischer Arbeitskraft verdankt.

11) Personenverkehrsordnung (PVO) vom 16. Mai 2000, LGBl. 2000 Nr. 99.

Inhalt

Grenzraum Alpenrhein

RUPERT QUADERER

Robert Allgäuer (Hg.): Grenzraum Alpenrhein. Brücken und Barrieren 1914–1938.

Chronos Verlag, Zürich, 1999. 236 Seiten, CHF 38.–. ISBN 3-905312-97-2

Die Publikation «Grenzraum Alpenrhein. Brücken und Barrieren 1914–1938» enthält sechs überarbeitete und ergänzte Referate des 1996 in Mäder/Vorarlberg vom Arbeitskreis für Regionale Geschichte durchgeführten Symposiums zum gleichen Thema. Dem Arbeitskreis gehören Organisationen aus Vorarlberg, aus dem Bodenseegebiet, aus der Ostschweiz und aus Liechtenstein an. Wie Herausgeber Robert Allgäuer im Vorwort bemerkt, war es das Ziel dieses Symposiums, «verschiedenen Nachbarschaftsfragen kleinräumig nachzugehen, und zwar in einem kritischen Zeitraum unseres Jahrhunderts».

Gerhard Wanner behandelt das Thema «Vorarlbergs Beziehungen zur Schweiz während des Ersten Weltkrieges». Ausgehend von den regen grenzüberschreitenden Beziehungen Vorarlbergs zur Schweiz vor dem Ersten Weltkrieg zeigt Wanner die durch den Kriegsausbruch bewirkten einschneidenden Veränderungen auf. Grenzbewachung, Spionage, Schmuggel, Kriegsgefangene, Eisenbahnverkehr und der kleine Grenzverkehr sowie der Fremdenverkehr sind Untersuchungsthemen dieses Beitrages. Ebenso zeigt der Autor auf, wie der Krieg sich auf die Rheinregulierung und die Bodenmelioration auswirkte und wie durch soziale Massnahmen versucht wurde, das Schicksal verwundeter Soldaten und bedürftiger Kinder zu verbessern.

Heribert Küng untersucht in seinem Beitrag die «Aspekte der sanktgallischen Grenzbeziehung in der Zwischenkriegszeit» anhand der zwei ausgewählten Bereiche «Kleiner Grenzverkehr» und «Wirtschaftliche Beziehungen». In Küngs Arbeit werden vor allem die Schwierigkeiten während der Kriegs- und Zwischenkriegszeit dargestellt, die sich für den Personenverkehr und den für St. Gallen und Vorarlberg wirtschaftlich bedeutenden Stickerei-Veredlungsverkehr ergaben.

Peter Geiger geht im Beitrag «Niemandsland Liechtenstein: Im militärischen Visier des Dritten Reiches und der Schweiz 1938/39» der Frage nach, was Liechtenstein für die deutschen Militärinteressen bedeutete und welche schweizerischen Militärüberlegungen eine Rolle spielten. Vor allem nach dem Anschluss Österreichs wurde Liechtenstein für die Schweiz ein militärisch wichtiger Punkt. Im Falle einer Besetzung Liechtensteins durch die deutsche Wehrmacht wäre die Festung Sargans in hohem Masse gefährdet gewesen. Der Ellhornhandel stellt ein anschauliches Beispiel für diese angespannte Lage dar.

Werner Hagmann untersucht in seiner Arbeit den «Einfluss von Faschismus und Nationalsozialismus auf die politische Landschaft im St. Galler Grenzbezirk Werdenberg». Hagmann geht der Frage nach, welche parteipolitischen Kräfte während der Krisen- und Kriegsjahre 1930 bis 1945 im genannten geopolitischen Raum wirkten. Vor allem die Bestrebungen der sogenannten «Frontenbewegung», die Deutsche Kolonie und die neuen politischen Gruppierungen sind Untersuchungsbereiche.

Adrian Collenberg analysiert in « ‹Passstaat› und ‹catena mediana›. Zur geographischen und politischen Konstruktion von Grenzen im zentralen und östlichen Alpenraum» Raumordnungskonzepte, welche vom Ersten Weltkrieg an in geographischen Darstellungen entwickelt wurden. Die Verquickung und Instrumentalisierung von geographischer Wissenschaft mit politischer Zielsetzung kommt in dieser Darstellung, sehr deutlich veranschaulicht durch die zum Teil farbigen Kartenabbildungen, zum Ausdruck.

Michael Fahlbusch widmet sich dem Thema «Die Alpenländische Forschungsgemeinschaft 1931–1945: Eine Brückerbauerin des grossdeutschen Gedankens?» Fahlbuschs Abhandlung zeigt auf, wie die in Österreich und in der Schweiz angesiedelte Alpenländische Forschungsgemeinschaft (AFG) als Teil der Volksdeutschen Forschungsgemeinschaften (VFG) versuchte, kulturpolitischen Einfluss zugunsten des Deutschen Reiches auszuüben. Der Autor zeigt auf, mit welchen Mitteln und auf welchen Wegen das wissenschaftliche Hauptziel der AFG, nämlich die Arbeit über das «deutsche Volkstum» im Alpenraum zusammenzufassen, Kontakte und Vermittlung von Wissenschaftlern zu fördern und schliesslich auch die wissenschaftliche «Abwehr» gegen die «Gegenseite» aufzubauen, angestrebt wurde. Die Ausführungen Fahlbuschs dokumentieren, wie die AFG die Wissenschaft instrumentalisierte, «indem sie Sprach- und Kulturräume zur Durchsetzung ihrer politischen Ziele definierte, um diese dem romanischen (italienischen und französischen) Kultur- und Politikeinfluss zu entziehen und sie für die deutsche Interessenpolitik verfügbar zu machen».

Die Publikation als Ganzes macht deutlich, dass Grenzen nicht nur «politische Phänomene [sind], sondern auch soziokulturelle und mentale». Es ist eine wichtige und lesenswerte Publikation, vielleicht gerade in Zeiten der Integration einerseits und politisch-geographischer Neuformationen andererseits.

«So müssen die Industrien vermehrt werden ...»

RUPERT QUADERER

Die knapp 100seitige Broschüre hat sich zum Ziel gesetzt, lexikonartig alle im untersuchten Zeitraum produzierenden Betriebe von Schaan aufzulisten. Wie in der redaktionellen Vorbemerkung von Eva Pepić und Herbert Hilbe vermerkt, soll lediglich ein kurzer Überblick über die Firmen und Betriebe vermittelt werden. Harald Wanger stellt in seinem einführenden Beitrag «Schaan – vom Bauerndorf zur Industriegemeinde» die Industriegeschichte dieser Gemeinde abrissartig vor. Daran schliesst sich die Darstellung der Schaaner Industriebetriebe in alphabetischer Reihenfolge an. Von «Addimult AG» über «Datex AG» und «Riebolit AG» bis «Zahnfabrik» werden diese Betriebe in kurzen Kommentaren vorgestellt. Neben den Angaben zum Gründungsjahr und eventuellen Betriebsschliessungen werden die Art der Produkte, die Anzahl der Angestellten sowie weitere ergänzende Angaben gemacht. Die Texte werden jeweils auf der gegenüberliegenden Seite ergänzt durch Fotos von Gebäuden, durch Faksimileabbildungen von Planskizzen, Rechnungsformularen, Inseraten etc.

In einem Anhang werden Firmen aufgeführt, welche nicht nachweisbar produzierten. Ein Literatur- und Abkürzungsverzeichnis für den Bildnachweis sowie ein Verzeichnis der genannten Personen runden die Publikation ab.

Wer sich einen Überblick über die Industriegeschichte Schaans verschaffen möchte, ist mit dieser Broschüre gut bedient. Die fehlenden Hintergrundinformationen zur Wirtschaftsgeschichte können zum Teil in anderen Publikationen gefunden werden oder bleiben als Desiderata offen, wie zum Beispiel die Geschichte der Gewerbebetriebe der Gemeinde Schaan. Die Publikation ist auch als Ergebnis der verdienstvollen Tätigkeit des Dorfmuseums «DoMuS» in Schaan zu werten und lässt den Leser und die Leserin auf weitere Produkte aus dieser historischen Werkstätte hoffen.

Emanuel Wenaweser, Harald Wanger: «So müssen die Industrien vermehrt werden...». Industrie in Schaan von den Anfängen bis zur Mitte des 20. Jahrhunderts.

Verlag der Gemeinde Schaan: DoMuS Schriftenreihe Heft 3. Schaan, 2000. 99 Seiten. CHF 25.–. ISBN 3-9521625-2-3

Handbuch der Bündner Geschichte

FABIAN FROMMELT

Handbuch der Bündner Geschichte. Hrsg. vom Verein für Bündner Kulturforschung im Auftrag der Regierung des Kantons Graubünden. 4 Bände.

Verlag Bündner Monatsblatt. Chur, 2000.

Band 1: Frühzeit bis Mittelalter, 325 Seiten.

Band 2: Frühe Neuzeit, 289 Seiten.

Band 3: 19. und 20. Jahrhundert, 423 Seiten.

Band 4: Quellen und Materialien, 421 Seiten und CD-ROM.

Preis für alle vier Bände zusammen: CHF 180.–.
ISBN 3-905342-04-9 (Gesamtausgabe)

Vor nunmehr bereits zwei Jahren erschien das neue Handbuch der Bündner Geschichte. Es stellt sich in eine Reihe mit anderen in letzter Zeit erschienenen Schweizer Kantonsgeschichten (zum Beispiel Zürich 1994–1996, Schaffhausen 2001, St. Gallen ist in Bearbeitung), denen besonders der Einbezug neuer Fragestellungen und Forschungsergebnisse ein Anliegen ist.

So markiert auch das vorliegende Werk eine bedeutende Weiterentwicklung der Bündner Historiographie, indem es in bewusster Absetzung von der letzten einschlägigen Gesamtdarstellung – Friedrich Pieths Bündnergeschichte von 1945[1] – «nicht auf die ‹Vorgeschichte› einer ‹bündnerischen Nation› ..., sondern konsequent auf die geschichtlichen Zustände und Veränderungen in einer Region» abzielt.[2]

Entsprechend liegt das inhaltliche Schwergewicht nicht allein auf der Entwicklung von Staat und Politik, sondern auf den vielfältigen Lebensbereichen, in denen sich die früheren wie die heutigen Menschen bewegen: Landschaft und Umwelt, Wirtschaft und Gesellschaft, Verkehr und Kommunikation, Geschlecht und Sprache, Glaube und Kirche, Alltag und Mentalitäten, Architektur und Kunst und anderes mehr – allerdings werden auch die Grenzen deutlich, die der derzeitige Forschungsstand einem solch umfassenden Ansatz setzt.

In manchen dieser Bereiche waren die Verhältnisse und Entwicklungen in den vielfältigen Regionen Graubündens sehr verschieden, andererseits zeigen sich viele Gemeinsamkeiten, auch mit den angrenzenden Gebieten. Der regionale Ansatz macht dieses Werk deshalb gerade auch für an liechtensteinischer Geschichte Interessierte zur lohnenden Lektüre.

Das vom Verein für Bündner Kulturforschung im Auftrag der Regierung des Kantons Graubünden herausgegebene und von Dr. Jürg Simonett (Redaktion) sowie Prof. Dr. Roger Sablonier und Dr. Georg Jäger (Projektleitung) betreute Handbuch versteht sich als Nachschlagewerk, das interessierten Laien Auskunft über Ereignisse, Prozesse und Strukturen gibt und Fachleuten als erster Einstieg dient. An diese Zielsetzung angepasst sind auch der Umfang (in der Regel 20 bis 60 Seiten) und der flüssige sprachliche Stil der 32 Beiträge, die von insgesamt 33 Autorinnen und Autoren verfasst wurden.

Diese Beiträge verteilen sich auf drei Bände, von denen der erste Frühzeit und Mittelalter, der zweite die frühe Neuzeit (1500–1800) und der dritte das 19. und 20. Jahrhundert behandeln. Ein vierter Band enthält Quellen und Materialien zur Bündner Geschichte, deren Reichhaltigkeit durch eine ebenfalls beiliegende CD-ROM noch erweitert wird.

Eine eingehende Besprechung aller Beiträge ist hier nicht möglich. Es werden deshalb nur die behandelten Themen genannt und (auch unter einem liechtensteinischen Blickwinkel) einzelne Punkte herausgehoben.

Das Gebiet des heutigen Liechtenstein war (und ist) mit Graubünden nicht nur kulturell, sondern von der Frühzeit bis zum Spätmittelalter auch politisch-herrschaftlich und bis 1997 kirchlich so eng verbunden, dass gerade die Aufsätze von Band 1 für die liechtensteinische Geschichte direkt relevant sind. So haben etwa die in den Kapiteln zur Urgeschichte (Jürg Rageth) und zur römischen Zeit (Stefanie Martin-Kilcher und Andrea Schaer) zu findenden alltags- und kulturgeschichtlichen Aussagen zu Siedlung und Bauen, Essen und Trinken, Kult und Glaube oder zu den wirtschaftlichen Tätigkeiten jedenfalls über Graubünden hinausgehende Bedeutung. In der noch immer nicht sicher klärbaren Frage der Lokalisierung des in der Peutingerschen Tafel, einer spätrömischen Strassenkarte, verzeichneten Magia – hier als römischer vicus (Kleinstadt) interpretiert – wird Balzers gegenüber Maienfeld der Vorzug gegeben.

In Reinhold Kaisers Beitrag zum Frühmittelalter findet sich neben dem Hinweis auf die Schaaner St. Peterskirche mit Baptisterium als früher Beleg der Christianisierung Churrätiens u.a. ein interessanter Abschnitt zur Sozialstruktur der frühmittelalterlichen Bevölkerung, in dem die Unterschichtung der Freien nach Besitz, Ansehen und politischer Funktion sowie der Minder- und Unfreien nach ihrer rechtlichen und wirtschaftlichen Stellung deutlich gemacht wird.

Neue Impulse erhielt die Bündner Bevölkerungsstruktur im Hochmittelalter durch die Einwanderung deutschsprachiger Gruppen aus dem Oberwallis seit Ende des 12. Jahrhunderts. In Rezeption der durch neuere Forschungen revidierten Sicht des sogenannten «Walser Volkstums» weist Werner Meyer aber darauf hin, dass sich «abgesehen von der unbestreitbaren Sprachüberlieferung ... die meisten Phänomene eines vermeintlichen, ethnisch definierten ‹Walsertums› in Luft aufgelöst oder als folkloristische Neuschöpfungen des 19./20. Jahrhunderts herausgestellt» haben.[3] – Die rechtliche Privilegierung der Walser entsprach durchwegs den üblichen, von den Landesherren gewährten Kolonistenprivilegien. Überhaupt muss die Walserwanderung im Rahmen der im hochmittelalterlichen Landesausbau erhöhten Mobilität auch anderer, italienisch- und rätoromanischsprachiger Bevölkerungsgruppen gesehen werden.

Gesellschaft und Wirtschaft des Spätmittelalters und der frühen Neuzeit (Band 2) werden von Florian Hitz (Spätmittelalter), Jon Mathieu (Ländliche Gesellschaft) und Max Hilfiker (Handwerk und Gewerbe, Handel und Verkehr) dargestellt. Behandelte Themen sind hier u.a. die Entwicklung von Umwelt und Bevölkerung, Sozialstruktur und Standesverhältnissen wie der Leibeigenschaft, Mobilität und Auswanderung, Arbeit und Ernährung, Ehe und Familie, Geschlechterrollen und Lebensalter. Im Bereich der Wirtschaft geht es um Verfügungsrechte über Grund und Boden (zum Beispiel die Ausbreitung der Erbleihe), Bedingungen und Formen alpiner Landwirtschaft wie der Alp- und Maiensässwirtschaft, genossenschaftliche und individuelle Nutzungsformen, die Blüte des Transitverkehrs (Säumer und Porten), den bescheidenen Umfang des ländlichen Gewerbes sowie die auch in

1) Friedrich Pieth: Bündnergeschichte. Chur, 1945.

2) Roger Sablonier, Band 1, S. 11 (Vorwort).

3) Werner Meyer, Band 1, S. 174.

Graubünden verzögerte Entwicklung von Städten und gewerblich-industrieller Wirtschaft.

Für die gesellschaftliche wie die politische Geschichte Graubündens zentral war die Entwicklung des Gemeindewesens: Wurden auch in Graubünden zu Beginn der Neuzeit die Gerichtsvorsitzenden (Ammänner) in der Regel noch von den weltlichen und geistlichen Herren eingesetzt, so «beschleunigte sich [im 16. Jahrhundert] die Vergesellschaftung der persönlich-feudalen Herrschaftsgewalt».[4] Von besonderer Bedeutung waren in diesem Prozess die Ilanzer Artikel von 1526: Sie beförderten u.a. die Verwirklichung kommunaler Selbstverwaltung, Gesetzgebung und Rechtsprechung, die Beseitigung herrschaftlich-feudaler Rechte, Steuern und Abgaben, die Befreiung des Bodeneigentums und die Einführung des weiblichen Erbrechts, die Abschaffung des Kleinen Zehnten und die Reduktion des Grossen Zehnten, die Reduktion der Fronen, den Übergang herrschaftlicher Regale an die Gerichtsgemeinden und des Weggelds an die Säumergenossenschaften (Porten) sowie die Entstehung von Kirchgemeinden mit Pfarrwahlrecht – vieles davon wurde in Liechtenstein erst im 19. Jahrhundert (oder nie) verwirklicht.

Sichtbar werden aber auch die Kehrseiten der Entwicklung vor Graubündens Integration in die Helvetische Republik 1799: So die «aristodemokratische»[5] Entartung des Gemeindeprinzips, die Parteienkämpfe, die grassierende Korruption, die Missstände im Söldnerwesen und die Verwicklung in die Machtkämpfe der europäischen Grossmächte.

Gesondert eingegangen wird auf diese und andere Fragen der politischen Geschichte in den Beiträgen von Roger Sablonier (Spätmittelalter), Randolph C. Head (16. Jahrhundert), Silvio Färber (17./18. Jahrhundert) und Martin Bundi (Aussenbeziehungen). Trotz der eingangs erwähnten breiten Fächerung der Fragestellungen fällt somit die relativ starke Gewichtung von Politik und Staatlichkeit für die Periode des Spätmittelalters und der frühen Neuzeit auf. Allerdings zeigt sich, dass eine moderne politische Geschichte weit über die Darstellung staatspolitischer Ereignisse und verfassungsrechtlicher Strukturen hinausgeht. Durch das Aufzeigen des Wandels gesellschaftlicher Eliten und deren politischer Strategien (Stichworte sind etwa: Klientelismus, Heiratsstrategien, Repräsentation), des politischen Alltagshandelns und des gesellschaftlichen Hintergrunds politischer Strukturen und Ereignisse ist sie auch sozialgeschichtlich angelegt. Um den Aufgaben eines Handbuchs gerecht zu werden, widmen Head und Färber den bündisch-kommunalen Institutionen und den bewegten Ereignissen des 16. und 17. Jahrhunderts (Bündner Wirren) dennoch breiten Raum.

Eine gewisse Spannung zeigt sich bei den Beiträgen Sabloniers und Heads hinsichtlich der Bewertung der Bündner «Gemeindefreiheit»: Sablonier räumt mit dem in der Bündner Historiographie lange vorherrschenden Mythos des Übergangs «vom Feudalismus zur Demokratie»[6] auf und sieht in den Vorgängen des 15. und 16. Jahrhunderts in erster Linie einen Herrschaftswandel von feudalen zu kommunalen, sich ebenfalls nach unten zu einer neuen Aristokratie abschliessenden Eliten.[7] Demgegenüber betont Head in Anlehnung an Peter Blickles Kommunalismus-Konzept[8] stärker das Prinzip der Entfeudalisierung, bei der «die Botmässigkeit einem Herrn gegenüber ... der Solidarität von Bürgern [wich], welche als gleichberechtigte Glieder eines politischen Verbandes galten, nämlich der Gemeinde».[9] Von besonderem Interesse ist in diesem Zusammenhang auch Heads Überblick über die politische Propaganda und Mythenbildung der herrschenden Eliten.

Da die spezifischen kirchlichen Verhältnisse in Liechtenstein bisher wenig untersucht sind, das Gebiet aber zum Bistum Chur gehörte, ist der Beitrag von Ulrich Pfister zu Kirchen und Glaubenspraxis vor 1800 sehr instruktiv, vor allem die Darstellung der Katholischen Kirchenreform nach dem Tridentinischen Konzil (1545–1563). Deren Durchführung erfolgte im ganzen Bistum spät und zaghaft, trug aber zum Beispiel mit der Ersetzung der üblichen General- durch die Individualbeichte zur sozialen Disziplinierung der Pfarrkinder bei.

Die 15 Beiträge in Band 3 (19. und 20. Jahrhundert) sind nach vier Hauptthemenkreisen gruppiert: Landschaft, Wirtschaft, Gesellschaft und Politik. Die zeitgeschichtliche Arbeit von Bruno Fritzsche und Sandra Romer (Graubünden seit 1945) deckt alle vier Bereiche ab.

Das Kapitel zur Landschaft von Urs Frey und Jürg Simonett enthält neben der Beschreibung des Natur- und Kulturlandschaftwandels auch einen interessanten Abschnitt zur Entwicklung verschiedener Wahrnehmungsweisen von «Landschaft»: Die Autoren diagnostizieren, dass die seit Mitte des 19. Jahrhunderts durch alpenbegeisterte Alpinisten und die Tourismusindustrie fremdgesteuerte Wahrnehmung der Bündner Landschaft als poetisch-romantische «heile» Welt und Freizeitspielplatz der Städter allmählich auch von den Einheimischen übernommen worden sei. Diese fremdenverkehrsgerechte Umdeutung des Lebens- und Arbeitsraums Graubünden zum «Heimatmuseum» mit Bergbauern als «Landschaftsgärtnern» habe – so ergänzen Fritzsche/Romer – einen Identitätsverlust der Bevölkerung bewirkt.

Entsprechend wird in den wirtschaftsgeschichtlichen Beiträgen von Urs Frey (Landwirtschaft), Jürg Simonett (Verkehr, Gewerbe und Industrie) sowie Daniel Kessler (Tourismus) die Verschiebung der wirtschaftlichen Ausrichtung von Landwirtschaft und Transportgewerbe zum Fremdenverkehr und die sich daraus ergebende Abhängigkeit der Bündner Wirtschaft überdeutlich. Zu den Verlierern dieser Entwicklung gehörten vor allem die peripheren, kaum am Tourismus partizipierenden Gebiete, in denen zur Mitte des 19. Jahrhunderts ein «Entvölkerungsprozess» einsetzte, der sich im 20. Jahrhundert noch beschleunigte (Peter Bollier: Bevölkerungswandel).

Eine «Entvölkerung» mussten vor allem nach 1950 im Zuge eines allgemeinen Säkularisierungsprozesses auch die Kirchen hinnehmen. Zwar sind auch in der evangelischen Kirche fundamentalistische Strömungen vorhanden, in der katholischen Kirche aber konnte sich der traditionalistische Flügel mit der Wahl von Wolfgang Haas zum Churer Bischof 1990 durchsetzen. Dessen restaurativer Kirchenführungsstil belastete die in Graubünden nach vier Jahrhunderten endlich angebahnte «konfessionelle Öffnung und wachsende gegenseitige Toleranz» zwischen Protestanten und Katholiken,[10] rief aber nicht eine protestantische, sondern vor allem eine innerkatholische Opposition auf den Plan. Die Krise fand mit der nach sieben Jahren vom Papst diktierten Schaffung eines Erzbistums Vaduz unter Erzbischof Haas eine «Lösung» (so Albert Gasser in seinem Beitrag zu Kirchen, Staat und Gesellschaft), die mit dem «stillschweigenden Einverständnis des Landesfürsten Hans-Adam II.» erfolgt sei, die aber «die nicht informierte Regierung, das Parlament und de[n] Grossteil des Volkes sowie ein[en] erhebliche[n] Teil des Klerus» in Liechtenstein verletzt habe.[11]

Hervorzuheben ist die Studie von Ursula Brunold-Bigler zur Überlieferung von Sagen. Die hier gebotene mentalitätsgeschichtliche Interpretationsanleitung gibt interessante Anregungen zu einer erneuten Lektüre auch der liechtensteinischen Sagen. Sagen dienten nicht nur der «historische[n] und gesellschaftliche[n] Verarbeitung und Bewältigung von Wirklichkeit»,[12] sondern wurden auch zur Vermittlung kirchlicher Moralvorstellungen und zur Ausgrenzung von Randgruppen wie Alten oder sogenannten «Zigeunern» instrumentalisiert. Damit sind sie gute Indikatoren von Mentalitäten und Diskriminierungen.

Weitere Beiträge zur Gesellschaftsgeschichte des 19. und 20. Jahrhunderts befassen sich mit Sprach-

4) Jon Mathieu, Band 2, S. 51.

5) Silvio Färber, Band 2, S. 116.

6) Vgl. Peter Liver: Vom Feudalismus zur Demokratie in den graubündnerischen Hinterrheintälern. In: Jahrbuch der Historisch (-antiquarisch)en Gesellschaft von Graubünden 59 (1929), S. 1–138.

7) Vgl. Roger Sablonier, Band 1, S. 287-290.

8) Vgl. Peter Blickle: Der Kommunalismus als Gestaltungsprinzip zwischen Mittelalter und Moderne. In: Gesellschaft und Gesellschaften. Festschrift Ulrich im Hof, hrsg. von N. Bernard und Q. Reichen, Bern, 1982, S. 95–113.

9) Randolph C. Head, Band 2, S. 92.

10) Bruno Fritzsche/Sandra Romer, Band 3, S. 365.

11) Alfred Gasser, Band 3, S. 245 f.

12) Ursula Brunold-Bigler, Band 3, S. 149.

kontakt und Gesellschaft (Barbara Tscharner) und dem Schulwesen (Peter Metz jun.). Im Bereich der politischen Geschichte sind je ein Kapitel der Zeitspanne der Helvetik 1798–1803 (Martin Leonhard), den Bewegungen und Parteien (Adolf Collenberg), dem Thema Staat und Verwaltung (Peter Metz sen.) und der Integration des Kantons Graubünden in die Schweiz (Georg Jäger) gewidmet.

Speziell mit der Geschichte der Bündner Untertanenlande und Südbündens beschäftigen sich Arno Lanfranchi und Carlo Negretti (Die Bündner Südtäler im Mittelalter, Band 1) sowie Guglielmo Scaramellini (Die Beziehungen zwischen den Drei Bünden und dem Veltlin, Chiavenna und Bormio, Band 2). Kunsthistorische Beiträge befassen sich mit Architektur, Plastik und Malerei von der Gotik bis zum Rokoko (Marc Antoni Nay, Band 2) sowie Architektur und bildender Kunst im 19./20. Jahrhundert (Leza Dosch, Band 3).

Band 4 schliesslich versteht sich als kulturgeschichtliches Lesebuch und Nachschlagewerk. Die hier präsentierten, jeweils mit Interpretationshinweisen versehenen Quellen und Materialien (Texte, Bilder, Karten) illustrieren und vertiefen die Kapitel der ersten drei Bände, ermöglichen es dem Leser aber auch, sich in selbständiger Lektüre von geschichtlichen Dokumenten seit der Römerzeit ein lebendiges Bild der Vergangenheit zu machen. Schade ist, dass einige wichtige Quellen wie zum Beispiel der Ilanzer Artikelbrief von 1526 fehlen.

Hingegen finden sich nützliche Listen und Tabellen, etwa zu den in Bünden gebräuchlichen Massen, Gewichten und Währungen oder eine Zusammenstellung der kantonalen Volksabstimmungen von 1854 bis 1998. Ausserdem schliesst der Band einen Aufsatz von Lothar Deplazes über Schriftlichkeit und Überlieferung im Mittelalter sowie einen von Florian Hitz verfassten Überblick zur Geschichtsschreibung in Graubünden mit ein.

Die hundert in Band 4 enthaltenen sowie fünfzig weitere Quellen finden sich auch auf der bereits erwähnten CD-ROM. Neben den Text- und Bildquellen von Band 4 sind besonders die 25 auf der CD-ROM enthaltenen Film- und Tondokumente von Interesse, da sie die spezifischen Vorteile dieses elektronischen Mediums am besten nutzen: Die hier zugänglichen Filmaufnahmen des Wildheuens der Bergbauern in Tschiertschen 1946 einerseits, des Badetourismus am Caumasee 1919 oder der Eröffnung des ersten Skibügelschlepplifts in Davos 1934 andererseits führen einem den allmählichen Untergang der alten und die Anfänge einer neuen Welt bildhaft vor Augen. Damit verbundene soziale Verschiebungen werden zum Beispiel in der Erzählung einer Engadiner Hotelangestellten der Zwischenkriegszeit deutlich.

Weniger gross ist der Nutzen zunächst bei den schriftlichen Quellentexten, den Bildquellen sowie dem Karten- und Tabellenmaterial: Hier ist die gedruckte Form noch immer leserfreundlicher. Allerdings bietet die CD-ROM einige Zusatzdienste, wie zum Beispiel die Druckfunktion oder das Angebot, sich im Transkribieren von Handschriften zu versuchen. Die Navigation in den verschiedenen Quellen ist zum Teil etwas umständlich, der Bildausschnitt der Filme etwas klein – schön ist dafür die Möglichkeit, Photos, Bilder und Karten ganz oder in Ausschnitten zu vergrössern.

Insgesamt bietet das Handbuch einen fundierten Ein- und Überblick in beziehungsweise über die Geschichte Graubündens. Behandelt wird ein breites Spektrum historischer Forschungsgebiete unter modernem Blickwinkel und aktuellen Fragestellungen. Wer sich nur knapp orientieren will, kann sich mit der Lektüre der allen Artikeln beigefügten Kurzfassungen begnügen, wer sich weiter in die Probleme der historischen Forschung vertiefen möchte, findet nach jedem Beitrag eine Diskussion des Forschungsstands. Zur Verständlichkeit tragen in den drei Textbänden Glossare bei, alle vier Bände enthalten ein Literaturverzeichnis sowie ein Orts- und Personenregister (aber leider kein Sachregister).

Das Dekanat Liechtenstein 1970 bis 1997

BEATRICE SUTTER SABLONIER

Klaus Biedermann: Das Dekanat Liechtenstein 1970 bis 1997. Eine Chronik des kirchlichen Lebens.

Schalun Verlag, Vaduz, 2000. 416 Seiten. CHF 35.–. ISBN 3-908186-21-8

Die «Lösung» des langwierigen, mit der Person der Bischofs verknüpften Konflikts im Bistum Chur dürfte in breiten Kreisen noch in lebendiger Erinnerung sein: Ende 1997 errichtete der Vatikan im Fürstentum Liechtenstein die Erzdiözese Vaduz und erhob den umstrittenen Churer Bischof Wolfgang Haas auf den Erzbischofsstuhl. Im Bistum Chur wurde von da an der Dialog wieder möglich, im vom Bistum Chur ausgegliederten Dekanat Liechtenstein hingegen fingen die Probleme an. Der neue Erzbischof betrachtete das Dekanat nach kanonischem Recht als aufgehoben und weigerte sich, die von bisherigen Institutionen und Gremien des Dekanats geleistete überpfarreiliche Arbeit weiterzuführen.

Die Tage des Dekanats Liechtenstein schienen gezählt, das Ende war absehbar. Deshalb begann Klaus Biedermann im Sommer 1998 im Auftrag des Administrationsrates des Dekanats und mit Unterstützung einer engagierten Redaktionskommission (Robert Allgäuer, Leo Büchel, Rösle Frick, Ida Hasler-Beck, Annalies Jehle und Franz Näscher) die rund 30-jährige Geschichte des Dekanats zu dokumentieren und eine Dekanatschronik zu verfassen. Entstanden ist das nun vorliegende, einfach, aber sorgfältig gestaltete und ausserordentlich materialreiche, über 400 Seiten umfassende Werk.

Das Gebiet des heutigen Fürstentums Liechtenstein gehörte seit der Christianisierung zur Diözese Chur. Im Jahr 1850 erfolgte mit der Gründung des Liechtensteinischen Priesterkapitels erstmals eine ständige, landesweite und einem bischöflichen Landesvikar unterstellte Vereinigung der Geistlichkeit, aber erst am 1. Januar 1971 wurde Liechtenstein im Zuge der Reformbewegung nach dem Zweiten Vatikanischen Konzil und der Neugliederung der Diözese Chur ein eigenes Dekanat. Und zwar ein besonderes Dekanat, deckte sich doch sein Territorium mit dem des Staates, in dem notabene der römisch-katholischen Kirche als einziger Religionsgemeinschaft ein öffentlich-rechtlicher Status zukommt.

Die Schilderung der im neuen Dekanat geleisteten Auf- und Ausbauarbeiten in ihrer Menge und

Die Mitglieder des Dekanatsseelsorgerates und der Fastenopfer-Kommission auf Besuch bei Bischof Johannes Vonderach in Chur am 17. Dezember 1977.

Von links nachts rechts: Josef Braun, Rösle Frick, Robert Allgäuer, Armin Meier, der Balzner Kaplan Franz Näscher, Maria Gassner-Schurti, Bernadette Brunhart-Biedermann, der Triesner Pfarrer Georg Schuster, Bischof Johannes Vonderach, Ingeborg Marxer, Marlen Jäger-Eberle, der Dekan und Triesenberger Pfarrer Engelbert Bucher, Rosmarie Ritter-Hasler, Pater Walter Bühler, Marie-Louise Eberle-Frick, Ingrid Alaart-Batliner, Otto Kranz, der Maurer Pfarrer Markus Rieder sowie Hugo Konzett.

Vielfalt beeindruckt. Es galt, neue Strukturen zu schaffen, Laien in die Arbeit mit einzubeziehen, bisher von Landesvikar und Priesterkapitel wahrgenommene überpfarreiliche Aufgaben zu übernehmen, Institutionen für die Bewältigung neuer Aufgabenbereiche einzurichten und schliesslich für deren Finanzierung zu sorgen. Oberstes Gremium war die Dekanatskonferenz beziehungsweise Dekanatsversammlung mit allen im Dekanat wohnhaften Diözesanpriestern, ab 1987 auch mit den Diakonen und Laien, welche einen hauptamtlichen Seelsorgeauftrag wahrnahmen. Sie befasste sich vor allem mit Fragen des Dekanats und der Seelsorge grundsätzlicher Art, interner Weiterbildung usw. Dem Dekanats- beziehungsweise Landesseelsorgerat, zusammengesetzt aus Priestern und Delegierten der Pfarreiräte, oblagen die Planung und Koordination der Arbeit vor allem in den Bereichen Erwachsenenbildung, kirchliche Jugendarbeit, Ehe und Familie, Öffentlichkeitsarbeit und Medien, Caritas, kirchliche Sozialarbeit und Fastenopfer. Da die professionellen Dienste des Dekanats laufend ausgebaut wurden, übernahm 1984 eine Finanzkommission – später zu einem Administrationsrat erweitert – geschäftsführende Funktionen, ab 1990 unterstützt von einer Kanzlei.

Das Dekanat Liechtenstein war ein «blühendes» Dekanat. Es ist unmöglich, hier alle Aktivitäten in innerkirchlichen – etwa Glaubenskurse, Gastarbeiterseelsorge, Wallfahrten – und auch allgemein gesellschaftlich relevanten Bereichen – zum Beispiel die Arbeitsstelle für Erwachsenenbildung im Haus Stein-Egerta in Schaan, die Sendungen in Radio L – zu erwähnen. Als man sich 1998 darum bemühte, die gewachsene Struktur des Dekanats zu erhalten und allenfalls neue Träger für die einzelnen Einrichtungen zu finden, schrieb Dr. Markus Hofer (Vorarlberg) in einem Gutachten von einem «vernetzten Familienbetrieb», einem «faszinierenden und funktionierenden Organismus» (S. 335). Mit der gesetzlichen Verankerung eines jährlichen Landesbeitrags 1987 habe der Staat nicht etwa Verantwortung abgeschoben, sondern diese treuhänderisch an die kirchlichen Gremien übergeben.

Klaus Biedermann nimmt nicht in Anspruch, «angesichts der noch jungen Ereignisse … eine abgerundete kritische Würdigung der Dekanatszeit» zu liefern. Er wollte lediglich versuchen, «das kirchliche Leben im Dekanat in seiner Vielfalt zu schildern und festzuhalten» (S. 411). Dafür war der Autor als ein mit den Verhältnissen gut vertrauter liechtensteinischer Historiker, Vaduzer Pfarreirat und zeitweiliger Mitarbeiter der Redaktion des Kirchenblattes «In Christo» geradezu prädestiniert. In sachlichem Ton und klar strukturiert stellt er aufgrund seiner profunden Kenntnisse des Dekanatsarchivs das Geschehen der letzten drei Jahrzehnte (inklusive «Aufräumarbeiten») dar, zum Teil historisch weiter ausholend, um Entwicklungen verfolgen zu können, im Ganzen mit Analysen und Wertungen sehr zurückhaltend. Die vielen Zitate aus Originaldokumenten vermitteln dem Leser und der Leserin aber doch ein farbiges Bild des kirchlichen Lebens in Liechtenstein. Natürlich ist dieses kirchliche Leben aus der Sicht von Menschen geschildert, die sich im Geist des Zweiten Vatikanischen Konzils und der Synode 72 am «Aggiornamento», am Heutigwerden der Kirche beteiligten, im Streben nach religiöser Mündigkeit, Offenheit und Solidarität, in Freude und Hoffnung.

Die Chronik des Dekanats Liechtenstein liefert nicht nur einen wichtigen und gewichtigen Beitrag zu einer liechtensteinischen Kirchengeschichte. Als zeitgenössische Darstellung weckt sie auch Gefühle, besonders bei denjenigen Menschen, die sich als Teil der katholischen Kirche fühlen, Gefühle der Erschütterung, Ohnmacht und Trauer, und sie fordert zur Stellungnahme geradezu heraus. Denn die Zerreissprobe in der Kirche mit einerseits Traditionalisten, die teils mit sektiererischen Zügen im Glauben an die streng gegliederte Hierarchie verharren, und andererseits Menschen, welche den gemeinsamen Weg im Geiste des Zweiten Vatikanischen Konzils weitergehen wollen, spielte und spielt sich ja nicht nur in Liechtenstein ab. Tröstlich und vielleicht auch wegweisend und immer wieder wert, gelesen zu werden, sind die Gedanken in einem Brief von alt Dekan Franz Näscher, der am Abschlussfest des Dekanats im Frühling 2000 verlesen wurde (S. 354 ff.). Er spricht darin vom Freundeskreis Jesu, von der Freundschaft Gottes, die allen gilt, die uns lehrt, nicht auszugrenzen, sondern das Gute im anderen anzuerkennen und über Fehler hinwegzuhelfen. Er schliesst mit der Aufforderung, einen Schlussstrich unter das ehemalige Dekanat zu ziehen, aber nicht unter das Bild von Kirche, das alle Beteiligten geleitet hat und in zwei, den Weg weisenden Worten aus der Zeit des Dekanats für immer festgehalten sein wird: «Aufbruch zum Leben» (1985 zum Papstbesuch und zur Volksmission) und «Miteinander auf dem Weg» (1995 zum Dekanatstag).

Angola. Mission, Salettiner und liechtensteinische Entwicklungszusammenarbeit im südlichen Afrika

KLAUS BIEDERMANN

Angola. Mission, Salettiner und liechtensteinische Entwicklungszusammenarbeit im südlichen Afrika.

Hrsg. LED – Stiftung Liechtensteinischer Entwicklungsdienst. Red.: Arthur Brunhart, Balzers. Vaduz, 2001. 334 Seiten. CHF 45.–.

Das vorliegende Buch ist in erster Linie eine Würdigung der Missionstätigkeit von Pater Josef Öhri, von Bruder Marzellin Tschugmell sowie von Pater Emil Frick. Diese drei Liechtensteiner Ordenspersonen wirkten viele Jahre in Angola im südlichen Afrika. In diesem Buch wird zudem der langjährige Einsatz von Bruder Stefan Frommelt in Südafrika besonders hervorgehoben. Unmittelbarer Anlass dieser Publikation ist indes das Goldene Priesterjubiläum von Pater Josef Öhri im Jahr 2001. Seine Lebensgeschichte und sein Wirken in Angola nehmen einen grossen Raum im Buch ein. Pater Josef ist auch auf dem Bild des Bucheinbandes zu sehen, ein Kind auf dem Arm haltend.

Herausgeber dieses Buches ist der 1965 gegründete Liechtensteinische Entwicklungsdienst (LED). In ihrem Vorwort schreibt deren Präsidentin Marie-Louise Eberle: «Mein erster Kontakt mit den Missionen war das ‹Nicknegerle›, im Kindergarten. Sr. Ludmilla hielt uns Kinder immer wieder an, Öpferchen zu bringen und jeden Fünfer hineinzuwerfen. Als unser Nachbarkind infolge eines Blinddarmdurchbruchs in Lebensgefahr schwebte, kauften wir mit Taufspenden von 25 Franken ‹Heidenkinder› los. – Heute hingegen befassen wir uns mit der Frage, ob es sinnvoller ist, gebrauchte Computer nach Afrika zu schicken oder im Land selber neue zu kaufen» (S. 7).

MISSIONSTÄTIGKEIT IM WANDEL

Damit ist bereits der grosse Wandel angedeutet, der in der Missionstätigkeit in den letzten 50 Jahren stattgefunden hat. Ging es früher noch in erster Linie darum, Heidenvölker zum Christentum zu bekehren, so stehen heute andere Aspekte wie Entwicklungszusammenarbeit, die Milderung des Gefälles zwischen Arm und Reich sowie die Bewahrung der Schöpfung und der Lebensgrundlagen im Vordergrund. Das explizit Christliche ist dabei keinesfalls in den Hintergrund getreten, tritt jedoch nicht mehr mit der einstigen Arroganz der Kolonialherren, sondern mit wesentlich mehr Demut auf. Massgeblich dazu beigetragen hat die Erklärung des Zweiten Vatikanischen Konzils (1962–1965) über das Verhältnis der Kirche zu den nichtchristlichen Religionen. Es wurde damit erstmals offiziell zugegeben, dass auch Nicht-Christinnen und Nicht-Christen ihren Platz in der Heilsgeschichte haben. An die Stelle des Missionszeitalters ist heute das Zeitalter der Solidarität getreten.

Der Ethnologe und Afrika-Kenner Hugo Huber reflektiert in seinem Beitrag diesen Wandel (S. 11–34). Obwohl früher die Missionare die «Herren» waren und ein «europäisches Christentum» predigten, so falle eine Bilanz ihres Wirkens doch grundsätzlich positiv aus: «Bei all ihrer Fehleinschätzung der afrikanischen Kultur und manchem Fehlverhalten gegenüber dem Afrikaner als Mensch» waren es die christlichen Missionare, «die schon am Anfang des [20.] Jahrhunderts Standardwerke über afrikanische Sprachen und positive Beiträge zur Erforschung ihrer Kulturen veröffentlichten und durch die Gründung von Schulen und Spitälern Pionierleistungen erbracht haben für das afrikanische Volk auf seinem Weg zur Emanzipation» (S. 24).

LIECHTENSTEINER MISSIONARE IN SÜDAFRIKA

Der Balzner Historiker und Ethnologe Arthur Brunhart, der die vorliegende Publikation auch redaktionell betreute, liefert einen geschichtlichen Überblick zur liechtensteinischen Missionstätigkeit in Südafrika. Diese Missionstätigkeit begann mit der Auswanderung der Nigg-Geschwister Franz, Florian, Johann, Maria und Theodor nach Südafrika um 1880. Sie stammten vom Triesner «Meierhof» und hatten Liechtenstein nach einem erbitterten Rechtsstreit den Rücken zugekehrt. Albert Eberle aus Triesen, der selbst eine Zeitlang Entwicklungshelfer in Südafrika war, hat ihr Leben und Wirken aufgezeichnet. Sein Beitrag wurde im Jahrbuch des Historischen Vereins, Band 95 (1998), publiziert. Ebenfalls aus Triesen stammt Bruder Stefan Frommelt, der seit 1961 in Umtata (Südafrika) als Schreinermeister wirkt und der in einem eigenen, sehr lebendigen Beitrag in diesem Buch (S. 51–63) über seine Erfahrungen als Missionar und Entwicklungshelfer berichtet. Die zweite wichtige Phase liechtensteinischer Missionsarbeit im südlichen Afrika begann 1954 mit der Aussendung von Pater Josef Öhri nach Angola. Ihm folgten 1955 Bruder Marzellin Tschugmell und 1964 Pater Emil Frick. Die dritte Phase dieser Missionsarbeit, so Arthur Brunhart, begann 1965 mit der Gründung des LED, welcher die Tätigkeiten der Liechtensteiner Missionare und Entwicklungshelfer seither finanziell mitträgt. Auch das bereits angedeutete gewandelte Missionsverständnis gewann seit den 1960er Jahren immer mehr an Boden.

DIE SALETTINER UND DAS PORTUGIESISCHE ERBE IN ANGOLA

Über das allgemeine Engagement des Salettiner-Ordens in Angola berichtet Eduard Mäder (S. 105–171). Die Salettiner, entstanden aus einer kleinen Gemeinschaft, welche die Marienerscheinung von La Salette (1846) bekannt machen wollte, fassten um 1900 Fuss in der Schweiz. Sie gründeten später in Mörschwil bei St.Gallen die «Missionsschule Untere Waid» und führten von 1954 bis 1973 ihre Schüler mit eigenen Lehrkräften am Lyzeum Gutenberg in Balzers zur Matura. Die Schweizer Sektion der Salettiner konnte zudem 1942 die portugiesische Kolonie Angola als Missionsgebiet übernehmen.

Angola kann auf eine 500-jährige portugiesische Präsenzzeit zurückblicken. Im Jahr 1482 entdeckten portugiesische Seefahrer ein Königreich an der Kongomündung, welches weit in das heutige Angola hineinreichte. Der Königsname N'gola wurde später zum Namen des Landes. Die Portugiesen hatten auch das Christentum mitgebracht, doch gab es bis 1910 nur die Diözese «Angola e Congo». Im Jahr 1940 wurde schliesslich die Erzdiözese Luanda mit drei weiteren Bistümern gegründet. Darunter befand sich das Bistum Huambo (Nova Lisboa), in welchem die Salettiner ihr Wirkungsfeld entfalteten. Währenddem 1940 noch alle Bischofe

Häuptling mit zwei Frauen. Die in Angola oftmals praktizierte Mehrehe widerspricht dem christlichen Gebot der Einehe. Die Missionare waren daher nur bereit, die Taufe zu spenden, wenn ein Mann sich darauf beschränkte, eine einzige Frau als Gemahlin anzuerkennen.

Geschmückte Frauen in traditioneller Kleidung. Besonders im ländlichen Angola ist überliefertes Brauchtum bis heute lebendig geblieben.

in Angola von Portugiesen gestellt wurden, waren 1975 nur noch drei von den mittlerweile neun Bischöfen in Angola Portugiesen. Die Salettiner unterstützten diesen Prozess der «Afrikanisierung» der Kirche. Bruder Marzellin Tschugmell war zum Beispiel sehr stolz darauf, dass er seinen Schreinerei-Betrieb (mit über 60 Angestellten) noch kurz vor seinem Tod 1987 einem Einheimischen zur Leitung anvertrauen konnte.

Die Missionare von La Salette kamen in ein fruchtbares und gut bewirtschaftetes Gebiet in Zentralangola, und «sie wurden fast überall freundlich, vielerorts herzlich, kaum je abweisend empfangen» (S. 119). Sie bemühten sich, nicht nur Portugiesisch, sondern auch die wichtigste einheimische Sprache, die Bantusprache Mbundu, zu lernen. Dadurch wurde der Kontakt zur Bevölkerung enger und die Missionare erhielten Einblicke in die politisch-soziale Wirklichkeit. Von der Verkündigung des Christentums verlagerten sich die Aufgaben immer mehr in soziale und karitative Bereiche. Damit verbunden war das Engagement für die Alphabetisierung der Bevölkerung sowie der Einsatz für die Rechte der Schwarzen. Bedingt durch das Zweite Vatikanum wurden zunehmend Laienhelferinnen und Laienhelfer in die Missionsarbeit miteinbezogen.

«WENN ZWEI ELEFANTEN STREITEN, WIRD DAS GRAS NIEDERGETRAMPELT»

Die grosse Zäsur kam 1974, als in Portugal in der sogenannten Nelkenrevolution das etablierte politische System zu Fall gebracht wurde. Dies bedeutete die baldige Entlassung der portugiesischen Kolonien in die Unabhängigkeit. Der kommunistische «Movimento Popular de Libertação de Angola» (MPLA) übernahm im November 1975 nach erbitterten Kämpfen mit zehntausenden von Todesopfern die Macht in Angola. Die vordergründig besiegte (zweite) Befreiungsorganisation «União Nacional para a Independência Total de Angola» (UNITA) unter ihrem charismatischen Führer Jonas Savimbi behauptete sich jedoch in abgelegenen

Gebieten und führte ihren Krieg, nunmehr gegen die Zentralregierung in Luanda, weiter. Das erneut einsetzende Kriegsgeschehen weitete sich zunehmend auf das von den Salettiner-Missionen betreute Gebiet aus.

Der Bürgerkrieg entwickelte sich zu einem Stellvertreterkrieg zwischen den zwei Grossmächten, da Angola aufgrund seiner reichen Bodenschätze grosse Attraktivität besass. Die international anerkannte MPLA-Regierung, von der Sowjetunion und von Kuba aktiv unterstützt, misstraute den Missionaren und verdächtigte sie, mit der UNITA Savimbis gemeinsame Sache zu machen. Die UNITA ihrerseits wurde vom Westen und von Südafrika unterstützt. Anfangs der 1990er Jahre gab es «Silberstreifen am düsteren angolanischen Horizont», da sowohl die Sowjetunion als auch das weisse Apartheid-Regime in Südafrika zusammenbrachen (vgl. S. 165). Allgemeine Wahlen bescherten 1992 der Regierungspartei MPLA eine Mehrheit, doch die UNITA akzeptierte dieses Ergebnis nicht. Der Bürgerkrieg flackerte mit neuer Brutalität wieder auf. Innert eines Jahres gab es eine halbe Million Tote und rund 200 000 Kriegsverletzte. Dass dadurch die Missionsstationen in eine verzweifelte Lage gerieten, belegt der nachfolgende Bericht:

«In Ganda machen die Soldaten nachts Jagd auf Ochsen und Ziegen, tagsüber auf Bauern, welche das Feld bestellen, und ‹in Lusaka beginnen Friedensgespräche›. Einigen weissen Missionaren, obwohl erfahren, verging buchstäblich das Lachen. Vieles, was sie aufgebaut hatten, war verwüstet, menschenleer, zerstört. Sie sahen sich auf eine Art Reservate zurückgedrängt und teilten diese mit einheimischen Priestern, die ihnen gegenüber gelegentlich Vorbehalte hatten. Vor allem die Aussichtslosigkeit der Situation machte ihnen zu schaffen. Deshalb entschlossen sich auch zähe und altgediente Missionare, wenigstens für einige Zeit heimzukehren und bessere Zeiten abzuwarten ...» (S. 167).

DIE LEBENSGESCHICHTE VON PATER JOSEF ÖHRI

Von diesen tragischen Ereignissen noch weit entfernt war Pater Josef Öhri im Jahr 1954, als er zusammen mit Pater Erwin Truffer in die Mission nach Angola fuhr. In der neu errichteten Missionsstation in der Hanha, damals noch ohne Strom und fliessendes Wasser, fand Pater Josef sein erstes Wirkungsfeld: «Das Erlebnis dieser Einsamkeit im Busch war etwas ganz Ungewohntes für mich», erzählt er in seiner Lebensgeschichte, abgedruckt im Buch auf den Seiten 173 bis 236 (hier S. 181). Beginnende Besuche bei den Gemeinden «im Busch» sowie das allmähliche Erleben der Einheimischen-Sprache Mbundu linderten jedoch die Einsamkeit. Pater Josef berichtet über diese Anfänge:

«Im Evangelium lesen wir, wie Jesus durch die Dörfer wanderte, die frohe Botschaft verkündete, Kranke heilte und Tote auferweckte. Ich nahm immer Medikamente mit, denn in fast allen Dörfern fand ich Kranke. Wenn ich auch keine Toten auferweckte, so habe ich vielleicht doch manchen Kranken vom frühen Tod bewahrt und sein Leben verlängert. Vor meiner Abreise lernte ich bei Dr. Franz Nägele in Eschen das Zähneziehen. Er schenkte mir ein paar Zahnzangen, womit ich dann in all den Jahren viele Hunderte von Zähnen gezogen habe. Das war immer die letzte Arbeit vor der Abreise ins nächste Dorf» (S. 185).

Dank finanzieller Unterstützung durch das Land Liechtenstein konnte Pater Josef in der Hanha eine Schule mit angeschlossenem Internat erbauen. Diese Schule, welche Platz bot für 100 Kinder, wurde 1965 eröffnet. Drei Jahre später konnte hier auch eine Kirche eingeweiht werden.

Im Jahr 1973 erfolgte die Versetzung von Pater Josef auf die Missionsstation von Caluquembe, ebenfalls ein Aussenposten der Salettiner in Angola. Im Jahr 1980 zwang die kommunistische MPLA-Regierung die Missionare zur vorübergehenden Räumung von Caluquembe. Die Auswirkungen des andauernden Bürgerkriegs werden von Pater Josef ausführlich geschildert. Mehrere Missionare fielen

Gezeichnet von der Brutalität des Bürgerkriegs: junge Frau in Angola

Pater Josef Öhri auf einer «Buschreise» in den 1950er Jahren

dem Krieg zum Opfer, so auch Pater Emil Frick, der 1988 von einem Militärlastwagen angefahren und tödlich verletzt wurde.

Pater Josef kam einige Male für kurze Zeit nach Liechtenstein zurück. Doch gerade die späteren Heimaturlaube liessen in ihm die Erkenntnis reifen, dass Angola zu seiner neuen Heimat geworden war und dass er nur noch nach Liechtenstein kam, um Angehörige zu besuchen:

«Ich muss auch bekennen, dass ich mich in dieser Wohlstandsgesellschaft nicht mehr so wohl fühle. Es ist ja schön, wenn man alles im Überfluss hat. Aber ich finde, dass meine Armen in Angola fröhlicher und dankbarer sind für das wenige, das sie haben» (S. 213).

Gesundheitlich geschwächt blieb Pater Josef dann ab 1993 für drei Jahre in Liechtenstein. Als er sich im Mai 1996 wieder gestärkt fühlte, stellte er fest: «Ich habe nur noch eine schwere Krankheit, nämlich das grosse Heimweh nach Angola» (S. 228).

BRUDER MARZELLIN TSCHUGMELL UND PATER EMIL FRICK

Thomas Spielbüchler stellt in zwei separaten Kapiteln das Wirken von Bruder Marzellin Tschugmell sowie von Pater Emil Frick vor (S. 237–252 beziehungsweise S. 253–270). Die beiden Balzner Ordensleute sind neben Pater Josef Öhri aus Ruggell die wichtigsten Liechtensteiner Missionare in Angola gewesen. Bruder Marzellin (verstorben 1987) bereitete sich für seinen insgesamt 42 Jahre dauernden Einsatz durch eine intensive Ausbildung zum Schreinermeister vor. Auf der Missionsstation Ganda in Angola festigte er ab 1955 seinen Ruf als hervorragender Planer und Bauleiter. Bruder Marzellin hatte auch noch andere Wirkungsstätten in Angola, so in Cubal, in Caluquembe und in Catumbela. Thomas Spielbüchler berichtet über Bruder Marzellins ständigen Kampf gegen Materialmangel und bürokratische Hindernisse. Doch der Bau mehrerer Kirchen sowie die Einrichtung einer grossen Schreinerei in Catumbela stellen eine eindrucksvolle Bilanz von Bruder Marzellins Wirken in Angola dar.

Mit der Ergreifung der Priester- und Missionarsberufes erfüllte sich Emil Frick einen Kindheitstraum. Der Salettinerpater wirkte von 1965 bis zu seinem unfallbedingten Tod 1988 in Angola, vorerst als Verwalter in Caluquembe und später in der Missionsstation von Ganda. Er widmete sich hier nicht nur der eigentlichen Seelsorge, sondern bemühte sich auch um die Durchsetzung von verbesserten Anbaumethoden in der Landwirtschaft. Nach einem Heimaturlaub in Liechtenstein im Jahr 1971 erhielt Pater Emil ein neues Wirkungsfeld zugeteilt, und zwar in den Slums von Catumbela. Zudem wurde er 1973 zum Regionalobern der Salettiner in Angola gewählt. Auch inmitten der Bürgerkriegswirren liess sich Pater Emil nicht von Fahrten ins Landesinnere abhalten:

«Trotzdem muss ich sagen, dass sich der Besuch eines Priesters in einem Gefahrengebiet wirklich lohnt, da er ja das beste Zeugnis für einen selbstlosen Einsatz darstellt und gerade den verlassenen und ängstlichen Menschen immer wieder Mut und neue Kraft durch den Glauben, das Wort Gottes und die Sakramente geben kann» (S. 267).

Bruder Marzellin Tschugmell bei Bauarbeiten auf dem Dach der Kirche von Cubal

Pater Emil Frick mit seinem «Gepäck» im Hafen von Lobito

Mut zum Durchhalten erhielt Pater Emil nicht zuletzt auch durch die stetige Unterstützung, die er aus seiner Heimatgemeinde Balzers erhielt. Bereits 1964 wurde die «Missionshilfe Pater Emil» gegründet. Die von Walter Gstöhl redigierte «Missionspost» berichtete zudem regelmässig über den Einsatz von Pater Emil in Angola .

VERSTÄRKTES LIECHTENSTEINISCHES ENGAGEMENT IN ANGOLA

Aus eigener Feder stammen die Berichte von Schwester Leonie Hasler sowie von Typograph Hans Peter Gassner über ihre Tätigkeiten in Angola (S. 271–275 respektive S. 276–283). Schwester Leonie Hasler half von 1993 bis 1995 vor Ort mit, die Wunden, die der Bürgerkrieg gerissen hatte, zu lindern. Hans Peter Gassner war von 1971 bis

1973 im Auftrag des LED damit befasst, eine Quellwasseranlage sowie Wasserleitungen zu erstellen. Ausserdem leitete er einen Druckereibetrieb auf der Missionsstation Ganda. Seinen Bericht schliesst Hans Peter Gassner mit dem Fazit: «Gelernt hatte ich unter anderem, dass stures Festhalten an europäischen Vorstellungen in anderen Weltgegenden nicht viel nützt» (S. 283).

Ebenso lieferte Linus Batliner aus Mauren einen eigenen Bericht über sein Wirken in Angola. Durch Vermittlung von Bruder Marzellin Tschugmell konnte Linus Batliner von 1995 bis 1998 im angolanischen Cubal als Baumeister tätig sein. Er erhielt die Aufgabe zugeteilt, ein grosses Spitalzentrum zu errichten, welches termingerecht im Dezember 1997 eingeweiht werden konnte und seither von Ordensschwestern geführt wird.

RÜCKBLICK AUF DAS GELEISTETE

Pater Higino Baptista Cumandala würdigt die von den Salettinern geleistete Aufbauarbeit aus angolanischer Sicht. Er erläutert dabei den Wandel des Missionsbegriffs im Laufe der Zeit und lobt die Bemühungen der Salettiner, eine Verbindung zwischen dem Christentum und den angolanischen Traditionen schaffen zu wollen (vgl. S. 291–302). Seine Ausführungen werden ergänzt durch den Beitrag von Pater Lucas Segunda, ebenfalls eine angolanische Stimme. Pater Lucas unterstreicht die grossen Verdienste der Kirche in den Bereichen Bildung und Caritas, und auch er plädiert für die sogenannte «Inkulturation», für die Entwicklung eines afrikanischen Christentums (S. 303–314).

Das Buch schliesst mit einer «Momentaufnahme» von Thomas Spielbüchler über die Situation in Angola im August 2000 sowie mit einem Bericht der Angola-Portugiesin Maria Elisa Fernandes da Silva, die mit ihrer Familie – ebenso wie zahlreiche andere Portugiesen in Angola – das bürgerkriegsgeschüttelte Land im Jahr 1975 verliess und heute in Liechtenstein lebt.

HOFFNUNG FÜR ANGOLA?

Lassen wir am Schluss nochmals Thomas Spielbüchler zu Wort kommen, der eigens für dieses Buch eine Reise nach Angola unternommen hatte und über dieses faszinierende, aber kriegszerstörte Land mit wenig Hoffnungen unter anderem folgendes berichtet:

«Positiv fällt neben der Landschaft auch das Lachen der Kinder in den Provinzstädten auf. Sobald man sich jedoch umsieht, wird klar, dass man sich in einem Flüchtlingslager der UNO befindet, wo nur jene lachen, die noch zu jung sind, um den Ernst der Lage zu erkennen. Etwa 1,5 Millionen Binnenflüchtlinge produzierte der Krieg in Angola. Sie werden von den Kämpfen, Überfällen und der Unsicherheit in die Städte getrieben. Hier sind die Leute zu 100 Pozent von internationaler Hilfe abhängig. Ganze 1800 Kilokalorien zusammengesetzt aus Mais, Bohnen, Speiseöl und Salz ergibt die tägliche Ration pro Person, die vom Welternährungsprogramm verteilt wird» (S. 318 f.).

Thomas Spielbüchler schildert auch Beobachtungen aus Angolas Hauptstadt, womit ich meine Besprechung dieses inhaltlich sehr reichen, mit aussagestarken Fotos illustrierten Buches abschliessen möchte: «Der Pessimismus der Bettler, Schuhputzer und Kriegskrüppel in Luandas Strassen scheint ... berechtigt zu sein. Was bleibt ist die Hoffnung auf Solidarität von aussen. In den Industriestaaten können wir uns einer gewissen Verantwortung hier unmöglich entziehen» (S. 320). Dass auch beherzte Menschen aus Liechtenstein diese Verantwortung wahrgenommen haben und aktiv vor Ort Hilfe leisteten und leisten, belegt dieses Buch eindrücklich.

«In schicksalsschwerer Zeit gelangen die Parteien an Euch ...»

WERNER HAGMANNS BUCH ÜBER WIRTSCHAFT, NOT UND POLITIK IM BEZIRK WERDENBERG 1930 BIS 1945

PETER GEIGER

ZEITGESCHICHTE IN BEZIRK UND GEMEINDEN

Zeitgeschichte hat eine eigene Qualität. Sie ist noch mit uns Lebenden verknüpft, der Gegenwart nicht ganz entschwunden, von Erinnerungen der Zeitzeugen und von mündlicher Überlieferung farbig belebt, episoden- und legendendurchtränkt, personenbezogen. Zeitgeschichte ist gerade in der Lokalgeschichte und in der Region konkret und lebendig. Und sie ist besonders spannend, wenn sie eine existentiell schwierige Zeitperiode beschlägt. Das alles gilt für das im vergangenen Jahr 2001 publizierte Buch des Historikers Werner Hagmann aus Sevelen. Er hat seine bei Peter Stadler an der Universität Zürich abgeschlossene Dissertation dem Bezirk Werdenberg in der Krisen- und Kriegszeit von 1930 bis 1945 gewidmet.

Der st. gallische Bezirk Werdenberg umfasst im oberen Rheintal auf der westlichen Rheinseite die sechs politischen Gemeinden Wartau, Sevelen, Buchs, Grabs, Gams und Sennwald. Mit damals rund 19 000 Einwohnern war der Bezirk bevölkerungsmässig eineinhalbmal so gross wie Liechtenstein. In Hagmanns Buch sind Gemeindegeschichte, Bezirks-, Kantons- und Schweizergeschichte vereinigt. Hagmann untersucht auf der untersten Ebene, etwa der Gemeinde Gams, zum Beispiel die Anzahl der Arbeitslosen oder die Stärke einer Partei und setzt die Ergebnisse dann ins Verhältnis zu den weiteren Gemeinden des Bezirks, zum Kanton sowie zur ganzen Schweiz. Daraus ergibt sich das je Spezifische, sowohl für Gams wie für Bezirk, Kanton und Bund.

Das Werk beruht auf vielfältigen Primärquellen. Hagmann hat erstens die Archive der sechs politischen Gemeinden, einzelner Schul-, Orts- und Kirchgemeinden sowie von Gemeinde-Ortsparteien durchforstet, ebenso das Staatsarchiv St. Gallen und Bestände der Bundesanwaltschaft und des Oberauditorats im Schweizerischen Bundesarchiv in Bern. Zweitens hat er statistische Unterlagen und Publikationen der damaligen Zeit, insbesondere zu Wahlen in die Gemeindebehörden sowie zum Kantonsrat und zum Nationalrat, ausgewertet. Drittens hat er

Werner Hagmann: Krisen- und Kriegsjahre im Werdenberg. Wirtschaftliche Not und Politischer Wandel in einem Bezirk des St. Galler Rheintals zwischen 1930 und 1945.

BuchsDruck und Verlag, Buchs, und Chronos Verlag, Zürich, 2001.
359 Seiten, CHF 38.–.
ISBN 3-905 222-93-0 und
ISBN 3-905 313-66-9

die damals im Bezirk Werdenberg bestehenden drei Zeitungen durchkämmt, nämlich den freisinnigen, bis heute bestehenden ‹Werdenberger & Obertoggenburger› (‹W&O›, Buchs), den katholisch-konservativen ‹Werdenberger Anzeiger› (als «Gamser Blättli» bezeichnet) sowie die parteiunabhängigen ‹Werdenberger Nachrichten› (Buchs). Und viertens hat Hagmann die Oral History fruchtbar gemacht, indem er 18 Zeitzeugen gezielt befragt hat. Die Interviews fanden zwischen 1985 und 1989 statt; inzwischen ist die Mehrzahl dieser Zeitzeugen schon verstorben. Hagmanns Einbezug der Zeitzeugenbefragung ist übrigens ein konkretes Beispiel dafür, dass in der Schweiz die Oral History schon länger wissenschaftliche Anwendung findet als dies eine vor wenigen Jahren breit publizierte Meinung behauptete.

ZWEI SCHWERPUNKTE: WIRTSCHAFTSNOT UND PARTEIEN

Hagmanns Werk ist – entgegen dem breiten Gesamttitel «Krisen- und Kriegsjahre im Werdenberg» – keine Gesamtdarstellung der Zeit. Vielmehr sind zwei Bereiche unterschieden, eingegrenzt und im Detail analysiert, nämlich zuerst die Wirtschaftskrise mit Arbeitslosigkeit, im Buch rund 80 Seiten umfassend, und als zweites die aus der wirtschaftlichen Not erklärte Veränderung der politischen Parteienlandschaft, im Buch mit rund 200 Seiten umfangreicher ausfallend. Nach einer knappen, gehaltvollen Zusammenfassung von 6 Seiten bringt ein gut 50 Seiten umfassender Anhang Tabellen zur Arbeitslosigkeit, zu Fürsorgeleistungen, zur Arbeitsbeschaffung sowie zu Wahlen. Die Fussnoten geben auf jeder Doppelseite wohltuend kurz die genauen Quellennachweise, sie und die Bibliographie dienen der weiteren Forschung, auch über die Bezirks- und Rheingrenze hinaus. Zurückhaltend sind im Buch 63 Abbildungen bislang unbekannter Fotografien und Flugschriften, aus zahlreichen Privatquellen zusammengetragen, verteilt. Bilder haben eine eigene Qualität, sie führen manchen komplexen Zusammenhang unmittelbar vor Augen, etwa mit der für den Kanalisationsbau aufgerissenen Buchser Bahnhofstrasse oder mit dem Porträt des NS-Anhängers und Azmooser Pfarrers Wirth. Die in der vorliegenden Besprechung wiedergegebenen Bilder mit Legenden entstammen Hagmanns Buch (mit freundlicher Einwilligung von BuchsDruck und Chronos).

Die Ostschweiz war nach dem Ersten Weltkrieg schon von der Stickereikrise getroffen. Hinzu kam ab Ende der 1920er Jahre die Weltwirtschaftskrise. Dies schlug sich auch in der stagnierenden Bevölkerungsbewegung nieder. Der Bezirk Werdenberg zählte 1941 etwas weniger Einwohner als noch 1920. Wanderungsverlust und Geburtenrückgang wirkten zusammen. Ärmste Gemeinde im Bezirk war Gams – zu der auch Haag gehört –, es herrschte «bittere Not». Gams war Stickerdorf und Kleinbauerndorf, zugleich die einzige katholische Gemeinde im sonst überwiegend reformierten Bezirk. 1937 verschärfte sich die Lage noch durch den «Sparkassenkrach», indem die Sparkasse Gams wegen spekulativer Verfehlungen in Konkurs geriet. Am andern Ende der Skala konnte sich Buchs als Grenzbahnhof, Verkehrs- und Einkaufsort – auch für Liechtensteiner – am ehesten halten. Buchs wies 1935 im Vergleich zu den andern Werdenberger Gemeinden ein doppelt so hohes Steuerkapital pro Kopf auf, im Vergleich zu Gams ein fast dreimal so hohes.

ARBEITSLOSIGKEIT BIS ZUM KRIEG

Aufgrund der monatlichen Erhebungen des Kantonalen Arbeits- und Sozialversicherungsamtes in St. Gallen ist die Arbeitslosigkeit zwischen 1932 bis 1945 durchgehend statistisch belegt, für den Bezirk wie für jede Gemeinde. Auch für 1930 und 1931 liegen Daten vor. Hagmann verweist zurecht auf die Problematik von Arbeitslosenzahlen, weil nicht alle Betroffenen statistisch auftauchen, indem etwa Resignierende – insbesondere Mädchen und Frauen – oder Ausgesteuerte wegfallen, und weil Teilarbeitslose unterschiedlich eingerechnet sind; die letzteren wurden meist zur Hälfte mitgezählt.

Die Arbeitslosigkeit, schon vor 1930 bestehend, traf die Bevölkerung von Werdenberg besonders von 1930 bis 1940 schwer. Sie lag im Bezirk weit über dem schweizerischen Durchschnitt, und sie war auch die höchste unter den Bezirken des Kantons. 1930 zählte man im Werdenbergischen 5,4 Prozent Arbeitslose (bezogen auf die aktive Bevölkerung), das waren knapp 500 Arbeitslose, davon rund 70 Frauen. In Gams war die Arbeitslosigkeit 1930 mit 10,5 Prozent der Erwerbsbevölkerung fast doppelt so hoch wie im Gesamtbezirk. Während der ganzen Krisenzeit war aber Sevelen durchschnittlich nicht nur im Bezirk, sondern auch im ganzen Kanton am stärksten von der Arbeitslosigkeit betroffen, wegen der dortigen krisenanfälligen Industrie. Während gesamtschweizerisch das Jahr 1936 den Zenit der Arbeitslosigkeit brachte, war dieser im Bezirk Werdenberg schon 1933 erreicht, mit insgesamt 546 Ganzarbeitslosen, das waren 6,2 Prozent, unter Einrechnung der Teilarbeitslosen 7,4 Prozent. Danach verharrte sie etwa auf diesem Niveau. Die Frankenabwertung von 1936 brachte im Unterschied zur Gesamtschweiz für Werdenberg kaum eine Erleichterung, weil der Stickereiexport, der hätte profitieren können, bedeutungslos geworden war.

Der Krieg veränderte alles. Schon das Jahr 1939 halbierte die Arbeitslosigkeit. Nach 1940 erreichte sie in keiner Gemeinde mehr die 1-Prozent-Marke, und bis 1945 verschwand sie praktisch ganz. Die Männer wurden periodisch in den Aktivdienst eingezogen. Rüstung, militärische Bauten – hier im Bereich der Festung Sargans –, Kriegswirtschaft und Mehranbau brachten vermehrt Beschäftigung. Und nach dem Kriegsende trat die allgemein befürchtete Nachkriegskrise nicht ein.

Es gab im Bezirk Werdenberg bereits eine Arbeitslosenversicherung durch öffentliche und private Kassen, welche der Bund und der Kanton, gestützt auf Gesetze der 1920er Jahre, subventionierten. 1931 wurde im Kanton St. Gallen die Versicherung für unselbständig Erwerbende obligatorisch. Diese konnten aber die Mitgliedschaft in einer Kasse wählen, neben den öffentlichen Gemeindekassen etwa in einer der privaten Arbeitslosenkassen der Berufsverbände, der Gewerkschaften oder der Parteien. Die Bezugsdauer war begrenzt und die Auszahlungen waren nicht üppig. Immerhin schüttete die öffentliche «Werdenbergische Arbeitslosenversicherungskasse», welche 1933 alle Gemeindekassen des Bezirks ausser Buchs umfasste und rund 550 Mitglieder (Versicherte) zählte, in jenem Jahr 208 500 Franken an arbeitslose Mitglieder aus. Waren bei Arbeitslosen die Taggelder ausgeschöpft, wurden sie «ausgesteuert» und waren auf öffentliche «Krisenhilfe» sowie auf einmalige «Ausserordentliche Winterhilfe» angewiesen. Danach fielen sie der Armenfürsorge anheim, welche bis ins Armenhaus führen konnte. Dieses nannte man einfühlend «Bürgerheim», weil es für Ortsbürger reserviert war. Die Zahl der Bürgerheiminsassen stieg in den Krisenjahren an, so in der Gemeinde Wartau um ein Drittel, von 30 Bewohnern im Jahre 1930 auf 40 im Jahre 1938.

Die Lampenfabrik Temde, 1933 in einem ehemaligen Stickereigebäude in Sevelen eröffnet

NOTSTANDSARBEITEN ALS «PRODUKTIVE ARBEITSLOSENFÜRSORGE»

Um der Not zu steuern, wollte man nicht in erster Linie Taggelder auszahlen, sondern Arbeit und damit Verdienst schaffen. Dies nannte man «produktive Arbeitslosenfürsorge». Zahlreiche öffentliche «Notstandsarbeiten» wurden ab 1930 durchgeführt, Projekte, welche man unter normalen Umständen nicht oder nicht so früh realisiert hätte. Hagmann zeigt anschaulich, wie sowohl der Bund als auch der Kanton Arbeitsbeschaffung betrieben oder durch Subvention anregten und wie insbesondere die einzelnen Werdenberger Gemeinden zahllose Projekte in Angriff nahmen. Bundesprojekte betrafen Arbeiten im Bereich der Eisenbahn, etwa die Elektrifizierung der Rheintalstrecke 1934, sowie im Bereich der Landesverteidigung, hier den Bau der grossen, auf Wartauer Gemeindegebiet gelegenen Festung Magletsch ab 1939. Der Kanton St. Gallen liess zur Arbeitsbeschaffung Kanalisationsprojekte sowie eine Rheindammerhöhung vornehmen, dazu viele Strassenkorrektionen, so zwischen Gams und Wildhaus. Ebenso wurde 1938 bis 1940 ein Erweiterungsbau des kantonalen Krankenhauses in Grabs erstellt, hierbei fanden insgesamt gut 350 Arbeiter aus allen Gemeinden des Bezirks zeitweilig Verdienst.

Die meisten Notstandsarbeiten liessen Gemeinden und Korporationen durchführen, Hagmann zählt über 100 solche realisierte Projekte im Bezirk. Zahlreiche Strassen und Wege wurden gebaut oder verbessert, Gewässer korrigiert, Wildbäche verbaut, Bodenmeliorationen vorgenommen, Kanalisationen verlegt, so jene durch die Buchser Bahnhofstrasse. Nach Möglichkeit legte man die Arbeiten ins Winterhalbjahr. Anfangs der 1930er Jahre wurde auch die neue evangelische Kirche von Buchs gebaut. Von 1937 bis 1940 wurden von Bund, Kanton und Gemeinden Subventionen an private Umbauten und Renovationen geleistet.

TRADITIONELLE UND NEUE PARTEIEN

Krise und Krieg mit Not, Orientierungssuche und Verzweiflung fanden Niederschlag auch in der politischen Landschaft der neutralen Schweiz, des Grenzbezirks Werdenberg und jeder Gemeinde. Hagmann unterscheidet für den Bezirk Werden-

Bau der Kanalisation in der Buchser Bahnhofstrasse um 1930. Diese Notstandsarbeit leistete einen wichtigen Beitrag zur Arbeitsbeschaffung.

berg «etablierte Parteien», «neue Parteien und Bewegungen», «politische Randgruppen» sowie eine «überparteiliche Gruppierung». Systematisch kartographiert er gewissermassen die politische Landschaft im Bezirk Werdenberg, indem er jede Partei oder Bewegung analysiert, und zwar jeweils nach Ausgangslage und Entstehung, nach Zusammensetzung der Gefolgschaft, nach Programmatik und ideologischer Ausrichtung, nach dem Verhältnis zu andern Parteien, nach Wähleranteilen, nach politischen Mandaten auf Gemeinde-, Kantons- und Bundesebene sowie – was als Lackmustest am meisten interessiert – nach der Haltung gegenüber Frontismus und Nationalsozialismus. Der Autor stellt jede Partei in den kantonalen und schweizerischen Zusammenhang.

Diesem Parteien-Teil des Buches geben ausführliche Schilderungen etlicher bedeutender Persönlichkeiten einige Farbe, so des freisinnigen National- und Regierungsrats und Bauernpolitikers Johann Jakob Gabathuler (1883–1958) aus Weite, des freisinnigen Advokaten, Nationalrats und langjährigen Buchser Gemeindeammanns Dr. Johann Jakob Schwendener (1888–1972), des Revierförsters und langjährigen sozialdemokratischen National- und Kantonsrats Jakob Fenk (1879–1968) aus Sennwald, des katholisch-konservativen Kantonsrats, Gamser Gemeindeammanns und Bauern Josef Kramer (1895–1966), aber auch etwa des Mundartdichters, Lehrers und «germanophilen Heimatkundlers» Jakob Kuratli (1899–1981), Azmoos, und insbesondere des Nationalsozialisten und Azmooser Pfarrers Werner Wirth (1886–1961).

Als etablierte Parteien waren im Bezirk Werdenberg – wie im Kanton und im Bund – drei Parteien stark und durchgehend prägend, die «Freisinnig-demokratische Partei», die «Sozialdemokratische Partei» und die «Konservative Volkspartei» (heute CVP), die letztere fast auschliesslich im katholischen Gams. Die drei Parteien standen zwar in ausgeprägter ideologischer Gegnerschaft zueinander – Freisinnige und Konservative auch in Fortsetzung des Kulturkampfs –, doch wussten sich alle drei einig in der Erhaltung der pluralistischen Demokratie und in der Abwehr des Nationalsozialismus. Die drei Parteien dominierten durchgehend überall im Bezirk die Gemeindebehörden, ebenso stellten sie jeweils die Mehrheit der Kantonsräte aus dem Bezirk. Vereinzelte Sympathien Richtung Frontismus fanden sich im Werdenbergischen, wie anderswo, während des «Frontenfrühlings» von 1933 bei den Freisinnigen und etwas länger bis 1935 bei den Konservativen. Als resistent nach rechts erwiesen sich vorab die Sozialdemokraten.

Hinzu kamen in den 1930er Jahren neue, zum grösseren Teil kurzlebige Parteien und Bewegungen, nämlich die kleine «Evangelische Volkspartei», die sich im Werdenbergischen 1935 wieder auflöste; die bis 1937 bestehende «Bauern- und Mittelstandspartei», analog der schweizerischen «Bauern-, Gewerbe- und Bürgerpartei» (BGB, Vorläuferin der heutigen SVP); die Freiwirtschaftsbewegung, mit wieder eigenen Gruppierungen unter Bezeichnungen wie «Freiwirtschaftsbund», «Bund

Ankündigung eines Vortrags von Gottlieb Duttweiler, 1936

Kantonsrat und Gemeindeammann Josef Kramer aus Gams

freier Demokraten» sowie «Internationaler Befreiungsbund»; die sich länger haltenden «Jungbauern» als Teil der schweizerischen «Bauernheimatbewegung»; der den Krieg überdauernde «Landesring der Unabhängigen»; schliesslich als Frontistenpartei die «Nationale Front».

Nur die Jungbauern, die Demokraten und der Landesring rangen bei Wahlen im Bezirk den Altparteien zum Teil beträchtliche Stimmenanteile ab. Parteiübergreifend verstand sich schliesslich die «Richtlinienbewegung für den wirtschaftlichen Wiederaufbau und die Sicherung der Demokratie», welche 1936 bis 1939 gesamtschweizerisch und kurzzeitig auch im Werdenbergischen aktiv war, unter anderem mit einer grossen Kundgebung im Juni 1937 auf dem «Schneggen» bei Buchs, welche 2000 oder mehr Personen anzog. Die Richtlinienbewegung fand bei Sozialdemokraten und linksbürgerlichen Kreisen Anklang.

Ganz nationalsozialistisch ausgerichtet war die erwähnte «Nationale Front». Programmatische Berührungspunkte mit den Fronten und Sympathien für einzelne NS-Postulate fanden sich in den frühen 1930er Jahren bei verschiedenen Parteien, am häufigsten bei den Jungbauern, aber selbst dort nicht systematisch, sondern bei einzelnen Anhängern. Hagmann überprüft Äusserungen und Wertungen über NS-Nähe oder -Distanz der einzelnen Parteien sorgfältig auf der Basis der Quellen. Dabei zeigt sich, dass manche pauschal publizierte und kolportierte Aussage der Differenzierung bedurfte und dass der Historiker auch Widersprüche gelegentlich nebeneinander stehen lassen muss.

Ankündigung eines Vortrags von Regierungsrat Karl Kobelt, 1938

Wenn Hagmann schliesslich die Kommunisten und die Frontisten unter der Kategorie «Politische Randgruppen» führt, so tut er dies, weil sie im Bezirk Werdenberg tatsächlich fast nicht Fuss gefasst haben, was besonders bezüglich der Frontisten, welche im Grenzgebiet leicht faschistische und nationalsozialistische Einflüsse aufnehmen konnten, erstaunt. Die Kommunistische Partei der Schweiz (KPS, 1940 verboten, 1944 als Partei der Arbeit, PdA, wieder gegründet) fand im Werdenbergischen nur wenige Anhänger, etwa aus dem notleidenden Lohnstickermilieu und unter Bahnarbeitern, und vereinzelte Aktivisten, so den Grabser Burkhard Gantenbein, der 1934 im Rahmen einer internationalen Kommunistendelegation einige Wochen in Moskau weilte. Kurzzeitig bestand eine von Gantenbein geleitete «Sektion Buchs-Grabs» der Kommunistischen Partei. Die Sektion löste sich indes 1935 auf, man wolle, wie Gantenbein resümierte, nicht «Hampelmänner der Moskauer Drahtzieher» sein. Und flugs wechselte Gantenbein 1935 zu den Frontisten.

FRONTISMUS IM BEZIRK

Den Befund, dass die Frontisten im Werdenbergischen wenig Zulauf erhielten, führt Hagmann vor allem darauf zurück, dass gerade die oben erwähnten neuen Parteien und Bewegungen – so die Freiwirtschafter, die Bauern- und Mittelstandspartei oder die Jungbauern, aber auch der Landesring – viel Protestpotential aufsogen, indem sie zahlreiche

Unzufriedene, welche an sich für frontistisches Gedankengut anfällig gewesen wären, banden, wie übrigens auch schon die bestehenden etablierten Parteien. Die «Nationale Front», die gesamtschweizerisch von 1930 bis 1940 bestand, suchte von 1934 an auch im Werdenbergischen Fuss zu fassen. Dies gelang nicht nachhaltig. Sie organisierte am 17. Februar 1934 einen geschlossenen Vortragsabend in der Buchser «Traube», am 24. Mai 1934 eine öffentliche Kundgebung im Hotel «Bahnhof» in Buchs, an welcher Eduard Rüeggsegger vor etwa 150 Personen sprach; nur die Minderheit davon waren «Fröntler», davon viele von auswärts, die Mehrheit aber sozialdemokratische und freisinnige Gegner; entsprechend verlief die Diskussion dann «zeitweise sehr erregt» und knapp an der Grenze zu Tätlichkeiten. An jener Versammlung nahmen offenbar auch Mitglieder des «Liechtensteiner Heimatdienstes», nämlich Carl von Vogelsang, Rudolf Schädler und Peter Rheinberger, teil, Gegner riefen ihnen beim Verlassen des Saales in Buchs «Rottermörder» nach (vgl. Geiger, Krisenzeit Band 1, S. 386). Der 1933 bis 1935 bestehende Liechtensteiner Heimatdienst wäre im schweizerischen Kontext als «frontistisch» einzuordnen.

Im Werdenbergischen entstand schliesslich 1935 eine Ortsgruppe der Nationalen Front. Die Frontisten veranstalteten zum Auftakt am 16. Juni 1935 eine öffentliche Kundgebung in Grabs und in Buchs, indem sie mit ihrer Fahne – welche das langschenklige Schweizerkreuz zeigte – durch beide Dörfer marschierten, unter Beteiligung von gut zwei Dutzend einheimischer Anhänger. Die im Sommer 1935 gegründete «Ortsgruppe Oberrheintal» der Nationalen Front mit einem «Stützpunkt Werdenberg» kam aber 1935 über zwei Versammlungen nicht hinaus, und schon 1936 zerfiel sie, der Entwicklung der Partei im Kanton und in der Schweiz folgend. Auch gesamtschweizerische frontistische Nachfolgeorganisationen wie der «Bund treuer Eidgenossen nationalsozialistischer Weltanschauung», die «Nationale Opposition» oder die «Eidgenössische Sammlung» – sukzessive vom Bundesrat verboten – suchten im Werdenberg Anhänger zu gewinnen, ohne merkbaren Erfolg. Dass sich doch in manchen Köpfen Elemente der nationalsozialistischen Ideologie einnisten mochten, schliesst Hagmann, bestärkt durch manche Zeitzeugenaussage, nicht aus. Ein solcher Kopf, jener von Pfarrer Wirth, war übervoll davon.

Kundgebung der «Nationalen Front» in Grabs, 1935

NATIONALSOZIALISMUS: DER FALL PFARRER WIRTH

Hagmanns Buch enthält nicht viel Episodisches und Personenbezogenes. Eine bedeutende Ausnahme bildet der Fall Wirth, der im Kapitel über den Frontismus eine rund 20 Seiten umfassende, detaillierte und spannende Fallstudie darstellt. Von 1932 bis zur Suspendierung 1940 wirkte Werner Wirth als reformierter Pfarrer in Azmoos, zugleich war er Nationalsozialist. Sein Fall erregte Aufsehen weit über den Bezirk hinaus. Wirth war ein unermüdlicher, ehrgeiziger Aktivist. Er kam vom andern Ende des politischen Spektrums. Ende des Ersten Weltkrieges war er als junger Pfarrer im Aargau als sozialdemokratischer Agitator hervorgetreten, danach Armeninspektor in Zürich geworden. Dort wurde er als SP-Vertreter in den Gemeinde- und Kantonsrat gewählt. Er wechselte zu den Kommunisten und war in Zürich eine Zeitlang deren Wortführer, zusammen mit Fritz Platten, dem Lenin-Freund. Wirth vertrat 1921 die Kommunistische Partei der Schweiz an Kongressen in Moskau, er weilte einige Monate in der Sowjetunion. Die dortigen Erfahrungen bewogen ihn zur Abkehr. Für einige Jahre wandte er sich evangelischer Publizistik zu. Wohl davon beeindruckt, wählte ihn 1932 die evangelisch-reformierte Kirchgemeinde Azmoos zum Pfarrer. Zu diesem Zeitpunkt war Wirth bereits Frontist mit Beziehungen zur Neuen Front und zur Nationalen Front, er bewunderte schon den deutschen Nationalsozialismus vorbehaltlos und sprach sich in Zeitschriftenbeiträgen für eine faschistische «Erneuerung» der Schweiz und Europas aus. In der Gemeinde hielt sich Pfarrer Wirth politisch zurück. Informierte erkannten gleichwohl in seinen Predigten und 1. August-Reden Anleihen aus dem Reichs-Wortschatz.

Werner Wirth, reformierter Pfarrer von Azmoos, 1936

Ab dem Kriegsausbruch trat die Pro-Hitler-Haltung Wirths und seiner Frau deutlicher zutage. Das Pfarrerehepaar spaltete die Bevölkerung der Gemeinde. 1940 trat der Trübbacher Landjäger Roduner protestierend aus der Kirchgemeinde aus, und ein Azmooser verweigerte die Kirchensteuer, solange Wirth Pfarrer sei. Wirths häufige Reisen nach Feldkirch und Liechtenstein fielen nun auf. In Vaduz unterrichtete er wöchentlich die evangelischen Kinder. Dort traf er sich aber auch mit Peter Rheinberger, Mitglied der einheimischen «Volksdeutschen Bewegung». Die St. Galler Kantonspolizei und die Armee verdächtigten Pfarrer Wirth und seine Frau der Spionage.

Das Pfarrerehepaar wurde im Sommer 1940 unter polizeiliche Aufsicht gestellt, die Pässe wurden eingezogen. Im Dezember 1940 und im Januar 1941 förderten Hausdurchsuchungen bei Pfarrer Wirth in Azmoos aber keine direkten Beweise für Spionage zutage, wenn auch der Verdacht blieb, zumal ein chiffrierter Zettel gefunden wurde. Dafür kamen klare Belege für die nationalsozialistische Gesinnung zum Vorschein, in von Wirth verfassten Manuskripten. Er wollte die Schweiz «als altes deutsches Reichsgebiet ... wieder dem Grossdeutschen Reich eingegliedert» sehen, aufgelöst werden sollten in der Schweiz nicht nur alle Parteien, sondern auch die kantonalen Parlamente und Regierungen, «Juden und Ausländer» wären aus allen öffentlichen Stellen auszuscheiden, Pressefreiheit wäre aufzuheben. Der Führer Deutschlands sei von Gott gesandt, vollbringe Gottes Werk, kämpfe und siege gegen die «grosse rote Flut». Aus etlichen Indizien schliesst Hagmann, dass Wirth wohl auch einen Umsturzplan für die Schweiz mit einschlägigen Gesprächspartnern besprach.

Wirth stand in weitreichenden Verbindungen zu Frontisten und Nationalsozialisten in der Schweiz, ebenso zu Nationalsozialisten der «Volksdeutschen Bewegung in Liechtenstein», so zu Rudolf Schädler, Peter Rheinberger und Martin Hilti, dem Schriftleiter des ab Oktober 1940 erscheinenden Hetzblattes ‹Der Umbruch›. Wirth erhielt von Hilti den ‹Umbruch› regelmässig zugestellt. Weitere verschwörerische Verbindungen des politischen Pfarrers reichten zu deutschen Konsular- und Gesandtschaftsbeamten in der Schweiz sowie zum Chef der Grenzpolizei in Feldkirch, Karl Kriener. Wirth war durch Rudolf Schädler in Vaduz anlässlich der Fürstenhuldigungsfeier vom 29. Mai 1939 auch mit Klaus Huegel bekannt gemacht worden. Huegel war beim deutschen Sicherheitsdienst (SD) der SS von Stuttgart aus für politischen Nachrichtendienst aus der Schweiz zuständig und auch an Liechtenstein interessiert.

Ende Dezember 1940 wurde Wirth als Pfarrer in Azmoos suspendiert, im Januar 1941 verhaftet, bald wieder freigelassen. Er beteuerte seine Unschuld in Zeitungseinsendungen. Im Sommer 1941 kam Wirth einer Amtsenthebung zuvor und verzichtete auf die Pfarrerstelle, gegen eine Abfindung. Das Bezirksgericht Werdenberg in Buchs sprach Wirth dann im Dezember 1941 zwar von der Anklage staatsgefährlicher Umtriebe frei, auferlegte ihm aber alle Verfahrenskosten. Das Berufungsverfahren der Bundesanwaltschaft und der St. Galler Staatsanwaltschaft gegen den Freispruch – dieser wurde vom St. Galler Kantonsgericht dann bestätigt – wartete Wirth nicht ab: Er floh im Februar 1942 nach Deutschland, «wohin ihn sein Herz schon lange zog», wie der ‹W&O› berichtete.

In Deutschland entfaltete Wirth bis zum Kriegsende – wie später erst ans Licht kam – rastlose Wühlarbeit gegen die Schweiz. Er wirkte in Stuttgart für den «Volksbund für das Deutschtum im Ausland», gelangte im Frühjahr 1944 mit einem Plan an Himmler zur «Machtergreifung der Nationalsozialisten in der Schweiz», leitete ab dem Sommer 1944 in Radolfzell das «Oberdeutsche Arbeitsbüro», wo er umfangreiche Karteien über Schweizer anlegte, darunter vermutlich auch Liquidationslisten. Wenige Tage vor dem Waffenstillstand wurde Wirth beim Übertritt nach Kreuzlingen verhaftet. 1947 wurde er zu zehn Jahren Zuchthaus verurteilt, 1951 nach Verbüssung von zwei Dritteln der Strafe regulär freigelassen.

EXKURS: BLICKE ÜBER DIE GRENZE

Vom Liechtenstein aus gesehen liegt der Bezirk Werdenberg ennet dem Rhein, der Länge nach genau gegenüber dem Fürstentum. Hagmanns Werk zur Werdenberger Zeitgeschichte der Dreissiger- und der Kriegsjahre beschränkt sich indes auf die Schweizer Seite, er schaut selten ins Liechtensteinische oder Vorarlbergische hinüber. Immerhin liegen bereits grössere wissenschaftliche Untersuchungen zur Krisenzeit, teils auch zur Kriegszeit, vor, sowohl für Vorarlberg (Gerhard Wanner, Harald Walser, Meinrad Pichler u. a.) als auch für Liechtenstein (Peter Geiger) wie übrigens auch für den Bezirk Sargans (Claudio Stucky). Hier ist es nun doch reizvoll, den Blick über die Grenze hinweg schweifen zu lassen und einige von Hagmanns Werdenberger Ergebnissen in den Vergleich zu setzen. Dabei fallen etliche Ähnlichkeiten und manche Unterschiede der gleichzeitigen, aber nicht gleichartigen Entwicklung ins Auge.

Wirtschaftliche Not und Arbeitslosigkeit in der Krisenzeit trafen Liechtenstein noch stärker als Werdenberg, aber Vorarlberg nochmals stärker als beide. Zur Abhilfe war der Bezirk Werdenberg, anders als Liechtenstein, nicht auf sich allein gestellt, indem Kanton und Bund gesetzgeberisch wie materiell helfen konnten. In Vorarlberg wäre die österreichische Regierung in Wien eine ähnliche Hilfsplattform gewesen, aber die andern Bundesländer litten noch schlimmer als Vorarlberg. Während Arbeitslose im Werdenberg wie in Vorarlberg, hier freilich minim, versichert waren, fehlte in Liechtenstein jede Arbeitslosenversicherung, hier war der Erwerbslose auf sporadische Unterstützungszahlung angewiesen, von der Regierung oder der Gemeinde oder auch dem fernen Fürsten in jedem Einzelfall beschlossen.

chen Massnahme schreckten nicht nur die lokalen Behörden in Vorarlberg, sondern auch die französischen Besatzungstruppen zurück. Der Gerechtigkeit muss gesagt werden, dass anderes, ideologisch «sauberes» Personal, das zudem über das nötige Fachwissen verfügte, zur Übernahme dieser Betriebe meist nicht zur Verfügung stand. Und es wurde schon im Dezember 1945 in Dornbirn die Beobachtung gemacht, dass «die ehemals überzeugten Nazis, soweit sie auch früher auf ihre Nebenmenschen noch etwas hielten, von einem Faschismus nichts mehr wissen wollen und es geradezu bereuen, jemals der Nazipropaganda erlegen zu sein» (S. 192). Ob indes alle einstigen Sympathisanten des Nationalsozialismus über diese Lernfähigkeit verfügten, sei dahingestellt. Jedenfalls heisst es in einen anderen Bericht aus Dornbirn, ebenfalls verfasst im Dezember 1945, die ehemaligen Nationalsozialisten seien «äusserst zurückgezogen und [bewiesen] jeden Tag aufs Neue, dass sie nicht von jener Tapferkeit erfüllt [waren], die sie seinerzeit immer vorgegeben [hatten]» (S. 181 f.).

Die vier alliierten Besatzungsmächte richteten im Frühjahr 1945 im Zuge der Befreiung Österreichs vom Hitler-Regime an mehreren Orten Internierungslager ein, in denen besonders belastete Nationalsozialisten und Nationalsozialistinnen Zwangsarbeit verrichten mussten. Diese Bemühungen wurden von der provisorischen österreichischen Regierung unter Bundeskanzler Karl Renner unterstützt. Derartige Internierungslager gab es in Vorarlberg in den Ortschaften Lochau bei Bregenz, Brederis bei Rankweil sowie in Rungellin bei Bludenz. Diese Lager bestanden bis 1947 beziehungsweise 1948. Die Regierung Renner hatte zudem im Oktober 1945 ein Verfassungsgesetz beschlossen, welches Kriminelle und ehemalige aktive Parteigänger/innen des Nationalsozialismus vom Wahlrecht ausschloss. In Vorarlberg waren 15 156 Personen, gut 16 Prozent der Bevölkerung, davon betroffen (vgl. S. 381).

Dass Industrielle bisweilen aber doch für ihre Vergangenheit büssen mussten, zeigt ein Beispiel aus Schlins: Dort arbeitete die Firma «Eisen- und Metallwerk Hubers Erben» nach Kriegsende nur noch in beschränktem Umfang, nachdem Betriebsführer und Ingenieure der Fabrik in Haft gesetzt worden waren (vgl. S. 315). Dennoch wurden ehemalige Mitglieder der Nationalsozialisten wohl mehrheitlich geschont, gerade wenn sie in privilegierten Stellungen waren. So heisst es auch in einem Bericht aus Satteins vom Dezember 1945: «Die Bevölkerung kritisiert, dass von einer Säuberung in den Behörden und Ämtern nicht viel getan wird» (S. 306).

STIMMUNGSBERICHTE AUS DEN GEMEINDEN

Wolfgang Weber stellt in diesem Buch Lage- und Stimmungsberichte aus den Vorarlberger Gemeinden des Bezirks Feldkirch im Jahre 1945 vor. Administrativ zu Feldkirch gehörten damals auch die Gemeinden des heutigen Bezirks Dornbirn. Zu diesem Verwaltungsbezirk gehörten folglich ausser den Städten Feldkirch und Dornbirn noch die nachstehenden politischen Gemeinden (in alphabetischer Reihenfolge): Altach, Düns, Dünserberg, Frastanz, Fraxern, Göfis, Götzis, Hohenems, Klaus, Koblach, Laterns, Lustenau, Mäder, Meiningen, Rankweil, Röns, Röthis, Satteins, Schlins, Schnifis, Sulz, Übersaxen, Viktorsberg, Weiler und Zwischenwasser.

Sehr wertvoll ist die von Wolfgang Weber verfasste Einleitung, welche der Quellentext-Edition vorangestellt ist (S. 17–62). Darin wird ein Überblick zur Vorarlberger Landesgeschichte im Jahr 1945 gegeben, der wesentlich zum Verständnis der nachfolgenden Quellentexte beiträgt. Diese Quellen befinden sich vollständig im Vorarlberger Landesarchiv in Bregenz, und zwar unter den angeführten Angaben VLA, BH Feldkirch VI-306/1945 beziehungsweise Feldkirch Zl. 510/1945. Bei der für das vorliegende Buch erfolgten Transkription der Texte wurde die authentische Schreibweise gewahrt, dies unter Beibehaltung von grammatikalischen und orthographischen Fehlern.

Teil 1 der Quellenedition (S. 65–136) enthält einleitend sechs Rundschreiben des Gauleiters beziehungsweise des Reichsstatthalters und des Landrates von Feldkirch. Darin wurden Anweisungen gegeben, wann und wie die Stimmungsberichte zu Handen der Behörden abzufassen sind. Es solle dabei «aber gar nicht über die Stimmung in der Bevölkerung, sondern über deren Haltung berichtet werden» (S. 77). Daran anschliessend folgen insgesamt fünfzehn solche Berichte der einzelnen Gendarmerieposten des Kreises Feldkirch aus den Märztagen des Jahres 1945, welche aufschlussreiche Einblicke in die Zeit unmittelbar vor dem Zusammenbruch von Hitler-Deutschland gewähren.

Natürlich sind diese Berichte im Sinne des Nationalsozialismus eingefärbt. So wird zwar die wachsende Kriegsmüdigkeit nicht mehr kategorisch geleugnet, aber es wird betont, dass die «Opferbereitschaft» der Bevölkerung noch «keinesfalls nachgelassen» habe (S. 82). Die Bevölkerung würde Abscheu und Hass «gegen die alliierten Greueltaten» empfinden, der Glaube an den Sieg sei «dennoch ungebrochen» (S. 117). Besonders anmassend ist ein Hinweis aus Schlins, wonach «besonders die politisch ungeschulten Personen ... nicht mehr an einen Sieg der deutschen Führung [glaubten]» (S. 125). Eine gewisse Aufrichtigkeit schimmert hingegen in einem Bericht aus Satteins durch, in dem es heisst, die Stimmung sei «sehr gedrückt» und «das Schwinden jeder Hoffnung ... vorherrschend» (S. 122 f.). Es finden sich in diesen Texten auch zahlreiche Hinweise auf die Knappheit an Lebensmitteln, ebenso auf fehlende Rohstoffe und Arbeitskräfte (vgl. beispielsweise S. 92, 102, 106 f.). Berichte aus Lustenau und aus Weiler weisen hingegen darauf hin, dass durch Nachbarschaftshilfe sowie durch zahlreichen Einsatz von Arbeiterinnen und Arbeitern aus Osteuropa landwirtschaftliche Tätigkeiten wie die anstehende Feldbestellung einigermassen gewährleistet seien (vgl. S. 114 f. sowie S. 134). Dennoch belegt ein Bericht aus Hohenems, dass viele Landwirte «mit Besorgnis der Anbauzeit entgegen [sehen], da infolge der vielen Einberufungen und des auswärtigen Einsatzes von Arbeitskräften grosser Mangel an landwirtschaftlichen Arbeitern für die Feldbestellung zu befürchten ist. Diese wird durch die im Rahmen des Anbauplanes verfügte Ausweitung des Gemüseanbaues noch verstärkt» (S. 107).

Trotz augenfälliger «Linientreue» dieser Berichte werden die schlechten Lebensbedingungen der Bevölkerung keinesfalls geleugnet. Hoffnung auf ein Kriegsende kommt wiederholt zum Ausdruck. Zudem würden die «politischen Gegner» auf eine Wiedererrichtung des österreichischen Staates hoffen (S. 126).

Teil 2 der Quellenedition (S. 137–350) beinhaltet die wöchentlichen Lageberichte der Bezirkshauptmannschaft Feldkirch sowie der ihr unterstellten Gendarmerieposten. Diese Berichte wurden in den Monaten November und Dezember 1945 abgefasst. Der Krieg war nun zu Ende gegangen mit der Kapitulation von Hitler-Deutschland und des mit ihm verbündeten Kaiserreichs Japan. Der österreichische Staat wurde wieder hergestellt, das Land stand aber, wie eingangs erwähnt, vorübergehend unter alliierter Besatzung. Da Vorarlberg Ende April und anfangs Mai 1945 von Einheiten der 1. Französischen Armee vom Nationalsozialismus befreit wurde, erhielt das Land eine französische Besatzungsmacht. Ingesamt rund 25 000 Soldaten aus Frankreich und der französischen Kolonie Marokko waren in Österreich stationiert.

Bis zum Antritt der ersten demokratisch gewählten Vorarlberger Landesregierung nahm von Mai bis Dezember 1945 ein überparteilicher Landesausschuss die zivile Verwaltung wahr. Dieser Landesausschuss war allerdings der französischen Militärregierung unterstellt. Die französische Militärregierung für Tirol und Vorarlberg zählte im Frühjahr 1946 insgesamt 1059 Mitarbeiter, zehn Generaldirektionen mit rund 50 Diensten und Sektionen. Mit dem zweiten Kontrollabkommen der Alliierten vom 28. Juni 1946 erhielt der österreichische Staat seine Souveränität weitgehend zurück. In der Folge wurde die Militärregierung auf einen Kontrollrat reduziert, der in Vorarlberg als «Kontrollabteilung» in Bregenz residierte.

Der umfangreiche zweite Teil der vorliegenden Quellenedition befasst sich mit der ebenfalls schwierigen Zeit der Normalisierung des gesellschaftlichen und politischen Verhältnisse in Vorarlberg. Immer wieder kommt dabei auch das Verhältnis zwischen der französischen Besatzungsmacht und der einheimischen Bevölkerung zur Sprache. Diese zwei Aspekte – die sich langsam anbahnende Normalisierung der verschiedenen Lebensbereiche sowie das Auskommen der Bevölkerung mit der französischen Besatzungsmacht – sollen nachfolgend noch in der gebotenen Kürze erläutert und veranschaulicht werden.

Der im Anschluss an die Quellentext-Edition folgende Anhang beginnt mit einer geographischen Übersichtskarte von Vorarlberg. Die Gemeinden des im Buch behandelten Bezirks Feldkirch sind darin besonders hervorgehoben. Anschliessend werden die Ergebnisse der Nationalrats- sowie der Landtagswahlen von 1945 in den einzelnen Gemeinden des genannten Bezirks in Listenform dargestellt. Besonders informativ und wertvoll sind die darauf folgenden Erläuterungen zu ausgewählten Begriffen, die in den Quellentexten vorkommen (S. 357–383). Ein Personen- und Firmenindex sowie ein Ortsverzeichnis runden die Publikation ab.

Ankunft der französischen Besatzungsmacht 1945 in Vorarlberg: Kinder begrüssen die Soldaten mit einer unbefangenen Neugier und Freundlichkeit, wie hier in Feldkirch-Altenstadt.

«ICI L'AUTRICHE, PAYS D'AMI»

Am Grenzübergang Hörbranz-Unterhochsteg wurde im Mai 1945 der Hinweis angebracht: «Ici l'Autriche, pays d'ami», was auf deutsch bedeutet, dass Reisende hier Österreich, ein befreundetes Land betreten. Da wird auch die Absicht erkennbar, dass man Österreich – anders als Deutschland – nicht als feindliches Land betrachten wollte.

Zum Teil fehlende Französisch-Kenntnisse der Vorarlberger Bevölkerung erschwerten anfangs Kontakte zwischen den Besatzern und den Einheimischen, doch die Beziehungen entwickelten sich dennoch rasch und mündeten oftmals sogar in Freundschaften. Auf der höheren Ebene verstanden sich die lokalen Behörden gut mit der Militärregierung, wobei ein gemeinsamer Antikommunismus sowie der «Wunsch nach einer konservativen Restaurierung ... das Fundament dieser Beziehung [bildeten]» (S. 41). Und: den Freundschaften der Politiker und der Militärs folgte teilweise die Bevölkerung. Es kam zu ersten Beziehungen von französischen und marokkanischen Soldaten der Besatzungsarmee mit vorarlbergischen Frauen, wobei vor allem die exotischen Farbigen «das Objekt einer gewissen Vorliebe» gewesen sein sollen (S. 42).

In den Quellentexten wird das Verhältnis zwischen den Besatzungstruppen und der einheimischen Bevölkerung allerdings eher nüchtern betrachtet. Es gibt auch Hinweise auf zunehmende Schwierigkeiten im Umgang miteinander. Diese Schwierigkeiten sind vornehmlich begründet durch die wirtschaftlichen Nöte der Vorarlberger Nachkriegsgesellschaft. Zudem hatte Vorarlberg in den Jahren von 1935 bis 1945 ein 20-prozentiges Bevölkerungswachstum, bedingt durch die provisorische Aufnahme von 12 000 Flüchtlingen sowie von 10 000 Zwangsarbeiter/innen aus Osteuropa, aber auch durch die definitive Einwanderung von rund 11 000 Aussiedlern aus dem Südtirol. Es kam folglich zu einer Knappheit an Wohnraum. Dieses Problem wurde massiv verschärft im Jahr 1945 durch Beschlagnahmung zahlreicher Wohnungen, in denen die französischen Truppen sowie teilweise auch ihre Angehörigen untergebracht wurden. Exemplarisch zitiert sei nachfolgend aus einem Bericht über die Beschlagnahmung des Gasthauses «Krone» in Feldkirch-Nofels:

«*Wenn auch von der Bevölkerung Verständnis für die Bedürfnisse der Besatzungstruppen aufgebracht wird, so wird andererseits doch als Härte empfunden und nicht verstanden, daß zur Deckung dieser Bedürfnisse so schonungslos verfahren wird und ausgerechnet jene Familien die größten Opfer dabei bringen müssen, die dem Nationalsozialismus stets ferne standen und sowohl politisch wie moralisch in jeder Hinsicht einwandfrei und anständig sind, wie dies gerade bei der genannten Familie [Wirtefamilie Büchel, Anm. d. Verf.] zutrifft*» (S. 162 f.).

Zudem gingen mehrere Kleindiebstähle auf das Konto von französischen und marokkanischen Soldaten. Die Quellen berichten beispielsweise von einem Wäschediebstahl (S. 206), von der Entwendung eines «Kleinkraftrades» (S. 241) oder vom Diebstahl von Hühnern und Kaninchen. Letzterer wurde von französischen Soldaten, welche über keine Lebensmittelkarten verfügten, begangen (vgl. S. 344). Weitaus schlimmer wog aber zum Beispiel die versuchte Vergewaltigung eines 18-jährigen Mädchens durch einen französischen Soldaten. Eher episodenhaft wirkt hingegen der Vorfall mit der Tochter des französischen Oberst Brunelli, die in Feldkirch «durch Anrempelung auf der Strasse tätlich beleidigt wurde». Täterinnen waren zwei 14-jährige Feldkircher Mädchen. Ein diesbezüglicher Bericht hält dazu fest: «Immerhin ist der Fall geeignet, die Zusammenarbeit zwischen den Besatzungsbehörden und den österreichischen Stellen zu stören» (S. 203).

Gesamthaft gesehen war das Verhältnis zwischen den Franzosen und den Einheimischen aber besser als etwa die Beziehungen zwischen den Vorarlbergern und den 1945 noch ansässigen Zwangsarbeitern aus Osteuropa (vgl. S. 232). Der Wunsch, dass diese Leute das Land möglichst bald verliessen, wurde dann aber auch auf die Franzosen und Marokkaner ausgedehnt. Diese Haltung ist primär in der prekären wirtschaftlichen Situation begründet: «Das Verhältnis zu den Besatzungstruppen ist im allgemeinen nicht ungünstig, jedoch wäre deren Abzug mit Rücksicht auf die Ernährungslage erwünscht» (S. 296). Dieser Wunsch ging dann in den späten 1940er und frühen 1950er Jahren im Zuge der sukzessiven Aufhebung der französischen Militärverwaltung weitgehend in Erfüllung.

ENTBEHRUNGEN UND LANGSAMER WIEDERAUFSCHWUNG

Die französischen Besatzungstruppen hatten immer wieder Personenausweiskontrollen in Vorarlberg durchgeführt. Es war den Einheimischen aber «kaum möglich, die Lichtbilder zu den Ausweisen zu beschaffen, weil die Fotographen sozusagen kein Material haben» (S. 291). Bereits dieser Hinweis illustriert, wie sehr in Vorarlberg nach Kriegsende noch eine Mangelwirtschaft herrschte. «Sorge bereitet vielen Familien die Versorgung mit Kartoffeln und Fett in den kommenden Monaten», heisst es etwa an anderer Stelle in einem Bericht vom Dezember 1945 (vgl. S. 152). Die Industrie erhielt

Die Soldaten der Besatzungsarmee wurden grossteils freundlich empfangen, wie dieses 1945 in Bludenz entstandene Bild belegt. Es herrschte grosse Erleichterung über das eingetretene Kriegsende.

zwar bisweilen Aufträge von den Besatzungstruppen, wie ein Bericht aus Lustenau belegt (S. 267), doch waren Ende 1945 noch viele Betriebe aufgrund fehlender Rohstoffe, aber auch infolge Mangels an Heizmaterial lahmgelegt (S. 158). Das Fehlen von Batterien für die Taschenlampen erschwerte beispielsweise auch den Nachtdienst der Gendarmerie (S. 163). Ebenfalls waren viele Gasthäuser infolge Beschlagnahmung durch die Besatzungsmacht oder auch «wegen Mangel an Getränken» geschlossen (S. 277). Die öffentliche Verwaltung kämpfte ihrerseits mit einem Mangel an Schreibpapier (S. 296).

Gemäss Gesetz vom 31. Juli 1945 durften von der nationalsozialistischen Vergangenheit unbelastete Vereine ihre Tätigkeiten wieder aufnehmen. Sportvereinigungen wurden als erste wieder gegründet, doch auch auf kulturellem Gebiet regte sich neues Leben: Orchester, Theater und Kinos formierten sich in den Jahren 1945 und 1946 neu oder nahmen ihre Vorkriegstätigkeit wieder auf. Trotz manchen Härten und Entbehrungen stand Vorarlberg doch vergleichsweise gut da: «Es ist der Bevölkerung wohl klar, daß die Lebensbedingungen in anderen Gebeten Österreichs viel härter sind wie hier» (S. 197).

FAZIT

Die vorliegende Quellenedition liefert ein buntes und lebendiges Bild zur Geschichte Vorarlbergs unmittelbar nach Kriegsende. Die Leserinnen und Leser erhalten hier interessante Einblicke in die Verhältnisse und Lebensbedingungen der lokalen Bevölkerung im Jahr 1945. Wolfgang Weber als Autor und das Vorarlberger Landesarchiv als Herausgeber leisteten mit der Edition dieser Texte zudem wichtige Grundlagenarbeit zur weiteren Erforschung der Vorarlberger Landesgeschichte im 20. Jahrhundert.

Die Verhältnisse in Vorarlberg im Jahr 1945 sind indes nur bedingt vergleichbar mit der Situation in Liechtenstein oder in der Ostschweiz, da letztere Gebiete vom Krieg verschont blieben und folglich wirtschaftlich besser da standen. Die französische Militärregierung war ihrerseits bemüht, die Kontakte zwischen Vorarlberg und der Schweiz baldmöglichst wieder aufzunehmen. So billigte sie im Herbst 1945 ein (völkerrechtswidriges) Abkommen zwischen beiden Ländern, welches die Einfuhr von Rohstoffen für die Vorarlberger Industrie ermöglichte. Zudem luden Ostschweizer Gemeinden 1946 Vorarlberger Kinder zu einem Erholungstag in ihre Ortschaften ein (vgl. S. 46). Auch dies ist ein Beleg dafür, wie die regionale Zusammenarbeit wieder gesucht und dabei die gegenseitige Freundschaft zwischen benachbarten Regionen erneut gepflegt wurde. In diesem Sinn ist das vorliegende Buch auch für uns in Liechtenstein von Interesse; unsere Geschichte ist ja nie völlig losgelöst vom regionalen Umfeld, im Gegenteil: Wir sind mit der österreichischen und der schweizerischen Nachbarschaft auf vielfältige Art verbunden. Ein Blick in die unmittelbare Nachbarschaft schärft nicht zuletzt auch das Auge für nationale und lokale Geschichten und Ereignisse.

Volkstheater

PIO SCHURTI

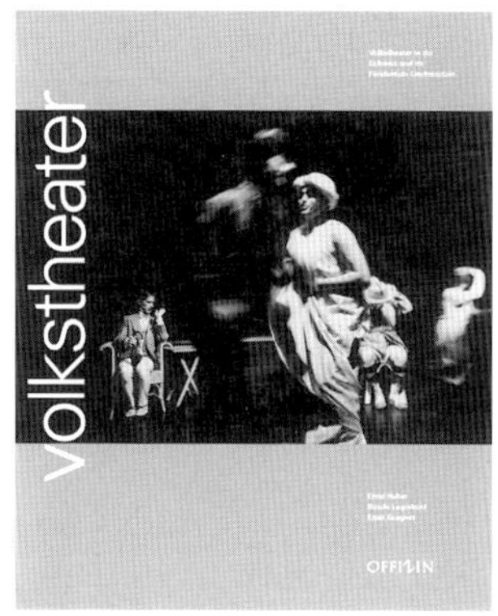

Ernst Halter und Buschi Luginbühl (Hrsg.): Volkstheater in der Schweiz und im Fürstentum Liechtenstein.

Offizin Zürich Verlags-AG, Zürich, 2000. 224 Seiten. CHF 78.–.
ISBN 3-907496-05-1

Ein beachtlicher und beachtenswerter, aber möglicherweise etwas (zu) wenig beachteter Band erschien im Jahr 2000 im Zürcher Offizin Verlag: Volkstheater in der Schweiz und im Fürstentum Liechtenstein, herausgegeben von Ernst Halter und Buschi Luginbühl, fotografiert und gestaltet von Ernst Scagnet. Beachtenswert ist das Buch nicht zuletzt wegen seiner zahlreichen opulenten dokumentarischen Schwarzweiss-Fotografien. Beachtlich respektive lesenswert machen das Buch auch eine Reihe von Texten zu einem populären kulturellen Phänomen, das wegen seiner gesellschaftlichen Bedeutung eigentlich schon lange eine gewisse kritische und ästhetische Aufmerksamkeit verdient hätte. Das Volks- respektive Laientheater ist ein Kapitel der Kulturgeschichte, das nicht überblättert werden sollte. Hiermit ist nun ein Bildband erhältlich, der sowohl kulturhistorisch oder theoretisch Interessierte wie auch den Praktiker, den aktiven Freund des Volkstheaters anzusprechen vermag.

Dank der Unterstützung von 16 Donatoren (staatlichen wie auch privaten, darunter die liechtensteinische Regierung und die im Fürstentum domizilierte Karl Mayer-Stiftung) war es dem Offizin-Verlag möglich, eine Fülle von Informationen aus der ganzen Schweiz und aus Liechtenstein zusammen zu tragen. 16 Autoren reflektieren über die Definition und die gesellschaftliche Funktion des Laientheaters oder beschreiben die verschiedenen Ausprägungen des zeitgenössischen Volkstheaters in den verschiedenen Regionen: Theaterautoren, darunter Thomas Hürlimann, berichten über ihr spezielles Stücke-Schreiber-Metier, andere betrachten das Amateurtheater aus linguistischer, volkskundlicher und soziologischer Sicht. Im historischen Rückblick wird versucht, die Lust am Spiel zu definieren. Eine Reihe von Texten befassen sich mit den kantonalen beziehungsweise regionalen Spielarten des Volkstheaters von der Westschweiz bis in den Tessin und nach Liechtenstein.

In einem Gespräch zwischen Louis Naef, Regisseur, und Ernst Halter, Schriftsteller und Publizist, am Anfang des Buches werden die charakteristischen Elemente des Laientheaters erörtert. Was meist als Volkstheater, hierzulande auch als «Feu-

Aufführung des Kabaretts Kaktus im Jahr 1964: Szene mit Susanna Kranz und Hansrudi Sele, beide aus Vaduz. Die Mitglieder des Kabaretts Kaktus, des ersten politischen Kabaretts in Liechtenstein, waren durchwegs Laienschauspieler/innen.

erwehrtheater» bekannt ist, wird wohl am treffendsten als Laientheater bezeichnet. Naef sagt, Laientheater finde statt, «wo immer Leute auf der Bühne ihre eigene Geschichte erzählen». Er verwehrt sich aber gegen die allzu einfache Analyse, die aufgeführten Stücke quasi als Abbildungen einer gesellschaftlichen Realität zu verstehen. Selbst dem unkritischen Betrachter und Theatergeniesser fällt ja auf, dass die haufig gespielten Bauernschwänke meist gar nichts (mehr) mit der Realität zu tun haben. Naef räumt ein, dass das «Laientheater ganz allgemein bedächtiger (sei) als das Berufstheater, im gestischen Vokabular, in der Entwicklung und Stoffwahl, weniger interessiert an wechselnden Moden». Es falle auf, dass in den katholischen Gegenden, in denen man den «symbolisch-realen Ritus der Messe» noch gewohnt sei, das Laientheater viel «intensiver und selbstverständlicher tradiert» werde. Das Bezeichnende, die Identität, wenn man so will, liegt also nicht in den überholten Stoffen und oft täppischen Bauern-Liebesgeschichten (in einem Land wie Liechtenstein mit weniger als einem Prozent Bauern in der Bevölkerung), sondern in der Aufführung. Während der Berufsschauspieler übersetze, so Naef, so bleibe der Laienschauspieler im Spiel eher «bei sich selbst», «er bringt und behält seine Authentizität». Tatsächlich dürfte es einen Grossteil der Gaudi ausmachen, im Gemeindesaal zum Beispiel den Remigius (oder wie der Darsteller auch heissen mag) auf der Bühne zu sehen. Im Gespräch mit älteren Verwandten hat sich schon öfter herausgestellt, dass man oder frau sich nicht nur an einzelne Aufführungen, die Jahrzehnte zurückliegen, erinnern kann, sondern dass von einzelnen Akteuren behauptet wird, der Ehni sei früher ganz ähnlich auf der Bühne gestanden, respektive gegangen, oder die Mutter habe die Figuren auch immer so überzeichnet. Die Identität in der Gestik und in den «Manierismen» über Generationen hinweg (wieder) erkennen zu können, das dürfte eine Eigenheit des Dorftheaters sein und auch zumindest einen Teil seiner Attraktivität erklären.

Hier ist sicher auch die Bedeutung des Dialekts zu erwähnen. Identität und Ausdruck, Sprache wie Gestus wurzeln ja in der Muttersprache, hebt DRS-

1-Redakteur Christian Schmid in einem Beitrag zur «Brauchbarkeit des Dialekts» hervor. Naef betont weiter die Bedeutung der Probenarbeiten. Sie sind «entscheidender als die Aufführung» für das Erleben der Gemeinschaft.

Spezielle Kapitel sind der Seniorenbühne, den Aufführungen in der Landschaft und den Freilichtspielen gewidmet. Thomas Hürlimann berichtet von der Inszenierung des «Einsiedler Welttheaters» auf dem Klosterplatz. Opulente Festspiele im Freien werden von der Kulturpolitik gerne als «identitätstiftend» gefördert. In Liechtenstein hat es aus Anlass grosser historischer Jubiläen immer wieder Festspiele gegeben, zum letzten Mal 1999 in Bendern, als Liechtenstein das 300-jährige Bestehen des Unterlandes feierte. Während frühere Freilichtspiele die Gelegenheit boten, «in historischer Kostümierung malerische und moralische Überhöhung eines jeweils aktuell geforderten Zusammenrückens der LiechtensteinerInnen für Gott, Fürst und Vaterland» zu inszenieren, verliess Mathias Ospelt 1999 mit seinem Stück «Der Ritter vom Eschnerberg» die «theatralische Pathetisierung einer gemeinsamen Geschichte» (Jürgen Schremser). Mathias Ospelt hatte einen Text geschrieben, der liechtensteinische Verhältnisse und das Publikum sehr wohl ansprach, aber auf die plumpe Herstellung einer Identität verzichtete. Die Aufführung selber kann aber wohl ein Stück weit auch im oben geschilderten Sinne als gemeinschaftsfördernd bezeichnet werden: Die Inszenierung wurde im Sommer 1999 mit einer grossen Zahl von Laien- und Berufsschauspielern erarbeitet. Es gelang damals, das Freilichtspiel wieder fruchtbar zu machen. Schön wäre es, wenn die Pläne, die «Unterländer Festspiele» zu gründen, umgesetzt würden (ähnlich wie die Lancierung der Werdenberger Spiele).

Jürgen Schremser, der zwischen Vaduz und Wien pendelnde Philosoph und Historiker, geht in seinen Exkursen zum Volkstheater in Liechtenstein der Frage nach: «Was wird hier gespielt?» Er konzentriert sich dabei auf die Anfänge des Theaterspielens in Liechtenstein (es begann 1862, als sich in Triesen eine Gruppe von Arbeitern und Handwerkern zu einer Theatergesellschaft formierte) und auf das Jungmannschaftstheater in Schellenberg, aus dem sich – etwas verkürzt gesagt – schliesslich das erste Liechtensteiner Kabarett, das Kabarett Kaktus, und schliesslich 1970 das Theater am Kirchplatz entwickelte.

Schremsers Text ist präzise und der wohl dichteste im ganzen Band. Zum ersten Mal wird ein bedeutendes Kapitel der Kulturgeschichte Liechtensteins aufgearbeitet. Besonders eindrücklich – eigentlich ein Lehrstück – ist hier die Geschichte des Schellenberger Jungmannschaftstheaters. Zwischen 1948 und 1968 entstand aus dem geistlichen Dorftheater, in dem unter der Leitung der Dorflehrer die «moralisch-erzieherische Qualität der Stücke» betont wurde, ein Experimentierfeld, auf dem schliesslich zu professionellem Theatermachen angestiftet wurde. Das «gemeinschaftsbildende» Vereinstheater der Jungmannschaft wuchs über sich hinaus und wurde «kulturbildend». Fast etwas wehmütig könnte man werden, wenn man aus Schremsers Schilderungen heraus spürt, mit welchem Selbstbewusstsein damals Kultur selber geschaffen wurde, während die Erben der Nachkriegsgeneration sich ihre Kultur vorzugsweise anderweitig zu kaufen. Darin widerspiegelt sich nicht zuletzt etwas Wesentliches des Volkstheaters: Weniger entscheidend ist, was man sich leisten kann oder wie professionell und international renommiert das Erstandene ist. Wirklich Freude (und meines Erachtens auch Kultur) macht, was man selber zustande bringt.

Beiträge zur liechtensteinischen Identität

JÜRGEN SCHREMSER

Norbert Jansen (Hrsg.): Beiträge zur liechtensteinischen Identität. 50 Jahre Liechtensteinische Akademische Gesellschaft.

Verlag der Liechtensteinischen Akademischen Gesellschaft, Vaduz, 2001. (Liechtenstein. Politische Schriften Band 34.) 171 Seiten, CHF 65.–.
ISBN 3-7211-1051-X

FRAGWÜRDIGE «LIECHTENSTEINISCHE IDENTITÄT»

Die Gründer der Liechtensteinischen Akademischen Gesellschaft (LAG) – so lesen wir im Vorwort des vorliegenden Bandes der Politischen Schriften – hatten sich im Liechtenstein des Jahres 1951 «das Studium kultureller, staatspolitischer, sozialer, philosophischer und religiöser Fragen», aber auch die «Pflege des liechtensteinischen Volkstums» zum Ziel gesetzt. Damals ein vielleicht enthusiastisches Vorhaben, wäre die thematische Aufreihung der genannten Fragen heute höchst erklärungsbedürftig, jedenfalls aber der Pflegling «Volkstum». Die Gründer der LAG waren sich des positiven Bestands einer «liechtensteinischen Identität» eben noch sicherer als es die Mehrzahl der Autoren und Autorinnen in dem zur Rede stehenden Jubiläumsband sind. Dieser ist anlässlich des 50-jährigen Bestehens der Vereinigung in deren Eigenverlag erschienen. Die zwei Jubiläumsdaten der LAG – 1951 und 2001 – bezeichnen einen Zeitraum, in dem sich nicht nur die materielle und ökonomische Lage des Landes Liechtenstein expansiv verändert hat. Verändert hat sich – und dies rückt in den letzten Jahren konfliktträchtig ins allgemeine Bewusstsein – auch die Möglichkeit, für den «fett» gewordenen Kleinstaat am Alpenrhein noch eine symbolische, mentale und politische (Ver-)Fassung zu finden, in der so etwas wie eine Zusammengehörigkeit, ein Verbindendes der Landesbewohnerschaft plausibel würde.

VERLORENE SELBSTVERSTÄNDLICHKEIT

Vieles im Band ist ein Abschiednehmen von jenen Identifikationsträgern, welche für die Kriegs- und Nachkriegsgenerationen der LiechtensteinerInnen ein hinlängliches Wir-Bewusstsein umschreiben mochten: das Ineinander von Staatskatholizismus, Fürstenhaus, Dialekt(en) und ländlich-katholischem Brauchtum. Ironischerweise setzt ein Titel wie «Beiträge zur liechtensteinischen Identität» noch immer ein Etwas als gegeben voraus, welches in 50 Jahren seine Selbstverständlichkeit und patriotische Unschuld verloren hat.

Es ist allerdings erfreulich, wie grundsätzlich und kontrovers die in dieser Publikation versammelten AutorInnen die «unbekümmerte Voraussetzung» (Rainer Nägele, S. 79) im Buchtitel in einen veritablen Diskussionsgegenstand verwandeln. Die liechtensteinische Lebenswirklichkeit ist wohl selten in derart vielseitiger, kompakter und pointierter Form, ohne akademischen Ballast, doch mit Sachverstand und Beobachtungsgabe, auf zahlreiche identitätsneuralgische Punkte abgeklopft worden. Auffällig ist, dass nationale «Identitätsreflexe», die gewissenhafte Bestätigung oder verbissene Ablehnung dessen, was als tradierte Gemeinschaftssymbolik (oder -geschichte) Anerkennung fordert, bei nachdenklichen LiechtensteinerInnen nicht (mehr) abrufbar sind. Es hat sich dort herumgesprochen, dass das, was eine Generation zuvor noch als «Wesen» des Staatlichen, Wirtschaftlichen etc. voraussetzen konnte, mittlerweile als gesellschaftliches Konstrukt, als gemeinschaftsstiftende Erzählung («Mythos») zur Disposition steht. Indem wir sie zu Teilen eines «Konstruktes» erklären, lösen sich aber weder Staatlichkeit noch Fürstentum noch Herkunftsgeschichte von selber auf: sie werden mehr denn je Gegenstand theoretischer Deutungen und praktisch-politischer Auseinandersetzungen. «Das Wissen um das eigene Herkommen», so der Historiker Klaus Biedermann, «verleiht Identität und Selbstvertrauen» (S. 30). Allein, welches Herkommen wollen wir uns denn bewusst und zu eigen machen? Der praktische Zugewinn eines konstruktiv-«postmetaphysischen» (Habermas) Bewusstseins vom Nationalen sind Einsichten in die Zufälligkeit des Geburtsortes und die Verhandelbarkeit jener Beziehungen, in denen man sich als Teil eines nicht nur tradierten, sondern selbst angeeigneten «wir» verstehen möchte.

Sogar der derzeitige Regierungschef Otmar Hasler schreibt in seinem Beitrag vom «Artifiziellen» des territorialen Nationalstaates und vom Vorgang seiner Neudefinition in einer von Globalisierung geprägten Welt (S. 42). Haslers Überlegungen verbleiben allerdings im Rahmen eines neoliberal aufgepeppten, diplomatisch unverbindlichen Optimismus, für den die Frage nach einer liechtensteinischen Identität sich ernsthaft gar nicht zu stellen braucht. Sie bleibt gewissermassen immer schon durch die Identität «Liechtensteins», eines nach wie vor garantierten Völkerrechtssubjekts, eingeklammert. Doch das, was hier der eine Beitrag ausblendet, wird durch andere zur Diskussion gestellt. Die aussenpolitisch notwendige Repräsentationsfiktion einer funktionierenden Aktionseinheit der LiechtensteinerInnen wird bereits im politischen Innenverhältnis brüchig und vieldeutig (Stichwort «Verfassungsstreit»). Mehrere Beiträge machen die historischen und gegenwärtigen Bedingungen der Herstellung eines liechtensteinischen Gemeinwesens deutlich. Zur Debatte stehen dabei sowohl die Etappen eines nationalen «Landesbewusstseins» als auch Inhalte wie Infrastruktur der gesellschaftlichen Kommunikation.

«UNFÄHIGKEIT ZU JEDER SELBSTKRITIK»[1]

Der Journalist Joachim Batliner und der Autor Stefan Sprenger thematisieren explizit jene Medien und Erzählweisen, welche für die Selbstbeschreibung eines Kollektivs relevant wären und so erst die Voraussetzung für eine verallgemeinerbare Wahrnehmung des geteilten Lebensraums schaffen. Wenn es denn hier ein liechtensteinisches Charakteristikum gäbe, so wäre es vor allem ein Mangel: Die liechtensteinische Unfähigkeit zur (journalistisch) professionellen, (demokratisch) freien und (historisch) aufarbeitungsbereiten Auseinandersetzung mit zentralen Fragen des Zusammenlebens. Stefan Sprenger macht dies am «kollektiven Nicht-Wissen-Wollen» (S. 156) über den Finanzplatz exemplarisch deutlich. Dieser wurde erst dank ausländischer Berichterstattung und massiven aussenpolitischen Drucks unter der liechtensteinischen «Kommunikations-Glocke» diskussionsfähig. Alicia

1) Zitat aus dem Beitrag von Rainer Nägele, abgedruckt auf S. 78–88, hier S. 85.

Längle markiert Bruchstellen in der Entwicklung eines sozialintegrativen liechtensteinischen Nationalbewusstseins. Bemerkenswert ist die Umkehrung der populären Identifikationsrichtung zwischen den 1840er und 1940er Jahren. Im Revolutionsjahr 1848 scheint das wachsende Selbstbewusstsein einer gegen die fürstliche Obrigkeit opponierenden Bauernschaft die Losungsworte für ein «liechtensteinisches» Gemeinschaftsverständnis gegeben zu haben; hundert Jahre später wurde gerade die Identifikation mit jener Obrigkeit, dem behütenden «Landesvater» der Weltkriegsjahre, zur emotionalen Basis eines laut Längle bis heute wirkenden «Mythos der Unverletzbarkeit» (S. 60). Zu diskutieren wäre diesbezüglich die These von Karin Frick, dass von aussen zugeschriebene «Eigenarten» wie etwa «Fürst» und «Bischof» vor allem vom Reiz ihrer «Retro-Exotik» lebten und als «Quelle der kulturellen Identität» längst «erschöpft» seien (S. 38 f.). Erschöpft für wen? Das Eigenartige an Figuren wie Bischof und Fürst scheint vielmehr, dass ihre «Retro-Exotik» von den betreffenden Rollen-Inhabern – trotz «Vielfalt und Flexibilität» (Frick) der Gesellschaft – mit Nachdruck und erheblicher Besetzung der Gemüter in Liechtenstein in Anspruch genommen wird.

«ICH» UND «WIR» – IDENTITÄT IM SPRECHEN

Im staatstragenden liechtensteinischen «wir» waren bis 1984 Frauen nicht mitgemeint. Dieser Ausschliessung geht Isolde Marxer in ihrem Film «Die andere Hälfte» und dem dazu im Band abgedruckten Interview mit der Rechtsanwältin Dr. Ursula Wachter nach. Die Ein- und Ausschlüsse eines als liechtensteinisch ausgegebenen «wir» sind für Rainer Nägele Grund genug, Identitätsbehauptungen, so sie auf Gemeinschaft aus sind, überhaupt kritisch zu distanzieren. Anlass dazu gibt dem Literaturwissenschaftler Nägele ausgerechnet seine schriftliche Einladung zur Mitarbeit am vorliegenden Band durch den Herausgeber. In Handschrift hätte dieser ihn, Nägele, persönlich angeredet, um ihn dann in Druckschrift unverwandt in das «wir» der um die liechtensteinische Identität Besorgten einzureihen – Jansen an Nägele: «Wissen wir noch wer und was wir sind oder haben uns Wohlstand von innen und Anfeindungen von aussen in eine Identitätskrise gestürzt?» (S. 79). Die selbstverständliche Ersetzung eines ansprechbaren Individuums durch ein unmajestätisch-kommunes «wir» oder ein Quasisubjekt «Liechtenstein» findet sich auch in den Beiträgen der Politiker-Autoren Otmar Hasler und Josef Biedermann (S. 15 f.). Wo denn sonst, wenn nicht in einem derartigen Sprachgebrauch, könnten «wir» identisch bleiben?

Einem sprachkritischen Ansatz bleiben manche der hellsichtigsten und gespürigsten Beiträge des Bandes verpflichtet. In ihnen werden Identitätsfragen über die Reflexion von lebensgeschichtlichen Prägungen, südalemannischen Alltagsgewohnheiten und -sprachspielen «von unten» aufgerollt. Sie lösen eine rhetorisch aufgeblasene Identität auf und machen sie als kommunikatives Ritual oder Zuordnungswunsch der Gruppe fassbar. Diese Wahrnehmungsverschiebung ist beachtlich: während der Regierungschef in seinem Beitrag stereotyp wiederholt, dass der Kleinstaat seine «Stärke aus seiner Übersichtlichkeit und Erlebbarkeit» (S. 49) beziehe, weist Pio Schurti darauf hin, dass die Rede von «kurzen Amtswegen» vor allem etwas ist, dass «wir» uns gerne erzählen (S. 144), ein Landes-«Mythos» neben anderen. Die Suche nach der liechtensteinischen Identität hat sich in Schurtis (und der des Rezensenten) Generation verkehrt in die Frage was denn noch am Eigenen «liechtensteinisch» zu nennen wäre. Die Ökonomin Karin Frick bringt es relativ unsentimental auf den Punkt, wenn sie konstatiert, dass die Bindungskraft kollektiver Herkunftsidentitäten eben zugunsten individueller Identifikationsangebote schwindet: «Das Besondere, das uns von anderen unterscheidet, wird wichtiger als das Gemeinsame, das uns durch die Herkunft vereint» (S. 37).

WIEDERANNÄHERUNGEN

Sprechen in anderen Sprachen als den lokalen Dialekten wird auch von Mathias Ospelt (S. 107 f.) als Emanzipationsgeschichte erzählt und als Möglichkeit, sich dem Angestammten von einem eigenen (nichtidentischen) Standpunkt zu nähern. Neben einer sprachlichen Annäherung scheinen mir noch zwei andere Wiederannäherungen an die Herkunft im vorliegenden Band beachtenswert. Zum einen Hansjörg Quaderers Entwurf einer von der Natur, nämlich von der Quelle des Rheinstroms her, zu schreibenden Formgebung und «Identität des Tals» (S. 119). Zum anderen die «Zuggedanken» zu Bau- und Lebensweisen im städtischen Paris und ländlichen Liechtenstein der Innenarchitektin Sabine Kranz. Der Künstler Quaderer plädiert für eine Aufmerksamkeitsverschiebung, welche vom «zwanghaft» Nationalen befreit. Der Artikulation (Strömungen und Kiesel) des Flusses soll, als einer unverfügbar prähistorischen Lebensspur des Rheintales, Raum gegeben und dieser physisch, durch einen «Contrat fluvial» (!) der rheinangrenzenden Staaten, gesichert werden.

Sabine Kranz umkreist anreisend, sachkundig und beobachtend jene Orte, an denen sich liechtensteinische Gewohnheiten ablagern und Mentalitäten entlarven: Eigenheim und -garten. Kranz beschreibt deren sauberes Erscheinungsbild, die bevorzugte Massivbauweise und die holzfreudige Verwertung einer solcherart «intakten, wenn auch gebändigten Natur» (S. 55). Die soliden Aussen- und Innenräume in Liechtenstein werden nicht nur den rissigen Wänden in Paris gegenübergestellt, dem französischen Vorzug des Filigranen und Kostbaren vor dem Soliden und Schlichten. Nein, das liechtensteinische Eigenheim hält auch die eigenen Lebensmöglichkeiten in einer Beschränkung, welche seelen- und landschaftsprägend eine Art «liechtensteinische Identität» stiftet: «Vielleicht verbaut man sich einfach die Möglichkeit zu Änderungen und Ausschweifungen, wonach die schon fast barocke Landschaft verlangen würde» (S. 57).

La musica è finita?

DER BILDBAND «LICHT UND SCHATTEN» STELLT LAND UND LEUTE IN LIECHTENSTEIN VOR

GEROLF HAUSER

Liechtenstein – Licht und Schatten. Fotografien Nikolaus Walter. Texte Gernot Kiermayr.

GMG Verlag, Schaan, und Werd Verlag, Zürich, 2001. 204 Seiten, CHF 98.–. ISBN 3.906264-23-8 ISBN 3-85932-373-3

Nein, «Licht und Schatten» ist keine vordergründig-platte Übersetzung des Namens Liechtenstein; so einfach haben es sich der Fotograf Nikolaus Walter und der Texter Gernot Kiermayr bei diesem ungewöhnlich ansprechenden Bildband über das Fürstentum Liechtenstein, im GMG Verlag in Schaan sowie im Werd Verlag in Zürich erschienen, nicht gemacht. Und doch zeigen die Schwarz/Weiss-Bilder und aufschlussreichen Texte auf 200 Seiten in bisher nicht vorgestellter Tief- und Hintergründigkeit die Schönheiten des Landes – und seine Widersprüche und Unerklärlichkeiten.

Geschönte Hochglanz-Selbstdarstellungen, die sich an die immer weniger auftauchenden Touristen wenden, und deren Informationswert sich konsequenterweise auf immer niedrigerem Niveau bewegt, gibt es in Liechtenstein mehr als genug, auf Papier, im Video und neuerdings auch im Internet – man ist ja zeitgemäss. Verlagsleiter Arthur Gassner schreibt im Vorwort zu «Licht und Schatten»: «Es wurde immer wieder versucht, Dinge prachtvoller, grösser oder farbenprächtiger, als sie sich im wirklichen Leben darstellen, zu zeigen. Dies sollte im vorliegenden Bildband vermieden werden.» Es wurde vermieden und zugleich gezeigt, dass Schwarz/Weiss-Fotografien ungleich farbigere und liebevollere Möglichkeiten bieten, Stärken und Schwächen Liechtensteins darzustellen. Kann man bei einem Bildband von «kritisch» und zugleich «objektiv» sprechen? Sind das nicht Widersprüche? Der Bildband «Licht und Schatten» vereint diesen Widerspruch. Damit sind dem Verlag, dem Fotografen, dem Texter und der Grafikerin Silvia Ruppen sozusagen die Quadratur des Kreises gelungen.

Manch eine/r beginnt ein Buch von hinten aufzublättern; eine andere Möglichkeit ist, die ersten Seiten zu betrachten, um dann nach dem Abschluss zu suchen. «Licht und Schatten» beginnt auf fünf doppelseitigen Bildern sozusagen mit Kernaussagen: Liechtenstein, das Bergland am Rand der Rheinebene, voller Sonne und Nebel; Liechtenstein, das Märchen-Fürsten-Land, dessen Schloss millionenfach von Touristen fotografiert ist; Liechtenstein mit seiner geliebten Berg-Silhouette, der Fotograf Walter die nicht immer geliebten Höhen und Tiefen einer Aktienbewegungs-Silhouette gegenüberstellt und Liechtenstein, innerhalb weniger Jahrzehnte hinauf- (oder weg-) katapultiert zu einem der reichsten Länder Europas, dargestellt mit der Idylle einer anscheinend intakten Natur, in der Abmessungspfosten die sich immer schneller präsentierende Vergänglichkeit des Ursprünglichen zeigen. Menschen gibt es bei diesen ersten fünf Bildern kaum zu sehen, abgesehen von anonymen Touristen und den (fast) anonymen «Geldmachern». Und wie endet das Buch? Mit Einheimischen, besser: mit Menschen. «La musica è finita», das Fest ist vorbei, die Tuba geschultert geht's wohin ... quo vadis Liechtenstein? Vor diesem letzten Bild eine Sechser-Serie kleiner Bilder: Der Vater stülpt dem Sohnemann seinen Hut über, zieht ihn an der Hand weg. Wohin? Vorwärts? Nur

Dieser fünfteilige Bilderzyklus am Buchanfang offenbart kontrastreiche Kernaussagen zum Land Liechtenstein an der Schwelle zum 21. Jahrhundert.

das Söhnchen blickt zurück. Wird es ihm gelingen, Althergebrachtes, dort, wo es Sinn macht, mit Neuem zu verbinden? Wird er ein Gleichgewicht schaffen können zwischen dem, was auf den davor liegenden Seiten gezeigt wird: dem Funkensonntag und dem Weihnachtsbaum und der unglaublichen Metallpalme im Garten oder der Gartenzwerg-Invasion?

Das ist Kunst, Fragezeichen zu setzen, ohne platte, allgemeingültige Antworten zu geben. «Licht und Schatten» ist ein Buch voll herrlicher Fragezeichen, ein Tanz der Fragezeichen. Wie sieht da wohl die Mitte aus? Ist es an den Haaren herbei gezogen, als Symbol zu sehen, dass genau dort, dass die Mitte besetzt ist mit Fronleichnamsprozession, Allerheiligen und Erstkommunion? Eingeleitet durch das Kehren vor der eigenen Haustüre mit dem Handbesen und – das ist grandios gemacht – zwei Bildern, die ein Parkerlaubnisschild zeigen mit dem Zusatz «Nur Friedhof. Dauerparken verboten» und dem Stoppschild vor einem Kruzifix! Doch es wäre nicht «Licht und Schatten», stünden da nicht neben der offiziellen Festlichkeit weitere Fotos: die abgelegten Musikinstrumente (schon wieder «La musica è finita?») und die Eltern, die, bewaffnet mit Fotoapparaten, das Erstkommunionsgeschehen ablichten – darf man dieses Wort auch im übertragenen Sinn lesen?

Und zwischen Anfang und Mitte, zwischen Mitte und Ende? Zur liebevollen Betrachtung, und davon ist das Buch übervoll, gehört auch Kritik, Selbstkritik. Das aber ist in Liechtenstein eher selten. «Dabei», so schreibt Arthur Gassner, «spielt die Tatsache, dass der Fotograf nicht in Liechtenstein aufgewachsen ist, sicher eine wichtige Rolle. Er sah viele Dinge, die wir Einheimischen entweder wirklich nicht mehr sehen oder nicht sehen wollen». Keines der gezeigten Fotos wurde speziell arrangiert, es wurden keine besonderen Audienzen oder Fototermine vereinbart. Damit zeigt Nikolaus Walter das liebevolle und widersprüchliche Liechtenstein so, wie es für jeden, der sich etwas Zeit nimmt, zugänglich und nachvollziehbar ist – wenn wir die Augen aufmachen.

Sei es das Bild mit der fast gelangweilt aussehenden Teilnahme der Offiziellen des Landes, inklusive Fürstenpaar, beim Gottesdienst auf der Schlosswiese, an das sich fünf Bilder anschliessen, die zeigen, wie die Feuerschrift «Für Gott, Fürst und Vaterland» beim Staatsfeiertag ins Nichts verglüht; das Reinigen des Zugangsweges zum Regierungsgebäude mit einem Staubsauger (an Lehars «Land des Lächelns» erinnernd, wo es heisst: «Doch wie's da drin aussieht, geht niemand was an»); das grosse Hinweisschild inmitten einer Baustelle, hinweisend auf die Ausstellung «Götter wandelten einst» (im nach jahrzehntelangem und peinlichem Kleinbürgergezänk endlich gebauten Kunstmuseum), dem gegenübergestellt die Grenze zu Österreich, auf der die Götter von heute wandeln, mit «Hindernissen» aus Verkehrs- und Hinweisschildern; wir sehen die Einsamkeit auf leeren

Strassen zwischen Prachtbauten in Vaduz nach Geschäftsschluss ebenso wie die Einsamkeit des «Small-Talk» bei Vernissagen; dem gegenüber lassen Bilder das reale dörfliche Leben lebendig werden: der Unterländer Viehmarkt, Menschen, die im Garten arbeiten, ihre Teppiche klopfen, Äpfel ernten oder Hühner füttern. «Licht und Schatten» ist eine Fundgrube, jedes Durchblättern lässt Neues entdecken. All dies beschreiben, nicht polemisierend, sondern sehr klar und informativ mit vielen Geschichtshinweisen, die Texte von Gernot Kiermayr. Ein Dank geht an den Verlag, nur äusserst knappe Bildunterschriften zugefügt zu haben, die sich auf Ortsangaben beschränken; dadurch wird die bewundernswert starke und aussagekräftige Bildsprache von Nikolaus Walter zwar informativ unterstützt, aber in keiner Weise gestört.

Lassen wir zum Schluss noch einmal Verlagsleiter Arthur Gassner zu Wort kommen: «Wenn ein Land sich in so kurzer Zeit von einem der ärmsten Länder Europas zu einem der reichsten Länder der Welt wandelt, können damit vielleicht Statistiken problemlos mithalten, der Mensch jedoch braucht dazu einfach seine Zeit. Diese Zeit wurde den Menschen in Liechtenstein nicht gegeben, oder sie wollten sich diese ganz einfach nicht nehmen. Die damit verbundenen Gegensätze zeigen eben jene Licht- und Schattenseiten, die im vorliegenden Bildband auf eindrückliche Weise in mehr als zweijähriger Arbeit von Nikolaus Walter festgehalten wurden».

BILDNACHWEIS

S. 196: Das Dekanat Liechtenstein. Eine Chronik des kirchlichen Lebens 1970 bis 1997. Vaduz, 2000, S. 67. Foto: Henning Karl Freiherr von Vogelsang, Gamprin

S. 200, 202 und 203: Angola. Mission, Salettiner und liechtensteinische Entwicklungsarbeit im südlichen Afrika. Vaduz, 2001, S. 115, 127, 155, 172, 242 und 255

S. 207: Gustav Farner, Sevelen

S. 208: Fotoarchiv Ruedi Rohrer, Buchs

S. 209 oben: Werdenberger & Obertoggenburger ‹W&O›, Buchs, 18. März 1936

S. 209 unten: Privatarchiv Hans Kramer-Schöb, Gams

S. 210: Werdenberger & Obertoggenburger ‹W&O›, Buchs, 11. Mai 1938

S. 211: Privatarchiv Werner Hagmann, Sevelen

S. 212: Werner Hagmann, Kriegs- und Krisenjahre im Werdenberg. Buchs, Zürich, 2001, S. 252.

S. 218 und 219: ECPA, Fort d'Ivry, F-94205 Ivry

S. 222: Liechtensteinisches Landesarchiv, Vaduz

S. 229, 230 und 231: Liechtenstein – Licht und Schatten. Fotografien Nikolaus Walter. Texte Gernot Kiermayr. Schaan, Zürich, 2001, S. 12–21, 102 f. und 199

ANSCHRIFT DER AUTOREN UND DER AUTORIN

Dr. phil. Rupert Quaderer
Fürst-Johannes-Strasse 26
FL-9494 Schaan

lic. phil. Fabian Frommelt
Unterfeld 36
FL-9495 Triesen

Beatrice Sutter Sablonier
Rothusweg 14
CH-6300 Zug

lic. phil. Klaus Biedermann
St. Josefsgasse 3
FL-9490 Vaduz

PD Dr. Peter Geiger
Im obera Gamander 18
FL-9494 Schaan

Pio Schurti, M.A.
Feldstrasse 100
FL-9495 Triesen

Mag. Jürgen Schremser
Bangarten 13
FL-9490 Vaduz

Gerolf Hauser
Tröxlegass 17
FL-9494 Schaan

JAHRESBERICHT DES HISTORISCHEN VEREINS FÜR DAS FÜRSTENTUM LIECHTENSTEIN 2001

Inhalt

Tätigkeitsbericht des Vereins pro 2001

JUBILÄUMSVERSAMMLUNG «100 JAHRE HISTORISCHER VEREIN»

Im Vaduzer Rathaussaal versammelten sich am 17. Februar 2001 zahlreiche Mitglieder sowie Freundinnen und Freunde des Historischen Vereins zur Jubiläumsversammlung «100 Jahre Historischer Verein». Nach einem Aperitif eröffnete der Vereinsvorsitzende Rupert Quaderer um 17 Uhr die sehr gut besuchte Festversammlung. In seiner kurzen Begrüssungsansprache hob Rupert Quaderer die wichtigsten Leistungen und Verdienste des nunmehr 100-jährigen Vereins hervor, dankte dabei aber auch dem Land Liechtenstein, den liechtensteinischen Gemeinden sowie den zahlreichen Gönnerinnen und Gönnern für ihre stetige Unterstützung, die sie dem Verein im Laufe seines bisherigen Wirkens gewährt haben. Regierungschef Mario Frick überbrachte anschliessend ein Grusswort der Regierung und unterstrich damit die Bedeutung des Vereins für das Land Liechtenstein und für dessen kulturelles Leben. Mathias Ospelt nahm daraufhin in einer humoristischen Ansprache Bezug auf die Gründungszeit des Historischen Vereins sowie auf die anfangs beschlossenen Zielsetzungen der neu ins Leben gerufenen Vereinigung. Anschliessend folgte der Festvortrag von Professor Hans-Jörg Rheinberger, der die Verdienste des Historischen Vereins für die geschichtliche Erforschung Liechtensteins nochmals ausdrücklich hervorhob und würdigte. Er stellte dabei auch fest, dass der Historische Verein auch in Zukunft eine bedeutende Vorreiterfunktion für die Kulturgeschichte Liechtensteins einnehmen könne. Die Ansprachen wie auch die gesamte Festversammlung fanden ein gutes Echo bei den Besucherinnen und Besuchern, aber auch in der einheimischen Presse. Sämtliche Referate sind im Jahrbuch des Historischen Vereins Band 100 auf den Seiten 1 bis 26 im Wortlaut abgedruckt.

JAHRESVERSAMMLUNG 2001

Die 100. ordentliche Jahresversammlung fand am 9. Juni 2001 in der Aula der Primarschule in Mauren statt. Der Vereinsvorsitzende eröffnete die Jahresversammlung in Anwesenheit von rund 80 Vereinsmitgliedern. Er begrüsste insbesondere die Vertreter der Regierung, Herrn Regierungsrat Dr. Alois Ospelt und Herrn Regierungsrat Hansjörg Frick, verschiedene Ehrenmitglieder sowie Gäste aus der österreichischen und schweizerischen Nachbarschaft.

Nach der Begrüssung durch den Vereinsvorsitzenden verlas Vorstandsmitglied Veronika Marxer in Vertretung des entschuldigten Schriftführers Helmut Konrad das Protokoll der 99. Jahresversammlung vom 25. März 2000 in Triesen. Das Protokoll wurde sodann einstimmig genehmigt. Der Jahresbericht des Vereinsvorstandes sowie die Berichte der verschiedenen vom Verein getragenen Projekte waren den Mitgliedern bereits vor der Versammlung schriftlich zugestellt worden. Der Vereinsvorsitzende Rupert Quaderer blickte deshalb nur kurz auf ein paar Schwerpunkte im Berichtsjahr 2000 zurück. Er nutzte aber die Gelegenheit, um einen Ausblick auf Bevorstehendes zu geben:

– Verschiedene Projekte, die aus Anlass des 100-Jahr-Jubiläums initiiert worden waren, wurden weiter verfolgt. So sind die Produktionsarbeiten an der CD-ROM, welche sämtliche bisher erschienenen Jahrbücher beinhalten soll, in vollem Gang. An der Erneuerung und Professionalisierung der Homepage wird ebenfalls gearbeitet. Nach Möglichkeit sollen diese Projekte noch im Jubiläumsjahr 2001 abgeschlossen werden.

– Der Vereinsvorstand traf sich zu drei Klausurtagungen,[1] an denen eine Standortbestimmung vorgenommen wurde. Dabei wurde der Wunsch geäussert, dass sich der Historische Verein im Bereich Denkmalschutz verstärkt engagieren sollte. Die Vorstandsmitglieder waren sich dabei einig, dass der Verein in diesen Fragen sensibilisierend

1) 11. November 2000, 9. Dezember 2000 und am 7. April 2001.

Zur 100. Jahresversammlung in Mauren konnte der Vereinsvorsitzende Rupert Quaderer zahlreiche Mitglieder sowie Gäste aus dem In- und Ausland begrüssen.

wirken sollte und auch vermehrt und entschiedener Stellung zu beziehen habe. Bezüglich der Übernahme von Trägerschaften kam der Vorstand zur Auffassung, dass aufgrund mangelnder personeller Kapazitäten vorläufig keine neuen Projekte übernommen werden können. Dem Vereinsvorstand ist es zudem ein Anliegen, auf die Verjüngung der Mitgliedschaft sowie auf die Erhöhung des Frauenanteils hinzuwirken. Weitere Themen dieser Klausurtagungen betrafen unter anderem Form und Inhalt des Jahrbuches.

Anschliessend sprach der Vorsitzende den Vorstandsmitgliedern und dem Geschäftsführer seinen Dank aus für die geleistete Arbeit. Er bedankte sich auch bei seiner Frau sowie den Vereinsmitgliedern für das Interesse und für die Unterstützung der vom Historischen Verein verfolgten Aktivitäten. Ein weiterer Dank ging an die Sponsoren und Donatoren, deren Grosszügigkeit als Ausdruck der Wertschätzung des Historischen Vereins und von dessen Tätigkeiten empfunden wird.

Nach diesen Ausführungen stellte der Vorsitzende den Jahresbericht zur Diskussion. Diese Möglichkeit zur Diskussion wurde jedoch nicht genutzt, und der Jahresbericht konnte in dieser Form einstimmig verabschiedet werden.

Die Jahresrechnung 2000 wurde den Vereinsmitgliedern ebenfalls bereits vor der Jahresversammlung zugestellt. Geschäftsführer Klaus Biedermann verlas deshalb nur die wichtigsten Posten. Das Vereinsvermögen belief sich per Ende

2000 auf 314 314.62 Franken. Es wurden Einnahmen in Höhe von 304 694.94 Franken verbucht. Ausgaben wurden in Höhe von 329 372.74 Franken getätigt. Nach Verlesen des Berichts der Kontrollstelle wurde die Jahresrechnung 2000 einstimmig genehmigt. Ebenfalls gutgeheissen wurden die Rechnungen der Fonds «Forschung und Publikationen» sowie «Nach Amerika!», die per 31. Dezember 2000 einen Vermögensstand von 130 333.90 Franken respektive 10 379.70 Franken aufwiesen. Da die Gelegenheit zur freien Aussprache von Seiten der Versammlung nicht ergriffen wurde, bat der Vereinsvorsitzende den Verantwortlichen der Fachstelle Archäologie, Hansjörg Frommelt, um Berichterstattung über deren Tätigkeit. Hansjörg Frommelt führte aus, dass man gegenwärtig dabei sei, die aus dem alamannischen Gräberfeld in Eschen zutage geförderten Metallfunde zu inventarisieren. Im Bereich der Feldforschung gebe es zur Zeit keine aktuelle Grabung, geplant seien jedoch Grabungen im Areal «Höfle» in Balzers. Im Bereich des Denkmalschutzes bedauerte Hansjörg Frommelt, dass der Gutshof «Gamander» in Schaan der Spekulation ausgeliefert sei.[2] Hansjörg Frommelt regte ein Rekursrecht des Historischen Vereins bei Regierungsbeschlüssen im Bereich Denkmalschutz an – analog dem Einspracherecht der Natur- und Umweltverbände.

Der statutarische Teil der Jahresversammlung wurde anschliessend vom Vereinsvorsitzenden mit einem herzlichen Dank an die Gemeinde Mauren für die Zurverfügungstellung der Räumlichkeiten und die Offerierung des Aperitifs geschlossen.

ÖFFENTLICHER VORTRAG

Der öffentliche Vortrag wurde von Geschäftsführer Klaus Biedermann bestritten. Er liess die 100-jährige Geschichte des Historischen Vereins anhand einer kurzen Porträtierung herausragender

Die Jahresversammlung vom 9. Juni 2001 in Mauren bot manche Gelegenheit zur Diskussion und zum Meinungsaustausch. Auf dem oberen Bild sind von links nach rechts die Ehrenmitglieder Gerard Batliner, Karl Hartmann und Adulf Peter Goop im Gespräch versammelt. Das untere Bild zeigt von links nach rechts die Vorstandsmitglieder Norbert W. Hasler, Vereinspräsident Rupert Quaderer sowie Volker Rheinberger.

2) Zum Gutshof «Gamander» vgl. auch Ausführungen an anderer Stelle in diesem Bericht.

Persönlichkeiten wie der Vereinspräsidenten und Ehrenmitglieder lebendig werden und gab mittels ausgewählter Themen einen Einblick in die verschiedenen Tätigkeitsbereiche des Vereins. Besondere Aufmerksamkeit widmete er dabei dem Bereich Denkmalschutz, wo er sich für ein verstärktes Engagement des Vereins aussprach.[3]

VORSTAND

Der Vereinsvorstand traf sich im Berichtsjahr 2001 zu sieben Sitzungen, um die laufenden Geschäfte zu behandeln. Gespräche und Beschlüsse zu den vom Verein getragenen Projekten, zur dritten Klausurtagung sowie zur Jahresversammlung standen im Zentrum der Sitzungen. Gegen Ende des Berichtsjahres galt es, die Weichen für das bevorstehende Wahljahr zu stellen: Im Jahr 2002 stehen Neuwahlen für den Vereinsvorstand sowie für das Amt des Rechnungsrevisors an.

ANLIEGEN DES DENKMALSCHUTZES

Der Vereinsvorstand diskutierte in seinen Sitzungen aber auch Anliegen des Denkmalschutzes, so im Falle des Gutshofs «Gamander» in Schaan, des «Oberen Möliholz» in Vaduz sowie des Areals «Höfle» in Balzers. Die anfangs Februar 2001 erfolgte Zerstörung der Balzner Häusergruppe «Im Höfle» in Balzers wurde vom Vereinsvorstand als grosser Verlust für Liechtenstein bezeichnet. In Bezug auf die Arbeitersiedlung im «Oberen Möliholz» setzte sich der Vereinsvorstand für einen Erwerb der Häuser sowie des Umlandes durch die öffentliche Hand aus; nur so könne die drohende Überbauung des Areals verhindert werden.

Eine erfreuliche Wende gab es im Fall des Gutshofs «Gamander». Zur Erinnerung: Der Historische Verein hatte an seiner Jahresversammlung 1998 eine Resolution verabschiedet, der zufolge die Verantwortlichen in Staat und Gesellschaft aufgefordert wurden, alles zu unternehmen, damit der Gutshof «Gamander» in den Besitz der öffentlichen Hand komme. Zuerst schien es aber, dass diese Bemühungen nicht erfolgreich waren, da Kaufverhandlungen mit Privatinteressenten konkrete Formen annahmen. Schliesslich konnte die Regierung doch noch mit den bisherigen Besitzern ein Kaufangebot aushandeln und dieses dem Landtag unterbreiten. Der Landtag stimmte schliesslich an seiner Sitzung vom 14. November 2001 mit grosser Mehrheit dem Kauf des Gutshofs «Gamander» durch das Land Liechtenstein zu. Regierung und Landtag haben mit ihrem Kaufentscheid einen wesentlichen Beitrag dazu geleistet, dass dieses bedeutsame und historisch einmalige Zeugnis für die Geschichte unseres Landes für kommende Generationen erhalten werden kann.

GESCHÄFTSSTELLE

Die Vereinsadministration sowie die Jahrbuch-Redaktion lagen auch im Berichtsjahr 2001 in den Händen von Geschäftsführer Klaus Biedermann, dessen Arbeitspensum weiterhin 50 Prozent betrug. Zur Abdeckung des administrativen Mehraufwands bei der Vorbereitung der Jubiläumsversammlung wurde Klaus Biedermann durch Frau Tanja Büchel, Sekretärin beim Liechtensteinischen Landesmuseum, unterstützt. Für ihren Einsatz sei ihr an dieser Stelle herzlich gedankt.

Zusätzlich zur Leitung der Geschäftsstelle nahm Klaus Biedermann im Berichtsjahr die Aufgabe wahr, im Rahmen eines Werkvertrags eine umfassende Vereinsgeschichte zu erstellen. Diese Arbeit erschien im Jahrbuch Band 100, welches am 26. Oktober 2001 der Öffentlichkeit vorgestellt wurde. Erste zusammenfassende Ergebnisse seiner Recherchen konnte Klaus Biedermann im Rahmen eines Referats anlässlich der 100. Jahresversammlung des Vereins am 9. Juni 2001 in Mauren präsentieren. Eine verkürzte Fassung dieses Referats konnte Klaus Biedermann zudem anlässlich einer Versammlung des Rotary-Clubs Eschnerberg am 24. August 2001 in Nendeln vorstellen.

Geschäftsführer Klaus Biedermann nahm als Vertreter des Historischen Vereins am 24. Oktober

2001 an einer Besichtigung des Betriebs Orell Füssli in Zürich teil. Die Firma Orell Füssli erstellt jeweils die druckfertigen Vorlagen für den Sprachatlas für Vorarlberg und Liechtenstein. Der Sprachatlas – siehe dazu den gesonderten Jahresbericht – ist ein wissenschaftliches Projekt, welches von beiden Ländern gemeinsam getragen wird. Die Führung in Zürich fand im Rahmen einer kleinen Feierstunde statt, zu der die Firma Orell Füssli aus Anlass der Fertigstellung von Band IV des Sprachatlasses eingeladen hatte. Eingeladen waren zahlreiche, an der Entstehung des Sprachatlasses beteiligte Personen – nebst dem Autor, Professor Eugen Gabriel, auch Professor Arno Ruoff, der wissenschaftliche Begutachter, sowie weitere in das Projekt involvierte Personen. Dieser Anlass stellte eine gute Gelegenheit dar zur Pflege der nachbarschaftlichen Kontakte.

JAHRBUCH BAND 100

Das Jahrbuch Band 100 wurde im Rahmen einer Feierstunde und Pressekonferenz am 26. Oktober 2001 im Restaurant «Adler» in Vaduz vorgestellt. Das Wirtshaus «Adler» wurde auch deswegen als Präsentationsort gewählt, weil in unmittelbarer Nähe, im heute nicht mehr existierenden Gasthaus «Kirchthaler» vor 100 Jahren der Historische Verein gegründet worden war. Schwerpunkt dieses 100. Jahrbuches bildete die Geschichte des Historischen Vereins; zusätzlich zu der von Klaus Biedermann verfassten Vereinschronik setzten sich andere Autoren mit spezifischen Aspekten der bisherigen 100-jährigen Vereinstätigkeit auseinander. Regierungsrat Alois Ospelt skizzierte Leben und Wirken der verstorbenen Vereinsvorsitzenden. Professor Hans-Jörg Rheinberger befasste sich mit den naturhistorischen Aufsätzen, die in frühen Jahrbüchern publiziert worden waren, währenddem Karl-Heinz Burmeister die Zusammenarbeit des Historischen Vereins mit dem Vorarlberger Landesarchiv beleuchtete. Norbert W. Hasler lieferte eine Geschichte der Sammeltätigkeit des Historischen Vereins, welche das Fundament für das spätere Landesmuseum bildet. Ein Interview mit den Vorstandsmitgliedern sowie mit dem Geschäftsführer, durchgeführt von Isolde Marxer und Mathias Ospelt, thematisierte grundsätzliche Fragen zum Wirken des Historischen Vereins in Vergangenheit, Gegenwart und Zukunft.

3) Das Referat von Klaus Biedermann ist – inhaltlich wesentlich erweitert – im Jahrbuch Band 100 auf S. 27–158 abgedruckt. Die verstorbenen Vereinsvorsitzenden werden im selben Jahrbuch von Alois Ospelt vorgestellt; vgl. ebenda, S. 159–204.

Anlässlich der Präsentation des Jahrbuches Band 100 stellten sich mehrere Autoren sowie der Vereinsvorsitzende dem Pressefotografen. Zu sehen sind von links nach rechts die Autoren Karl Heinz Burmeister und Norbert W. Hasler, der Vereinsvorsitzende Rupert Quaderer sowie Klaus Biedermann, Autor und Jahrbuch-Redaktor.

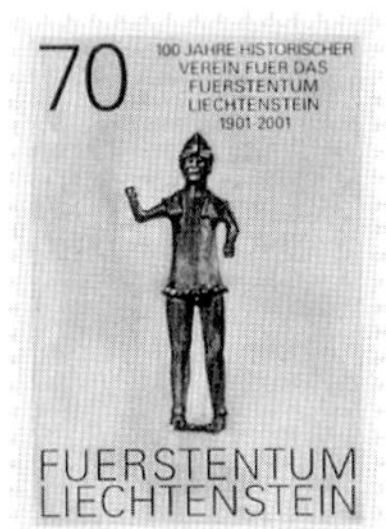

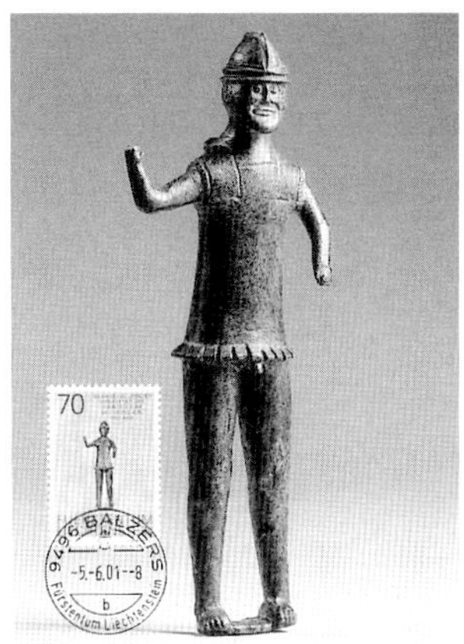

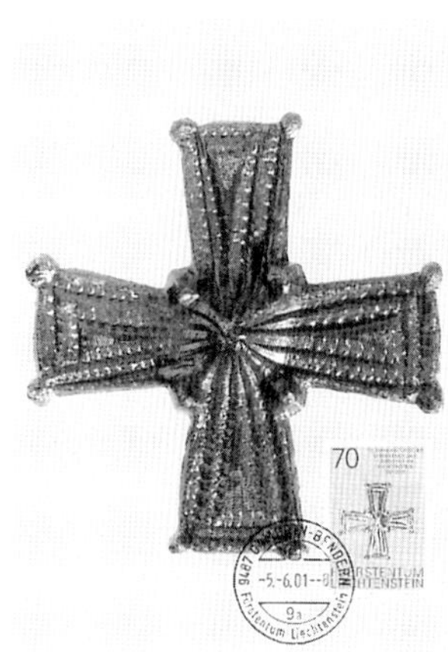

Die von Ehrenmitglied Georg Malin gestalteten Briefmarken zum 100. Geburtstag des Historischen Vereins zeigen wertvolle Fundgegenstände, welche bei Ausgrabungen in Balzers (oben) sowie in Bendern (unten) ans Tageslicht befördert wurden.

Der Historische Verein hatte während rund 90 Jahren die Verantwortung für die archäologische Erforschung Liechtensteins inne. In dieser Zeit konnten wesentliche neue Erkenntnisse und Zeugnisse zur Vor- und Frühgeschichte, aber auch zur mittelalterlichen Geschichte unseres Landes entdeckt und gesichert werden.

BRIEFMARKEN ZUM 100-JAHR-JUBILÄUM

Aus Anlass des 100. Geburtstags des Historischen Vereins erschienen im Berichtsjahr zwei Jubiläums-Briefmarken. Die von Dr. Georg Malin, Ehrenmitglied des Historischen Vereins, gestalteten Motive konnten am 5. Juni 2001 in Wertzeichenform präsentiert werden. Zu sehen ist auf der einen Briefmarke die 1932 in Balzers aufgefundene 2400-jährige Bronzestatuette des «Mars von Gutenberg», währenddem das andere Wertzeichen mit einer 1977 auf dem Kirchhügel in Bendern aufgefundenen karolingischen Kreuzfibel aus der Zeit um 800 nach Christus geschmückt ist.

Mit der Herausgabe dieser Jubiläums-Briefmarken würdigte die Regierung des Landes Liechtenstein das nunmehr 100-jährige Engagement des Historischen Vereins für die Erforschung der liechtensteinischen Geschichte, für den Aufbau einer historischen Sammlung sowie für den Erhalt von wichtigem Kulturgut.

EXKURSION

Am 17. November 2001 bot der Historische Verein eine geführte Besichtigung des Artillerie-Forts «Magletsch» bei Oberschan (SG) an. Diese militärische Befestigung wurde während des Zweiten Weltkriegs erbaut und bildet den nördlichsten Eckpfeiler der Festung Sargans. Primäre Aufgabe des «Magletsch» war die Abdeckung der Räume rheinaufwärts sowie in Richtung Wildhaus und in Richtung Feldkirch. Die militärische Nutzung des «Magletsch» endete in den 1990er Jahren. Dank Initiative eines privaten Trägervereins konnten die riesigen Befestigungsanlagen mittlerweile der Öffentlichkeit zugänglich gemacht werden. Das Angebot des Historischen Vereins stiess auf grosses Interesse – rund 60 Personen nahmen an dieser Herbst-Exkursion teil. Zuerst leiteten Vertreter des Trägervereins des Artillerie-Forts «Magletsch» die Innenführung. Anschliessend folgte eine Aussenbegehung des Festungshügels mit Erläuterungen von Dr. Peter Geiger, der gegenwärtig im Rahmen eines

Forschungsauftrags die Geschichte des Zweiten Weltkriegs – mit Schwerpunkt Liechtenstein – intensiv beleuchtet.

MITGLIEDER

Seit der letzten Mitgliederversammlung sind nachfolgende 23 Personen Mitglieder des Historischen Vereins geworden:

Einzelmitglieder:
- Dr. Peter Prast, Fürst-Johannes-Strasse 14, 9490 Vaduz
- Alfons Schädler, Jonaboda 363, 9497 Triesenberg
- Gunnar Steger, Austrasse 13, 9490 Vaduz
- Martin Wedeking, Geschenweg 76/E 216, D-48161 Münster in Westfalen

Partnermitglieder: Genannt werden hier nur die neu dem Verein beigetretenen Mitglieder. Ist der (Ehe)-Partner/die (Ehe)-Partnerin bisher schon Mitglied gewesen, so wird er/sie nicht nochmals genannt.
- Rosmarie Beusch, Felbaweg 2, 9494 Schaan
- Peter und Ursula Biedermann, Unterdorfstrasse 503, 9491 Ruggell
- Petra Brunhart-Eichele, Tanzplatz 29, 9494 Schaan
- Irene Dünser, Tröxlegass 31, 9494 Schaan
- Hedi Bühler, Egga 651, 9497 Triesenberg
- Susanne Falk, Landstrasse 16, 9495 Triesen
- Roswitha Feger, Hofstrasse 64, 8032 Zürich
- Elfriede Frommelt, Am Bach 5, 9495 Triesen
- Dorothea Goop, Hintergass 14, 9490 Vaduz
- Elisabeth Huber, Unterfeld 24, 9495 Triesen
- Marina Kieber, Binzastrasse 72, 9493 Mauren
- Harald Link, Herrengasse 17, D-80539 München
- Philipp Meier, Im Rietle 25, 9494 Schaan
- Anna-Marie Ospelt, Holdergasse 2, 9490 Vaduz
- Evelyne Ospelt, Gapetschstrasse 53a, 9494 Schaan
- Ruth Ospelt, Meierhofstrasse 45, 9490 Vaduz
- Elsa Vögeli, Kurhaus Malbun, 9497 Triesenberg
- Marlies Zeller, Fehraweg 45, 9496 Balzers

Seit der letzten Jahresversammlung mussten wir den Tod folgender 9 Vereinsmitglieder zur Kenntnis nehmen:
- Johann Büchel, Oberwiler 14, 9491 Ruggell
- Dolly Gross Kindle, Oberfeld 96, 9495 Triesen
- Helmuth Mündle, Lachenstrasse 307, 9493 Mauren
- Eduard Munz, Max Born Strasse 63, D-97080 Würzburg
- Kanonikus Ernst Nigg, Egerta 35, 9490 Vaduz
- Hermann Nigg, Meierhofstrasse 25, 9490 Vaduz
- Dr. René Ritter, Weiherstrasse 13, 9495 Triesen
- Szilard Toth, Widum 212a, 9488 Schellenberg
- Werner Verling, Försterweg 7, 9490 Vaduz

16 Mitglieder sind aus dem Verein ausgetreten. Mitte Februar 2002 zählt der Historische Verein 865 Mitglieder.

PROJEKTE

Über die Aktivitäten der einzelnen Projekte informieren separate Berichte im Anschluss an die Jahresrechnung.

Triesen, 15. Februar 2002

Dr. Rupert Quaderer
Vorsitzender des Historischen Vereins

Klaus Biedermann
Geschäftsführer des Historischen Vereins

BILDNACHWEIS

S. 236 und 237: Sven Beham, V. COM AG, Vaduz

S. 239: Daniel Ospelt, Liechtensteiner Vaterland, Vaduz

S. 240: Amt für Briefmarkengestaltung, Vaduz; Fotos: Heinz Preute, Vaduz

ANSCHRIFT

Historischer Verein
für das Fürstentum
Liechtenstein (HVFL)
Messinastrasse 5
Postfach 626
FL-9495 Triesen

Telefon 00423 / 392 17 47
Telefax 00423 / 392 17 05
E-Mail hvfl@hvfl.li
Homepage www.hvfl.li

Jahresrechnung des Vereins pro 2001

ÜBER DIE EINNAHMEN UND AUSGABEN
VOM 1. 1. 2001 BIS 31. 12. 2001

EINNAHMEN

BEITRÄGE UND SPENDEN	in CHF	in CHF
Mitgliederbeiträge		50 187.56
Landesbeitrag		180 000.—
Gönnerbeiträge		
– S. D. Fürst Hans-Adam II.	5 000.—	
– Gemeinde Balzers	1 100.—	
– Gemeinde Eschen	1 000.—	
– Gemeinde Mauren	1 000.—	
– Gemeinde Planken	300.—	
– Gemeinde Triesen	1 200.—	
– Gemeinde Vaduz	5 000.—	
– Liechtensteinische Kraftwerke, Schaan	1 500.—	
– Liechtensteinische Landesbank, Vaduz	5 000.—	
– Hilti Familienstiftung, Schaan	3 000.—	
– Private Einzelspenden	4 429.40	28 529.40
Unkostenbeitrag des Landesmuseums für den Druck des Jahresberichtes 2000		5 000.—
Spenden für das Vereinsjubiläum 2001		
– Ausserordentlicher Landesbeitrag	150 000.—	
– Gemeinde Vaduz	10 000.—	160 000.—
VERKAUF UND VERTRIEB DIVERSER PUBLIKATIONEN		
– Jahrbücher und Sonderdrucke	5 575.—	
– Liechtensteiner Ortsnamenbuch	1 440.—	
– Peter Geiger: Krisenzeit	4 663.—	
– Magdalena Maczynska: Borscht	680.—	
– Hansjörg Frommelt (Hrsg.): «Fabriklerleben»	338.—	
– Alexander Frick: Mundarten	90.—	
– Diverse Verkäufe	480.—	13 266.—
ZINSEN		
Bank- und Postscheck-Zinsen		8 905.05
ANDERE EINNAHMEN		
Rückerstattung Versandspesen		506.20
TOTAL EINNAHMEN 2001		**446 394.21**

AUSGABEN

JAHRBÜCHER	in CHF	in CHF
Band 100		
– Jahresbericht 2000 (Vorabdruck)	2 188.30	
– Satz, Lithos, Druck, Buchbinder, Gestaltung und Produktionsleitung	108 917.—	
– Aufwand Redaktion	3 076.—	
– Aufwand für zusätzliches Lektorat	1 800.—	
– Versand (Arbeitsaufwand)	2 523.20	
– Versand (inklusive Begleitschreiben)	5 835.50	
– Diverse Spesen	379.96	
Total Aufwand Jahrbücher		124 719.96

GESCHÄFTSSTELLE		
– Personalkosten	53 222.10	
– Papeterie / allgemeiner Bedarf	1 163.60	
– Kopiergerät / Kopien	1 040.10	
– Drucksachen	1 569.90	
– Briefmarken / Versandspesen	3 627.10	
– Telefon und Telefax (inkl. Anschaffung neuer Geräte)	2 710.30	
– Internet / EDV	1 663.05	
– Buchhaltung	3 500.—	
Total Aufwand Geschäftsstelle		68 496.15

HONORARE		
– Entschädigung für den Vereinsvorsitzenden	28 145.40	
– für diverse Gutachten, Führungen und Referate	950.—	
Total Aufwand für Honorare		29 095.40

AUFWAND VEREINSJUBILÄUM		
– Honorare für Beiträge Jahrbuch Band 100	36 000.—	
– Überarbeitung Homepage (Teilzahlung)	2 280.—	
– Spesen Festversammlung	13 063.32	
– Rückstellungen: Spenden für das Vereinsjubiläum	160 000.—	
– Teilauflösung Rückstellungen	./. 51 343.32	
Total Aufwand Vereinsjubiläum		160 000.—

ÜBRIGE AUFWENDUNGEN	in CHF	in CHF
– Abonnemente und Mitgliedschaften	2 263.55	
– Ankäufe für die Vereinsbibliothek	4 742.40	
– Weiterer Buchankauf	600.—	
– Diverse Spesen	4 808.25	
– Bank- und Postcheck-Spesen	626.42	
– Abschreibungen	2 220.92	15 261.54
TOTAL AUSGABEN 2001		**397 573.05**

ÜBERSICHT	in CHF
VEREINSVERMÖGEN per 31. 12. 2001	363 135.78
Liechtensteinische Landesbank, Kontokorrent	572.—
Liechtensteinische Landesbank, D-Konto	12 329.40
Liechtensteinische Landesbank, Sparkonto	193 308.50
Liechtensteinische Landesbank, Callgeld-Anlage	426 000.—
Postscheck-Konto	56 808.31
Kassa	308.05
Debitoren	1 121.—
Kreditoren	./. 10 576.80
Transitorische Passiven	./. 1 402.—
Rückstellungen	./. 315 332.68
EINNAHMEN- UND AUSGABENRECHNUNG	in CHF
Total Einnahmen 2001	446 394.21
Total Ausgaben 2001	397 573.05
Vermögenszunahme 2001	48 821.16
+ Vereinsvermögen 1. 1. 2001	314 314.62
VEREINSVERMÖGEN per 31. 12. 2001	**363 135.78**

FONDS «FORSCHUNG UND PUBLIKATIONEN»	in CHF	in CHF
Vermögensstand per 31. 12. 2001		152 148.10
Banksaldo 31. 12. 2001		150 746.10
Vermögensstand per 1. 1. 2001		130 333.90
Banksaldo 1. 1. 2001		140 559.20
Einnahmen:		
– Spende der Hilti Familienstiftung, Schaan, zweckgebunden für das Projekt «Neubearbeitung der Kunstdenkmäler im Fürstentum Liechtenstein»	10 000.—	
– Teilerlös aus dem Verkauf der Publikation «Elisabeth Castellani: Schloss Vaduz» 2001	41.52	
– Weiterer Erlös aus dem Verkauf der Publikation «Elisabeth Castellani: Schloss Vaduz» (Überweisung 2002)	500.—	
– Gutschrift durch Auflösung des Fonds «Nach Amerika!»	8 269.34	
– Weitere Gutschrift durch Auflösung des Fonds «Nach Amerika!» (Überweisung 2002)	705.—	
– Einnahmen aus dem Verkauf der Publikation «Nach Amerika!» (Überweisung 2002)	197.—	
– Zinsen	2 101.34	
Total Einnahmen		21 814.20
EINNAHMENRECHNUNG:		
Vermögenszunahme 2001		21 814.20
+ Fondsvermögen 1. 1. 2001		130 333.90
FONDSVERMÖGEN per 31. 12. 2001		**152 148.10**

FONDS «NACH AMERIKA!»	in CHF	in CHF
Vermögensstand per 31. 12. 2001		—.—
Banksaldo 31. 12. 2001		—.—
Vermögensstand per 1. 1. 2001		10 379.70
Banksaldo 1. 1. 2001		12 174.70
Einnahmen:		
– Buchverkauf	143.24	
– Zinsen	131.80	
Total Einnahmen		275.04
Ausgaben:		
– Nachdruck englische Zusammenfassung	221.40	
– Überweisung an Landeskasse	1 459.—	
– Auflösung Fonds (1. Überweisung)	8 269.34	
– Auflösung Fonds (2. Überweisung; im Jahr 2002)	705.—	
Total Ausgaben		10 654.74
EINNAHMEN- UND AUSGABENRECHNUNG		
Total Einnahmen 2001		275.04
Total Ausgaben 2001		10 654.74
Vermögensabnahme 2001		./. 10 379.40
+ Fondsvermögen 1. 1. 2001		10 379.40
FONDSVERMÖGEN per 31. 12. 2001		—.—

PRÜFUNGSBERICHT

Auftragsgemäss habe ich die Vermögensrechnung per 31. Dezember 2001 sowie die Rechnung über die Einnahmen und Ausgaben vom 1. Januar 2001 bis 31. Dezember 2001 Ihres Vereins und die Fondsrechnung «Forschung und Publikationen» geprüft. Der Fonds «Nach Amerika!» (Endsaldo CHF 8974.34) wurde im Berichtsjahr aufgelöst und auf den Fonds «Forschung und Publikationen» übertragen.

Ich stelle fest,

- dass die Vermögensrechnung per 31. Dezember 2001, die Rechnung über die Einnahmen und Ausgaben vom 1. Januar bis zum 31. Dezember 2001 sowie die Fondsrechnung «Forschung und Publikationen» mit der Buchhaltung übereinstimmen,
- dass die Buchhaltung sauber und ordnungsgemäss geführt ist,
- dass das Vereinsvermögen (CHF 363 135.78) und das Fondsvermögen «Forschung und Publikationen» (CHF 152 148.10) nachgewiesen sind.

Aufgrund des Ergebnisses der Prüfung beantrage ich, dem verantwortlichen Kassier Alfred Goop sowie dem Rechnungsführer Klaus Biedermann für die ausgezeichnet geführte Jahresrechnung zu danken, ihnen Entlastung zu erteilen sowie die Jahresrechnung und die Fondsrechnung zu genehmigen.

Mauren, 22. Februar 2002

gez. Georg Kieber, Revisor

Liechtensteiner Namenbuch

TÄTIGKEITSBERICHT 2001

PERSONELLES

Im Jahr 2001 hatten Herbert Hilbe und lic. phil. Toni Banzer ein Arbeitspensum von je 50 Prozent für das Liechtensteiner Namenbuch zu erfüllen. Der Germanistikstudent Markus Burgmeier aus Balzers stand während eines grossen Teils seiner Semesterferien für diverse vorbereitende Arbeiten zur Verfügung.

ARBEITSSTAND PER ENDE 2001

Toni Banzer machte eine umfassende Nacherhebung in Triesen aufgrund und mit Hilfe des neu erschienenen Triesner Familienbuches. Zusammen mit dem Praktikanten Markus Burgmeier erstellte er eine Materialsammlung zu den Übernamen und Sippschaftsnamen in Balzers. Markus Burgmeier erarbeitete die Materialsammlung zu den Über- und Sippschaftsnamen in Gamprin, Mauren und Schellenberg. Für die Gemeinde Gamprin muss allerdings im Jahr 2002 noch eine Nacherhebung geleistet werden. Zudem besorgte Markus Burgmeier die Bearbeitung aller belegten, das heisst der noch lebenden und auch der historischen erfassbaren Familiennamen.

Herbert Hilbe bewerkstelligte die Materialsammlung in den Gemeinden Triesenberg, Ruggell, Schaan, Vaduz und Eschen. Zudem war er mit der gesamten Aufbereitung des Materials und der Zusammenführung der Dateien beschäftigt.

SONSTIGE TÄTIGKEITEN

Toni Banzer erledigte ausserdem noch folgende nebenbei anfallenden Arbeiten: Verwaltung allgemein (Finanzen, Verwaltung des Kopierers, Schriftverkehr usw.), Zusammenarbeit mit der Gemeinde bei der Strassennamengebung in Eschen. Ausserdem regte er eine neue Strassennamengebung in Schellenberg an.

AUSBLICK AUF 2002

Gemäss Arbeitsplan und Verpflichtungskredit muss das Personennamenbuch bis zum 31. Dezember 2002 fertiggestellt sein. Das bedeutet, dass zu diesem Zeitpunkt das druckfertige Manuskript vorliegen muss. Um dieses Ziel zu erreichen, wird folgendes Vorgehen gewählt:

PERSONELLES

Toni Banzer wird aufgrund seiner noch bestehenden Verpflichtungen im ersten Halbjahr 2002 zu 50 Prozent für das Personennamenbuch tätig sein. Herbert Hilbe wird während der ersten sechs Monate des Jahres 2002 zu 100 Prozent für das Personennamenbuch arbeiten.

Durch diese Aufteilung des Jahres in zwei Teile soll eine möglichst hohe Flexibilität für den personellen Einsatz erreicht werden, damit der Arbeitsplan (vgl. dazu die folgenden Ausführungen) möglichst eingehalten und Mitte des Jahres 2002 allenfalls auf den Arbeitsstand reagiert werden kann.

ARBEITSPLAN

Das Personennamenbuch wird aus folgenden Teilen bestehen:

- Sammlung und Erklärung der Über- und Sippschaftsnamen des Landes nach Gemeinden;
- Sammlung und Erklärung aller historisch fassbaren und heute noch lebenden Familiennamen des Landes (alphabetisch);
- Erklärung der Vornamen und Sammlung ihrer mundartlichen Formen, Kurz- und Koseformen aufgrund der Über- und Sippschaftsnamen (alphabetisch).

Bis zum 30. Juni 2002 wird Toni Banzer die Familiennamen bearbeiten, währenddem Herbert Hilbe die Sammlung der Über- und Sippschaftsnamen fertigstellen und aus diesem Korpus die Vornamen und Vornamenformen herausarbeiten wird.

Diese Tätigkeiten sollten bis Ende des ersten Halbjahres abgeschlossen sein; dies ermöglicht es für das zweite Halbjahr, die Werkseinführung und -handhabung sowie die wissenschaftlichen Texte und Erklärungen allgemeiner Art (etwa zur Namenbildung und zur Systematik der Über- und Sippschaftsnamen) zu verfassen und das Manuskript zum Druck vorzubereiten. Das so entstehende Manuskript des Personennamenbuchs wird in zwei oder möglicherweise in drei Bänden erscheinen können.

BUDGET 2002

Aufgrund des von beiden Projektmitarbeitern im Jahr 2001 auf 50 Prozent reduzierten Aufwandes stehen für das Jahr 2002 noch genügend Mittel zur Verfügung, um den oben beschriebenen Arbeitsplan zu finanzieren. Insgesamt stehen noch 325 000.– Franken zur Verfügung. Bei den voraussichtlichen Personalkosten von etwa 250 000.– Franken sind für die anfallenden Kosten, den Studenten Markus Burgmeier sowie Unvorhergesehenes genügend Mittel vorhanden, die vermutlich nicht ausgeschöpft werden.

DANK

Unser Dank gilt all denen, die uns im Berichtsjahr in unserer Arbeit unterstützt haben, der Regierung und dem Historischen Verein für das Fürstentum Liechtenstein, namentlich seinem Präsidenten Dr. Rupert Quaderer und dem Geschäftsführer Klaus Biedermann für die unkomplizierte Zusammenarbeit und das Vertrauen.

Triesen, 3. Januar 2002

LIECHTENSTEINER NAMENBUCH
lic. phil. Toni Banzer
Herbert Hilbe

ANSCHRIFT

Liechtensteiner
Namenbuch
Messinastrasse 5
Postfach 415
FL-9495 Triesen

Telefon 00423 / 236 75 70
Telefax 00423 / 236 75 58

Liechtensteinisches Urkundenbuch

TÄTIGKEITSBERICHT 2001

ALLGEMEINES

Im Rahmen des für die Fortsetzung des Liechtensteinischen Urkundenbuches gesprochenen Verpflichtungskredites konnten die Arbeiten an diesem für die Erforschung der mittelalterlichen Landesgeschichte grundlegenden Quellenwerk mit einem 50-Prozent betragenden Pensum fortgeführt werden. Mit dem ersten Band des zweiten Teils des Liechtensteinischen Urkundenbuches (LUB II/1) steht nun die Bearbeitung und Edition des vorhandenen Quellenbestandes zur Herrschaftszeit der Herren von Brandis (1417–1510) an. Nachdem die Sammlung der schriftlichen Zeugnisse dieses knappen Jahrhunderts brandisischer Machtausübung in der Grafschaft Vaduz und in den Herrschaften Schellenberg, Blumenegg und Maienfeld (ab 1437) weit vorangetrieben werden konnte, schien es zweckmässig und ratsam, sich auf die Transkriptions- und Editionsarbeiten der in den liechtensteinischen Archiven liegenden Urkunden zu konzentrieren. Dies auch im Hinblick darauf, die übernommene Verpflichtung der Edition der in den in- und ausländischen Archiven ursprünglich geschätzten Anzahl von zirka 250 Urkunden zu erfüllen.

ARBEITSSTAND

Aufgrund der erwähnten Prioritätensetzung erhöhten sich die in der Quellen-Datenbank verzeichneten Schriftzeugnisse zur Herrschaftszeit der Herren von Brandis nur mehr leicht auf 1069 Datensätze. Die aus diesem gesammelten Datenmaterial aufbereitete Regestensammlung wurde ergänzt und kann Interessierten nun auch auf dem Internet über die Homepage des Liechtensteinischen Landesarchivs http://www.landesarchiv.li zur Verfügung gestellt werden.

Der weitaus grösste Teil der Arbeitszeit im vergangenen Jahr wurde zur Bearbeitung des liechtensteinischen Urkundenmaterials aufgewendet. So konnten die Transkriptionsarbeiten für rund 150 Urkunden weitestgehend beendet werden. Die damit verbundenen Editionsarbeiten (diplomatischer Apparat, Sachanmerkungsapparat, Register) wurden teilweise ebenfalls in Angriff genommen, können jedoch aus arbeitstechnischen Gründen erst später abgeschlossen werden.

Die Arbeiten am LUB II/1 gehen somit – soweit überblickbar – planmässig voran. Es ist allerdings an die im Jahresbericht 2000 gemachten grundsätzlichen Überlegungen zu erinnern, wonach eine exakte Terminplanung bei der Erarbeitung eines Urkundenbuches auf erhebliche Schwierigkeiten stösst. Insbesondere im Fall des LUB II, wo der schliesslich zu edierende Quellenbestand erst nach Abschluss der Quellensammlung endgültig feststehen wird.

SONSTIGE TÄTIGKEITEN

Eine 50-Prozent betragende Arbeitsstelle verlangt notgedrungen einen haushälterischen Umgang mit der zur Verfügung stehenden Arbeitszeit. So konnten die Pläne zur gewünschten Öffentlichkeitsarbeit leider noch nicht realisiert werden, sollten aber im kommenden Jahr hoffentlich zur Ausführung gelangen.

Auf Betreiben des stellvertretenden Landesarchivars lic. phil. Paul Vogt wurde die Regestsammlung des LUB II/1 «Internet tauglich» aufbereitet und kann nun über die oberwähnte Internetadresse eingesehen werden.

Im Rahmen seiner Urkundenbuchtätigkeit durfte der Bearbeiter schliesslich manche Arbeiten mit Quellen- und Literaturhinweisen unterstützen.

Im Hinblick auf eine anzustrebende Neuregelung der Trägerschaft des LUB, insbesondere hinsichtlich einer längerfristigen finanziellen Sicherung des LUB, wurde vom Historischen Verein für das Fürstentum Liechtenstein im Berichtsjahr ein ausführlich begründeter Antrag zur Angliederung des LUB an das Liechtensteinische Landesarchiv an die Regierung gestellt. Obwohl der Antrag von der Regierung mit «Interesse zur Kenntnis genommen und geprüft» wurde, konnte das Begehren vorerst nicht berücksichtigt werden. Die dem LUB versicherte grundsätzliche Unterstützung bestärkt jedoch die derzeitige Trägerschaft in ihrer Zuversicht, den Antrag im kommenden Jahr 2002 erneut einreichen zu dürfen.

AUSBLICK

Im Jahre 2002 werden die Transkriptionsarbeiten schwerpunktmässig weitergeführt. Dabei werden nebst den in liechtensteinischen Archiven liegenden Urkunden auch solche aus Archiven des benachbarten Auslandes zur Bearbeitung gelangen. Darüber hinaus sollen die Editionsarbeiten intensiviert, insbesondere die Abklärungen zum Sachanmerkungsapparat vorangetrieben werden.

Schliesslich besteht die Absicht, die schon seit längerer Zeit gehegten Pläne, das Liechtensteinische Urkundenbuch einer interessierten Öffentlichkeit vorzustellen, in die Tat umzusetzen.

DANK

Als Bearbeiter des LUB II möchte ich der Trägerschaft des Urkundenbuch-Projektes, dem Historischen Verein und seinem Vorstand, insbesondere dem Präsidenten Dr. Rupert Quaderer und dem Geschäftsführer lic. phil. Klaus Biedermann für das entgegengebrachte Vertrauen und die Unterstützung danken. Dank gebührt auch dem Liechtensteinischen Landesarchiv, wo das LUB eine Heimstätte gefunden hat, namentlich dem stellvertretenden Landesarchivar lic. phil. Paul Vogt und den Archivbetreuerinnen Olga Anrig, Nicole Hanselmann, Edith Hilti, Marianne Kaufmann und Rita Tobler, von denen ich stets die bestmögliche Hilfe erfahren durfte. Schliesslich möchte ich mich bei allen Kolleginnen und Kollegen bedanken, die durch ihre Quellen- und Literaturhinweise zur Materialfülle des LUB II beigetragen haben.

Vaduz, am 28. Januar 2002

LIECHTENSTEINISCHES URKUNDENBUCH
Claudius Gurt

ANSCHRIFT

Liechtensteinisches
Urkundenbuch
c/o Liechtensteinisches
Landesarchiv
zu Handen von
Claudius Gurt
Städtle 51
FL-9490 Vaduz

Projekt «Kunstdenkmäler des Fürstentums Liechtenstein»

TÄTIGKEITSBERICHT 2001

ALLGEMEINES

Das Projekt zur Neubearbeitung der Publikation «Kunstdenkmäler des Fürstentums Liechtenstein» steht unter der Trägerschaft des Historischen Vereins für das Fürstentum Liechtenstein. Es wurde im Berichtsjahr wie seit Beginn der Arbeiten im Oktober 1999 auf der Basis eines auf fünf Jahre ausgerichteten Werkvertrages von der Kunsthistorikerin Dr. Cornelia Herrmann betreut.

FACHKOMMISSION

Zur Begleitung und Herausgabe des Buches hat der Historische Verein im Jahr 2000 die Fachkommission «Kunstdenkmäler des Fürstentums Liechtenstein» eingesetzt (siehe Jahresbericht 2000). Die Hauptaufgabe der Fachkommission bestand in der wissenschaftlichen Beratung der Autorin, der Mitbeurteilung der Manuskripte sowie der fachlichen Unterstützung der Trägerschaft in den von der Präsidentin der Fachkommission lic. phil. Eva Pepić einberufenen Sitzungen.

Im Berichtsjahr fanden zwei Sitzungen der Fachkommission in Anwesenheit von Dr. Rupert Quaderer, HVFL, dem Geschäftsführer lic. phil. Klaus Biedermann sowie der Autorin statt. Im Zentrum der Sitzung vom 30. Mai 2001 stand die Besprechung des Probemanuskriptes «Gemeinde Schaan» sowie die Zeit- und Detailplanung der folgenden Kapitel. Anlässlich der dritten Sitzung am 3. September 2001 konnte Dr. Isabelle Rucki begrüsst werden, die neu als Vertreterin der Gesellschaft für Schweizerische Kunstgeschichte (GSK) Einsitz in die Kommission nahm.

ARBEIT DER AUTORIN

Das im Jahr 2000 abgeschlossene und mit 126 Druckseiten (inklusive 100 Abbildungen) deutlich umfangreicher als geplant ausgefallene Probemanuskript «Gemeinde Schaan» wurde im Berichtsjahr als substantiell gut und fundiert bewertet. Der von der GSK beauftragte Begutachter, Dr. Alphons Raimann, Amt für Denkmalpflege und Inventarisation, Frauenfeld, selbst langjähriger Autor der Kunstdenkmälerbände in der Schweiz, beurteilte das Manuskript in seinem Gutachten vom 28. Mai 2001 positiv. Auch die GSK beglückwünschte mit Schreiben vom 27. Juni 2001 die umfassende und sich durch eine gut verständliche Sprache auszeichnende Arbeit.

Im Zentrum der Arbeiten des Berichtsjahres 2001 stand die Bearbeitung des Manuskriptes «Gemeinde Eschen» mit Fertigstellung im Oktober 2001. Die Umfangsberechnung wurde auf rund 90 Druckseiten mit 80 Abbildungen ausgelegt. Ein ständiger Arbeitsplatz stand im Gemeindearchiv Eschen zur Verfügung und die Betreuung durch Erich Allgäuer in Archiv und Dokumentationsstelle waren von besonderem Interesse und Engagement gekennzeichnet. Die Depots der Gemeinde sind eine Fundgrube zur Dorfgeschichte, mit Einzelobjekten, die leider noch keinen dauerhaften Ausstellungsort, nun jedoch in Teilen Aufnahme in den Kunstdenkmälerband gefunden haben. Das Pfarrhaus mit Resten des Pfarrarchivs und sakralen Ausstattungsstücken aus der neuen Pfarrkirche vor der Restauration von 1977 bis 1979 stand ebenso auf dem Programm wie das Liechtensteinische Landesarchiv. Dort wurden insbesondere Baubewilligungen für Eschner Profanbauten seit 1885, Quellen aus dem Pfarrarchiv Eschen sowie Urkunden und schriftliche Quellen aus dem Stiftsarchiv Pfäfers bearbeitet. Im Liechtensteinischen Landesmuseum standen eine umfangreiche Inventar-Kartei sowie etliche Originalobjekte zur Verfügung und das Hochbauamt mit Archäologie und Denkmalpflege gewährte Einsicht in die betreffenden Akten.

Begonnen wurde Ende des Jahres mit den Recherchen zu den Kunstdenkmälern in der Gemeinde Triesen, die bis zum Sommer 2002 andauern werden. Die Arbeiten in den Gemeinden Eschen und Triesen erfolgten beziehungsweise erfolgen hinsichtlich des Umfangs sowie des Zeitplanes gemäss der Berechnung eines zweibändigen Werkes und befinden sich dahingehend im Sollplan.

Im September 2001 referierte die Autorin in Kempten im Allgäu zum Thema «Holz oder Stein. Alpine Kur- und Berghäuser Liechtensteins zwischen Tradition und Moderne» anlässlich des Kongresses «Sachkultur in den alpinen Gesellschaften» der «Internationalen Gesellschaft für historische Alpenforschung». Eine Publikation der Kongressbeiträge wird im Jahr 2002 erscheinen. Die Autorin nahm ausserdem teil an der jährlichen Zusammenkunft der Geschäftsleitung der GSK mit den Autoren und Autorinnen der Kunstdenkmäler- und der INSA-Reihe. Sie fand am 2. und 3. November 2001 in Zürich statt, wo ausserdem die Autorenkolleginnen Regine Abegg und Christine Barraud-Wiener kompetent durch die Altstadt zum Thema «Die Stadt an der Limmat» führten.

AUSBLICK

Durch die Bearbeitung der Kunstdenkmäler in der Gemeinde Schaan mit den thematischen Schwerpunkten Topographie, Archäologie, Geschichte und Kirchengeschichte, Verkehr und Erschliessung, Siedlungsgeschichte, Sakralbauten, Bildstöcke und Wegkreuze, Profanbauten, Denkmäler, Brunnen und Verkehrstechnische Bauten erhielt das Projekt eine erste Basis zur Begutachtung und weiteren Planung. Erst der Gesamtüberblick über das Inventarisationsgebiet Schaan hat eröffnet, wie umfangreich und ergiebig das Material an Baudenkmälern, beweglichen Kulturgütern und den damit in Zusammenhang stehenden Quellen im Fürstentum Liechtenstein ist.

Eine Zunahme der Bautätigkeit seit Beginn des 20. Jahrhunderts führte zur zahlenmässigen Zunahme der zu bearbeitenden Objekte. Zudem kamen neue Arbeitsschwerpunkte wie beispielsweise Siedlungsentwicklung und Profanbauten, Brunnen und Denkmäler hinzu. Der Umfang des Quellenmaterials bei jüngeren Denkmälern ist ebenso gestiegen wie eine seit den 1950er Jahren vervielfachte Forschungsliteratur. Umfangreiche Restaurierungen, Umbaumassnahmen und begleitende Bauforschungen kennzeichnen die Entwicklung im Fürstentum Liechtenstein. All diese Faktoren haben zu einer Zunahme des Stoffumfangs und zur Erhöhung des Aufwands geführt, der zu dessen Bearbeitung und Darstellung erforderlich ist.

In der Folge der Ergebnisse des Manuskriptes «Gemeinde Schaan» wurde die Weiterführung des Projektes als mehrbändige Version sowohl von der Fachkommission, dem Vorstand des HVFL als auch von der GSK, Bern, geprüft. Nach gemeinsamer Absprache wurde vom Vorstand des HVFL eine zweibändige Version befürwortet, unterstützt durch eine Zusage seitens der GSK. Die GSK erklärte sich zur Herausgabe eines zweiten Bandes mit redaktioneller Begleitung und Druck ohne zusätzliche Mitfinanzierung durch das Fürstentum Liechtenstein bereit. Hiermit bietet sich eine einmalige Chance zur weitsichtigen ganzheitlichen Darstellung des architektonischen Erbes ohne fragmentierende Entstellung, zu einer kohärenten Darstellung der Siedlungen und Gebäude, die heute das gebaute Liechtenstein ausmachen.

Das Anliegen wurde im Berichtsjahr als Antrag auf inhaltliche und zeitliche Erweiterung des Projektes auf zwei Bände und einem Ende des Projektes im Jahr 2009 Liechtenstein zusammen mit neuen zeitlichen und finanziellen Berechnungen an die Regierung des Fürstentums weitergeleitet. Getragen wurde der Antrag vom Vorstand des HVFL, der Fachkommission, dem Begutachter und der GSK.

Im Jahr 2002 wird nach erfolgter Stellungnahme der Gemeinden eine Behandlung durch Regierung und Landtag stattfinden können. Die Entscheidung über eine Erweiterung und Verlängerung ist für die Weiterführung des Gesamtprojektes von grundlegender Bedeutung. Somit hoffe auch ich als Autorin auf die Weitsicht aller politisch Verantwortlichen.

DANK

Als Autorin der «Kunstdenkmäler des Fürstentums Liechtenstein» möchte ich der Trägerschaft des Projektes, dem Historischen Verein und seinem Vorstand, insbesondere dem Präsidenten Dr. Rupert Quaderer für das entgegengebrachte Vertrauen, das besondere Interesse und Engagement danken. Ebenfalls gedankt sei lic. phil. Klaus Biedermann als wichtige Ansprechperson in Fragen Buchhaltung und Protokollführung sowie als zentrale Schaltstelle des HVFL für die stets effektive und speditive Zusammenarbeit.

Dank gebührt vor allem all denen, die im Berichtsjahr die Grundlagenforschung mit Gesprächen, Informationen und Material unterstützt haben. Hierzu gehört insbesondere Erich Allgäuer von der Dokumentationsstelle der Gemeinde Eschen. Von ihm wird auch das dortige Gemeindearchiv betreut. Zudem bereichert er die Mitteilungsblätter der Gemeinde Eschen mit historisch interessanten Zentralthemen. Mit fundiertem Wissen über Gemeindegeschichte, Hintergründe und Aktualitäten lieferte er wichtige Informationen. Er begleitete die Autorin in die Depots der Gemeinde sowie in das Pfarrhaus, wo von Pfarrer Paul Deplazes Einblick in Teile des Pfarrarchivs und das Inventar gewährt wurden.

Das Team des Liechtensteinischen Landesarchives mit dem Archivleiter lic. phil. Paul Vogt und den Archivbetreuerinnen Olga Anrig, Nicole Hanselmann, Edith Hilti, Marianne Kaufmann und Rita Tobler ermöglichte ein effizientes Arbeiten in konstruktiver Atmosphäre. Auch dem Hochbauamt mit Denkmalpflege und Archäologie, namentlich lic. phil. Patrik Birrer, Jürgen Fränzer beziehungsweise Hansjörg Frommelt und Mag. Ulrike Mayr, wie auch dem Liechtensteinischen Landesmuseum unter der Leitung von lic. phil. Norbert W. Hasler sei für die kooperative Zusammenarbeit gedankt. Ein Dankeschön ist ebenso an die Kollegen des Historischen Lexikons für das Fürstentum Liechtenstein zu richten, namentlich lic. phil. Fabian Frommelt und Jürgen Schindler, die mit wichtigen Informationen zur Materialfülle beigetragen haben.

Das auf mehrere Jahre angelegte Projekt, das der kulturellen Weitsicht und des langfristigen Wohlwollens bedarf, ist auf die Wertschätzung sowie die materielle Unterstützung seitens der öffentlichen Hand wie auch privater Sponsoren angewiesen. Neben der Finanzierung durch die Regierung und die Gemeinden des Landes sei die Förderung durch die Hilti Familienstiftung, Schaan, und die Karl Danzer Stiftung, Vaduz, hervorgehoben und beiden Stiftungen ein besonderer Dank ausgesprochen.

Triesen, 4. Februar 2002

PROJEKT «KUNSTDENKMÄLER DES FÜRSTENTUMS LIECHTENSTEIN»
Dr. Cornelia Herrmann

ANSCHRIFT

Kunstdenkmäler des Fürstentums Liechtenstein
c/o HVFL
Messinastrasse 5
Postfach 626
FL-9495 Triesen

Telefon 00423 / 236 75 38
Telefax 00423 / 236 75 48
E-Mail cherrmann@hvfl.li

Vorarlberger Sprachatlas mit Einschluss des Fürstentums Liechtenstein

TÄTIGKEITSBERICHT 2001

Im Anschluss an die Durchführung der Korrekturen an der sechsten und letzten Lieferung von Band IV begann die Ausarbeitung der zweiten Lieferung für Band III zu den Themen Konsonantismus und Morphologie. Diese zweite Lieferung konnte im April 2001 abgeschlossen und das druckfertige Material zur Firma Orell Füssli nach Zürich gebracht werden.

Damit wurde Thema Konsonantismus abschliessend dargestellt. Für Liechtenstein besonders wichtig sind dabei die Entsprechungen der Konsonanten «t» und «d» in ihrer althochdeutschen Form. Auffällig sind die zahlreichen Fortisierungen des althochdeutschen «d» im Anlaut, zum Beispiel in *törr* «dürr», *trååt* «Draht», *teggi* «Decke», oder *tengga* «denken». Im Liechtensteiner Oberland konnte hingegen die Lenisierung von *(ich) dua* «ich tue» festgestellt werden. Bemerkenswert ist der besonders im Liechtensteiner Unterland beobachtete Schwund des «d», so zum Beispiel in *waal* «Wald», *fäll* «Feld», *wann* «Wand», *kinn* «Kind», usw. Zum Teil war dieser Schwund indes auch im Oberland feststellbar. Bei der Entsprechung des anlautenden «k» bildet die Gemeinde Triesenberg wiederum eine Sprachinsel, belegt etwa durch *chua* «Kuh», *chasta* «Kasten» und *chübel* «Kübel». Im Inlaut gilt im Rheintal das romanische «gg» für «ck», so zum Beispiel in *Bogg* «Bock», *Sagg* «Sack», *schegga* «schicken», *Agger* «Acker». Aber einzig in Liechtenstein gibt es die «hyperkorrekten» Lautungen *kchmachat* «gemacht», *kchnoo* «genommen» und beispielsweise *kchlogga* «Glocke». Zu einzelnen Fragestellungen wurden ausführliche Kommentare verfasst, in denen versucht wird, die Lautphänomene zu erklären.

Ab Ende April 2001 erfolgte die Ausarbeitung der ersten Lieferung für Band V, welcher den zweiten Wortschatzband darstellt. Grundlage für diese Ausarbeitung war das Manuskript von Dr. Hubert Klausmann, welches zu prüfen und in vielen Punkten zu ergänzen war. Wichtige Ergänzungen bestanden in der Einarbeitung von zusätzlichem Spontanmaterial. Bereits vorliegende Kommentare wurden zum Teil wesentlich erweitert. Dabei habe ich die lautlichen Probleme und die sachlichen Hintergründe genauer erläutert. Letztere wurden durch die Weiterführung des Abbildungsbandes anschaulich gemacht. Die Druckvorlage für die 14. Lieferung dieses Abbildungsbandes konnte ebenso noch im Berichtsjahr bereinigt und abgeschlossen werden.

Die erste Lieferung von Band V enthält nun den deutschen Wortschatz, wobei auch für Liechtenstein viele Bezeichnungen dokumentiert wurden, die die jüngere Generation nicht mehr kennt, so zum Beispiel jene der *Gabeldeichsel* «Lande», der *Eidechse* (im Oberland «Gigochs» oder «Eggesle», im Unterland «Eggeiss»), das knallende Ende der Peitschenschnur («Zwigg»), für das «Fangenspielen» (*Faahetis* machen, *Fangis* machen; in Triesenberg: *fängeren*), doch Wörter wie *gääch* «steil» oder *Ziischtig* «Dienstag» dürften noch allgemein bekannt sein, sicher auch noch «Küfer» oder «verschwellen» (Holzgeschirre dicht machen). Es sind aber Begriffe, die infolge der technischen Entwicklung heute nicht mehr lebendig sind. – Zu dieser Lieferung gehört auch die Kartengruppe «Axt», beinhaltend die Begriffe Axt, Beil und Deichsel.

Alle 32 Karten dieser ersten Lieferung von Band V wurden, ergänzt durch die Kommentare, am 17. September 2001 zur weiteren Bearbeitung der Firma Orell Füssli in Zürich übergeben. Es folgte daraufhin ein Prüfungs- und Korrekturdurchgang, der Mitte Dezember 2001 abgeschlossen werden konnte. Wie schon in den vergangenen Jahren verfasste ich die Reinschrift der Kommentare und ich bewerkstelligte auch die Herstellung der Codierungslisten.

Wangen, 15. Dezember 2001

VORARLBERGER SPRACHATLAS MIT
EINSCHLUSS DES FÜRSTENTUMS
LIECHTENSTEIN
Professor Dr. Eugen Gabriel

ANSCHRIFT

Vorarlberger Sprachatlas
mit Einschluss des Fürsten-
tums Liechtenstein
Flandernstrasse 13/1
D-88239 Wangen im
Allgäu

Tel. 0049 / 7522 / 809 11
Fax 0049 / 7522 / 293 01

Impressionen von der Ausstellung zum 100. Todestag von Josef Gabriel Rheinberger, durchgeführt im Herbst 2001 im Rathaussaal in Vaduz. Konzipiert und realisiert wurde die Ausstellung vom Atelier Silvia Ruppen, Vaduz. Unten: der Museumsleiter Norbert W. Hasler bei der Einrichtung einer Vitrine für die Sonderausstellung

trägt das Museum auch wesentlich zur Sensibilisierung in denkmalpflegerischen Belangen bei.

Das Liechtensteinische Landesmuseum war im Berichtsjahr massgebend in Planung, Aufbau und Durchführung der Ausstellung «Josef Gabriel Rheinberger – Einblicke in sein musikalisches Schaffen», die vom 28. September bis 21. Oktober 2001 im Rathaussaal in Vaduz stattgefunden hat, involviert.

Die gute Zusammenarbeit mit dem Amt für Briefmarkengestaltung hat in den vergangenen Jahren zu verschiedenen Briefmarkenausgaben mit Motiven aus den Sammlungen des Liechtensteinischen Landesmuseums geführt. Im Berichtsjahr sind dies gleich drei Briefmarkenserien: die Ausgabe zum Hundert-Jahr-Jubiläum des Historischen Vereins mit dem grossen Krieger von Gutenberg und der karolingischen Kreuzfibel, die Briefmarken mit den Votivtafeln in der Septemberausgabe sowie die Weihnachtsserie mit drei barocken Medaillons aus dem fünfzehnteiligen Rosenkranzzyklus aus den Museumssammlungen.

Drei Briefmarkenausgaben des Jahres 2001 sind geschmückt mit Motiven aus den Sammlungen des Liechtensteinischen Landesmuseums.

Museums- und Ausstellungsbesuche galten der Orientierung im Hinblick auf die Neugestaltung des künftigen Liechtensteinischen Landesmuseums. Neben der aktiven Mitarbeit in mehreren Fachgremien wurden die Projekte Bau und Ausstellung Landesmuseum in vielen Sitzungen und Arbeitstagungen in Fachkommissionen konkretisiert und in die Phase der Detail- und Ausführungsplanung geführt. Am 30. Oktober 2001 wurden durch das Ausstellungsgestaltungs-Team Hanspeter Gassner und Sabine Kranz die Projektpläne der künftigen Dauerausstellungen vorgelegt. Mit dem Richtfest vom 30. November 2001 fand in würdigem Rahmen die erste Bauetappe, die mit dem Spatenstich am 20. September 1999 begonnen hatte, ihren Abschluss: die Rohbauarbeiten des Erweiterungsbaus sind termingerecht beendet worden. Im kommenden Jahr sollen die gesamten Bau- und Renovationsarbeiten abgeschlossen werden, so dass auf Mitte 2003 mit der Neueröffnung des Liechtensteinischen Landesmuseums gerechnet werden kann.

Museumsintern konnten verschiedene seit langem anstehende Projekte einer Lösung zugeführt

Der Palmesel aus den Sammlungen des Liechtensteinischen Landesmuseums war im Frühjahr 2001 zu Gast an der Sonderausstellung «Tiere in der Bibel – Gefährten und Feinde», welche im Naturmuseum in Chur durchgeführt wurde.

werden. Die Bibliothek des Landesmuseums wurde in Zusammenarbeit mit der Leitung der Liechtensteinischen Landesbibliothek neu geordnet und im Aleph-System der Landesbibliothek erfasst. Das Projekt kann bis Frühjahr 2002 abgeschlossen und inskünftig museumsintern weitergeführt werden. Ebenso wurden sämtliche Eingangsmeldungen der Sammlungsbestände seit 1975 überarbeitet. Sie liegen nun gebunden in 13 Bänden vor. Das im Jahr 2000 eingeführte EDV-Programm MuseumPlus hat sich zwischenzeitlich sehr gut bewährt; das bisherige Karteikarteninventar wird laufend in die EDV-Sammlungsverwaltung übertragen und ergänzt. Nicht nur die fachgerechte Betreuung und Verwaltung des bestehenden Sammlungsbestandes, sondern auch die gezielte Umsetzung der Sammlungspolitik und Sammlungserweiterung ist für jedes Museum von zentraler Bedeutung. Hinzu kommt auch die Bearbeitung verschiedener Leihgesuche anderer Museen. Unter anderem war der Palmesel aus den Sammlungen des Landesmuseums glanzvolles Exponat in der vielbeachteten Sonderausstellung «Tiere in der Bibel – Gefährten und Feinde», die vom 17. Januar bis 17. April 2001 im Bündner Naturmuseum in Chur stattgefunden hat.

Im Restaurierungsbereich wurden neben der laufenden konservatorischen Wartung der Sammlungen zahlreiche Objekte für die künftigen Ausstellungen untersucht und gepflegt. Mit dem Werkstattkonzert in der Orgelbaufirma Kuhn AG in Männedorf vom 9. November 2001 waren die Restaurierungsarbeiten am Bodenseepositiv aus dem 17. Jahrhundert abgeschlossen. Der Rücktransport erfolgte am 5. Dezember 2001.

Paul Frick, langjähriger Museumstechniker und -fotograf, trat im Berichtsjahr 2001 in den verdienten Ruhestand.

MUSEUMSPERSONAL, TAGUNGEN, PROJEKTE

Mit der Erreichung des 64. Altersjahrs am 21. Januar 2001 trat Paul Frick nach über dreissigjähriger Tätigkeit beim Liechtensteinischen Landesmuseum in den wohlverdienten Ruhestand. In einer würdigen Feier wurde Herr Frick am 1. Februar 2001 durch den Stiftungsrat, die Museumskommission und die Museumsleitung vom Museumsdienst verabschiedet. Im Zuge der Neustrukturierung der Personalsituation beim Landesmuseum konnte die neuformulierte vakante Stelle im Dezember 2001 zur Neubesetzung ausgeschrieben werden. Stiftungsrat und Museumsleitung gelangten am 13. Juli 2001 mit einem Gesamtdossier betreffend der künftigen Personal- und Betriebssituation des Landesmuseums an die Regierung. Die Lösung der darin angesprochenen Probleme ist für die Jahre 2002 und 2003 in Aussicht gestellt.

Die 1999 wiederbesetzte Sekretariatsstelle konnte von 50 Prozent auf ein 80 Prozent-Pensum erhöht werden. Vom 1. Oktober 2001 bis 31. März 2002 ist zudem Frau Anita Schädler, Triesenberg, aushilfsweise in der Museumsverwaltung tätig.

In das Berichtsjahr fallen zwei Dienstjubiläen: am 1. April 2001 war der Museumsleiter lic. phil. Norbert W. Hasler zwanzig Jahre beim Landesmuseum tätig, am 1. November 2001 konnte Thomas Müssner, Museumsrestaurator, sein zehnjähriges Dienstjubiläum begehen.

Neben den wöchentlichen Teamsitzungen nahmen die Mitarbeiterinnen und Mitarbeiter des Landesmuseums an unterschiedlichen Tagungs- und Weiterbildungsprogrammen im In- und Ausland teil. Zusammen mit dem Ausstellungsgestalter-Team besuchte der Museumsleiter am 21. Juni die 4. Internationale Fachmesse für Museumswesen, Sammlungen, Restaurierung und Ausstellungstechnik MUTEC 2001 in München. Thomas Müssner nahm an der im Rahmen der Mutec organisierten Restauratorentagung «Schimmel – Gefahr für Mensch und Kulturgut durch Mikroorganismen» vom 21. bis 24. Juni teil. Arthur Brunhart begann den zweiten Teil der berufsbegleitenden Ausbildung in Museologie an der Universität Basel. Der Abschluss dieses Nachdiplomstudiums erfolgt im Juni 2002. Zudem wurde Arthur Brunhart in die Unabhängige Historikerkommission «Liechtenstein im Zweiten Weltkrieg», die unter dem Vorsitz von PD Dr. Peter Geiger, Schaan, steht, berufen. Arthur Brunhart war vor allem in der Konzepterarbeitung für verschiedene museumsrelevante Belange sowie im Ausstellungsmanagement des Liechtensteinischen Landesmuseums tätig.

Mit den Vorarbeiten der seit längerem geplanten Edition der Helbert Chronik wurde ebenfalls im Laufe des Jahres begonnen. Zudem konnte das interessante Dokument aus der Zeit der Franzosenkriege, 1799 von Johann Georg Helbert geschrieben, in kleiner Auflage faksimiliert werden. Dem Rheinberger Familienarchiv, in dem sich das Origi-

Das Landesmuseum vor dem Neubeginn: Architekt Frank Brunhart führte anlässlich der Richtfeier im November 2001 die geladenen Gäste durch die Baustelle.

nal befindet, sei an dieser Stelle für die wohlwollende Zusammenarbeit herzlich gedankt.

PROJEKT RENOVATION UND ERWEITERUNG LANDESMUSEUM

In verschiedenen Gremien und Fachkommissionen wurde mit grossem Engagement am Bau- und Ausstellungsprojekt des künftigen Liechtensteinischen Landesmuseums weitergearbeitet. Allen Beteiligten sei an dieser Stelle für die gute und zielführende Mitarbeit gedankt. Mit der Richtfeier vom 30. November 2001 wurde ein erstes grosses Etappenziel erreicht. In Anwesenheit von Regierungschef Otmar Hasler, Landtagspräsident Klaus Wanger und zahlreicher geladener Gäste konnte vor Ort ein Augenschein über das bisher Erreichte genommen werden. Architekt Frank Brunhart führte durch die Baustelle und erläuterte die komplexen Sachverhalte bezüglich Renovation der Altbauten sowie Errichtung des hangseitigen Erweiterungsbaus. Die zu diesem Anlass zusammengefassten Ausführungen der Architektengemeinschaft Brunhart, Brunner, Kranz finden sich im Anhang dieses Jahresberichtes.

WOHNMUSEUM HAUS NR. 12 IN SCHELLENBERG

Das Haus Biedermann, eine Aussenstelle des Liechtensteinischen Landesmuseums, wurde im Berichtsjahr von mehr als Tausend Besucherinnen und Besuchern besichtigt, darunter erfreulich viele Gruppen und Schulklassen. Die Betreuung lag wiederum in den bewährten Händen von Frau Rosemarie Biedermann, Mauren, und Frau Brigitte Büchel, Schaan, die leider aus persönlichen Gründen für 2002 die Kündigung einreichen musste. Einmal mehr war das Wohnmuseum Schellenberg am Europa-Tag des Denkmals, der am 22. September 2001 durchgeführt wurde und unter dem Motto «Wohnen im Baudenkmal» stand, im Mittelpunkt des Interesses. Das Wohnmuseum hat zwischenzeitlich seinen festen Platz in der Liechtensteiner Museumslandschaft wie auch im Ortsbild von Schellenberg gefunden.

SAMMLUNGEN

Ausbau und stetige Betreuung seiner Sammlungen zählen zu den Hauptaufgaben eines jeden Museums. Dies ist bei einem Vielspartenmuseum, wie es das Liechtensteinische Landesmuseum ist, eine besonders anspruchsvolle Aufgabe. Wie Archive und Bibliotheken sind Museen Orte der gemeinsamen Erinnerung. Sind es vor allem schriftliche Dokumente und Quellen, welche die Bestände von Archiven und Bibliotheken bilden, so sind es ganz andere materielle Zeugnisse des menschlichen Tuns und Handelns, welche die Sammlungen eines Museums ausmachen und das kulturhistorische Bild eines Landes, einer Region, des Kulturraumes über die Landesgrenzen hinaus dokumentieren. Museen gehen unter allen Kultureinrichtungen als einzige vom Grundsatz aus, dass die Auswahl und Erhaltung von authentischen Objekten und Materialien der gesamten Wirklichkeit für die Menschen der Gegenwart und der Zukunft von Bedeutung ist. Ohne Sammlungen gibt es kein Museum. Sie sind die unabdingbare Voraussetzung für seinen Daseinszweck, die Vermittlung ihrer Aussagen im historischen Kontext und Umfeld an die Öffentlichkeit (vgl. Friedrich Waidacher: Handbuch der Allgemeinen Museologie, Wien, 1993, S. 190 ff.).

Oft sind es kleine, unscheinbare Dinge, die im Leben unserer Vorfahren aber von grosser Bedeutung waren und die – in den entsprechenden Sachverhalt gestellt – Zeugen einer historischen Entwicklung werden. Durch Schenkungen und Ankäufe, die sich vor allem auf die kommenden Ausstellungen des Liechtensteinischen Landesmuseums ausrichten, konnten interessante und wertvolle Objekte, darunter auch Unikate und gesuchte Raritäten verzeichnet werden, nicht nur im graphischen, kartographischen oder numismatischen Bereich, sondern auch aus der Zeit der Industrialisierung, aus Gewerbetätigkeit und Alltag, u.a. die Curta Rechenmaschine Typ I, die Fotokamera Reflekta der Firma Contina Mauren sowie zwei Carena Filmkameras derselben Liechtensteiner Firma. Von den weit mehr als hundert Eingängen sind zahlreiche Objekte gezielt für die künftigen Dauerausstellungen erworben worden. Besonders erwähnt sei der Rückkauf von rund 150 Münzen aus dem Bestand des Schellenberger Münzfundes, die damals, 1930/31, in Vorarlberger Privatbesitz gelangten.

In der grafischen Sammlung konnte die Serie von Liechtenstein-Veduten (lithographische Ansichten der steirischen Städte, Märkte und Schlösser) in der Ansichtenfolge der sogenannten «alten Kaiser'schen Suite», Graz 1825/35 um vier Blätter ergänzt werden: Zwei Ansichten «Schloss und Markt Riegersburg», eine Ansicht «Schloss Limberg bei Schwanberg» und eine Ansicht «Schloss Frauenthal bei Deutschlandsberg». Ein ganz ausserordentlicher Zugang ist mit fünf gouachierten Aquarellen von Johanna Isser von Gaudententhurn, geborene Grossrubatscher (1802–1880) zu verzeichnen. Es handelt sich um die Ansichten der Felsenschlossruine Wechenstein bei Oberriet (1843 sowie 1834/59), der Schlossruine Blatten bei Oberriet (1844/45), von Schloss Forsteck bei Salez (1842/45), und des St. Valentinsberges bei Rüthi SG (1848/59). In der graphischen Sammlung befinden sich seit langem vier gouachierte Aquarelle mit den Ansichten von Schloss Gutenberg, Schloss Vaduz sowie den Ruinen Schalun und Schellenberg. Bislang war die Autorschaft dieser Ansichten unbekannt. Dank der Aquarelle mit Motiven aus dem benachbarten St. Galler Rheintal konnten diese erstmals und eindeutig der aus Innsbruck stammenden Zeichnerin und Malerin Johanna Isser von Gaudententhurn zugewiesen werden.

Für die seit langem im Aufbau befindliche Sammlung von Werken Liechtensteiner Kunstschaffender konnten neben einem aussergewöhnlichen Werk des aus Planken stammenden Malers Hans Gantner «Erntebild» auch acht Arbeiten von Professor Ferdinand Nigg erworben werden, darunter mehrere Stoffdrucke aus seiner Hand. Als Geschenk durfte das Landesmuseum einen handgewobenen Bildteppich «Profile / Januskopf» des in Liechtenstein nicht unbekannten, aus Wien stammenden Künstlers Peter Proksch (* 1935) entgegennehmen. Im kartographischen Bereich sei besonders der Zugang der grossformatigen grenzkolorierten Kupferstichkarte «Helvetia, Rhaetia, Valesia etc.» mit 52 Ortsansichten in der Kartenumrandung von Heinrich Ludwig Muoss, Zug 1698, erwähnt. Auch auf numismatischem Gebiet konnten verschiedene Lücken geschlossen werden. Über diese und weitere Neuzugänge gibt das nachfolgende Auswahlverzeichnis Aufschluss.

Nur wer die Vergangenheit wirklich kennt, wird sich bemühen, für die Zukunft aus unserer Gegenwart eine gute Vergangenheit zu machen.

Mag. Gerd Biegel
Direktor des Braunschweigischen Landesmuseums
Hannover

DANK

Die Museumsleitung dankt der Regierung, dem Landtag, dem Stiftungsrat, namentlich der Präsidentin Frau lic. phil. Eva Pepić, den Mitgliedern der Museumskommission sowie dem Museumsteam für jede Art der Unterstützung und die zielführende Zusammenarbeit. Ein besonderer Dank gilt allen am Bau- und Ausstellungsprojekt Beteiligten für Hilfestellung, Einsatz und Engagement.

Ebenso ist das Landesmuseum folgenden Donatoren zu grossem Dank verpflichtet:
- Fürstl. Rat Robert Allgäuer, Vaduz
- Frieda Bargetze, Triesen
- Elmar Batliner, Eschen
- Antoinette Beck, Schaan
- Albert Bicker, Grabs
- Klaus Biedermann, Vaduz
- Herbert Fritsch, Feldkirch
- Erika Hautmann, Vaduz
- Lorenz Hilty, Schaan
- Arnold Kaiser, Schaanwald
- Hansjörg Kaufmann, Schaan
- Thomas Müssner, Bendern
- Rosa Negele, Triesen
- Dr. Edwin Oberhauser, Götzis
- Arthur Reutimann, Buchs
- Prof. Dr. Elmar Vonbank, Bregenz
- Manfred Wanger, Planken
- Joseph Wohlwend, Vaduz

Vaduz, im Januar 2002

lic. phil. Norbert W. Hasler,
Leiter des Liechtensteinischen Landesmuseums

Der Jahresbericht 2001 wurde vom Stiftungsrat des Liechtensteinischen Landesmuseums in seiner Sitzung vom 18. Februar 2002 in vorliegender Ausführung genehmigt.

STIFTUNGSRAT

- Mag. Edmund Banzer, Hohenems
- Trudy Bricci-Marok, Mauren
- Ulrike Brunhart, Balzers
- lic. phil. Roland Hilti, Ruggell
- Maria Marxer, Gamprin
- lic. phil. Eva Pepić, Triesen (Präsidentin)
- Dr. Thomas Wilhelm, Vaduz

MUSEUMSKOMMISSION

- lic. phil. Norbert W. Hasler, Schaan (Vorsitz)
- Johann Otto Oehry, Triesen
- Univ. Prof. Dr. Elmar Vonbank, Bregenz
- Manfred Wanger, Planken

MUSEUMSPERSONAL

- Tanja Büchel-Felder, Balzers, Sekretärin, (80-Prozent-Stelle)
- lic. phil. Arthur Brunhart, Balzers, Wissenschaftlicher Mitarbeiter
- Gertrud Frick, Schaan, Teilzeitmitarbeiterin (50-Prozent-Stelle), seit März 2001 unfallbedingt ausgefallen
- Paul Frick, Sachbearbeitung Fotografie, bis 31. Januar 2001
- Thomas Müssner, Bendern, Restaurator
- Anita Schädler, Triesenberg, Teilzeitmitarbeiterin im Sekretariat (70 Prozent, seit 1. Oktober 2001)
- lic. phil. Norbert W. Hasler, Schaan, Museumsleiter
- Rosemarie Biedermann, Mauren, Aufsicht Wohnmuseum Schellenberg
- Brigitte Büchel, Schaan, Aufsicht Wohnmuseum Schellenberg, bis 31. Oktober 2001

Verzeichnis der wichtigsten Erwerbungen und Schenkungen

GRAPHIK UND KARTOGRAPHIE

Schloss und Markt Riegersburg von der Südseite. Federlithographie, hrsg. von Joseph Franz Kaiser, Lithographische Anstalt, Graz 1825/35. Erschienen in der Folge: Lithographische Ansichten der Steyermärkischen Städte, Märkte und Schlösser.
9,4 x 15,1 cm. E 2001/1. Inv. Nr. LLM Gr. 859.

«Schloss Rigersdorf Sr. Durchlaucht dem Fürsten von Lichtenstein gehörig in Judenb[urger] Kreis». Federlithographie, hrsg. von Joseph Franz Kaiser, Lithographische Anstalt, Graz 1825/35. Erschienen in der Folge: Lithographische Ansichten der Steyermärkischen Städte, Märkte und Schlösser.
9,4 x 15,4 cm. E 2000/2. Inv. Nr. LLM Gr. 860.

«Schloss Limberg im deutschen Boden des Marburger Kreises». Federlithographie, hrsg. von Joseph Franz Kaiser, Lithographische Anstalt, Graz 1825/35. Erschienen in der Folge: Lithographische Ansichten der Steyermärkischen Städte, Märkte und Schlösser.
9,4 x 15,1 cm. E 2001/3. Inv. Nr. LLM Gr. 861.

«Schloss Frauenthal im deutschen Boden des Marburger Kreises». Federlithographie, hrsg. von Joseph Franz Kaiser, Lithographische Anstalt Graz 1825/35. Erschienen in der Folge: Lithographische Ansichten der Steyermärkischen Städte, Märkte und Schlösser.
9,4 x 15,1 cm. E 2001/4. Inv. Nr. LLM Gr. 862.

«Felsenschlossruine Wechenstein bei Oberried». Innenansicht mit Ausblick ins Rheintal. Aquarell, gouachiert, von Johanna Isser von Gaudententhurn (1802–1880). Datiert: 2. November 1843 – November 1843. Nr. 29.
33,3 x 21,6 cm. E 2001/24. Inv. Nr. LLM Gr. 868.

«Die Schlossruine Blatten bei Oberried». Mit der Darstellung der Rheinfähre bei Meiningen. Aquarell, gouachiert, von Johanna Isser von Gaudententhurn (1802–1880). Datiert: 25. September 1844 – Februar 1845. Nr. 57.
22 x 16,5 cm. E 2001/25. Inv. Nr. LLM Gr. 869.

Burgruine Wechenstein bei Oberriet, gouachiertes Aquarell von Johanna Isser von Gaudententhurn, 1843

Burg Forsteck bei Salez, gouachiertes Aquarell von Johanna Isser von Gaudententhurn, 1842/1845

«Schloss Forsteck bei Saletz». Aquarell, gouachiert, von Johanna Isser von Gaudententhurn (1802–1880). Datiert: 17. Juli 1842 – Februar 1845. Nr. 58.
22 x 16,5 cm. E 2001/26. Inv. Nr. LLM Gr. 870.

«Felsenschlossruine Wechenstein bei Oberried». Ansicht vom Gelände ausserhalb der Burg. Aquarell, gouachiert, von Johanna Isser von Gaudententhurn (1802–1880). Datiert: 12. August 1834 – März 1859. Nr. 127.
25,2 x 19,2 cm. E 2001/27. Inv. Nr. LLM Gr. 871.

«St. Valentinsberg bei Reuti». Aquarell, gouachiert, von Johanna Isser von Gaudententhurn (1802–1880). Datiert: 31. Juli 1848 – März 1859. Nr. 128.
25 x 19,4 cm. E 2001/28. Inv. Nr. LLM Gr. 872.

Fasane in Waldlichtung. Aquarell von Prinz Hans von Liechtenstein. Links unten signiert: «H. Liechtenstein, 54».
32,4 x 23 cm. E 2001/8. Inv. Nr. LLM Gr. 863.

Eulen, Kauz und Nebelkrähe. Vogelstudie. Aquarell von Prinz Hans von Liechtenstein. Rechts unten signiert: «Hans Liechtenstein, Zürich 9. XII. 55».
32,4 x 23 cm. E 2001/9. Inv. Nr. LLM Gr. 864.

Schnepfenpaar. Aquarell von Prinz Hans von Liechtenstein. Links unten signiert: «H. Liechtenstein, 52».
32,9 x 23,9 cm. E 2001/10. Inv. Nr. LLM Gr. 865.

Einladungskarte zum Festbankett anlässlich des 50-jährigen Regierungsjubiläums von Fürst Johann II. am 26. November 1908 in Seger's Gasthof zum «Bierhaus» in Vaduz.
11,7 x 13 cm. E 2001/38.
Schenkung: Fürstlicher Rat Robert Allgäuer, Vaduz.

Festbankett-Karte mit Menü anlässlich des 50-jährigen Regierungsjubiläums von Fürst Johann II., gegeben in Seeger's Gasthof zum «Bierhaus» in Vaduz am 26. November 1908.
17,7 x 11,4 cm. E 2001/39.
Schenkung: Fürstlicher Rat Robert Allgäuer, Vaduz.

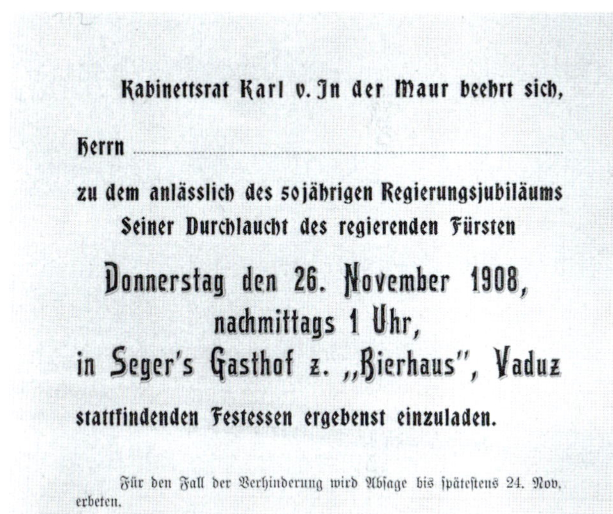

Kabinettsrat Karl v. In der Maur beehrt sich,

Herrn ....

zu dem anlässlich des 50jährigen Regierungsjubiläums
Seiner Durchlaucht des regierenden Fürsten

Donnerstag den 26. November 1908,
nachmittags 1 Uhr,
in Seger's Gasthof z. „Bierhaus", Vaduz

stattfindenden Festessen ergebenst einzuladen.

Für den Fall der Verhinderung wird Absage bis spätestens 24. Nov. erbeten.

Fasane in einer Waldlichtung und Schnepfenpaar, Aquarelle von Prinz Hans von Liechtenstein, 1954/1955

Einladung zum Festessen aus Anlass des 50-jährigen Regierungsjubiläums von Fürst Johann II. in Vaduz 1908

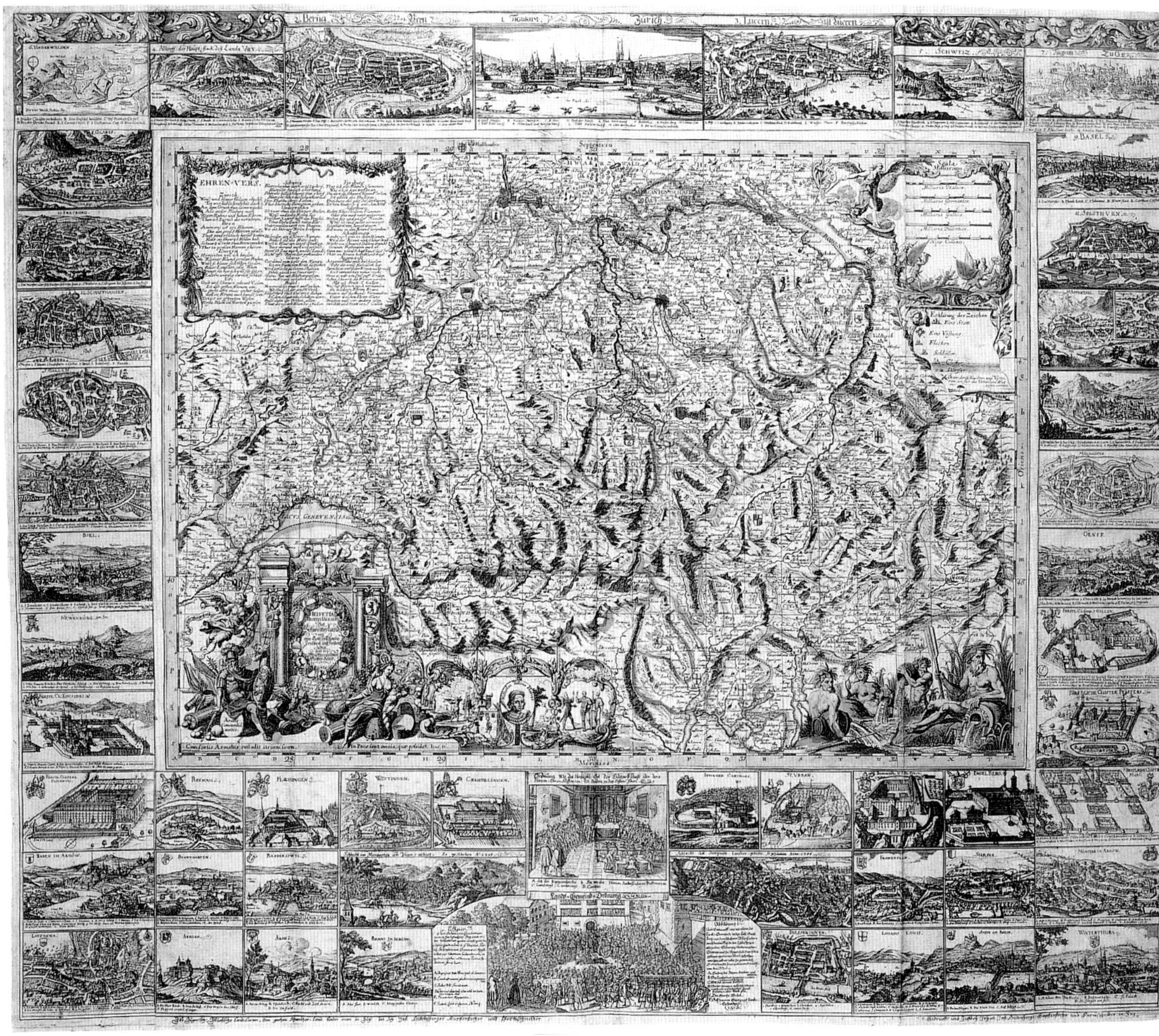

Heinrich Ludwig Muoss in Zug fertigte 1698 diese Kupferstichkarte der Schweiz an.

Helvetia, Rhaetia et Valesia. Grenzkol. Kupferstichkarte von Heinrich Ludwig Muoss, Zug 1698. Grosse Gesamtkarte der Schweiz und der angrenzenden Gebiete mit 52 Ortsansichten in der Umrandung sowie mehrere Kartuschen und Personifizierungen. Auf Leinwand montiert.
87 x 102,5 cm. E 2001/71.

Bayern, Schwaben, Fürstentum Liechtenstein. Kupferstichkarte auf 2 Blättern. Fol. XVIII und IX. Mit Distanzskala. London, L. Stockdale, June 4th 1800.
61 x 71,5 cm. E 2001/74.

Relief-Karte der Schweiz von Ed. Beck in Bern, 1893.
Gerahmt, 59 x 78 cm. E 2001/7.
Schenkung: Joseph Wohlwend, Vaduz.

Reliefkarte der Schweiz
aus dem Jahre 1893

KUNSTSCHAFFEN

Evangelist St. Markus. Kohle- und Farbkreidezeichnung von Ferdinand Nigg (1865–1949). Mitte unten signiert: «FN».
63 x 45 cm. E 2001/29.

Haupt eines Apostels. Kohle- und Farbkreidezeichnung von Ferdinand Nigg (1865–1949). Nicht signiert.
30 x 19 cm. E 2001/30.

Adler des Evangelisten Johannes. Kohle- und Farbkreidezeichnung von Ferdinand Nigg (1865–1949). Mitte unten signiert: «FN».
34,3 x 20 cm. E 2001/31.

Französische Taschenuhr aus Silber, um 1800

Lederhelm des Liechtensteinischen Militärkontingents, 1859

VERSCHIEDENES

Sammlung von 172 Postkarten, Chromolithos und Original-Fotographien aus Liechtenstein, 1897 bis zirka 1940.
E 2001/76.

Lederhelm des Liechtensteinischen Militärkontingentes 1859. Bayerischer Jägerhelm.
Höhe 27,5 cm. E 2001/6.

Taschenuhr, französisch, um 1800. Silber. Emailzifferblatt, im oberen Teil kleine Uhr, bemalt mit Soldaten, Infanterie und Artillerie. Unter der Uhr ein rundes Fenster, das Teil einer sich bewegenden Scheibe mit Infanteristen und angreifenden Dragonern freigibt. Souvenir aus den napoleonischen Kriegen. Der Automat zeigt Gefechte zwischen Franzosen und Österreichern um 1795/1800. E 2001/23.

Reflekta-Fotokamera, Made in Liechtenstein, um 1960. Contina AG Mauren.
Länge: 15 cm, Höhe: 10,5 cm, Tiefe: 10 cm. Gewicht: 912 gr. E 2001/18.
Schenkung: Manfred Wanger, Planken.

Filmkamera Carena-Zoomex Nr. 84981 mit Zubehör

Reflekta-Fotokamera, um 1960

Curta-Rechenmaschine in Originalverpackung mit Gebrauchsanweisung

Filmkamera Auto Carena Nr. 53654. Made in Liechtenstein. Contina AG Mauren. Objektiv: Culminon Steinheil München 1:1,9/13 mm. E 2001/5. Schenkung: Hansjörg Kaufmann, Schaan.

Filmkamera Auto Carena Nr. 57479. Made in Liechtenstein. Contina AG Mauren. Sky-Objektiv. Mit Fototasche.
E 2001/58.

Filmkamera Carena-Zoomex Nr. 84981. Camera Made in Liechtenstein. Contina AG Mauren. Lens Made in France. Angenieux-Zoom Type K2 Nr. 957 168. P. Angenieux, Paris.
Mit Lederfototasche, diversem Zubehör sowie Gebrauchsanleitung.
E 2001/59.

Schnapsbrennerei aus
dem Haus von Renaldo
Gassner, Garnis, Triesen,
die vom Ende des 19.
Jahrhunderts bis um 1990
in Gebrauch stand.

Tafelwaage mit zwei Messingschalen, um 1900

Curta-Rechenmaschine / Typ I. / Nr. 80315. Die neue kleine Universalrechenmaschine. Grösse I, 8 x, 6 x, 11-stellig. Fabrikat der Firma Contina AG, Vaduz. Liechtenstein. In Originalverpackung mit Gebrauchsanweisung.
E 2001/57.

Zweischalenwaage, sogenannte Tafelwaage. Tragkraft 15 kg, mit zwei Messingschalen.
Länge: 64 cm, Breite: 24 cm, Höhe: 20 cm.
E 2001/11.

Schnapsbrennerei aus Triesen, bestehend aus einem kupfernen Brennkessel und Kühlfass.
E 2001/77.

Bierflaschen: «Quaderer's Brauerei Schaan Liechtenstein». Braunes Glas mit Bügelverschluss.
E 2001/54.

Bierflasche: «B. Seger Mühleholz». Braunes Glas mit Bügelverschluss.
E 2001/55.

Mineralwasserflasche mit Farb-Etikette von Eugen Verling: «Liechtensteinisches ALPILA Erfrischungsgetränk».
E 2001/56.

Bierflaschen aus der Brauerei Quaderer in Schaan, um 1900. In Verwendung bis 1914

Akkordzither in Original-
karton, um 1900

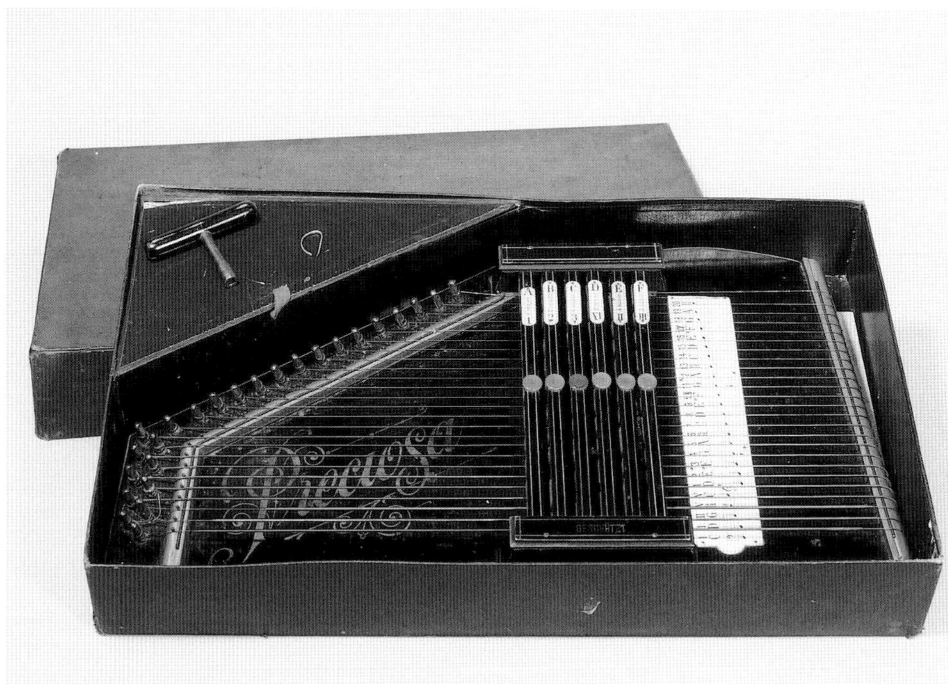

Weisse Leinendecke mit blauer Stickerei: «Gott bewahr' uns vor Wetter und Wind, und vor Gesellen die langweilig sind».
188 x 54,5 cm. E 2001/73.
Schenkung: Antoinette Beck, Schaan.

Hebammen-Instrumente von Frau Frieda Bargetze, Hebamme in Triesen, tätig in den 1950er und 1960er Jahren.
E 2001/70.
Schenkung: Frieda Bargetze, Triesen.

Akkordzither in Originalkarton, um 1900.
Länge: 51 cm, Breite: 30 cm, Höhe: 8 cm.
E 2001/13.
Schenkung: Rosa Negele, Triesen.

Stereo-Möbel, Loewe Opta. 1960er Jahre.
Furnierter Möbelkorpus auf Massiv-Holzfüssen.
79 x 113 x 38 cm. E 2001/37.
Schenkung: Thomas Müssner, Bendern.

BILDNACHWEIS

S. 262 oben und Mitte: Studio Heinz Preute, Vaduz

S. 262 unten: Atelier Silvia Ruppen, Vaduz

S. 264: Norbert W. Hasler, Liechtensteinisches Landesmuseum, Vaduz

S. 265: Hansjörg Frommelt, Archäologie FL, Triesen

S. 266: Sven Beham, V. COM AG, Vaduz

Übrige Abbildungen: Reto Hasler, Bildarchiv des Liechtensteinischen Landesmusems

ANSCHRIFT DES AUTORS

lic. phil. Norbert W. Hasler
Liechtensteinisches
Landesmuseum
FL-9490 Vaduz

Renovation und Erweiterung des Liechtensteinischen Landesmuseums

BERICHT DER ARCHITEKTENGEMEINSCHAFT

Die Aufgabenstellung des 1998 international ausgeschriebenen Wettbewerbes hatte zum Ziel, eine sowohl bauliche als auch organisatorische Lösung für die Neuerrichtung des Liechtensteinischen Landesmuseums zu erarbeiten. Der Baubeginn des erstrangierten Projektes «Reihenfolge» der Architektengemeinschaft Brunhart, Brunner, Kranz AG aus Balzers erfolgte im Herbst 1999. Nach der für 2003 vorgesehenen Wiedereröffnung wird das neue Landesmuseum drei Gebäudeteile umfassen. Dabei handelt es sich um die historisch bedeutsamen Altbauten des ehemaligen «Landesmuseums» und des «Verweserhauses» sowie um einen hangseitig neu errichteten Erweiterungsbau. Die Altbauten konnten, obwohl in ihrer Substanz stark beschädigt, statisch erfolgreich konsolidiert werden. Umbau und Renovation erfolgen auf eine sanfte und bestandsschonende Weise, welche die Aspekte der Denkmalpflege in Einklang bringt mit den Anforderungen eines modernen Museumsbetriebes. Der Erweiterungsbau ist dank des gewählten statisch-konstruktiven Systems in der Lage, den steilen Hang abzustützen. Er stellt damit gleichzeitig einen Schutz für die beiden alten Häuser dar. Versinnbildlicht wird diese Rolle durch eine Fassade aus Bruchstein, der beim Ausheben der Baugrube an Ort und Stelle gewonnen wurde. Im Kontrast zu den beiden Altbauten, wo sich alles Neue behutsam und zurückhaltend einfügt, ist das höhlenartige Innere des Erweiterungsbaues mit seinen grau verputzten Wänden und Decken und einem ebenfalls grauen Terrazzoboden bewusst modern und abstrakt konzipiert. Nebst Räumlichkeiten für den Kulturgüterschutz sowie den Medien- und Schulungsräumen beinhaltet das Raumprogramm des Erweiterungsbaues eine naturkundliche Ausstellung sowie einen Wechselausstellungsbereich. Zusammengerechnet mit den landeskundlichen Dauerausstellungen in den beiden Altbauten werden dem neuen Liechtensteinischen Landesmuseum gesamthaft 1700 Quadratmeter Ausstellungsfläche zur Verfügung stehen.

ORT UND PROBLEMSTELLUNG

Das für die Erweiterung des Landesmuseums in Vaduz vorgesehene Grundstück ist kein Bauplatz im konventionellen Sinn. Es liegt eingezwängt zwischen den Rückseiten der bestehenden Altbauten von bisherigem Landesmuseum und ehemaligem Verweserhaus und dem steil ansteigenden Hang des Schlossbergs in erhöhter und abseitiger Lage. Vor dem Bau war das Areal kaum zugänglich und konsequenterweise recht verwahrlost.

Während weiter südlich in Richtung Pfarrkirche der Hang von der Hauptstrasse mehr und mehr nach Osten zurückweicht und Platz für eine mehrreihige Gebäudestruktur schafft, rückt der Hangfuss im Bereich von Landesmuseum und Engländerbau bis an das Trottoir der Hauptstrasse heran und ist von dieser nur durch mehrere bestehende Stützmauern lokal abgeschnitten. Die Bebauungsstruktur ist hier einreihig, die Häuser stehen mit ihren Fronten direkt an der Strasse und mit ihren Rückseiten im Hang. Das direkte und dramatische Zusammentreffen der eher wild und ungezähmt erscheinenden Natur des steilen, mit hochstämmigen Buchen eng bestandenen Schlossbergs und der Städtli-Strasse mit ihrem urbanen Anspruch ist für Vaduz prägend und bis heute in hohem Mass identitätsstiftend. Diese städtebauliche Grundstruktur erscheint auch im Blick auf die Zukunft als tragfähig und alles andere als obsolet.

PROJEKTSTRATEGIE

Anstatt das bestehende, für Vaduz historisch sehr bedeutsame Gebäude-Ensemble durch ein neues architektonisches Objekt in zweiter Reihe zu konkurrenzieren und auf dem nicht plausibel erscheinenden Kraftakt einer städtebaulichen Umpolung von «Vorne» und «Hinten» zu bestehen, versucht das Projekt, den Charakteren der auf dem Grundstück vorgefundenen unterschiedlichen Orte im Gegenteil möglichst wenig Widerstand entgegenzusetzen und die bestehende und im Grundsatz als richtig eingeschätzte, heute aber trotzdem eher unbe-

Blick nach Westen durch die Loggia des Erweiterungsbaus

friedigende Konstellation zwischen Hangsituation und Altbauten durch die Neubaumassnahmen zu klären und stärker herauszuarbeiten.

Die geologischen Verhältnisse und das grosse Gefälle des Hangs machen ein direktes Aufeinandertreffen zwischen den abrutschenden und in der Folge auch schon rein optisch bedrohlichen Erdmassen des Hangschutts und den sich im Hangbereich befindlichen Gebäuden unweigerlich zum Problem. Im rückwärtigen Bereich von Landesmuseum und Verweserhaus haben Stützmauern die Baukörper praktisch freigestellt, wodurch diese ihre Einbindung in den Hang verloren haben und ihrer prinzipiellen Positionierung weitgehend entfremdet wurden. Faktisch stellen diese Stützmauern wohl einen Schutz für die Gebäude dar, sie scheinen diese aber gleichzeitig auch zu bedrohen. Der Neubauteil des Projektes begreift sich als «Bauen im Berg» und artikuliert sich nach aussen durch seine Zugehörigkeit zum System der parallel zum Hang laufenden Stützmauern, wobei der Spagat angestrebt wird zwischen dem faktischen und dem psychologischen Schutzangebot für die alten Häuser und deren unmittelbarer Einbindung in die Topographie des Hanges. Einerseits scheinen die am Hangfuss stehenden Gebäude und die sich weiter oben befindlichen Stützmauern präzise aufeinander bezogen, andererseits fehlt der Projektkonstellation aber doch alles offenkundig Absichtsvolle. Die Zugehörigkeit der einzelnen Projektteile zu vollkommen unterschiedlichen architektonischen Zeiten und Welten gibt den Anschein des auf selbstverständliche Weise Gewordenen, des vermeintlich ohne entwurfliche Strategie enstandenen Authentischen. Es ist die Absicht des Projektes, dass sich durch diese Art eines sowohl rücksichtsvollen als auch distanzierten Nebeneinanders die Alt- und die Neubauten wechselseitig in ihrem poetischen Potential bestärken.

AUSSTELLUNGSFLÄCHEN	
Mittelalter	285 m²
Archäologie	160 m²
17./18. Jahrhundert	230 m²
19. Jahrhundert	178 m²
20. Jahrhundert	187 m²
Naturkunde	289 m²
Wechselausstellung	402 m²
Total Ausstellungsflächen	**1731 m²**

ANDERE FLÄCHEN	
Räume für Kulturgüterschutz	398 m²
Verwaltung/Archiv	468 m²
Medienräume/Schulung	219 m²
Restaurierung	113 m²
Übrige Flächen	1197 m²
Total andere Flächen	**2395 m²**
Gesamtbaukosten in CHF	**28,6 Millionen**

Grundriss mit den Altbauten sowie mit dem hangseitigen Erweiterungsbau

Querschnitt durch den Erweiterungsbau

ORGANISATION UND NUTZUNGSVERTEILUNG

Der Haupteingang zum Landesmuseum soll auch in Zukunft an der Nordfassade des Altbaus liegen. Das scheint speziell auch unter dem Aspekt sinnvoll, dass sich mit dem Engländerbau, dem zukünftigen fürstlichen Kunsthaus und dem Kunstmuseum für die staatlichen Sammlungen weitere Kunst- und Ausstellungsnutzungen auf der Nordseite des Landesmuseums ansammeln werden. Vom Haupteingang aus erschlossen wird nicht nur der Altbau des Landesmuseums, sondern auch das Verweserhaus und der Neubautrakt.

Die Obergeschosse der beiden Altbauten nehmen zusammen die Ausstellungsgüter der landeskundlichen Abteilung auf. Im Erdgeschoss des alten Landesmuseums werden in Nachbarschaft zum Haupteingang noch weitere Räume des gemeinschaftlichen Bereichs untergebracht. Das Verweserhaus beherbergt im Erdgeschoss die Ausstellungen der Archäologie und im Dachgeschoss des alten Landesmuseums befindet sich die Verwaltung.

Der zweigeschossige Trakt des Neubaus dient zuoberst im zweiten Obergeschoss der Unterbringung der Wechselausstellung, darunter den Räumlichkeiten der Naturkundlichen Sammlung und der Restauration, im Erdgeschoss der Aufnahme von Medienräumen, Haustechnik und Anlieferung, und im Kellergeschoss der Organisation der Räume des Kulturgüterschutzes.

Lieferzufahrt und Eingang zu den über der Anlieferung angeordneten Räumen des Restaurationsbereiches liegen in der dreigeschossigen Front des Neubaues, welche auf der Nordseite an das alte Landesmuseum anschliesst. Diese Front ist formal ausgebildet als eine Weiterführung der von der nördlichen Nachbarzelle heranführenden Stützmauer.

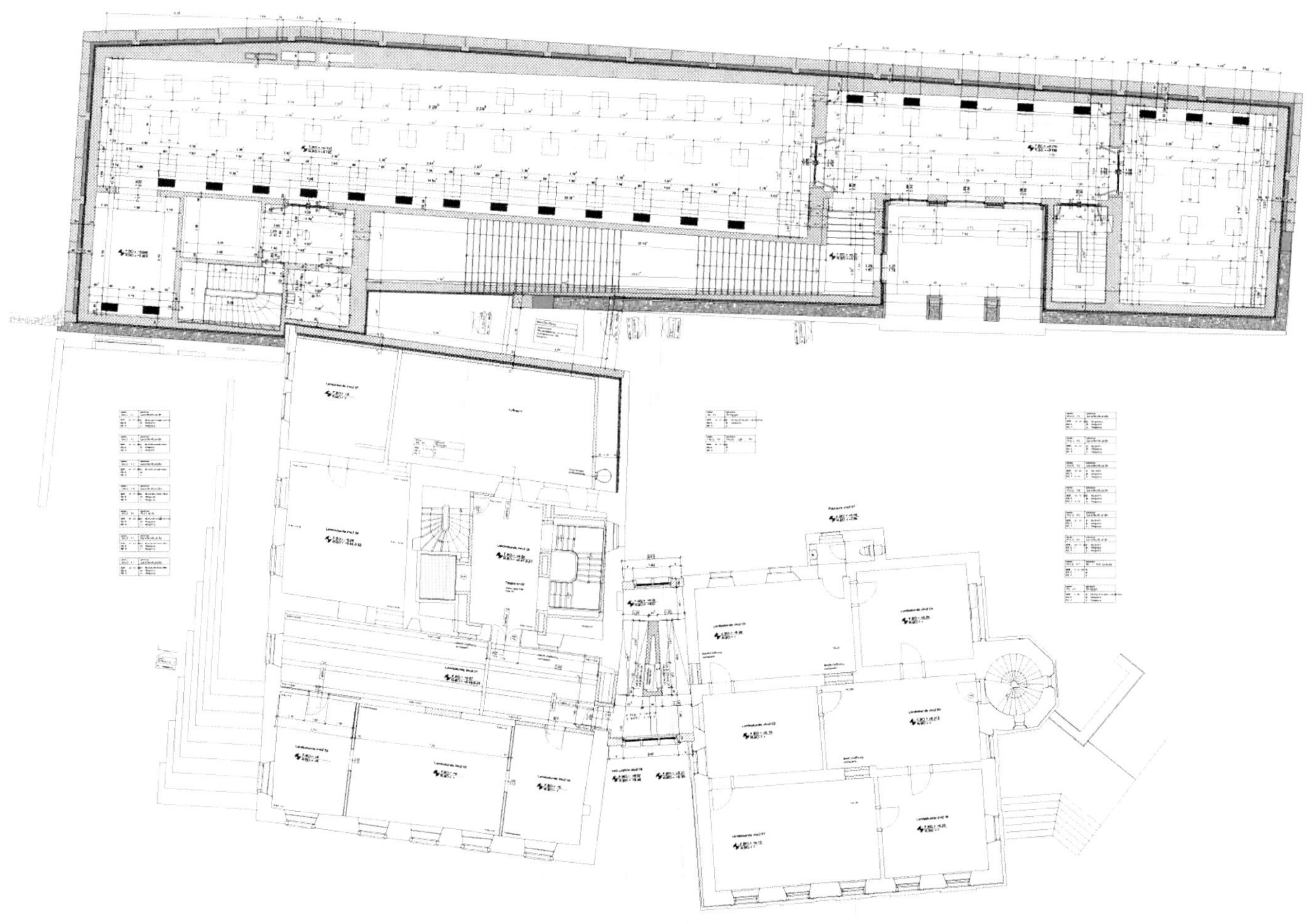

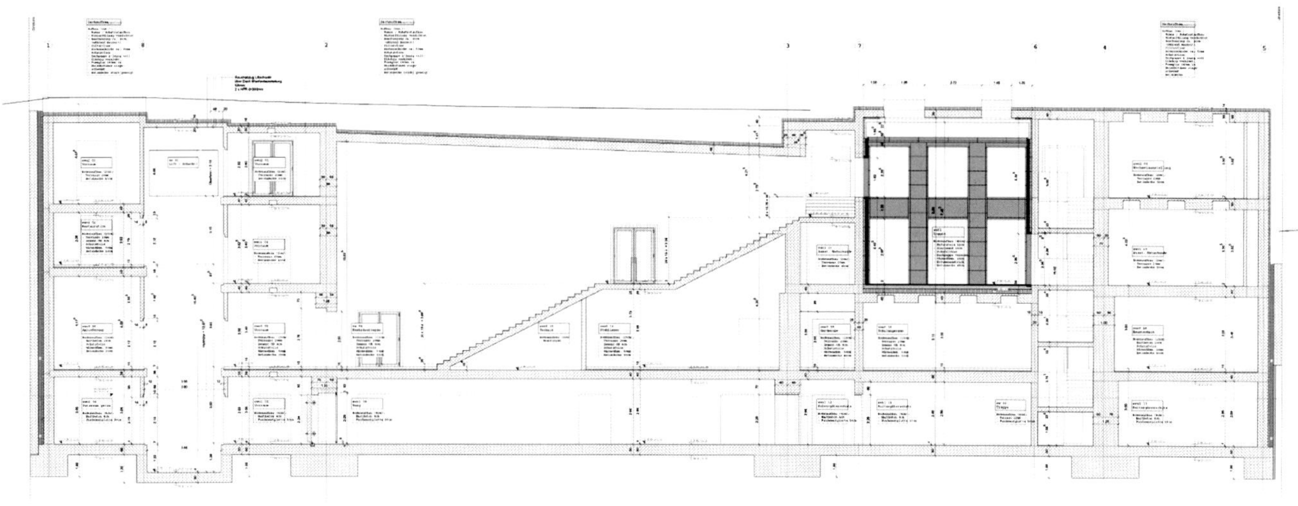

ALTBAUTEN UND DENKMALSCHUTZ

Die beiden Altbauten sollen sorgfältig und soweit möglich bestandesschonend umgebaut und in Teilen gegebenenfalls auch restauriert werden. Auf eine didaktische Hervorhebung der neuen Eingriffe wird speziell auch mit Blick auf die stark beschädigte Bausubstanz verzichtet. Das Neue soll sich im Bereich der Altbauten eher nur auf den zweiten Blick zu erkennen geben. Die Identität der Altbauten wird jeweils durch eine eigenständige Treppenanlage gestärkt, gleichzeitig besteht aber in jedem Geschoss über einen neu zu erstellenden Verbindungsbaukörper die Möglichkeit eines behindertengerechten Übergangs zwischen dem Altbau des Landesmuseums und dem Verweserhaus.

ARCHITEKTUR DES NEUBAUTEILS

Die geometrische Struktur des Neubautraktes entsteht aus dem präzisen Studium des Terrains heraus fast von selbst. Das direkte Reagieren auf die vorhandene Topographie bewirkt eine leichte Verzerrung des ansonsten einfachen geometrischen Aufbaus, was der Wegführung innerhalb des Neubaus eine erhöhte Prägnanz und den Räumlichkeiten eine begrenzte Expressivität verleiht, die dem Besucher «im Inneren des Berges» eine ständige Ahnung davon gibt, wo im Verhältnis zu seinem Standpunkt sich ungefähr die Oberfläche des Terrains befindet.

Da der Neubau nur ein Teil des gesamten Museumskomplexes ist, dessen programmatische Struktur nicht durchgängig auf eine natürliche Belichtung angewiesen ist, wird der zum grossen Teil in den Berg eingegrabene Erweiterungsbau mit Ausnahme des Restaurationsateliers ohne Fenster oder Oberlichter ausgeführt, um die Glaubwürdigkeit der neu erstellten vermeintlichen Stützmauern, hinter denen sich in Wahrheit baukörperliche Volumetrien befinden, nicht vorschnell durch eine zu starke Architektonisierung zu untergraben.

Am Ende des Weges, der den Besucher vom Eingang im Altbau ins Innere des Berges und über eine grosse, zweigeschossige Treppenanlage wieder näher an die Oberfläche geführt hat, befindet sich eine in das Berginnere eingelassene, aber zum Aussenklima gehörende zweigeschossige Halle, die von Aussen her im ersten und zweiten Obergeschoss in die dahinter liegenden Ausstellungsräume ein gedämpftes Licht eindringen lässt, primär aber einen orientierenden Blick nach draussen – speziell auf die Rückfassaden der Altbauten – erlaubt. Während die übrigen Räumlichkeiten des Neubautraktes in einem warmen Grauton verputzt werden, erhält dieser Raum eine Auskleidung mit Naturstein. Der Museumsbesucher kann im Rah-

Impressionen von der Baustelle in den vergangenen zwei Jahren

men seines Rundganges diesen Hallenraum betreten und bis zu den Pfeilern vortreten. Da der zweite Fluchtweg durch diesen Bereich hindurchführt, erlauben die zwischen die Pfeiler gestellten filigranen Gitter im Notfall ein Verlassen des Museums an dieser Stelle.

Bei dieser Halle handelt es sich um einen repräsentativen Raum, der sowohl beim Blick von innen als auch in umgekehrter Richtung den Kulturanspruch des Neubaus verkörpert, der nicht ein blosser, im Berg versteckter Zweckbau sein kann. Besonders beim Betrachter von der Städtli-Strasse aus, aber auch bei dem aus einem Fenster der Altbauten blickenden, noch unwissenden Museumsbesucher wird die Neugier durch die portalhafte, im klassischen Sinne dreigeteilte übergrosse Öffnung geweckt: Ihr nicht entzifferbares Alter lässt im unklaren, ob es je einmal als Portal genutzt wurde. Es erscheint aber offensichtlich, dass in der Tiefe dieser Öffnung etwas Geheimnis- und Wertvolles verborgen ist.

Das enttarnende Entdecken dessen, was hinter der beschwörenden Suggestion einer vermeintlich eindeutigen Normalität dann sozusagen tatsächlich geschieht, soll die beim ersten Augenschein erlebte Kraft nicht im nachhinein diskreditieren. Ganz im Gegenteil soll das späte Entdecken dieser Ambivalenz der Faszination des Projektes noch eine ganz neue, zunächst unerwartete Komponente beifügen.

BAULICHE MASSNAHMEN AM HISTORISCHEN GEBÄUDE-ENSEMBLE

Das Landesmuseum und das Verweserhaus, die beiden Altbauten des neuen Liechtensteinischen Landesmuseums, liegen siedlungsgeschichtlich und topographisch betrachtet an einer bedeutenden Stelle Liechtensteins.

Das Landesmuseum ist das letzte spätmittelalterliche Gebäude des ehemaligen Amtsbezirkes, des heutigen Regierungsviertels von Vaduz. Im Jahr 1970 wurde es grundlegend umgebaut und erweitert mit dem Ziel, eine Museumsnutzung zu integrieren. Bauaktivitäten im näheren Umfeld in den 1970er und 1990er Jahren hatten starke Rissbildungen im Mauergefüge und eine Absenkung des Baugrundes zur Folge.

Folgende Sanierungs- und gestalterische Renovationsmassnahmen sind vorgesehen:

- Einbau von Zugstangen (Trockenbohrung) in die Hauptfassade zur statischen Konsolidierung des Mauergefüges;
- Stopfen der statisch bedingten Risse und drucklose Injektionen;
- Reduktion des bestehenden Zementgrundputzes der Fassade und Applikation eines Sumpfkalk-Naturputzes. Neue Fassung der Fassade mit Ecklisenen, Sockelpartie und Rabitzhohlkehle an der Traufe und am Ortgang des bestehenden Daches;
- Ersatz der Sandsteingewände und neue Fassung der Öffnungen als feinsprossige Kastenfenster unter Respektierung der bestehenden Fassadenstruktur.

In direkter Nachbarschaft, baugeschichtlich eng mit dem Landesmuseum verknüpft, liegt das Verweserhaus, welches in der zweiten Hälfte des 16. Jahrhunderts erbaut wurde. 1895 erfolgte ein Umbau mit kompletter Neugestaltung der Fassaden, des Daches und des Innenausbaues im Stil der repräsentativen Neurenaissance. Das Denkmalpflegekonzept umfasst folgende Instandsetzungs- respektive Renovationsmassnahmen:

- Additive Verstärkung der Holzbalkendecken;
- Hintergiessen der losen Partien der plastischen Gliederungen und der hohlen Grundputzpartien mit hochhydraulischem Grenoble-Zement;
- Applikation eines hellen Naturdeckputzes in den Flächenpartien, sowie Farbgestaltung der Bossen, Lisenen und Gesimsgurte gemäss vorgefundener Spolien;
- Reparatur sämtlicher Spenglerarbeiten mit Bleiblech und Bleimennige-Anstrich. Ergänzung der bestehenden Dacheindeckung;
- Instandsetzung und teilweise Ergänzung der Kastenfenster und Rekonstruktion der zum Fenstersystem dazugehörenden Fenster-Innenläden.

Beigezogene Experten und Restauratoren:

- Oskar Emmenegger & Söhne AG, Zizers, Restaurator;
- Josef Ineichen, Rupperswil, Steinrestaurator;
- Fontana & Fontana, Rapperswil-Jona, Restaurative Malerarbeiten;
- Peter Albertin, Winterthur, Historische Bauforschung.

Aufrichtplan der Alt- und Neubauten: Ansicht von Westen

ZUSAMMENFASSUNG

Die Aufgabenstellung des im Frühjahr 1998 international ausgeschriebenen Wettbewerbs hatte zum Ziel, aus dem Zusammenschluss von zwei historisch bedeutsamen, denkmalgeschützten Altbauten und einem hangseitig in den Schlossfelsen hineinzubauenden Erweiterungstrakt eine sowohl bauliche als auch organisatorische Lösung für die nach mehrjähriger Schliessung geplante Neuerrichtung eines Liechtensteinischen Landesmuseums zu erarbeiten. Wir haben versucht, die historisch geprägte Identität der alten Häuser soweit als möglich zu respektieren und die erforderliche Renovation nicht zu einer völligen gestalterischen Überformung des Bestehenden werden zu lassen. Da an dem für den Neubau vorgesehenen Ort im momentan kaum zugänglichen, dicht bewaldeten Steilhang ein konventionelles architektonisches Gebäude nur schwer vorstellbar erscheint, haben wir den Körper des Erweiterungsbaues als «Bauen im Berg» konzipiert, der – mehrheitlich ohne Fensteröffnungen ausgebildet – von aussen gesehen den Anschein erweckt, zum System der heute bereits existierenden, parallel zum Hang laufenden Stützmauern aus Bruchsteinmauerwerk zu gehören.

BILDNACHWEIS

Architekturbüro Brunhart, Brunner, Kranz, Balzers

ANSCHRIFT DER AUTOREN

Brunhart, Brunner, Kranz
Architekten AG
Egerta 37
FL-9496 Balzers

VOTIVBILDER AUS LIECHTENSTEIN

NORBERT W. HASLER

Inhalt

Einführung

Die Ex Votos aus dem Raum Liechtenstein waren noch nie Gegenstand wissenschaftlicher Untersuchungen.[1] Das älteste stammt angeblich von 1657, das jüngste in dieser Reihe aus dem Jahre 1825. Insgesamt sind dreizehn Votivbilder fassbar. Daneben gibt es eine stattliche Anzahl von Andachtsbildern, die dem Umfeld der Votivbilder zuzurechnen sind, die Grenzen dabei sind oft fliessend. Auch bei diesen Bildwerken dürfte es sich in der Regel um Stiftungen in Kapellen und Kirchen zur öffentlichen und privaten Frömmigkeit handeln. Über Jahrzehnte zählten Ex Voto-Bilder zur selbstverständlichen Ausstattung von Kapellen und Kirchen auch in unserem Lande. Im Zuge von Renovationen im Laufe des 20. Jahrhunderts wurde jedoch allerorten tatkräftig entrümpelt, dem Geschmack der Zeit musste entsprochen werden.[2] Die in einer langen Tradition stehenden Zeugnisse tiefverwurzelter Volksfrömmigkeit verschwanden von der Bildfläche. So weiss man zum Beispiel, dass sich ehemals auch in der Kapelle Mariahilf in Balzers mehrere Votivbilder befunden haben. Leider ist über deren Verbleib bislang nichts bekannt.[3] Paul Vogt schreibt in der 1989 erschienenen Festschrift über die Mariahilf-Kapelle: «Bei den Bemühungen, den schlichten Charakter der Kapelle hervorzuheben, ging man mit der Entfernung der Votivbilder wohl zu weit. Noch heute erinnern sich viele ältere Leute daran, dass im hintern Teil der Kapelle Bilder (Ex voto: Maria hilf – Maria hat geholfen) hingen, auch Krücken sollen dort gehangen haben. ... Die Votivbilder wurden vermutlich als ‹wertloses altes Zeug› angesehen und vernichtet. Gleich erging es den al-

1) Ein erster Beitrag dazu vgl. Norbert W. Hasler: Ex Votos aus Liechtenstein. In: Terra Plana 4, 2001, S. 31–38.

2) Albert Hauser: Die Heiligen im volkstümlichen Glauben und Brauchtum. In: Bernhard Anderes, Alfred Hauser, Norbert Lehmann: AllerHeiligen. Namens- und Kirchenpatrone, Schutzheilige, Nothelfer. Pfäffikon, 1998, S. 138: «Als unansehnlicher Plunder, als barbarische ‹Zeugnisse des Primitivglaubens› fielen diese Zeichen alten religiösen Volksglaubens massenweise der Renovation oder Purifikation zum Opfer». Vgl. auch Andreas Rudigier: Ex Voto – Votivbilder aus dem Montafon. In: Jahrbuch Vorarlberger Landesmuseumsverein, Freunde der Landeskunde, Bregenz, 2001, S. 105.

3) Vgl. Festschrift 75 Jahre «Fürst Johann-Jubiläumskirche» Pfarrkirche St. Nikolaus Balzers 1912–1987, Balzers (1987), S. 121: «Früher waren in Mariahilf viele Votivtafeln und andere Zeichen für erhaltene Hilfe in besonderen Anliegen.»

Südwestecke in der Kapelle Maria zum Trost auf Dux in Schaan. Die sich hier befindenden Votivbilder zählen zu den schönsten und besterhaltenen Ex Voto-Darstellungen aus Liechtenstein.

ten Kreuzwegstationen, die aus dem Jahre 1901 stammten. Dass bei der Renovation 1944 so achtlos mit den Votivbildern und Kreuzwegstationen umgegangen wurde, mag mit den Zeitumständen entschuldigt werden».[4] Emanuel Vogt hält fest: «Leider sind die früher in Mariahilf an der Rückwand und den Seitenwänden montierten Votivtafeln, Krücken usw., die ich noch selbst gesehen habe, nicht mehr vorhanden. Sie müssen bei der Renovation 1945 abmontiert worden sein».[5] In der Zwischenzeit hat ein deutlicher Gesinnungswandel stattgefunden: «Objekte der religiösen Volkskunst haben im Interesse von Sammlern und öffentlichen Museen in den letzten Jahrzehnten eine hohe Bedeutung erlangt. Was vor allem im 19. Jahrhundert und bis in die 70er Jahre des 20. Jahrhunderts vielfach als naiv oder als sentimentaler Kitsch bezeichnet und belächelt wurde, gilt heute wieder als begehrtes Erwerbsobjekt. Museen, aber auch Pfarrgemeinden und Ordensgemeinschaften entdecken den Wert ihrer eigenen Inventarstücke neu und tragen durch aufwendige Restaurierungsmassnahmen zum Erhalt dieser wertvollen kultur- und religionsgeschichtlichen Zeugnisse bei. In mehreren grossen Sonderausstellungen wurden kostbare Bestände einer breiten Öffentlichkeit vorgestellt».[6]

Am 3. September 2001 erschien in der Ausgabe von Liechtensteiner Briefmarken unter anderem ein Satz zu drei Marken, die dem Thema Ex Voto gewidmet sind. Zwei der ausgewählten Motive stammen aus der Kapelle Maria zum Trost auf Dux in Schaan, die Vorlage der dritten Briefmarke befindet sich in der Kapelle St. Georg in Schellenberg.

Die Votivtafeln aus der Dux-Kapelle in Schaan zählen zu den eindrücklichsten und besterhaltenen Ex Voto-Bildern aus dem Fürstentum Liechtenstein. Sie stammen aus der Zeitspanne zwischen dem frühen 18. Jahrhundert und der ersten Hälfte des 19. Jahrhunderts.[7]

«Not lehrt beten!», sagt der Volksmund. In Zeiten der Bedrohung setzt der Mensch ein Zeichen, so auch heute noch. Dies wurde wieder einmal – weltweit – deutlich in jenen Tagen des Schreckens im September 2001. Gemeinsames Schweigen, brennende Kerzen, Blumen, Flaggen auf Halbmast, Glockengeläute – alles Zeichen der Trauer und Hoffnung zugleich in Zeiten der schieren Hoffnungslosigkeit. Es sind Zeichen der Bitte, des Dankes, der Erinnerung und der Verbundenheit mit den Mitmenschen, aber auch mit höheren Mächten. Nichts anderes als solche Zeichen sind Ex Voto- oder Weihebilder in unzähligen Kirchen, Klöstern und Kapellen – oder «Werbung für den wahren Glauben», wie es Werner-Konrad Jaggi, Konservator am Schweizerischen Landesmuseum in Zürich einmal nannte.

Nicht vom Künstlerischen oder Ästhetischen her sollen diese auf Holz, Leinwand, Papier oder Hinterglas gemalten Werke betrachtet werden, sondern als Zeugnisse erfüllter Heilserwartung. Maria

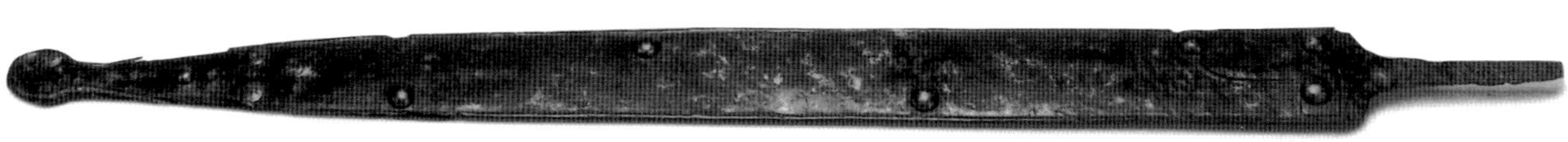

Als Weihegabe dargebrachtes Eisenschwert aus der Zeit um 200 vor Christus, gefunden 1958 auf der Alpe Matta, Gemeinde Balzers

oder die angerufenen Heiligen, die sich in Krankheit, Unglück oder Naturkatastrophen erbarmten, erhalten im Erfüllen des Gelübdes (ex voto) das Bild: eine fromme Quittung sozusagen.[8]

Das Bedürfnis, sich in Situationen der Not und Gefahr die höheren Mächte durch Wallfahrten und Votivgaben günstig zu stimmen, ist fast so alt wie die Menschheit und in allen Kulturen zu finden. Berichte von Wallfahrten sind schon aus vorchristlicher Zeit bekannt. Die Griechen pilgerten für Kranke zum Tempel des Äsculap in Epidaurus und brachten für deren Wiedergenesung Votivgaben dar. Auch an Quellen, Flüssen oder Passübergängen wurden Weihegeschenke als Dank für bestandene Unbill oder als Bitte um Schutz und Beistand vor neuen Gefahren niedergelegt. Beispiele aus vorchristlicher Zeit sind auch auf dem Gebiet des Fürstentums Liechtenstein zu finden. 1958 wurde auf der Alpe Matta im hintersten Teil des Valorsch in einer Geröllhalde eines Ausläufers des Ochsenkopfes ein rund 80 cm langes Eisenschwert mit Scheide aus der Latène-Zeit, aus der Wende vom dritten zum zweiten vorchristlichen Jahrhundert gefunden. Unweit der Fundstelle befindet sich das Fürkle, ein Übergang, der das Valorsch mit dem anderen Seitental des Saminatals, dem Malbun, verbindet. Man ist heute der Auffassung, dass es sich bei derartigen Höhenfunden um Weihegaben handelt, «die von Offranden den Alpgottheiten als Bitt- und Dankesopfer und wohl auch als Fruchtbarkeitsopfer dargebracht worden sind, vielleicht in Erfüllung eines Gelübdes nach abgewendetem Unheil oder überlebter Naturkatastrophe. ... Nicht selten fanden sich die Weihegaben unter einer Steinplatte, einem grossen Felsen oder in einer Felsspalte versteckt, wie beispielsweise die Speerspitze auf der Alp Gritsch, andere wiederum lagen ungeschützt, Jahrtausende

4) Paul Vogt: Zur Baugeschichte. In: Die Mariahilf-Kapelle. Festschrift anlässlich der 700-Jahrfeier 1989, Balzers, 1989, S. 31–32. In einem Spendenaufruf von 1945 spricht der damalige Balzner Pfarrer Leonhard Hollweck ebenfalls von «zahlreichen Ex Votos» in der Marienkapelle; vgl. Franz Büchel: Die Geschichte der Pfarrei Balzers, o.J., S. 97.

5) Emanuel Vogt: Mier z Balzers, Lebensart. Band III. Vaduz, 1998, S. 237. Ein diesbezügliches Rundschreiben an die Pfarrämter Liechtensteins sowie an die Vorsitzenden der Kulturkommissionen aller Gemeinden des Landes vom 30. Oktober 2001 führte zu keinen positiven Rückmeldungen. Ebenso blieb ein Aufruf im Kirchenblatt In Christo Nr. 24 vom 30. November 2001 leider ergebnislos. Es ist daher anzunehmen, dass die einstmals vorhandenen Votivbilder zwischenzeitlich verloren gegangen sind.

6) Maria Kapp: Religiöse Volkskunst. Die Sammlung Ansgar Fütterer im Museum im Ritterhaus, Offenburg. In: Weltkunst, 71. Jahrgang, 15, 2001, S. 2394.

7) Harald Wanger: Die Pfarrei Schaan-Planken in Geschichte und Gegenwart. Beiträge zur Pfarreigeschichte. Schaan, 1991, S. 217–221. – Harald Wanger: Die Kirchen und Kapellen von Schaan. DoMus-Schriftenreihe Heft 1. Schaan, 1998, S. 26–27.

8) Vgl. Lenz Rettenbeck: Heilige Gestalten im Votivbild. In: Kultur und Volk. Beiträge zur Volkskunde aus Österreich, Bayern und der Schweiz. Festschrift für Gustav Gugitz. Hg. von Leopold Schmidt. Wien, 1954, S. 333–359.

In einer Felsspalte bei der zu Schaan gehörenden Alpe Gritsch wurde 1940 diese eiserne Speerspitze gefunden. Auch hier handelt es sich um eine Weihegabe, aus der Zeit um 100 vor Christus stammend.

Votivtafeln in der Mariengrotte von Bendern. Diese Tafeln wurden von Gläubigen gestiftet als Zeichen des Dankes für die von der Muttergottes in schwierigen Lebenslagen geleistete Hilfe.

überdauernd, an der Oberfläche».[9] Votivfiguren ganz besonderer Art sind die anthropomorphen und zoomorphen Bronzestatuetten, die in den 1930er Jahren anlässlich von Grabungen am Osthang des Gutenberges bei Balzers gefunden wurden. Bei den aus dem ersten vorchristlichen Jahrtausend stammenden Bronzestatuetten handelt es sich eindeutig um Votiv- oder Weihegaben. «Da über die Opferstätte oder den Tempel, woher die Fruchtbarkeitsvotive stammen, so gut wie nichts bekannt ist, müssen die Fragen unbeantwortet bleiben, ob diese Weihegeschenke in einem Heiligtum sichtbar aufgestellt waren und als Gaben einzelner Fürbittender zu betrachten sind, oder ob sie anlässlich jahreszeitbedingter Fruchtbarkeitsfeierlichkeiten dargebracht wurden».[10] Ebenso dürfte es sich bei den 1887 oberhalb von Schaan auf Dux (aquaeductus) geborgenen Römerhelmen – sie werden dem ersten oder zweiten Viertel des 1. Jahrhunderts nach Christus zugeordnet – um sogenannte Weiheniederlegungen handeln.[11]

Im Christentum ist der Votivkult schon für das 5. Jahrhundert in voller Blüte an Märtyrergräbern belegt. Weihegaben und Weiheopfer aus unterschiedlichsten Materialien werden dargebracht. Weite Verbreitung fanden seit dem 10. Jahrhundert die sogenannten Wachsopfer.[12] Angeblich soll es auch in der Kapelle auf Masescha solche Wachsvotive gegeben haben. Prälat Engelbert Bucher, Triesenberg, schreibt an den Verfasser: «David Beck erzählte mir, dass früher auch Wachsfüsslein in der Kapelle auf Masescha gewesen seien. Seit meiner Pfarrertätigkeit, 1943 bis 1979, habe ich aber nie solche gesehen. Wann und wie sie verschwunden sind, weiss ich nicht».[13] Aus dem späten Mittelalter sind die frühesten Ex Voto-Bilder bekannt. «Votivbilder als Massenphänomen in Kleinformaten gibt es in Italien seit dem 15./16. Jahrhundert, in Mitteleuropa seit dem 16. und 17. Jahrhundert».[14] Diese Votivgaben im engeren Sinne sind Bitt- und Dankzeichen, aber auch ausdrucksstarke Weihegeschenke für Gott oder einen Heiligen an einem Wallfahrtsort oder Gnadenaltar, um eine geistliche Verbindung zu dokumentieren. Sie verdeutlichen sinnfällig einen Akt der Anheimstellung, und sie tun zugleich erfahrene Gnadenerweise öffentlich kund.[15]

Die Bilderwelt der Votivtafeln, in der westlichen Kirche seit dem Ende des 15. Jahrhunderts bekannt, auf Holz, Leinwand, Karton, Papier, Blech oder hinter Glas gemalt, bezweckt nicht in erster Linie, ästhetische Bedürfnisse zu befriedigen, sondern Einblick in eine besondere Form von Daseinsbewältigung zu geben. Sie gehören ursprünglich in die religiöse Rechtssphäre. «Sie sind nämlich die öffentliche Kundgabe (Promulgation) eines rechtsverbindlichen Versprechens (ex voto) zwischen den beiden Partnern Gott und Mensch. Noch besser als von Versprechen müsste man von Anverlöbnis sprechen: Ein Mensch ‹verlobt› sich an eine Gnadenstätte beziehungsweise an den dort verehrten Heiligen, das heisst, er stellt sich ihm anheim und verspricht, bei Erhörung der Bitte den Dank öffentlich zu bezeugen. ... Die Absicht der Votivtafel ist also, im Bild und gelegentlich auch im Wort öffentlich einen Dank zu bezeugen, im Hinblick auf ein gnadenhaft empfundenes Geschehen in kritischer Situation. ... Das vollständige Votivbild umfasst den Bittflehenden (den Votanten oder das Votationssubjekt), die angerufene Person (das Kultobjekt), den äusseren Anlass zum Bittruf oder zur Dankbezeugung (den Votationsgrund oder das Votationsmotiv) und eine Inschrift».[16]

Das Votivbrauchtum ist eng mit dem Wallfahrtswesen, insbesondere mit der Marienfrömmigkeit und Marienverehrung[17] verbunden, und hat sich bis in unsere Tage erhalten. Die Wallfahrt ist eine aus religiösen Gründen vollzogene Reise an einen geheiligten Ort. «Das Kultobjekt am Wallfahrtsort (die bildliche Darstellung des dort verehrten Christusgeheimnisses oder des Heiligen) geniesst eine besondere Verehrung: Es repräsentiert den unsichtbaren Heiligen und macht ihn gegenwärtig; dadurch bringt man seine Bitten und seinen Dank vor; es prägt sich der Vorstellung ein und taucht in Augenblicken von Not und Gefahr leicht ins Bewusstsein und löst einen Hilferuf und ein Versprechen, ein Anverlöbnis aus. Die Tafeln bedeckten oft ganze Wände und wurden so zu einem Bestandteil der Wallfahrtsarchitektur».[18] Aus jüngster Zeit finden sich an Wallfahrtsstätten – so auch in der Mariengrotte in Bendern – schlichte Holz- oder Steintafeln meist mit dem Schriftzug «Maria hat geholfen», einem Datum und dem Namen des Stifters.

Seit langem hat die Forschung die Votivbilder als wertvolle kulturwissenschaftliche Quelle nicht nur

9) René Wyss: Höhenfunde aus dem Fürstentum Liechtenstein. In: Helvetia archaeologica, 9/1978, Nr. 34/36, S. 143.

10) René Wyss: Fruchtbarkeits-, Bitt- und Dankopfer vom Gutenberg. In: Helvetia archaeologica, 9/1978, Nr. 34/36, S. 157.

11) Verdankenswerter Hinweis von Frau Mag. Ulrike Mayr, Fachstelle Archäologie in Liechtenstein, Triesen.

12) Charlotte Angeletti: Geformtes Wachs. Kerzen, Votive, Wachsfiguren. München, 1980, S. 35–50.

13) Prälat Engelbert Bucher in einem Schreiben an den Verfasser vom 15. November 2001.

14) Wolfgang Brückner: Votive, Votivbilder. In: Lexikon der christlichen Ikonographie. Band 4. Rom, Freiburg, Basel, Wien, 1990, Sp. 472–474. Vgl. auch Lenz Kriss-Rettenbeck: Ex Voto. Zeichen, Bild und Abbild im christlichen Votivbrauchtum. Zürich, 1974.

15) Wolfgang Brückner (wie Anmerkung 14), Sp. 472.

16) Vgl. Beitrag von Iso Baumer in: René Creux, Die Bilderwelt des Volkes. Brauchtum und Glaube. Frauenfeld, 1980, S. 5–7.

17) Stefan Hirschlehner: Das Marienbild im Wandel der Zeit. In: Marien-Lourdes-Grotte Bendern 1898-1998. Bendern, 1998, S. 67–75.

18) Iso Baumer (wie Anmerkung 16), S. 9–10.

für religiöses Brauchtum und Wallfahrtswesen, sondern ebenso für Volksmedizin und Kostümkunde, für Religionspsychologie und für die Kenntnis der Ausstrahlung religiöser Zentren sowie für die Baugeschichte erkannt.[19] 1997 fand eine eindrückliche Ausstellung unter dem Titel «Errette mich, oh Herr, von allem Übel! Votivbilder aus der Wallfahrtskirche Heiligkreuz, aus dem Kloster Notkersegg und der Kapelle Freienbach Kobelwald» im Historischen Museum St. Gallen statt.[20]

Auf einige der im nachfolgenden Inventar aufgeführten Ex Voto-Tafeln aus liechtensteinischen Kapellen sowie auf einzelne Bildwerke aus dem Umfeld der Votivbilder soll nachstehend näher eingegangen werden.

DIE ÄLTESTEN EX VOTO-BILDER AUS LIECHTENSTEIN

Ein auf das Jahre 1657 datiertes Votivbild (Inventar-Nr. 1) befindet sich heute in Privatbesitz in Ruggell. Es dürfte ursprünglich wohl aus der Duxkapelle in Schaan stammen. Das 53,5 x 36,5 cm grosse Leinwandbild zeigt Maria und den heiligen Antonius von Padua mit dem Jesuskind in den Armen, von Wolken umhüllt. Am linken unteren Bildrand ist eine Dorflandschaft mit Bergkulisse im Hintergrund erkennbar. Die Inschrift am unteren Bildrand lautet: «Gott dem Almechtigen, und Maria der Himelkönigin, wie auch dem Hailigen Antonio von PADOA, zu Ehren und danckbarkeit lies M: Roni Tschetter von Schan diss bild machen wegen underschidlichen Zuständen und Kranckeiten. 1657». Für das 18. Jahrhundert ist ein Hieronymus (Roni) Tschetter aus Schaan als Landammann der Grafschaft Vaduz (1713–1727) nachgewiesen. Die Jahrzahl 1657, die von anderer Hand stammen könnte, darf auch auf Grund der Malweise, die viel mehr in die Mitte des 18. Jahrhunderts deutet, in Frage gestellt werden.

In die letzten Jahre des 17. Jahrhunderts gehen zwei Andachtsbilder zurück, die sich in der Heiligkreuz-Kapelle auf Rofenberg in Eschen befinden. Ein in Öl auf Leinwand gemaltes Ecce Homo Bild (Inventar-Nr. 17), zirka 75 x 62 cm messend, mit der Aufschrift: «Ach was Leide ich. Um deinet willen stirbe ich», trägt die Jahrzahl 1697. Eine zweite Tafel (Inventar-Nr. 18), Öl auf Holz gemalt, zeigt eine Pietà und weist das Datum 1698 auf. Somit reicht sie ebenfalls zurück auf das Ende der Hohenemsischen Herrschaft, eine der entbehrungsreichsten Zeiten in der Geschichte unserer Landschaft. Die Inschrift besagt: «O Ihr alle die da für übergehnd, secht ob auch ein Schmertz sey wie mein Schmertz ist: Gott und Maria zu Höchster Lob und ehr, hat der wohl vorgeachte Her Lantshaupt man und alter Landtamen, Andreas Büchell: dass bild hier machen lassen: Anno 1698».[21]

Zu den frühesten Andachtsbildern der Kapelle auf Dux zählt die Tafel (Inventar-Nr. 20) mit der Jahrzahl 1707, gestiftet von «Catharina Haslerin». Die Inschrift lautet: «Heillige Maria u. Heilliger Sebastijanuss, Heilige Cattarine; bidten für uns; Cattarina, Haslerin. ihres alters: 24 Jahr: 1707». Das 63,5 x 45 cm grosse Leinwandbild zeigt das Gnadenbild von Dux im Wolken- und Strahlenkranz mit den Heiligen Sebastian und Catharina in vegetationsreicher Landschaft mit Blick auf eine Gebäudegruppe im Hintergrund. Rechts von der hl. Katharina ist die kniende und betende Stifterin, den Rosenkranz in den Händen haltend, dargestellt.

VOTIVTAFEL DES LANDAMMANNS JOHANN CHRISTOPH WALSER AUS SCHAAN, 1718

Das Votivbild (Inventar-Nr. 2) zeigt oben in der Mitte in einem Wolkenkranz die Himmelskönigin Maria zum Trost von Dux/Schaan, mit Krone und Zepter, in rotem Gewand mit blauem Mantel. Sie wird links begleitet vom Apostel Johannes mit einem Kelch in der Linken, rechts vom hl. Christophorus mit dem Baumstamm in der Rechten und dem Jesusknaben auf der linken Schulter. Wie die Muttergottes sind auch die Heiligen – beide Schutz- und Namenspatrone des Stifters – durch ein Wolkenband von der irdischen Welt abgehoben.

In der Bildmitte wird das Torkelgebäude – der Unfallort – im umzäunten und ummauerten Weinberg gezeigt. An der Giebelseite des gemauerten Torkelgebäudes ist das Wappen von Landammann Walser dargestellt: eine (heraldisch) nach rechts steigende Gemse, Gold auf blauem Grund. Das Wappen ist durch eine Siegelurkunde aus dem Jahre 1695 bekannt. Walser war in den Jahren 1690, 1692, 1693 und 1695 Landammann der Grafschaft Vaduz. Er dürfte gemäss den Stammtafeln der Bürgerfamilien von Schaan[22] bis 1738 gelebt haben.

Vor dem Holzzaun, links des Torkelgebäudes, kniet betend auf dem vorbeiführenden Weg der am 10. Oktober 1718 verunfallte Johann Christoph Walser. Eine grosse Rundbogenöffnung an der Längsseite des Torkelhauses zeigt den verhängnisvollen Sturz vom Torkelbett mit dem am Boden liegenden Verunfallten.

Eine siebenzeilige Inschrift auf einem beidseitig gerollten Band schildert den Unfall und das Gelöbnis EX VOTO sowie den Dank des Verunglückten:

«Ano 1718 den 10 octb: hat herr Johan Christoph Walsser alter Landaman im dorff Schan wohnhafft, in seinem aignen dorgel zue endt des tot gunst, unversehent einen ab dem dorgelbeth auf die sarg oder Kesij einer büte Stürtzhel getahn und auf ein schulttren so hart gefallen, das ihme das gebliet in die adren und Nerfen gefahren und ein grausamen unleidentlich Schmerzen causiert in diesem seines lebensgefahr, zue der ehr, und lob Gottes und seiner wertisten Mueter der Himelskönigin Maria ein taffel EX VOTO in die Capell auf dux Maria zuem Trost genandt verlobt und zue diser hösten ehr und lob zu einer ewigen gedechtnus mallen und einhenchen lassen, warauff es sich nach und nach gebesert, und (:Gottlob:) keine Verlezung hinderlassen».

Das vorliegende Ex Voto nimmt Bezug auf das Unglück eines Einzelnen. Auch dieses Beispiel beinhaltet alle drei wesentlichen Elemente eines Votivbildes:

Die angerufene überirdische Macht (hier Maria mit den heiligen Christophorus und Johannes dem Täufer als Schutzpatrone), den Stifter oder Votant (Landammann Johann Christoph Walser aus Schaan) und den Anlass zur Dankesbezeugung, den Votationsgrund (die Heilung nach dem Unfall). Bildhaft sind auch Ort und Hergang des unglücklichen Geschehens dargestellt.

19) Hans von Matt, Votivkunst in Nidwalden. Stans, 1976, S. 13.

20) Daniel Suter: Errette mich, oh Herr, von allem Übel! Exvotos, Bilder und Zeichen katholischer Volksfrömmigkeit. Museumsbrief 76. St. Gallen, 1997.

21) Unter den Landammännern aus Hohenemsischer Zeit findet sich in der Herrschaft Schellenberg für die Jahre 1669 und 1689 ein Andreas Büchel aus Schellenberg, für die Grafschaft Vaduz ein Andreas Büchel aus Balzers für die Jahre 1690 bis 1693. Um welchen es sich bei dem Stifter der Votivtafel handelt, lässt sich nicht feststellen; vgl. Joseph Ospelt: Landammänner-Verzeichnis und Landammänner-Siegel. In: Jahrbuch des Historischen Vereins für das Fürstentum Liechtenstein, Band 40 (1940), S. 42.

22) Stammtafeln der Bürgerfamilien von Schaan. Schaan, 1989, S. 141.

Siegel des Landammanns Johann Christoph Walser aus Schaan, der 1718 nach vollständiger Genesung von einem schlimmen Sturz ein Votivbild stiftete

EX VOTO VON 1727 AUS DER DUX-KAPELLE IN SCHAAN

Ebenfalls aus der Marienkapelle auf Dux in Schaan stammt das Ex Voto-Bild (Inventar-Nr. 4) aus dem Jahre 1727, das sich heute im Ortsmuseum DoMus in Schaan befindet, ein Bild von vertrauensvoller Hingabe und grosser Ausdruckskraft. Im oberen Bildteil im Wolkenkranz sind Maria von Dux mit dem Jesuskind und der heilige Josef mit dem Lilienzweig in der Linken dargestellt. Der Blick des Betrachters richtet sich in eine Schlafkammer mit einem Pfostenbett, in dem eine kranke oder sterbende Frau liegt, andächtig den Rosenkranz betend, rechts davor befindet sich ein Tisch mit Kruzifix, Zinnkrug und Teller und andere Gerätschaften, vielleicht Teile einer Versehgarnitur. Links unten befindet sich die Inschrift «EX VOTO», die Jahreszahl 1727 sowie die Initialen «j ~ j». Dabei handelt es sich um das Monogramm des Malers oder der Stifterin.

EX VOTO VON 1733 AUS DER DUX-KAPELLE IN SCHAAN

Die hier vorliegende Tafel (Inventar-Nr. 5) entspricht einem weitverbreiteten Typus von anonymen Ex-Voto-Bildern. Sie stammt aus der Marienkapelle auf Dux in Schaan. Das Original befindet sich heute im Liechtensteinischen Landesmuseum.

Es zeigt im oberen linken Bildteil Maria als Himmelskönigin mit dem Jesuskind in einem Wolkenkranz vor goldenem Hintergrund.

Rechts unten kniet mit gefalteten Händen in einer hügeligen Landschaft mit Bergen im Hintergrund der Stifter des Ex Votos; auffallend ist die vornehme Kleidung.

In einem farblich abgetrennten unteren Bildrand ist zu lesen: «EX UOTO 1733».

Der Grund für die Stiftung dieses Ex Voto-Bildes (Krankheit, Unfall etc.) wird nicht erwähnt. «Das Knien drückt die eigene Kleinheit und Niedrigkeit vor der Grösse Gottes aus, aber auch das Bewusstsein der Sündhaftigkeit. Es passt daher ebenso zur Anbetung Gottes wie zum Bittgebet. Es ist die übliche Haltung im privaten Gebet. Die Votivtafeln beziehen sich nicht auf den gemeinschaftlichen Gottesdienst des Volkes, sondern auf die private Andacht des Einzelnen, allein oder im Familienverband».[23]

VOTIVTAFEL ZU EHREN DES HEILIGEN NEPOMUK, 1734

Eine recht eigentümliche Votivtafel (Inventar-Nr. 6) – sie könnte aus der Kapelle St. Peter in Schaan stammen[24] – befindet sich in den Sammlungen des Liechtensteinischen Landesmuseums. Das in Öl auf Holz gemalte, 47 x 22 cm grosse Votivbild aus dem Jahre 1734 ist dem hl. Johannes von Nepomuk gewidmet. Der Heilige ist stehend, im Priestergewand gekleidet, Kreuz, Barett und Märtyrerpalme in beiden Händen haltend, dargestellt. Im Hintergrund ist sein Märtyrertod in der Moldau bei Prag festgehalten, mit Soldaten und König Wenzel zu Pferd im Hintergrund der Szene. Fast gleich gross wie die Malerei ist der Inschriftenteil mit unten abschliessendem bekröntem Wappenschild. Die Inschrift lautet:

«Es hat sich Hie her verlobt zue dem H: Johanes von Nepomuckh, wegen einem atentzen (?) der wohl edelueste Her, her hans Jacob Sturm, des Schilt ried (ein Weiler bei Göfis in Vorarlberg[25]), der Herschafft bludentz, wegen, Johanes Hilde (Hilti) mesmer in Tschan (Schaan), peter und paul (vermutlich Kapelle St. Peter in Schaan) welcher den fresenten Krebs 4. Jahr lang Gehabt, an dem underen maul gehabt im Jahr 1734. Hat mich der Her Sturm, bey drit halb zol hin weg Geschniten, Fürbit des Heiligen in 3. Tagen fölig guriert, gewesen, in 10 Tagen hab ich wider Kirchen und Strasen gehen künen, als ein 64 järiger man, Gott sey danck Gesagt und der aller seligsten Himels künigin Maria».

Das Wappen deutet ebenfalls nach Vorarlberg und entspricht im Wesentlichen dem Wappen der Seeger zu Sagburg von Bludenz oder Bürs.[26]

VOTIVTAFEL VON 1796, EHEMALS IN DER DUX-KAPELLE IN SCHAAN

Von einzigartigem historischem und dokumentarischem Wert ist das Votivbild (Inventar-Nr. 9) aus dem Jahre 1796 des Malers Mathias Jehly aus Bludenz (1746–1809). Stifterin des Bildes – ebenfalls in der Kapelle Maria zum Trost auf Dux – war einmal mehr die Gemeinde Schaan. Anlass dazu waren in diesem Falle kriegerische Ereignisse, Auswirkungen des Ersten Koalitionskrieges (1792–1797), von denen das Land Liechtenstein und insbesondere die Gemeinde Schaan speziell im Jahre 1796 direkt betroffen waren. Auf das Ausmass des damals herrschenden Elends deutet auch ein Hinweis von Johann Baptist Büchel hin, der Bezug auf die Totenbücher der Pfarrei Schaan nimmt. Darin heisst es: «1796 starben 109 Personen, darunter 86 Kinder aus der Pfarrei».[27]

Das 81,5 x 105 cm grosse Ölbild zeigt Maria mit dem Kind auf Wolken schwebend über der Kapelle auf Dux und einem daneben aufgeschlagenen Militärlager mit Zelten und Kanonen. Inhaltlich bezieht es sich auf ein Ereignis des Jahres 1796.

Die Inschrift besagt: «Im Jahr 1796 im brachmonath (Juni) ist allhie ob gegenwerthiger Kapelle zur zeit, da in dem damahligen unglickl. Krig mit Frankreich Mann durchs bündinnerlande von denen Französischen Trupen einen Einbruch in hiessige Reichsherrschaft befürchtet, ein Lager gestanden worinen das Kaijss. Kön: Regiment Breis Campirt hat. Gott sey uns gnädig und wende durch die getreue Vorbitt Maria seiner Jungfreul. Mutter, die da zumahlen, so auch inskünftig, und zu allen Zeiten von uns und unsern lieben Vatterlande alle Krigs=Auftritte und unglücksel. Zeiten gnädigst ab». Diese Bitte unserer Vorfahren vor zweihundert Jahren hat auch in unseren Tagen ihren tieferen Sinn nicht verloren.

Ängste, Not und Schrecken hatten unser Land erfasst. Es ist die Zeit des Ersten Koalitionskrieges: Frankreich im Kampf gegen die Koalition von Österreich, Preussen, Russland und England. Bei Kriegsbeginn 1792 musste Liechtenstein ein Truppenkontingent zum Kampf gegen Frankreich stellen. Dieses bestand aus 15 Mann zu Fuss und zwei Mann zu Pferd. Sie kosteten samt Bewaffnung und Montur 2250 Gulden. Teuerung, Hunger und Not setzten ein. Vom Jahre 1796 berichtet der Chronist Johann Georg Helbert aus Eschen: «Im übrigen ist hierlands alles bedrängt mit Auflagen, Teuerung und Hunger. Aller Handel und Wandel ist gehemmt, alle Pässe gesperrt. Das Militär haben wir immer im Lande, abwechselnd bald Husaren, bald Fussgänger. Viele Untertanen sind dadurch unglücklich worden durch Säbelhieb und manche sind um Ross und Wagen gekommen, als sie Konterband trieben, auch hin und wieder um Korn und Vieh, da sie doch mit den Soldaten abgeredet und ihnen Geld gegeben. Zu Nendeln haben die Soldaten ein Stück genommen. Die Fortschritte der Franzosen in Italien haben hierlands grosse Bestürzung verursacht. Denn am 16. Juni zog eine kaiserliche Armee in die hiesige Herrschaft und lagerte ob Triesen anfangs der Balzner Wiesen, aus Furcht, der Feind möchte durch Bünden hierdurch in Österreich einfallen.

---

23) Iso Baumer (wie Anmerkung 16), S. 13.

24) In einem Schreiben vom 18. März 1792 des Schaaner Pfarrers Joel Orsi von Reichenberg an den Bischof von Chur heisst es: «Mitten im Dorf befindet sich eine von Grund auf solid erbaute und mit einem schönen, dauerhaften und feuersicheren Gewölbe versehene, den hl. Aposteln Petrus und Paulus gewidmete Kirche, ...». Zitiert nach Johann Baptist Büchel: Geschichte der Pfarrei Schaan. In: Jahrbuch des Historischen Vereins für das Fürstentum Liechtenstein, Band 27 (1927), S. 27.

25) Mitteilung von Herrn Dr. Karlheinz Albrecht, Stadtbibliothek Feldkirch. Johann Jakob Sturm dürfte einer Chirurgenfamilie aus Bludenz entstammen, war seit 1710 mit Agathe Schnellerin verheiratet und ab 1715 in Bludenz ansässig. Mitteilung von Dr. Edwin Oberhauser, Götzis.

26) Vgl. Die Bürger und Adelswappen Vorarlbergs und die Vorarlberger Siegelsammlung des Herrn Pfarrer Gebhard Wendelin Gunz in Tisis sowie die Hauszeichensammlung des Herrn Alf. Leuprecht, Stadtarchivar in Bludenz. o.O. o. J., Teil 2, S. 46. – Vgl. Andreas Ulmer: Die Burgen und Edelsitze Vorarlbergs und Liechtensteins. Dornbirn, 1925, S. 873–875.

27) Johann Baptist Büchel: Geschichte der Pfarrei Schaan (wie Anmerkung 24), S. 76. Schaan zählte für das Jahr 1789 insgesamt 133 Wohnhäuser und 566 Einwohner. – Vgl. Alois Ospelt: Wirtschaftsgeschichte des Fürstentums Liechtenstein im 19. Jahrhundert. In: Jahrbuch des Historischen Vereins für das Fürstentum Liechtenstein, Band 72 (1972), Anhang, S. 38.

Kurz darauf lagerte sich wieder ein Corps von 700 Mann auf Dux beim Kirchlein ob Schaan mit vielerlei Bagage, Ross und Wagen und etlichen Kanonen. Wieder ein Corps zog in die Dörfer Schaan und Vaduz. Täglich musste die armen Untertanen Bagage hierher führen oder fort führen. ... ».[28]

An diese Not- und Schreckenszeit, in der unsere Vorfahren Schutz bei Maria zum Trost auf Dux suchten, erinnert dieses Votivbild, 1796 von Mathias Jehly aus Bludenz gemalt. Es zeigt das Zeltlager, das vom österreichischen Regiment Breis am 16. Juni 1796 bei der Kapelle von Dux aufgeschlagen wurde, als man einen Einfall der Franzosen von Graubünden her befürchtete. Gestiftet wurde das Bild von der Gemeinde Schaan nach Abzug der österreichischen Truppen.

Gleichzeitig ist dieses Votivbild die älteste Darstellung der Duxkapelle mit dem erst 1789 errichteten Turm, hier auch noch mit dem alten hölzernen Vorzeichen, das 1829 durch die heutige Vorhalle ersetzt wurde.

EX VOTOS AUS BENDERN

Einige bemerkenswerte Votivbilder haben sich auch aus Bendern[29] erhalten, unter anderem nur dank der Umsichtigkeit des Mesmers Alexander Kind, der sie vor unsachgemässer «Entsorgung» vor einigen Jahren aus dem Bauschutt rettete. Die Originalbilder befinden sich heute im Liechtensteinischen Landesmuseum. Eines dieser Benderer Ex Votos (Inventar-Nr. 7), 32,5 x 20 cm gross, Öl auf Holz gemalt mit aufgesetztem Rahmen, zeigt Maria mit Kind im Wolkenkranz, zu ihren Füssen der kniende Stifter. Die Inschrift weist auf eine wundersame Errettung des Stifters hin: «Ich Johanes batista büchl Johanes Sohn, bekchene, des ich durch die Mutter gottes zu benderen mittelst einem grosen mirackhl aus augen scheinlicher lebens gefahr bin Erlediget warden. Den 20. Jener, anno 1761», und von anderer Hand: «geschehen zu Chur im Hof».

Ein weiteres Ex Voto (Inventar-Nr. 8), auffallend durch seine Bildgrösse, es misst 182,5 x 146 cm, auf Leinwand gemalt, befindet sich heute im Kapitelsaal des Pfarrhauses in Bendern. Es zeigt Maria, die Himmelskönigin, mit dem Jesusknaben auf der Mondsichel stehend, von Wolken umhüllt und von Engeln begleitet, Zepter und Lilienzweig in den Händen haltend, zu Füssen zwei schwebende Puttenköpfchen. In goldener Schrift heisst es am oberen Bildrand: «EX VOTO 1776». Ob es sich bei einem vergleichbaren Gemälde, angeblich aus St. Peter in Schaan stammend (Inventar-Nr. 19) – es misst 90,5 x 73 cm –, ebenfalls um ein EX VOTO, um eine Altartafel oder schlicht um ein Andachtsbild handelt, ist ungewiss. Ungewöhnlich für eine Altartafel sind jedoch die markanten Jahrzahlen 1790 und 1702 in den oberen Bildfeldern. Der Hinweis Ex Voto fehlt. Dargestellt sind die Himmelskönigin Maria mit Kind als Mondsichelmadonna, begleitet von der heiligen Magdalena mit dem Salbgefäss in den Händen und dem heiligen Georg, den besiegten Drachen zu Füssen.

Ein anderes Votivbild (Inventar-Nr. 10) aus Bendern zeigt in naiver, ländlicher Malerei Maria mit dem Kind auf grünem Felde stehend zwischen Bäumen und Sträuchern und einer weidenden Kuh, seitlich von Wolken umrahmt, mit der Inschrift «1802 EX FOTO», ebenfalls auf Holz gemalt, mit aufgesetztem, blau-weiss marmoriertem Rahmen.

EX VOTO VON 1802 AUS DER ST. GEORGS-KAPELLE IN SCHELLENBERG

«Anno 1802. Regiertt ein bösse sücht vnder Ross. vnd fich: so hat ein Ehrsamme gemeindt shellenberg: Gott / vnd Maria die Mutter gottes vnd s: Georg vnd s: Marti vnd s: Sebastian vnd s: Andony vnd s: Wendelin vnd s: / Loy zum höchstem Lob= vnd Ehr die daflen versprochen vnd machen lassen, vnd derzu, Alle son vnd feirdag Nach / dem Rossen Kratz. Fünf vatter vnser bethen zum Höchstem Danckh das Gott durch die Fuhrbitt diesen Heiligen Weitter behütten wolle Amen.» So lautet die vierzeilige Inschrift am unteren Bildrand (Inventar-Nr. 11). 1802, in Zeiten von Not und grossem Elend nimmt die Gemeinde Schellenberg Zuflucht zu den himmlischen Nothelfern und Schutzheiligen und stiftet diese Tafel in die Kapelle St. Georg.

Johann Georg Helbert (1759–1813) schreibt in seiner Chronik auf das Jahr 1802: «Es herrscht jetzt auch ein pestilenzische Krankheit an Ross und Vieh und zwar weit und breit im Land, in der Schweiz dem Rhein nach sehr stark, auch in Schwaben und Vorarlberg und in unserem ganzen Land. Anfangs war kein Hilfsmittel vorhanden. Die Rosse schwellen an Brust und Hals und krepieren bald. Man nimmt die Zuflucht zum Gebet. Die Benderer Pfarrei geht mit Prozession auf Appenzell zum hl. Antonius; die Pfarrei Eschen geht alle Freitag auf Nendeln (hier befand sich die den Pestheiligen St. Sebastian und Rochus geweihte Kapelle). Dann wurde alles Vieh benediciert. Endlich nach allem diesen wurde ein Hilfsmittel erfunden und vieles Vieh gerettet. Die Leut= und Viehdökter haben sich schon anfänglich auf Verordnung der Obrigkeit versammelt und Rat gehalten. Sie haben sehr verschiedene Meinungen über Ursache und Kur dieser Krankheit. Etliche sind der Meinung, die Hitze und Dürre des Sommers sei die Ursache, andere sagen, eine vergiftete Luft. Von Sargans wird attestiert, es sei ein Biss einer vergifteten Fliege. Und ich meine, es ist eine Strafe Gottes gewesen, denn diese Krankheit ist gekommen, niemand weiss die Ursache; sie ist wieder vergangen, niemand weiss wie, und doch sind viele hundert Stück Ross und Vieh krepiert».[30]

Die Gestalten der Heiligen, die göttlichen Fürsprecher, nehmen den grössten Teil des Bildes ein. Sie sind abgegrenzt und abgehoben von der irdischen Welt durch ein mächtiges Wolkenband, drohenden Gewitterwolken ähnlich. Zwischen diesem Wolkenband und dem abschliessenden Textband folgt der interessanteste Bildteil dieses Ex Votos. In grüner hügeliger Wiesenlandschaft steht die Kapelle St. Georg in Schellenberg, umgeben von weidenden Pferden und Kühen, die früheste bekannte Darstellung dieser Kapelle. Der lokale Bezug zum konkreten Ort ist somit neben dem Text auch durch den Bildinhalt gegeben. Grabungen und bauanalytische Untersuchungen von 1980 haben gezeigt, dass sich diese Darstellung der Kapelle «als eine realistische Darstellung der ersten St. Georgs-Kapelle, wie sie aufgrund der Ausgrabungen und der Bauuntersuchungen im Sommer 1980 rekonstruiert worden ist», erwiesen hat.[31]

Auf dieselben Umstände der in besagtem Jahre (1802) herrschenden Viehseuche nimmt eine weitere Votivtafel (Inventar-Nr. 12) aus der Duxkapelle in Schaan – sie befindet sich heute im Liechtensteinischen Landesmuseum – Bezug. Das grossformatige Leinwandbild, 120 x 84 cm, zeigt Maria mit dem Kind sowie die heiligen Sebastian und Martin. Die Inschrift am unteren Bildrand besagt: «Diese Tafel hat Hiesige Gemeind (Schaan) verfertigen lassen aus Danckbarkeit gegen die Fürbitte Maria der seligsten Jungfrau, und der H: H. Sebastiani, und Martini, wegen Befreyung von der Leydigen viehseuche im Jahre 1802».

Schon 1722 stiftete die Gemeinde Schaan aus demselben Grunde – es wütete auch damals eine Viehseuche – eine Votivtafel (Inventar-Nr. 3) auf Dux. Die Inschrift besagt: «Anno 1722 hat die Ehrsame Gemain Schan zue Ehren der seligsten Jungfrau Und Mutter Gottes Maria diese Opffer-Taffel hie her Verlobt Und hat durch die Fürbitt der Mutter Gottes, hl. Martin u. Ignatiy, die leidige Vieh pest Gott sey dank Nach Gelassen».

---

28) Zitiert nach Johann Baptist Büchel: Auszug aus der Chronik des Jakob Helbert. In: Jahrbuch des Historischen Vereins für das Fürstentum Liechtenstein, Band 29 (1929), S. 97.

29) Vgl. Brigitte Hasler: Ex Votos. In: Marien-Lourdes-Grotte Bendern. 1898–1998. Festschrift. Bendern, 1998, S. 63–66.

30) Zitiert nach Johann Baptist Büchel: Auszug aus der Chronik des Jakob Helbert (wie Anmerkung 28), S. 116–117.

31) Georg Malin: Kapelle St. Georg in Schellenberg. In: Jahrbuch des Historischen Vereins für das Fürstentum Liechtenstein, Band 80 (1980), S. 43.

Ausschnitt aus dem Ex Voto-Bild von 1825 aus Balzers; zu sehen ist der Sturz eines Kindes aus dem obersten Fenster von Haus Nr. 21 im Ortsteil «Höfle».

EX VOTO VON 1825, VERMUTLICH AUS DER MARIAHILF-KAPELLE IN BALZERS

Ein in mehrfacher Hinsicht interessantes, ausdruckstarkes Votivbild (Inventar-Nr. 13), das ursprünglich aus der Mariahilf-Kapelle in Balzers stammen dürfte, befindet sich heute in Privatbesitz. Das grossformatige Bild – es misst in etwa 78 x 60 cm –, in naiver aber überaus expressiver Manier gemalt, ist Maria gewidmet und geht auf das weitverbreitete Vorbild der Maria-Hilf-Darstellung von Lukas Cranach dem Älteren aus der Domkirche St. Jakob in Innsbruck aus dem Jahre 1517 zurück. Der Votationsgrund ist ein Unglücksfall, der sich in Balzers im Haus Nr. 21 im Höfle, ehemals Haus Nr. 31, zugetragen hat und der in einem abgegrenzten 27 x 24 cm grossen Bildfeld geschildert wird. Ein Kind, in ein weisses knielanges Hemd gekleidet, stürzt kopfüber aus dem obersten Fenster des Hauses. Die markante Fassade mit dem Rechteckfenster unter dem Dachgiebel, aus dem der verhängnisvolle Sturz erfolgte, dem seitlichen Rundfenster sowie dem Treppenaufgang, hat sich bis heute erhalten. Bei dem Verunglückten könnte es sich um Johann Baptist Julius Wolfinger (*1822; †1908) handeln.[32] In einem anderen ausgesparten

Das Haus, aus welchem das Kind im Jahr 1825 stürzte, ist erhalten geblieben. Sowohl das oberste Fenster wie auch die benachbarte rundliche Öffnung sind heute noch sichtbar.

Feld neben der Darstellung des Unglücksortes findet sich die Inschrift: «H. Maria Hilff unss in Aller Noth. EX VOTO ANO. 1825». Die Mariendarstellung dieses Votivbildes muss in einem direkten Zusammenhang mit einem Andachtsbild stehen, das sich in den Sammlungen des Landesmuseums befindet. Auf diesen Sachverhalt wird an anderer Stelle näher eingegangen.

BILDWERKE IM UMFELD DER VOTIVTAFELN

Zahlreiche Andachtsbilder bewegen sich im Umfeld der Ex Votos. Da aber verschiedene typische Elemente fehlen, gelten sie nicht im eigentlichen Sinne als Votivbilder. Zu diesen zählen verschiedene Mariendarstellungen – wie jene des eben erwähnten Votivbildes von 1825 –, die alle auf das grosse Vorbild[33] des Lukas Cranach (1472–1553)[34] aus dem frühen 16. Jahrhundert zurückgehen, das in der Barockzeit und bis ins 19. Jahrhundert als eigentliche Marien-Ikone eine ungeahnte Verbreitung gefunden hat. Das Original wurde im 17. Jahrhundert von Passau nach Innsbruck überführt und befindet sich seit 1650 in der dortigen Domkirche St. Jakob. «Die 1683 gegründete Münchener Maria-Hilf-Bruderschaft, wie auch die von Innsbruck, haben ohne Zweifel in hohem Masse dazu beigetragen, dass sich dieses Maria-Hilf-Bild so tief in die Volksvorstellung eingeprägt hat. Zahllose Votivtafeln, Hinterglasbilder und Andachtsbilder, die in ihrem flächenhaften, reduzierten Stil das Original nachzuzeichnen versuchten, haben gerade durch diese Mittel dem Bilde wieder einen stärkeren ikonenhaften Charakter verliehen».[35] Eine der unzähligen Kopien dieses Bildes findet sich als Altarblatt im Hochaltar der Mariahilf-Kapelle in Balzers, entstanden um 1720. «Es war – wie ältere Bildgrenzen zeigen – bereits einem früheren Hochaltar eingefügt und wurde durch Vergrösserung dem jetzigen

32) Emanuel Vogt: Mier z Balzers. Lebensart. Band III, Vaduz, 1998, S. 235 und Anm. 45, S. 497–498.

33) Vgl. Herbert Haag, Joe H. Kirchberger, Dorothee Sölle und Caroline H. Ebertshäuser: Maria, Kunst, Brauchtum und Religion in Bild und Text, Freiburg, Basel, Wien, 1997, S. 217.

34) Dieter Koepplin, Tilman Falk: Lukas Cranach. Gemälde, Zeichnungen, Druckgraphik. 2 Bände. 2. Auflage. Basel, 1974 und 1976.

35) Torsten Gebhard: Die marianischen Gnadenbilder in Bayern. Beobachtungen zur Chronologie und Typologie. In: Kultur und Volk. Beiträge zur Volkskunde aus Österreich, Bayern und der Schweiz. Festschrift für Gustav Gugitz. Hg. von Leopold Schmidt. Wien, 1954, S. 106.

Der Hochaltar im Dom von Innsbruck ist geschmückt mit einem Bild von Lukas Cranach, welches Maria mit dem Jesuskind zeigt. Das aus dem frühen 16. Jahrhundert stammende Gemälde war Vorbild für zahlreiche spätere Muttergottes-Darstellungen.

Aufsatz angepasst».[36] Ebenso ziert die Kopie des Cranach-Gemäldes das Giebelbild des Hochaltars der Marienkapelle in Triesen. Das in seiner Komposition wie im Aufbau ganz ausserordentliche Altarwerk ist eine Stiftung des Grafen Franz Wilhelm von Hohenems und seiner Gattin Eleonore Katharina, Gräfin von Fürstenberg, aus dem Jahre 1654, ein Werk des Malers Georg Wilhelm Grässner aus Messkirch im Allgäu.[37] Aber nicht nur in Altarwerken, auch unter den beweglichen Bildern finden sich zahlreiche Kopien nach Lukas Cranach. Ebenfalls aus der Marienkapelle in Triesen stammt ein solches Marienbild aus dem Jahre 1664, das einer näheren Betrachtung bedarf. Es zeigt neben den Initialen «M. Z.» das Wappen «Zeller»[38] (Inventar-Nr. 14). Wie eine Aufnahme Erwin Poeschels zeigt, hing es um 1950 noch an der rechten Chorseite der Marienkapelle in Triesen.

Das 77,5 x 58 cm grosse Leinwandbild zeigt im Zentrum Maria mit dem Jesuskind – dem Vorbild Lukas Cranachs folgend – in einem Kranz von 24 Rosenblüten, in den oberen Bildecken die Jahrzahl 1664, links unten das Wappen und rechts unten in grosser Schrift die Initialen «M. Z.». Wappen und Initialen könnten auf den 1610 geborenen Innsbrucker Maler Maximilian Zeller hindeuten.[39]

In der Sakristei der Duxkapelle von Schaan hing bis zur Renovation in den 1990er Jahren ebenfalls ein Maria-Hilf-Bild (Inventar-Nr. 26), das auf das Innsbrucker Vorbild Bezug nimmt. Es befindet sich heute in den Sammlungen des Liechtensteinischen Landesmuseums.

Drei Bildwerke, das oben erwähnte Ex Voto aus Balzers von 1825 (Inventar-Nr. 13), ein Marienbild aus der Marienkapelle in Triesen von 1682 (Inventar-Nr. 15) sowie ein Marienbild von 1684 (Inventar-Nr. 16) aus den Sammlungen des Landesmuseums – alle drei nehmen Bezug auf die Innsbrucker Cranach-Madonna – stehen in einem interessanten Zusammenhang, auf den hier näher eingegangen werden soll.

Ein 67 x 55 cm grosses Leinwandbild zeigt auf bräunlichem Hintergrund in qualitätvoller Malerei Maria, in ein blaues Gewand gekleidet und mit rotem Mantel und feinem Schleier umhüllt, in den Armen das nackte Jesuskind haltend, getreu dem Cranach-Vorbild folgend. Auf einem zirka fünf cm breiten hellen Bildstreifen am unteren Bildrand findet sich die zweizeilige Inschrift: «Mit Deiner Hilff sihe Uns an, Hunger und Pest Wende hein dan, Vorm feindt beschütze Unss for dan In Todts noth nimbt dich Unsser an. 1682». Ein Bild also, das dem nahen Umfeld der eigentlichen Ex Votos oder Votivbilder zugeordnet werden kann.

Im Altbestand der Sammlungen des Liechtensteinischen Landesmuseums mit leider unbekannter Herkunft befindet sich ein ebensolches Bild aus dem Jahre 1684. Unwesentlich grösser im Format als ersteres – es misst 66,5 x 61 cm – ebenfalls auf Leinwand gemalt und von einem eigentümlichen Rahmen gefasst. Ein oben abschliessender marmorierter Zahnfries mit vorspringender profilierter zehn Zentimeter starker Abdeckleiste lässt darauf schliessen, dass das Bild aus einer Kapellennische oder einem Bildstöckchen stammen könnte. Die Inschrift, ebenfalls auf einem Bildstreifen am unteren Bildrand angebracht, unterscheidet sich nur geringfügig von jener von 1682. Sie lautet wie folgt:

«Mit Deiner hilff sihe Uns an, Hunger und Pest wende hindan, Vorm feindt Beschütze uns fordan, zu Todes Noth nimb dich unser an. 1684».

Wie eine Aufnahme von 1983 zeigt, wurde die Bildzeile von anderer Hand ergänzt. Es wurde hinzugefügt: «R. A. 1856» (das heisst «Renovatum Anno 1856»). 1983 wurde das Bild restauriert. Dabei wurde festgestellt, dass es sich 1856 nicht um eine Bildrestaurierung gehandelt hatte, sondern dass das ursprüngliche Bild in naiver Malerei – zwar wieder nach demselben Cranach-Motiv – neu übermalt wurde. Hier nun zeigt sich die eklatante Nähe zur Malerei des Balzner Ex Voto-Bildes von 1825, das entweder als direktes Vorbild gedient hatte oder aber es besteht die Wahrscheinlichkeit, dass diese beiden Bilder von ein und demselben Maler stammen müssen. Anlässlich der Restaurierung von 1983 wurde das darunterliegende ursprüngliche Bild von ganz anderer Qualität – es handelt sich um das Bild von 1684 – wieder freigelegt; dieses steht nun wiederum in unmittelbarer Nähe zu dem nur zwei Jahre älteren Bild aus Triesen. Es ergibt sich folgende Reihenfolge der Bilder: Als ältestes findet sich das Marienbild aus Triesen von 1682, es folgt die frühere und 1983 wieder freigelegte Fassung von 1684 des Bildes aus der Museumssammlung; 1825 entstand das Votivbild aus Balzers und 1856 folgte diesem die Übermalung des Museumsbildes von 1684.

Ein weiteres Beispiel der Darstellung der Muttergottes mit dem Jesuskind – frei nach dem Vorbild von Lukas Cranach – findet sich in der Pfarrkirche Eschen. Dieses Bild stammt aus dem Jahre 1747 (Inventar-Nr. 22).

Als letztes Bild im Umfeld der Votivbilder sei hier das 1923 in Wien durch den Feldkircher Maler und Restaurator Florus Scheel geschaffene Ölbild (Inventar-Nr. 28) der Vierzehn Nothelfer angeführt. Es wurde ebenfalls in die Duxkapelle in Schaan gestiftet. Das rechts unten bezeichnete und datierte Gemälde zeigt die Vierzehn Nothelfer um den Thron Mariens versammelt. Es trägt die Inschrift: «O Ihr hlg. Nothelfer bittet für uns!»

Neben Kirchen und Kapellen sind auch die über das ganze Land verstreuten Bildstöckchen, sogenannte «Kappile», Stätten der Andacht und privater Frömmigkeit. Mehr als sechzig solcher Andachtsstätten sind aus Liechtenstein bekannt.[40]

Die zur Pfarrei Schaan zugehörigen Einwohner und Einwohnerinnen von Profatscheng stifteten im Jahr 1640 dieses Kappile, welches 1971 von seinem ursprünglichen Standort im Mühleholz an das «Fürstenweglein» im Duxwald oberhalb von Schaan versetzt wurde. Die Stiftung dieses Kappiles erfolgte aus Furcht vor der Pest.

36) Erwin Poeschel: Die Kunstdenkmäler des Fürstentums Liechtenstein. Basel, 1950, S. 56.

37) Das Altarbild trägt Jahrzahl und Signatur: G. W. Gresner fecit 1654. Vgl. Otto Seger: Die Altarbilder der Kapelle Unserer Lieben Frau zu Triesen. In: Jahrbuch des Historischen Vereins für das Fürstentum Liechtenstein, Band 60 (1960), S. 166. – Ludwig Welti: Georg Wilhelm Gressner aus Messkirch , der Maler des Hochaltarblattes in der Liebfrauenkapelle zu Triesen und das Schicksal seiner Tochter Anna Katharina. In: Jahrbuch des Historischen Vereins für das Fürstentum Liechtenstein, Band 62 (1962), S. 103–111.

38) Erwin Poeschel (wie Anmerkung 36), S. 135.

39) Vgl. Allgemeines Lexikon der Bildenden Künstler von der Antike bis zur Gegenwart. Begründet von Ulrich Thieme und Felix Becker, hrsg. von Hans Vollmer, Band 36. Leipzig, o.J., S. 451. – Konrad Fischnaler: Innsbrucker Chronik, Innsbruck, 1934, Band V, S. 259.

40) Hansjörg Frommelt: Kappile in Liechtenstein. In: Eintracht 1, 1996, S. 9–16, und: Eintracht 2, 1996, S. 9–24.

Bildstöcklein oberhalb von Ruggell. Diese Andachtsstätte reicht vermutlich bis ins späte 18. Jahrhundert zurück. Damals wurde das Liechtensteiner Unterland von einer schlimmen Pferdekrankheit heimgesucht.

Viele von ihnen wurden ebenfalls «ex voto», auf Grund eines Versprechens, eines Gelübdes, errichtet. Einzelne reichen bis ins 17. Jahrhundert zurück, die jüngsten wurden erst in den letzten Jahrzehnten erbaut. Vereinzelt sind auch in ihnen Votivbilder anzutreffen, beispielsweise im sogenannten «Pestkappile» an der Fürstenstrasse in Schaan. Im Jahre 1740 wütete im Rheintal wieder einmal die Pest. Aus Furcht vor der Seuche errichteten Profatschenger (Ortsteil von Triesenberg) Bauern, welche bis 1768 der Pfarrkirche Schaan zugehörig waren, im Mühleholz (in Schaan) das Pestkappile. Zu jener Zeit blieben sie nämlich, um von der grausamen Pest verschont zu bleiben, den Gottesdiensten im Zentrum von Schaan fern. «Das bedeutende Kappile musste leider dem Strassenbau weichen. Im Jahre 1971 wurde es von seinem markanten Standort im Mühleholz an die Fürstenstrasse im Duxwald versetzt».[41] Das Kappile beherbergt heute die Kopie eines Bildes des Bludenzer Malers Mathias Jehly von 1848 (Inventar-Nummer 27).[42] Es zeigt Maria über den Wolken thronend und die drei Heiligen Martin, Antonius und Sebastian in freier Landschaft stehend. Die Inschrift lautet: «H. Martin, H. Anton, Sa. Sebastian bittet für uns». Das 110 x 62 cm grosse Originalbild befindet sich heute im Liechtensteinischen Landesmuseum.

Auf die Zeit der damals im Liechtensteiner Unterland grassierenden Pferdekrankheiten (1782) könnte auch die Stiftung eines Bildstöckchens oberhalb von Ruggell zurückreichen. Das Kappile ist dem heiligen Wendelin, dem Patron der Hirten und Herden, geweiht.[43]

Der eigentliche Wert der Votivbilder, deren Maler in der Regel unbekannt sind, liegt nicht in der künstlerischen Qualität, sondern im ursprünglichen Ausdruck echter tiefgläubiger Volksfrömmigkeit. Sie sind somit von hoher kulturhistorischer Bedeutung und Teil unseres kulturellen Erbes. Die Wurzeln reichen in vorchristliche Zeit zurück, in veränderter Form ist der ihnen immanente Grundgedanke aber auch heute noch in vielen Regionen vorhanden und weit verbreitet.

Inventar

AUFRUF

Sollten Votivbilder aus ehemaligen Kirchen, Kapellen oder Bildstöckchen Liechtensteins in Privatbesitz gelangt sein – was anzunehmen ist – sind die heutigen Besitzerinnen und Besitzer gebeten, sich zwecks Weiterführung des Inventars beim Liechtensteinischen Landesmuseum, Postfach 1216, 9490 Vaduz, oder Tel.: 00423/236 75 50, zu melden. Die Besitzrechte werden nicht tangiert; die Besitzer bleiben anonym.

Herzlichen Dank!

41) Eintracht 2, 1996, S. 23.

42) Rechts unten bezeichnet: «Math. Jehly, pinxit 1848».

43) Eintracht 1, 1996, S. 11.

Das nachfolgende Inventar der sich in Liechtenstein befindenden Votivtafeln ist chronologisch nach deren Datum aufgebaut.

Massangaben: Höhe x Breite

EX VOTO-BILDER

INVENTAR-NUMMER 1

Datum	1657 (?)
Technik	Öl auf Leinwand
Format	53,5 x 36,5 cm

Bildinhalt
Über Wolkenband sitzend Maria, davor knieend Antonius von Padua mit dem Jesuskind. Am linken unteren Bildrand Dorflandschaft mit Bergkulisse

Inschrift
«Gott dem Almechtigen, und Maria der Himelkönigin, wie auch dem Hailigen Antonio von PADOA, zu Ehren und danckbarkeit lies M: Roni Tschetter von Schan diss bild machen wegen underschidlichen Zuständen und Kranckeiten. 1657»

Herkunft
Vermutlich Dux-Kapelle Schaan

Heutiger Standort
Privatbesitz Ruggell

Bemerkungen
Terra Plana, 4, 2001, S. 33

INVENTAR-NUMMER 2

Datum	1718
Technik	Öl auf Leinwand
Format	66,5 x 54,5 cm

Bildinhalt
Das Votivbild zeigt oben in der Mitte in einem Wolkenkranz die Himmelskönigin Maria zum Trost auf Dux in Schaan, mit Krone und Zepter, in rotem Gewand mit blauem Mantel gekleidet. Sie wird links begleitet vom Apostel Johannes mit einem Kelch in der Linken, rechts vom hl. Christophorus mit dem Baumstamm in der Rechten und dem Jesusknaben auf der linken Schulter. Wie die Muttergottes sind auch die Heiligen – beide Schutz- und Namenspatrone des Stifters – durch ein Wolkenband von der irdischen Welt abgehoben. In der Bildmitte wird das Torkelgebäude – der Unfallort – im umzäunten und ummauerten Weinberg gezeigt. An der Giebelseite des gemauerten Torkelgebäudes ist das Wappen des Landammann Walser dargestellt: eine (heraldisch) nach rechts steigende Gemse, Gold auf blauem Grund. Vor dem Holzzaun, links des Torkelgebäudes, kniet betend auf dem vorbeiführenden Weg der am 10. Oktober 1718 verunfallte Johann Christoph Walser. Eine grosse Rundbogenöffnung an der Längsseite des Torkelhauses zeigt den verhängnisvollen Sturz vom Torkelbett mit dem am Boden liegenden Verunfallten

Inschrift
Eine siebenzeilige Inschrift auf einem beidseitig gerollten Band schildert den Unfall und das Gelöbnis EX VOTO sowie den Dank des Verunglückten: «Ano 1718 den 10 octb: hat herr Johan Christoph Walsser alter Landaman im dorff Schan wohnhafft, in seinem aignen dorgel zue endt des tot gunst, unversehnt einen ab dem dorgelbeth auf die sarg oder Kesij einer büte Stürtzhel getahn und auf ein schulttren so hart gefallen, das ihme das gebliet in die adren und Nerfen gefahren und ein grausamen unleidentlich Schmerzen causiert in diesem seines lebensgefahr, zue der ehr, und lob Gottes und seiner wertisten Mueter der Himelskönigin Maria ein taffel EX VOTO in die Capell auf dux Maria zuem Trost genandt verlobt und zue dieser hösten ehr und lob zu einer ewigen gedechtnus mallen und einhenchen lassen, warauff es sich nach und nach gebesert, und (:Gottlob:) keine Verlezung hinderlassen»

Herkunft
Dux-Kapelle Schaan

Heutiger Standort
Original im Liechtensteinischen Landesmuseum

Bemerkungen
Terra Plana, 4, 2001, S. 35; erwähnt bei Erwin Poeschel, Kunstdenkmäler des Fürstentums Liechtenstein. Basel, 1950 – im folgenden zitiert als: Poeschel, Kunstdenkmäler (1950) –, S. 102; Briefmarkenausgabe in Liechtenstein vom 3. September 2001

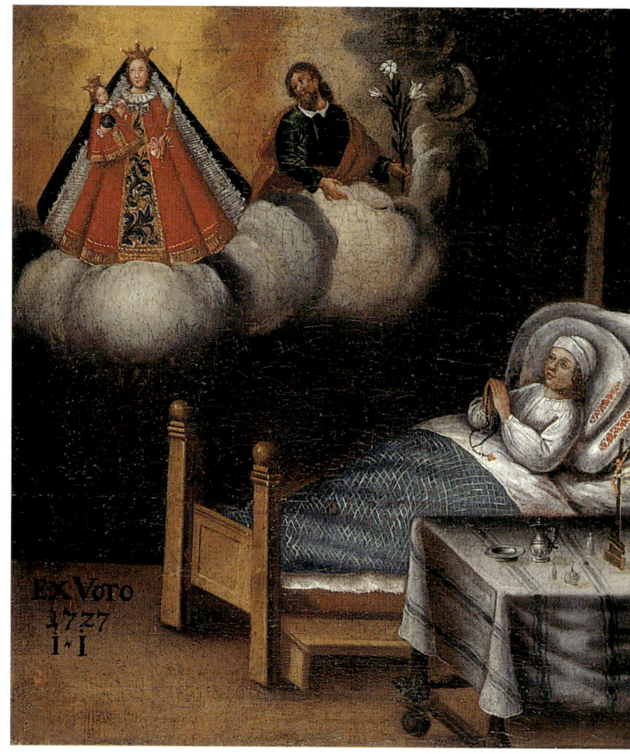

INVENTAR-NUMMER 3

Datum	1722
Technik	Öl auf Holz
Format	88 x 60,5 cm

Bildinhalt
Über den Wolken thront die Himmelskönigin, umgeben von den Heiligen und Engeln, einer Sacra Conversazione gleich; darunter in hügeliger Landschaft weidendes Vieh mit einem aufgeregt gestikulierenden Hirten, der auf die im Bild rechts unten liegende – wohl verendete Kuh – hindeutet. Damit ist auch der eigentliche Grund dieses Ex Votos gegeben

Inschrift
«Anno 1722 hat die Ehrsame Gemain Schan zue Ehren der seligsten Jungfrau Und Mutter Gottes Maria dise Opffer-Taffel hie her Verlobt Und hat durch die Fürbitt der Mutter Gottes, hl. Martin und Ignatiy, die leidige Vieh pest Gott sey dank Nach Gelassen.»

Herkunft
Dux-Kapelle Schaan

Heutiger Standort
Original im Liechtensteinischen Landesmuseum

Bemerkungen
Terra Plana, 4, 2001, S. 35

INVENTAR-NUMMER 4

Datum	1727, monogrammiert: j~j.
Technik	Öl auf Leinwand
Format	43 x 37,5 cm

Bildinhalt
Im linken oberen Bildteil sind Maria von Dux mit dem Jesuskind und der hl. Josef mit dem Lilienzweig in der Linken im Wolkenkranz dargestellt. Der Blick des Betrachters richtet sich in eine Schlafkammer mit einem Pfostenbett, in dem eine kranke oder sterbende Frau liegt, andächtig den Rosenkranz betend. Rechts davor befindet sich ein Tisch mit Kruzifix, Zinnkrug, Teller und anderen Gerätschaften, vielleicht Teile einer Versehgarnitur

Inschrift
«EX VOTO. 1727. j~j.»

Herkunft
Dux-Kapelle Schaan

Heutiger Standort
Das Original ist ausgestellt im Ortsmuseum DoMus, Schaan

Bemerkungen
keine

INVENTAR-NUMMER 5

Datum 1733
Technik Öl auf Holz
Format 45 x 30 cm

Bildinhalt
Es zeigt im oberen linken Bildteil Maria als Himmelskönigin mit dem Jesuskind in einem Wolkenkranz vor goldenem Hintergrund. Rechts unten kniet mit gefalteten Händen in einer hügeligen Landschaft mit Bergen im Hintergrund der Stifter des Ex Votos; auffallend die vornehme Kleidung

Inschrift
«EX UOTO. 1733»

Herkunft
Dux-Kapelle Schaan

Heutiger Standort
Original im Liechtensteinischen Landesmuseum

Bemerkungen
Terra Plana, 4, 2001, S. 33; Briefmarkenausgabe in Liechtenstein vom 3. September 2001

INVENTAR-NUMMER 6

Datum 1734
Technik Öl auf Holz
Format 47 x 22 cm

Bildinhalt
Der hl. Nepomuk ist stehend, im Priestergewand gekleidet, Kreuz, Barett und Märtyrerpalme in den Händen haltend, dargestellt. Im Hintergrund ist sein Märtyrertod in der Moldau bei Prag festgehalten, mit Soldaten und König Wenzel zu Pferd im Hintergrund der Szene. Fast gleich gross wie die Malerei ist der Inschriftenteil mit unten abschliessendem bekröntem Wappenschild

Inschrift
«Es hat sich Hie her verlobt zue dem H: Johanes von Nepomuckh, wegen einem ... atentzen (?) der wohl edeluseste Her, her hans Jacob Sturm, des Schilt ried (ein Weiler bei Göfis in Vorarlberg), der Herschafft bludentz, wegen, Johanes Hilde (Hilti) mesmer in Tschan (Schaan), peter und paul (vermutlich Kapelle St. Peter in Schaan) welcher den fresenten Krebs 4. Jahr lang Gehabt, an dem underen maul gehabt im Jahr 1734. Hat mich der Her Sturm, bey drit halb zol hin weg Geschniten, Fürbit des Heiligen in 3. Tagen fölig guriert, gewesen, in 10 Tagen hab ich wider Kirchen und Strasen gehen künen, als ein 64 järiger man, Gott sey danck Gesagt und der aller seligsten Himels künigin Maria.»

Herkunft
Vermutlich aus St. Peter in Schaan

Heutiger Standort
Liechtensteinisches Landesmuseum

Bemerkungen
Terra Plana, 4, 2001, S. 33

INVENTAR-NUMMER 7

Datum 1761
Technik Öl auf Holz mit aufgesetztem Rahmen
Format Mit Rahmen: 32,5 x 20 cm

Bildinhalt
Maria mit Kind im Wolkenkranz, zu ihren Füssen der kniende Stifter

Inschrift
«Ich Johanes batista büchl Johanes Sohn, bekchene, des ich durch die Mutter gottes zu benderen mittelst einem grosen mirackhl aus augen scheinlicher lebens gefahr bin Erlediget warden. Den 20. Jener, anno 1761», und von anderer Hand: «geschehen zu Chur im Hof.»

Herkunft
Pfarrkirche Bendern

Heutiger Standort
Original im Liechtensteinischen Landesmuseum

Bemerkungen
Terra Plana, 4, 2001, S. 37

INVENTAR-NUMMER 8

Datum 1776
Technik Öl auf Leinwand
Format 162,5 x 126 cm,
mit Rahmen: 182,5 x 146 cm

Bildinhalt
Das Bild zeigt Maria, die Himmelskönigin, mit dem Jesusknaben auf der Mondsichel stehend, von Wolken umhüllt und von Engeln begleitet, Zepter und Lilienzweig in den Händen haltend, zu Füssen zwei schwebende Puttenköpfchen

Inschrift
Am oberen Bildraum in goldener Schrift: «EX VOTO 1776.»

Herkunft
Pfarrkirche Bendern

Heutiger Standort
Kapitelsaal, Pfarrhaus Bendern

Bemerkungen
Terra Plana, 4, 2001, S. 37; Erwähnt bei Poeschel, Kunstdenkmäler (1950), S. 250, Anm. 1

INVENTAR-NUMMER 9

Datum 1796
Technik Öl auf Leinwand
Format 81,5 x 105 cm

Bildinhalt
Maria mit Kind, auf Wolken schwebend, über der Kapelle von Dux, daneben aufgeschlagenes Militärlager mit Zelten, Soldaten und Kanonen

Inschrift
«Im Jahr 1796 im brachmonath (Juni) ist allhie ob gegenwerthiger Kapelle zur zeit, da in dem damahligen unglickl. Krig mit Frankreich Mann durchs bündinnerlande von denen Französichen Trupen einen Einbruch in hiessige Reichsherrschaft befürchtet, ein Lager gestanden worinen das Kaijss. Kön: Regiment Breis Campirt hat. Gott sey uns gnädig und wende durch die getreue Vorbitt Maria seiner Jungfreul. Mutter, die da zumahlen, so auch inskünftig, und zu allen Zeiten von uns und unsern lieben Vatterlande alle Krigs=Auftritte und unglücksel. Zeiten gnädigst ab.»

Herkunft
Dux-Kapelle in Schaan. Kopie an der Südwand

Heutiger Standort
Original im Liechtensteinischen Landesmuseum

Bemerkungen
Terra Plana, 4, 2001, S. 36; Poeschel, Kunstdenkmäler (1950), S. 102–103; die älteste Darstellung der Duxkapelle in Schaan!

INVENTAR-NUMMER 10

Datum 1802
Technik Öl auf Holz mit aufgesetztem, blau-weiss marmoriertem Rahmen
Format Mit Rahmen: 34 x 25 cm

Bildinhalt
Maria mit dem Kind auf grünem Feld stehend zwischen Bäumen und Sträuchern und einer weidenden Kuh, seitlich von Wolken umrahmt

Inschrift
«1802. EX FOTO (sic!)»

Herkunft
Pfarrkirche Bendern

Heutiger Standort
Original im Liechtensteinischen Landesmuseum

Bemerkungen
keine

INVENTAR-NUMMER 11

Datum 1802
Technik Öl auf Holz
Format 83 x 59 cm

Bildinhalt
Die Gestalten der Muttergottes mit Kind (auch hier eine Kopie nach dem Maria-Hilf-Bild des Lukas Cranach), der hll. Georg, Martin, Sebastian, Antonius, Wendelin und Loy (= hl. Eligius), die göttlichen Fürsprecher, nehmen den grössten Teil des Bildes ein. Sie sind abgegrenzt und abgehoben von der irdischen Welt durch ein mächtiges Wolkenband, drohenden Gewitterwolken ähnlich. Zwischen diesem Wolkenband und dem abschliessenden Textband folgt der interessanteste Bildteil dieses Ex Votos. In grüner hügeliger Wiesenlandschaft steht die Kapelle St. Georg in Schellenberg, umgeben von weidenden Pferden und Kühen. Die früheste bekannte Darstellung dieser Kapelle

Inschrift
«Anno 1802. Regiertt ein bösse sücht vnder Ross. vnd fich: so hat ein Ehrsamme gemeindt shellenberg: Gott / vnd Maria die Mutter gottes vnd s: Georg vnd s: Marti vnd s: Sebastian vnd s: Andony vnd s: Wendelin vnd s: /Loy zum höchstem Lob= vnd Ehr die daflen versprochen vnd machen lassen, vnd derzu, Alle son vnd feirdag Nach / dem Rossen Kratz. Fünf vatter vnser bethen zum Höchstem Danckh das Gott durch die Fuhrbitt diesen Heiligen Weitter behütten wolle Amen.»

Herkunft
Schellenberg

Heutiger Standort
Kapelle St. Georg in Hinterschellenberg

Bemerkungen
Terra Plana, 4, 2001, S. 34; erwähnt bei Poeschel, Kunstdenkmäler (1950), S. 278; Georg Malin: Kapelle St. Georg in Schellenberg. In: JBL 80 (1980), S. 41–43, Abb. 11–12; Briefmarkenausgabe in Liechtenstein vom 3. September 2001

INVENTAR-NUMMER 12

Datum	1802
Technik	Öl auf Leinwand
Format	120 x 84 cm

Bildinhalt
Maria mit Kind auf Wolken sitzend, zu Füssen die hll. Sebastian und Martin mit dem Bettler

Inschrift
«Diese Tafel hat Hiesige Gemeind (Schaan) verfertigen lassen aus Danckbarkeit gegen die Fürbitte Maria der seligsten Jungfrau, und der H: H. Sebastiani, und Martini, wegen Befreyung von der Leydigen vichseuche im Jahre 1802.»

Herkunft
Dux-Kapelle in Schaan

Heutiger Standort
Original im Liechtensteinischen Landesmuseum

Bemerkungen
Terra Plana, 4, 2001. S. 35

INVENTAR-NUMMER 13

Datum	1825
Technik	Öl auf Leinwand
Format	78,3 x 59,5 cm

Bildinhalt
Im Zentrum des Bildes in naiver Malerei die Kopie des Maria-Hilf-Bildes von Lukas Cranach aus Innsbruck. Im rechten Bildfeld unten der Ort des Geschehens. Ein Knabe stürzt aus dem oberen Fenster des Hauses Nr. 21 im Höfle in Balzers. Im linken unteren Bildfeld der Votationstext

Inschrift
«H. Maria Hilff unss in Aller Noth. EX VOTO ANO 1825.»

Herkunft
Balzers, vermutlich Mariahilf-Kapelle

Heutiger Standort
Privatbesitz Balzers

Bemerkungen
Emanuel Vogt, Mier z Balzers, Band III, 1998, Abb. S. 234 und Anm. 45, S. 497–498; restauriert 1967 von Alfred Gassner, Bludenz

BILDWERKE IM UMFELD DER VOTIVTAFELN

INVENTAR-NUMMER 14

Datum	1664
Technik	Öl auf Leinwand
Format	77,5 x 58 cm

Bildinhalt
Kopie des Maria-Hilf-Bildes von Lukas Cranach, umrahmt von einem Kranz von 24 Rosenblüten; links unten das Wappen Zeller und die Initialen «M. Z». Datiert links und rechts oben «16 64»

Inschrift
keine

Herkunft
Marienkapelle Triesen

Heutiger Standort
Gemeinde Triesen

Bemerkungen
Vgl. Poeschel, Kunstdenkmäler (1950), S. 135; Wappen und Initialen könnten auf den Innsbrucker Maler Maximilian Zeller hindeuten (* 6. Oktober 1631, † vor 1675)

INVENTAR-NUMMER 15

Datum	1682
Technik	Öl auf Leinwand
Format	67 x 55 cm

Bildinhalt
Das Bild zeigt auf bräunlichem Hintergrund in qualitätvoller Malerei Maria, in ein blaues Gewand gekleidet und mit rotem Mantel und feinem Schleier umhüllt, in den Armen das nackte Jesuskind haltend, getreu dem Cranach-Vorbild folgend

Inschrift
Auf einem zirka fünf cm breiten hellen Streifen am unteren Bildrand findet sich in Schwarz die zweizeilige Inschrift: «Mit Deiner Hilfi sihe Uns an, Hunger und Pest Wende hein dan, Vorm feindt beschütze Unss for dan in Todts noth nimbt dich Unsser an. 1682»

Herkunft
Marienkapelle Triesen

Heutiger Standort
Sammlung der Gemeinde Triesen

Bemerkungen
keine

INVENTAR-NUMMER 16

Datum	1684
Technik	Öl auf Leinwand
Format	66,5 x 61 cm

Bildinhalt
Maria mit Kind nach Lukas Cranach. Das Bild wurde 1856 übermalt. 1983 zurück restauriert auf die ursprüngliche Fassung von 1684

Inschrift
«Mit Deiner hilff sihe Uns an, Hunger und Pest wende hindan, Vorm feindt Beschütze uns fordan, zu Todes Noth nimb dich unser an. 1684»

Herkunft
unbekannt

Heutiger Standort
Liechtensteinisches Landesmuseum

Bemerkungen
Markanter Holzrahmen mit innenliegender Kehlleiste, grün gefasst. Oben abschliessender, marmorierter Zahnfries mit vorspringender Abdeckleiste

INVENTAR-NUMMER 17

Datum	1697
Technik	Öl auf Leinwand
Format	mit Rahmen: zirka 75 x 62 cm

Bildinhalt
Christus als Schmerzensmann mit Dornenkrone, Schilfrohr in den gefesselten Händen, mit Purpurmantel bekleidet, links Pontius Pilatus

Inschrift
Auf Schriftrolle: «ECCE HOMO.» Darunter: «16 Ach was Leide ich. Um deinet willen stirbe ich 97»

Herkunft
keine Angabe

Heutiger Standort
Heiligkreuz-Kapelle auf Rofenberg in Eschen

Bemerkungen
Terra Plana, 4, 2001, S. 33; erwähnt bei Poeschel, Kunstdenkmäler (1950), S. 238

INVENTAR-NUMMER 18

Datum	1698
Technik	Öl auf Holz
Format	96 x 62 cm

Bildinhalt
Pietà zentral vor dem Kreuz auf Golgotha mit den Marterwerkzeugen, umgeben von Maria Magdalena und trauernden Engeln

Inschrift
«O Ihr alle die da für übergehnd, secht ob auch ein Schmertz sey wie mein Schmertz ist: Gott und Maria zu Höchster Lob und ehr, hat der wohl vorgeachte Her Lantshaupt man und alter Landtamen, Andreas Büchell: dass bild hier machen lassen: Anno 1698.»

Herkunft
keine Angabe

Heutiger Standort
Heiligkreuz-Kapelle auf Rofenberg in Eschen

Bemerkungen
Terra Plana, 4, 2001, S. 36; erwähnt bei Poeschel, Kunstdenkmäler (1950), S. 238

INVENTAR-NUMMER 19

Datum	1702/1790
Technik	Öl auf Holz
Format	90,5 x 73 cm

Bildinhalt
Dargestellt sind die Himmelskönigin Maria mit Kind als Mondsichelmadonna, begleitet von der hl. Magdalena mit dem Salbgefäss in den Händen und dem hl. Georg, den besiegten Drachen zu Füssen

Inschrift
Am oberen Bildrand: links: 1790, rechts: 1702.

Herkunft
Angeblich aus St. Peter in Schaan

Heutiger Standort
Original im Liechtensteinischen Landesmuseum

Bemerkungen
keine

INVENTAR-NUMMER 20

Datum	1707
Technik	Öl auf Leinwand
Format	63,5 x 45 cm

Bildinhalt
Gnadenbild von Dux im Wolken- und Strahlenkranz mit den hll. Sebastian und Katharina in üppiger Landschaft mit Blick auf eine Gebäudegruppe im Hintergrund. Rechts der hl. Katharina die kniende und betende Stifterin Katharina Hasler, den Rosenkranz in Händen haltend

Inschrift
«Heillige Maria u. Heilliger Sabstijanuss, Heilige Cattarine; bidten für uns; Cattarina, Haslerin. ihres alters: 24 Jahr: 1707.»

Herkunft
Dux-Kapelle Schaan

Heutiger Standort
Original im Liechtensteinischen Landesmuseum

Bemerkungen
Terra Plana, 4, 2001, S. 32; erwähnt bei Poeschel, Kunstdenkmäler (1950), S. 102

INVENTAR-NUMMER 21

Datum 1747
Technik Öl auf Holz
Format mit Rahmen 40 x 31,5 cm; Bildmass: zirka 30,5 x 22 cm

Bildinhalt
Christus an der Geisselsäule, in Ketten gelegt, unter Arkadenbogen

Inschrift
zirka vier cm breites Schriftband: «die bey mir hülff suchen deinen bin Ich gnädig und theile mit alles guthe 1747» links oben: «O Jesu Ich von der (dir) weis der so voller gnaden is(t).»

Herkunft
keine Angabe

Heutiger Standort
Pfarrkirche Eschen, Seitenkapelle

Bemerkungen
Altbestand Eschen, ehemals Pfarrhaus

INVENTAR-NUMMER 22

Datum 1747
Technik Öl auf Holz
Format mit Rahmen: 43,5 x 34,5 cm; Bildmass: zirka 35 x 26 cm

Bildinhalt
Maria mit Jesuskind, frei nach Lukas Cranach

Inschrift
zirka 3,5 cm breiter Schriftsstreifen: «S. MARIA HILF UNS 1747»

Herkunft
keine Angabe

Heutiger Standort
Pfarrkirche Eschen, Seitenkapelle

Bemerkungen
Altbestand Eschen, ehemals Pfarrhaus

INVENTAR-NUMMER 23

Datum	1747
Technik	Öl auf Holz
Format	mit Rand: 40 x 31,5 cm; Bildmass: zirka 34 x 25 cm

Bildinhalt
Hl. Antonius von Padua, Dreiviertel-Figur, Jesuskind und Lilie in den Händen haltend, an einem Tisch mit roter Decke stehend, darauf ein aufgeschlagenes Buch

Inschrift
zirka vier cm breiter Schriftstreifen: «S. Antoni von Padua bit für uns ale zeit. 1747»

Herkunft
keine Angabe

Heutiger Standort
Pfarrkirche Eschen, Rückwand West

Bemerkungen
Altbestand Eschen, ehemals Pfarrhaus

INVENTAR-NUMMER 24

Datum	1760
Technik	Öl auf Holz mit aufgesetztem Rahmen
Format	45,5 x 28 cm

Bildinhalt
Maria mit Kind auf grünem Podest stehend

Inschrift
«Heilige Maria hilff unss alle Zeit AMMEN 1760»

Herkunft
Pfarrkirche Bendern

Heutiger Standort
Original im Landesmuseum

Bemerkungen
Nach Poeschel, Kunstdenkmäler (1950), S. 250, Anm. 1 dürfte dieses Ex Voto-Bild Bezug nehmen auf das Gnadenbild von Bendern, eine stehende holzgeschnitzte und gefasste Mondsichelmadonna (Höhe 169 cm) aus dem ehemaligen Hochaltar von 1481, die sich in der Pfarrkirche befindet

INVENTAR-NUMMER 25

Datum	1762
Technik	Öl auf Holz mit rot gefasstem Rahmen
Format	Mit Rahmen: 41,0 x 33,5 cm

Bildinhalt
Auf Wolken stehende Madonna mit Jesuskind, Krone und Zepter

Inschrift
«Wer Maria verehrt der wirt durch Jehre für bit er hört.» 1762

Herkunft
Pfarrkirche Bendern

Heutiger Standort
Original im Liechtensteinischen Landesmuseum

Bemerkungen
keine

INVENTAR-NUMMER 26

Datum	18. Jahrhundert
Technik	Öl auf Leinwand
Format	68 x 45,5 cm

Bildinhalt
Maria mit Kind nach der Maria-Hilf-Darstellung von Lukas Cranach in der Domkirche St. Jakob in Innsbruck

Inschrift
keine

Herkunft
Sakristei der Dux-Kapelle in Schaan

Heutiger Standort
Original im Liechtensteinischen Landesmuseum

Bemerkungen
Restauriert von Kurt Kihm, Winterthur, 1998

INVENTAR-NUMMER 27

Datum	Rechts unten signiert: Math: Jehly pinxit 1848
Technik	Öl auf Leinwand, auf Holz montiert
Format	110 x 62 cm, mit oberem Rundbogenabschluss

Bildinhalt
Maria mit Zepter in der Rechten auf Wolke sitzend, über ihr schwebt die Heiliggeist-Taube, links und rechts Engelsköpfchen, auf der Erde stehend links St. Martin in Bischofsornat, in der Bildmitte der hl. Antonius von Padua, das Jesuskind haltend, rechts an Baumstamm gefesselt St. Sebastian, von drei Pfeilen durchbohrt

Inschrift
«H. Martin, H. Anton, H. Sebastian, bittet für uns.»

Herkunft
Bild aus dem Pestkappile in Schaan

Heutiger Standort
Original im Liechtensteinischen Landesmuseum

Bemerkungen
Terra Plana, 4, 2001, S. 38

INVENTAR-NUMMER 28

Datum	1923
Technik	Öl auf Leinwand
Format	133 x 93 cm

Bildinhalt
Die Vierzehn Nothelfer, versammelt um den Thron Mariens. Rechts unten bezeichnet:
«Fl. (Florus) Scheel 1923, Wien.»

Inschrift
«O Ihr hlg. Nothelfer bittet für uns!»

Herkunft
Ehemals Dux-Kapelle in Schaan

Heutiger Standort
Original im Liechtensteinischen Landesmuseum

Bemerkungen
Arbeit des Feldkircher Malers und Restaurators Florus Scheel

BILDNACHWEIS

S. 294, 295, 299, 304 oben, 310, 312 links, 313 rechts, 314 links, 315 rechts, 317 rechts, 318, 319, 321 links, 322, 323, 324 links, 325: Reto Hasler

S. 311, 312 rechts, 313 links, 315 links, 316, 317 links, 321 rechts, 324 rechts: Paul Frick

S. 293, 296, 304 unten, 307, 308, 320: Norbert W. Hasler

S. 305, 314 rechts: Bildarchiv des Liechtensteinischen Landesmuseums

ANSCHRIFT DES AUTORS

lic. phil. Norbert W. Hasler
Liechtensteinisches Landesmuseum
FL-9490 Vaduz

und Unruh suchen, und mache ihre gedancken
ob sie gleich geschwängert, seye es nur mehr ein
Dirne, und Kind bringend zu thun, ehe der Vatter
gebühre anderen das Kind zu sich zu nehmen,
damit seye sie der glatt und ledig, also
ein solches, damit ehrliche ... Schlag
Dirt ihre Verderbnus und Schwächung nit
...; Welch ... und ... Ver-
leidung und gestalt der Sach, ehe der Vatter
oder Mutter das Kind zu sich nehmen

Wan auch zwey ledige Personen sich Ehelichen
Zusamen verglübt, sollen sie sich bis auf die
ordentliche Einsegnung züchtig, und Ehrbar
tragen ein ander ..., und nit ...
des sündlichen ungezüchtigen Weisens zusammen
schlagend, wie ... des ...
der ... Gemeind auch zu ein Exempel nit
...; und ... gleich
dan die ordentliche ... gegen
dan procediren, und ... lassen.